Programação com Objective-C

O autor

Stephen G. Kochan é autor e coautor de vários livros de sucesso sobre a linguagem C, incluindo *Programming in C, Programming in ANSI e Topics in C Programming*. Escreveu também sobre UNIX, sendo autor dos livros *Exploring the Unix System e Unix Shell Programming*. Kochan programa para computadores Macintosh desde a apresentação do primeiro Mac, em 1984, e escreveu o livro *Programming C for the Mac para a Apple Press Library*, bem como *Beginning AppleScript*.

K76p Kochan, Stephen G.
        Programação com objective-C / Stephen G. Kochan ;
    tradução: João Eduardo Nóbrega Tortello ; revisão técnica:
    Eduardo Campos Pellanda. – 5. ed. – Porto Alegre : Bookman,
    2014.
        xiv, 530 p. : il. ; 25 cm.

        ISBN 978-85-8260-111-2

        1. Programação de computadores. 2. Programação –
    Objective-C. I. Título.

                                                    CDU 004.42

Catalogação na publicação: Ana Paula M. Magnus CRB 10/2052

Stephen G. Kochan

Programação com Objective-C

5ª edição

Tradução:
João Eduardo Nóbrega Tortello

Revisão técnica:
Eduardo Campos Pellanda
Doutor em Comunicação pela PUCRS e
Pós-Doutor no MIT Mobile Experience Lab

2014

Obra originalmente publicada sob o título *Programming in Objective-C, 5th Edition*
ISBN 978-0-321-88728-3

Authorized translation from the English language edition, entitled Programming in Objective-C, 4th Edition by Kochan,Stephen G., published by Pearson Education, Inc., publishing as Addison-Wesley Professional, Copyright © 2012. All rights reserved. No part of this book may be reproduced or transmitted in any form or by any means, electronic or mechanical, including photocopying, recording or by any information storage retrieval system, without permission from Pearson Education,Inc.

Portuguese language edition published by Bookman Companhia Editora Ltda., a Grupo A Educação S.A. company, Copyright © 2014

Tradução autorizada a partir do original em língua inglesa.
Todos os direitos reservados. Este livro não poderá ser reproduzido nem em parte nem na íntegra, nem ter partes ou sua íntegra armazenado em qualquer meio, seja mecânico ou eletrônico, inclusive fotocópia, sem permissão da Pearson Education,Inc.

Edição em língua portuguesa publicada por Bookman Companhia Editora Ltda., uma empresa Grupo A Educação S.A., Copyright © 2014

Gerente editorial: *Arysinha Jacques Affonso*

Colaboraram nesta edição:

Editora: *Mariana Belloli*

Capa: *VS Digital*

Leitura final: *Miriam Cristina Machado*

Editoração eletrônica: *Techbooks*

Foto da capa: A **Ponte Vasco da Gama** atravessa o Rio Tejo, próximo a Lisboa, possibilitando o tráfego de automóveis de norte a sul pela capital portuguesa. A ponte rodoviária de 17 km é uma das mais longas desse tipo na Europa.
 Assim chamada em homenagem ao famoso explorador português do século XV, a ponte foi inaugurada em 29 de março de 1998, a tempo para a Exposição Internacional (Expo 98) de Lisboa, que celebrava o 500º aniversário da descoberta, por Vasco da Gama, da rota marítima da Europa para a Índia.

Reservados todos os direitos de publicação, em língua portuguesa, à
BOOKMAN EDITORA LTDA., uma empresa do GRUPO A EDUCAÇÃO S.A.
Av. Jerônimo de Ornelas, 670 – Santana
90040-340 – Porto Alegre – RS
Fone: (51) 3027-7000   Fax: (51) 3027-7070

É proibida a duplicação ou reprodução deste volume, no todo ou em parte, sob quaisquer formas ou por quaisquer meios (eletrônico, mecânico, gravação, fotocópia, distribuição na Web e outros), sem permissão expressa da Editora.

Unidade São Paulo
Av. Embaixador Macedo Soares, 10.735 – Pavilhão 5 – Cond. Espace Center
Vila Anastácio – 05095-035 – São Paulo – SP
Fone: (11) 3665-1100   Fax: (11) 3667-1333

SAC 0800 703-3444 – www.grupoa.com.br

IMPRESSO NO BRASIL
PRINTED IN BRAZIL

Para Roy e Ve, duas pessoas de quem sinto muita falta.
Para Ken Brown, "É apenas um salto para a esquerda."

Sumário

1 Introdução 1
O que você vai aprender neste livro 2
Como o livro está organizado 3
Suporte 5
Agradecimentos 5
Prefácio da quarta edição 6

Parte um: A linguagem Objective-C

2 Programação com Objective-C 7
Compilando e executando programas 7
   Utilizando Xcode 8
   Utilizando o terminal 15
Explicação de seu primeiro programa 18
Exibindo os valores de variáveis 22
Resumo 25
Exercícios 25

3 Classes, objetos e métodos 27
O que é um objeto, afinal? 27
Instâncias e métodos 28
Uma classe em Objective-C para trabalhar com frações 30
A seção `@interface` 33
   Escolhendo nomes 33
   Métodos de classe e de instância 35
A seção `@implementation` 37
A seção de `programa` 38
Acesso a variáveis de instância e encapsulamento de dados 45
Resumo 49
Exercícios 49

4 Tipos de dados e expressões 51
Tipos de dados e constantes 51
   Tipo `int` 51
   Tipo `float` 52

Tipo `char` 52
Qualificadores: `long`, `long long`, `short`, `unsigned` e `signed` 53
Tipo `id` 54
Expressões aritméticas 55
   Precedência de operador 55
   Aritmética de inteiros e o operador de subtração unário 58
   O operador módulo 60
   Conversões de valores inteiros e de ponto flutuante 61
   O operador de conversão de tipo 62
Operadores de atribuição 63
Uma classe `Calculator` 64
Exercícios 67

5 Loops de programa 71

A instrução `for` 72
   Entrada pelo teclado 79
   Loops `for` aninhados 81
   Variantes de loop `for` 83
A instrução `while` 84
A instrução `do` 88
A instrução `break` 90
A instrução `continue` 90
Resumo 90
Exercícios 91

6 Tomando decisões 93

A instrução `if` 93
   A construção `if-else` 98
   Testes relacionais compostos 100
   Instruções `if` aninhadas 103
   A construção `else if` 105
A instrução `switch` 114
Variáveis booleanas 117
O operador condicional 122
Exercícios 123

7 Mais sobre classes   127

Separando arquivos de interface e de implementação   127
Métodos de acesso sintetizados   133
Acessando propriedades com o operador ponto   135
Vários argumentos para métodos   136
   Métodos sem nomes de argumento   138
   Operações em frações   139
Variáveis locais   142
   Argumentos de método   143
   A palavra-chave `static`   144
A palavra-chave `self`   147
Alocando e retornando objetos de métodos   148
   Estendendo definições de classe e o arquivo de interface   150
Exercícios   151

8 Herança   153

Tudo começa na raiz   153
   Encontrando o método correto   157
Extensão por meio de herança:
adicionando novos métodos   158
   Uma classe `Point` e alocação de objetos   162
   A diretiva `@class`   163
   Classes e seus objetos   167
Anulando métodos   170
   Qual método é selecionado?   172
Classes abstratas   175
Exercícios   175

9 Polimorfismo, tipagem dinâmica e vinculação dinâmica   179

Polimorfismo: mesmo nome, classe diferente   179
Vinculação dinâmica e o tipo `id`   182
Verificação em tempo de compilação *versus*
tempo de execução   184
O tipo de dados `id` e a tipagem estática   185
   Tipos de argumento e de retorno com tipagem dinâmica   186
Perguntas sobre classes   187
Tratamento de exceção usando `@try`   192
Exercícios   194

10 Mais sobre variáveis e tipos de dados   197

Inicializando objetos   197
Escopo revisitado   200
   Diretivas para controlar o escopo de variável de instância   200
   Mais sobre propriedades, métodos de acesso sintetizados e variáveis de instância   202
   Variáveis globais   203
   Variáveis estáticas   205
Tipos de dados enumerados   207
A instrução `typedef`   211
Conversões de tipo de dados   212
   Regras de conversão   212
Operadores de bit   214
   O operador E bit a bit   215
   O operador OU inclusivo bit a bit   216
   O operador OU exclusivo bit a bit   217
   O operador complemento de um   217
   O operador de deslocamento à esquerda   219
   O operador de deslocamento à direita   219
Exercícios   220

11 Categorias e protocolos   223

Categorias   223
Extensões de classe   228
   Algumas observações sobre categorias   229
Protocolos e delegação   230
   Delegação   233
   Protocolos informais   233
Objetos compostos   234
Exercícios   235

12 O pré-processador   237

A instrução `#define`   237
   Tipos de definições mais avançados   239
A instrução `#import`   244

Compilação condicional 245
 As instruções `#ifdef`, `#endif`, `#else` e `#ifndef` 245
 As instruções de pré-processador `#if` e `#elif` 247
 A instrução `#undef` 248
Exercícios 249

13 Recursos subjacentes da linguagem C 251

Arrays 252
 Inicializando elementos de array 254
 Arrays de caracteres 255
 Arrays multidimensionais 256
Funções 258
 Argumentos e variáveis locais 259
 Retornando resultados de função 261
 Declarando tipos de retorno e tipos de argumento 263
 Funções, métodos e arrays 265
Blocos 266
Estruturas 270
 Inicializando estruturas 273
 Estruturas dentro de estruturas 274
 Detalhes adicionais sobre as estruturas 276
 Não se esqueça da programação orientada a objetos! 277
Ponteiros 277
 Ponteiros e estruturas 281
 Ponteiros, métodos e funções 283
 Ponteiros e arrays 284
 É um array ou um ponteiro? 288
 Ponteiros para strings de caracteres 289
 Operações em ponteiros 294
 Ponteiros e endereços de memória 296
Eles não são objetos! 297
Outros recursos da linguagem 297
 Literais compostas 297
 A instrução `goto` 298
 A instrução nula 298
 O operador vírgula 299
 O operador `sizeof` 299
 Argumentos de linha de comando 300

Como as coisas funcionam   302
   Fato 1: as variáveis de instância são armazenadas em estruturas   303
   Fato 2: uma variável de objeto é, na verdade, um ponteiro   303
   Fato 3: métodos são funções, e expressões de mensagem são chamadas de função   304
   Fato 4: o tipo `id` é um tipo de ponteiro genérico   304
Exercícios   304

Parte dois: O framework Foundation

14 Introdução ao framework Foundation   307
Documentação de Foundation   307

15 Números, strings e coleções   311
Objetos de números   311
Objetos string   317
   Mais sobre a função `NSLog`   317
   O método `description`   318
   Objetos mutáveis *versus* imutáveis   319
   Strings mutáveis   326
   A declaração   328
Objetos array   333
   Fazendo uma agenda de endereços   338
   Classificando arrays   354
Objetos dicionário   361
   Enumerando um dicionário   364
Objetos conjunto   367
   `NSIndexSet`   371
Exercícios   373

16 Trabalhando com arquivos   377
Gerenciando arquivos e diretórios: `NSFileManager`   378
   Trabalhando com a classe `NSData`   383
   Trabalhando com diretórios   384
   Enumerando o conteúdo de um diretório   387
Trabalhando com caminhos: `NSPathUtilities.h`   389

Métodos comuns para trabalhar com caminhos   392
 Copiando arquivos e usando a classe `NSProcessInfo`   394
Operações de arquivo básicas: `NSFileHandle`   398
A classe `NSURL`   403
A classe `NSBundle`   404
Exercícios   405

17 Gerenciamento de memória e Automatic Reference Counting   407

Garbage collection   409
Reference counting (manual)   409
 Referências de objeto e autorelease pool   410
O loop de eventos e alocação de memória   412
Resumo das regras de gerenciamento manual de memória   414
Automatic Reference Counting   415
Variáveis fortes   415
Variáveis fracas   416
Blocos `@autoreleasepool`   417
Nomes de método e código compilado sem ARC   418

18 Copiando objetos   419

Os métodos `copy` e `mutableCopy`   419
Cópia rasa *versus* profunda   422
Implementando o protocolo `<NSCopying>`   424
Copiando objetos em métodos setter e getter   427
Exercícios   429

19 Arquivamento   431

Arquivamento com listas de propriedades XML   431
Arquivamento com `NSKeyedArchiver`   434
Escrevendo métodos de codificação e decodificação   435
Usando `NSData` para criar repositórios de arquivo personalizados   442
Usando o arquivador para copiar objetos   445
Exercícios   447

Parte três: Cocoa, Cocoa Touch e o iOS SDK

20 Introdução a Cocoa e Cocoa Touch 449
Camadas de framework 449
Cocoa Touch 451

21 Escrevendo aplicativos iOS 453
O SDK do iOS 453
Seu primeiro aplicativo para iPhone 453
   Criando um novo projeto de aplicativo para iPhone 456
   Inserindo seu código 459
   Projetando a interface 462
Uma calculadora de frações para iPhone 469
   Iniciando o novo projeto Fraction_Calculator 472
   Definindo o controlador de modo de visualização 472
   A classe `Fraction` 477
   Uma classe `Calculator` que lida com frações 480
   Projetando a interface do usuário 482
Resumo 482
Exercícios 484

Apêndice

A Glossário 487
B Exemplo de código-fonte da agenda de endereços 495

Índice 501

1
Introdução

Dennis Ritchie, da AT&T Bell Laboratories, foi o precursor da linguagem de programação C no início dos anos 1970. No entanto, essa linguagem de programação não ganhou ampla popularidade e suporte até o final dos anos 1970. Isso aconteceu porque, até aquela época, os compiladores C não estavam disponíveis para uso comercial fora da Bell Laboratories. Inicialmente, a popularidade aumentou estimulada, em parte, pelo aumento igual, se não mais rápido, da popularidade do sistema operacional UNIX, que foi escrito quase inteiramente em C.

Brad J. Cox projetou a linguagem Objective-C no início dos anos 1980. A linguagem foi baseada em outra, chamada de SmallTalk-80. Objective-C foi *sobreposta* à linguagem C, ou seja, foram adicionadas extensões para criar uma nova linguagem de programação que permitisse a geração e a manipulação de *objetos*.

A NeXT Software licenciou a linguagem Objective-C em 1988 e desenvolveu suas bibliotecas e um ambiente de desenvolvimento chamado NEXTSTEP. Em 1992, foi adicionado suporte a Objective-C no ambiente de desenvolvimento GNU da Free Software Foundation. O copyright de todos os produtos da Free Software Foundation (FSF) são de propriedade da FSF. Ela foi lançada sob a GNU General Public License.

Em 1994, a NeXT Computer e a Sun Microsystems lançaram uma especificação padronizada do sistema NEXTSTEP chamada de OPENSTEP. A implementação da FSF da OPENSTEP é chamada GNUStep. Uma versão para GNU/Linux, que também inclui o kernel Linux e o ambiente de desenvolvimento GNUStep, é adequadamente chamada de LinuxSTEP.

Em 20 de dezembro de 1996, a Apple Computer anunciou a aquisição da NeXT Software, e o ambiente NEXTSTEP/OPENSTEP tornou-se a base da próxima versão do sistema operacional da Apple a ser lançado, o OS X. A versão da Apple desse ambiente de desenvolvimento foi chamada de Cocoa. Integrando suporte à linguagem Objective-C, complementado com ferramentas de desenvolvimento como o Project Builder (ou seu sucessor Xcode) e o Interface Builder, a Apple criou um poderoso ambiente para desenvolvimento de aplicativos no Mac OS X.

Em 2007, a Apple lançou uma atualização da linguagem Objective-C e a chamou de Objective-C 2.0. Essa versão da linguagem formou a base da segunda edição deste livro.

Quando o iPhone foi lançado, em 2007, os desenvolvedores clamaram pela oportunidade de desenvolver aplicativos para esse revolucionário aparelho. A princípio, a Apple não recebeu bem o desenvolvimento de aplicativos por terceiros. A maneira de a empresa apaziguar os desejosos desenvolvedores de iPhone foi permitir que desenvolvessem aplicativos baseados na Web. Um aplicativo baseado na Web é executado no navegador Safari interno do iPhone e exige que o usuário se conecte ao site que hospeda o aplicativo para executá-lo. Os desenvolvedores não ficaram satisfeitos com as muitas limitações inerentes aos aplicativos baseados na Web e, pouco depois, a Apple anunciou que eles poderiam desenvolver os chamados aplicativos *nativos* para o iPhone.

Aplicativo nativo é aquele que reside no iPhone e é executado no sistema operacional do iPhone da mesma maneira que são executados os aplicativos internos do aparelho (como Contatos, Ações e Clima). O sistema operacional do iPhone é, na verdade, uma versão do OS X, ou seja, os aplicativos podem ser desenvolvidos e depurados em um MacBook Pro, por exemplo. De fato, logo a Apple forneceu um SDK (Software Development Kit) poderoso que permitia rápido desenvolvimento e depuração de aplicativos para iPhone. A disponibilidade de um simulador de iPhone possibilitou aos desenvolvedores depurar seus aplicativos diretamente em seus sistemas de desenvolvimento, eliminando a necessidade de baixar e testar o programa em um aparelho iPhone ou iPod real.

Com a introdução do iPad, em 2010, a Apple começou a generalizar a terminologia usada para o sistema operacional e o SDK (que agora suporta diferentes equipamentos) com diferentes tamanhos físicos e resoluções de tela. O SDK do iOS permite desenvolver aplicativos para qualquer dispositivo iOS e, quando este livro estava em produção, o iOS 6 era a versão atual do sistema operacional.

O que você vai aprender neste livro

Quando cogitei escrever um tutorial sobre Objective-C, tive que tomar uma importante decisão. Assim como outros textos sobre Objective-C, eu poderia escrever o meu supondo que o leitor já soubesse escrever programas em C. Também poderia ensinar a linguagem do ponto de vista do uso da rica biblioteca de rotinas, como os frameworks Foundation e UIKit. Alguns textos também adotam a estratégia de ensinar a utilizar as ferramentas de desenvolvimento, como o Xcode do Mac e a ferramenta anteriormente conhecida como Interface Builder, para projetar a interface do usuário (UI, user interface).

Eu tinha dificuldade em adotar essa estratégia. Primeiro, porque aprender a linguagem C inteira antes de aprender Objective-C é errado. A linguagem C é *procedural*, contendo muitos recursos que não são necessários para programar em Objective-C, especialmente em nível de iniciante. Na verdade, contar com alguns desses recursos não condiz com uma boa metodologia de programação orientada a objetos. Também não é uma boa ideia aprender todos os detalhes de uma linguagem procedural antes de aprender uma orientada a objetos. Isso inicia o programador na direção errada e dá uma orientação e atitude mental incorretas para desenvolver um bom estilo de programação orientada a objetos. Apenas porque Objective-C é uma extensão da linguagem C, não significa que você tenha de aprender C primeiro.

Assim, resolvi não ensinar C primeiro, nem pressupor conhecimento anterior da linguagem. Decidi adotar a estratégia não convencional de ensinar Objective-C e a linguagem C subjacente como uma única linguagem integrada, e do ponto de vista da programação orientada a objetos. O objetivo deste livro, como seu nome implica, é ensiná-lo a programar em Objective-C. Não pretendo ensinar em detalhes a utilizar as ferramentas de desenvolvimento disponíveis para escrever e depurar programas, nem fornecer instruções aprofundadas sobre como desenvolver aplicativos gráficos interativos. Você pode aprender toda essa matéria com mais detalhes em outro lugar, após ter aprendido a escrever programas em Objective-C. Na verdade, você achará muito mais fácil dominar essa matéria quando tiver uma base sólida de como programar em Objective-C. Este livro não presume muita experiência anterior em programação. De fato, se você for programador iniciante, com alguma dedicação e trabalho conseguirá aprender Objective-C como sua primeira linguagem de programação. Outros leitores têm tido êxito nisso, com base no retorno que tenho recebido das edições anteriores deste livro.

Este livro ensina Objective-C por meio de exemplos. À medida que apresento cada novo recurso da linguagem, normalmente forneço um pequeno exemplo de programa completo para ilustrar o recurso. Assim como uma imagem vale mais do que mil palavras, o mesmo se pode dizer de um exemplo de programa corretamente escolhido. Recomenda-se veementemente que você execute cada programa e compare os resultados obtidos em seu sistema com aqueles mostrados no texto. Fazendo isso, você não só vai aprender a linguagem e sua sintaxe, mas também vai conhecer o processo de compilação e execução de programas em Objective-C.

Como o livro está organizado

Este livro está dividido em três partes lógicas. A parte um, "A linguagem Objective-C", ensina os fundamentos da linguagem; a parte dois, "O framework Foundation", ensina a usar a rica variedade de classes predefinidas que formam o framework Foundation; e a parte três, "Cocoa, Cocoa Touch e o SDK do iOS", fornece uma visão geral dos frameworks Cocoa e Cocoa Touch e o conduz pelo processo de desenvolvimento de um aplicativo iOS simples usando o SDK do iOS.

Um *framework* é um conjunto de classes e rotinas logicamente agrupadas para facilitar o desenvolvimento de programas. Grande parte do poder da programação com Objective-C deve-se aos vastos frameworks disponíveis.

O Capítulo 2, "Programação com Objective-C", começa ensinando a escrever seu primeiro programa em Objective-C.

Como este não é um livro sobre programação em Cocoa ou iOS, as interfaces gráficas do usuário (GUIs, graphical user interfaces) não são extensivamente ensinadas e quase não são mencionadas até a terceira parte. Assim, foi necessária uma estratégia para fazer entradas em um programa e produzir saídas. Neste texto, a maioria dos exemplos recebe entrada do teclado e produz sua saída em um painel:

uma Janela de Terminal, caso você esteja usando a linha de comando, ou um painel de saída de depuração, se estiver utilizando Xcode.

O Capítulo 3, "Classes, objetos e métodos", aborda os fundamentos da programação orientada a objetos. Esse capítulo apresenta alguma terminologia, porém limitada ao mínimo. Também é apresentado o mecanismo para definir uma classe e os meios para enviar mensagens para instâncias ou objetos. Os instrutores e programadores experientes de Objective-C notarão que utilizo tipagem *estática* para declarar objetos. Acho que essa é a melhor maneira de o estudante começar, porque o compilador pode pegar mais erros, tornando os programas mais autodocumentados e incentivando o programador iniciante a declarar os tipos de dados explicitamente, quando eles forem conhecidos. Por consequência, o conceito de tipo id e seu poder não são totalmente explorados até o Capítulo 9, "Polimorfismo, tipagem dinâmica e vinculação dinâmica".

O Capítulo 4, "Tipos de dados e expressões", descreve os tipos de dados básicos de Objective-C e como usá-los em seus programas.

O Capítulo 5, "Loops de programa", apresenta as três instruções de loop que você pode usar em seus programas: for, while e do.

Tomar decisões é fundamental em qualquer linguagem de programação de computador. O Capítulo 6, "Tomando decisões", aborda em detalhes as declarações if e switch da linguagem Objective-C.

O Capítulo 7, "Mais sobre classes", vai mais fundo no trabalho com classes e objetos. Aqui, são discutidos detalhes sobre métodos, múltiplos argumentos para métodos e variáveis locais.

O Capítulo 8, "Herança", apresenta o importante conceito de herança. Esse recurso facilita o desenvolvimento de programas, pois você pode tirar proveito do que vem de cima. Herança e o conceito de subclasses facilitam modificar e estender definições de classe existentes.

O Capítulo 9 discute três características fundamentais da linguagem Objective-C. Polimorfismo, tipagem dinâmica e vinculação dinâmica são os importantes conceitos abordados aqui.

Os capítulos 10 a 13 completam a discussão sobre a linguagem Objective-C, abordando questões como inicialização de objetos, blocos, protocolos, categorias, o pré-processador e alguns dos recursos subjacentes da linguagem C, entre eles funções, arrays, estruturas e ponteiros. Esses recursos subjacentes muitas vezes são desnecessários (e frequentemente é melhor evitá-los) ao se desenvolver aplicativos orientados a objetos pela primeira vez. Recomenda-se que você dê uma olhada rápida no Capítulo 13, "Recursos subjacentes da linguagem C", na primeira vez que ler o texto e volte a ele somente quando for necessário aprender mais sobre um recurso específico da linguagem. O Capítulo 13 também apresenta um recente acréscimo à linguagem C, conhecido como *bloco*. Isso deve ser aprendido depois de saber como se escreve funções, pois a sintaxe do primeiro é derivada destas.

A parte dois começa com o Capítulo 14, "Introdução ao framework Foundation", que apresenta o framework Foundation e mostra como usar sua volumosa documentação.

Os Capítulos 15 a 19 abordam importantes recursos do framework Foundation, entre eles objetos de número e string, coleções, o sistema de arquivos, o gerenciamento de memória e o processo de cópia e arquivamento de objetos.

Quando terminar a parte dois, você será capaz de desenvolver programas bastante sofisticados em Objective-C que funcionam com o framework Foundation.

A parte três começa com o Capítulo 20, "Introdução a Cocoa e Cocoa Touch". Aqui, você vai ter uma rápida visão geral dos frameworks que fornecem as classes necessárias para desenvolver aplicativos gráficos sofisticados no Mac e em seus dispositivos iOS.

O Capítulo 21, "Escrevendo aplicativos iOS", apresenta o SDK do iOS e o framework UIKit. Esse capítulo ilustra uma estratégia passo a passo para escrever um aplicativo iOS simples, seguida de um aplicativo de calculadora, mais sofisticado, que permite a você usar seu iPhone para efetuar cálculos aritméticos simples, com frações.

Como o jargão orientado a objetos envolve muita terminologia, o Apêndice A, "Glossário", apresenta a definição de alguns termos comuns.

O Apêndice B, "Exemplo de código-fonte da agenda de endereços", fornece a listagem de código-fonte das duas classes que são desenvolvidas e extensivamente utilizadas na parte dois deste texto. Essas classes definem as classes de ficha de endereço e catálogo de endereços. Métodos permitem efetuar operações simples, como adicionar e remover fichas de endereço do catálogo de endereços, procurar alguém, listar o conteúdo do catálogo de endereços, etc.

Depois de aprender a escrever programas em Objective-C, você pode seguir várias direções. Talvez queira aprender mais sobre a linguagem de programação C subjacente – ou talvez queira começar a escrever programas em Cocoa para executar no OS X ou ainda desenvolver aplicativos iOS mais sofisticados.

Suporte

Se você visitar o endereço classroomM.com/objective-c (em inglês), encontrará um fórum com bastante conteúdo. Ali, você encontrará alguns códigos-fonte (você não vai encontrar lá o código-fonte "oficial" de todos os exemplos; acredito piamente que grande parte do processo de aprendizado ocorre quando você mesmo digita os exemplos de programa e aprende a identificar e corrigir os erros), respostas dos exercícios, errata e testes; você também poderá fazer perguntas para mim e para os membros do fórum. O fórum se transformou em uma valiosa comunidade de membros ativos, que ficam felizes de ajudar outros membros a resolver seus problemas e responder às suas perguntas. Vá lá, junte-se e participe!

Agradecimentos

Gostaria de agradecer a várias pessoas pela ajuda na preparação da primeira edição deste texto. Primeiro, quero agradecer a Tony Iannino e Steven Levy por fazerem a revisão do manuscrito. Também estou grato a Mike Gaines pelas informações dadas.

Gostaria de agradecer também aos meus editores técnicos, Jack Purdum (primeira edição), Wendy Mui (terceira edição) e Mike Trent (primeira, segunda e terceira edições). Tive muita sorte de ter Mike como revisor das duas primeiras edições deste texto. Ele fez a revisão mais completa de qualquer livro que já escrevi. Não apenas apontou as falhas, como também foi muito generoso em dar sugestões. Graças aos comentários de Mike sobre a primeira edição, mudei minha estratégia ao ensinar gerenciamento de memória e tentei me certificar de que cada exemplo de programa deste livro fosse "à prova de vazamentos". Isso foi antes da quarta edição, na qual a forte ênfase no gerenciamento de memória se tornou obsoleta, com a introdução do ARC. Mike também deu ideias valiosas para o capítulo sobre programação de iOS.

Desde a primeira edição, Catherine Babin forneceu a fotografia da capa e colocou à disposição muitas fotos maravilhosas para eu escolher. Ter a arte da capa de uma amiga tornou o livro ainda mais especial.

Sou muito grato a Mark Taber (por todas as edições), da Pearson, por suportar todos os atrasos e por ser gentil o bastante para adequar minha agenda e tolerar minhas persistentes perdas de prazos. Sou extremamente grato a Michael de Haan e a Wendy Mui por realizarem um trabalho incrível e espontâneo de revisão de provas da primeira impressão da segunda edição.

Conforme mencionado no início desta introdução, Dennis Ritchie inventou a linguagem C. Ele também foi coinventor do sistema operacional UNIX, que é a base do OS X e do iOS. Infelizmente, o mundo perdeu Dennis Ritchie e Steve Jobs no intervalo de uma semana, em 2011. Essas duas pessoas tiveram profundo impacto em minha carreira; se não fosse por eles, este livro não existiria.

Por fim, gostaria de agradecer aos membros do fórum classroomM.com/objective-c por suas informações, apoio e palavras amáveis.

Prefácio da quarta edição

Em junho de 2012, a Apple anunciou algumas mudanças na sintaxe da linguagem Objective-C. Elas estavam relacionadas principalmente com a maneira de inicializar e acessar objetos de número, arrays e dicionários. Essas alterações foram o motivo desta última edição.

Stephen G. Kochan

2
Programação com Objective-C

Neste capítulo, iremos direto ao ponto e mostraremos como escrever seu primeiro programa em Objective-C. Você ainda não vai trabalhar com objetos; esse é o assunto do próximo capítulo. Queremos que você entenda as etapas envolvidas na digitação, compilação e execução de um programa.

Para começar, vamos pegar um exemplo bem simples: um programa que exibe a frase "Programming is fun!" (Programar é divertido!) na tela. Sem mais cerimônias, o Programa 2.1 mostra um programa em Objective-C para fazer essa tarefa.

Programa 2.1

```
// Primeiro exemplo de programa

#import <Foundation/Foundation.h>

int main (int argc, const char * argv[])
{
    @autoreleasepool {
        NSLog (@"Programming is fun!");
    }
    return 0;
}
```

Compilando e executando programas

Antes de entrarmos na explicação detalhada desse programa, precisamos abordar as etapas envolvidas em sua compilação e execução. Você pode compilar e executar seu programa usando Xcode ou pode usar o compilador de Objective-C Clang em uma Janela de Terminal. Vamos ver a sequência de passos utilizando os dois métodos. Então, você poderá decidir como deseja trabalhar com seus programas no restante do livro.

> **Nota**
>
> O Xcode está disponível na Mac App Store. Contudo, também é possível obter versões de pré-lançamento do Xcode tornando-se desenvolvedor registrado da Apple (não há cobrança para isso). Vá até o endereço http://developer.apple.com para obter a versão mais recente das ferramentas de desenvolvimento para Xcode. Lá, você pode baixar o Xcode e o SDK (kit de desenvolvimento de software) do iOS gratuitamente.

Utilizando Xcode

Xcode é um aplicativo sofisticado que permite digitar, compilar, depurar e executar programas facilmente. Se você pretende desenvolver aplicativos a sério no Mac, vale a pena aprender a usar essa poderosa ferramenta. Aqui, vamos apenas iniciá-lo no assunto. Posteriormente, voltaremos ao Xcode e o conduziremos pelas etapas envolvidas no desenvolvimento de um aplicativo gráfico com ele.

> **Nota**
>
> Conforme mencionado, o Xcode é uma ferramenta sofisticada e a introdução do Xcode 4 adicionou ainda mais recursos. É fácil se perder ao usar essa ferramenta. Se isso acontecer com você, volte um pouco e experimente ler o Xcode User Guide (guia do usuário de Xcode), que pode ser acessado a partir do menu Help do Xcode, para orientar-se.

Uma vez instalado, o Xcode fica na pasta Applications. A Figura 2.1 mostra seu ícone.

Xcode

Figura 2.1 Ícone do xcode.

Inicie o Xcode. (Na primeira vez que ativar o aplicativo, será necessário passar por algumas questões uma única vez, como aceitar o acordo de licença.) Então, você pode selecionar Create a new Xcode project na tela inicial (veja a Figura 2.2). Outra opção é selecionar New, New Project sob o menu File.

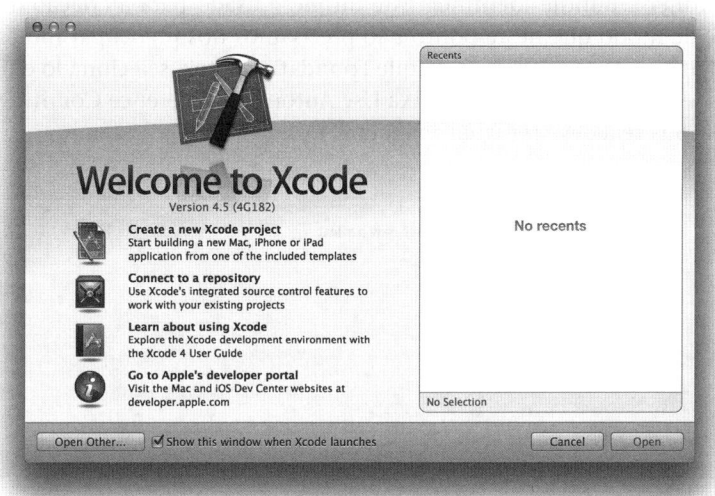

Figura 2.2 Iniciando um novo projeto.

Aparece uma janela, como se vê na Figura 2.3.

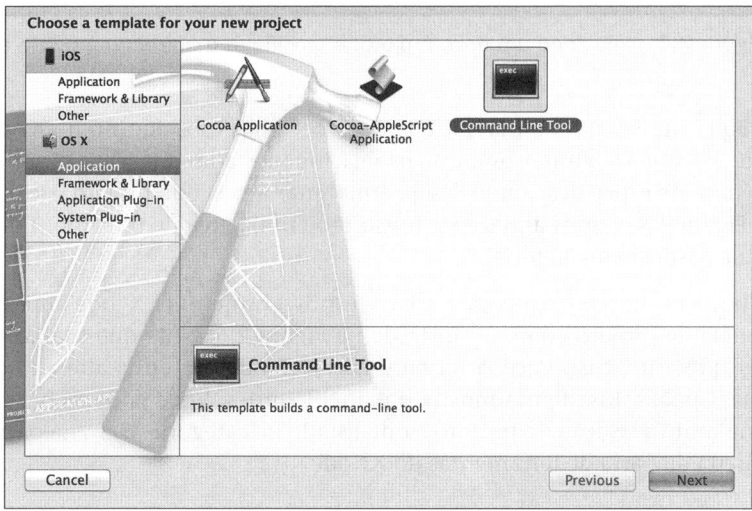

Figura 2.3 Iniciando um novo projeto: selecione o tipo de aplicativo.

No painel esquerdo, você verá uma seção chamada Mac OS X. Selecione Application. No painel superior direito, selecione Command Line Tool, conforme ilustrado na figura anterior. No próximo painel que aparece, você escolhe o nome de seu aplicativo. Digite **prog1** para Product Name e digite algo nos campos Company

Identifier e Bundle Identifier. Este último é usado para a criação de aplicativos iOS, de modo que neste ponto não precisamos nos preocupar muito com o que é digitado ali. Certifique-se de que Foundation esteja selecionado em Type. Além disso, certifique-se de que a caixa Use Automatic Reference Counting esteja marcada. Sua tela deve ser igual à Figura 2.4.

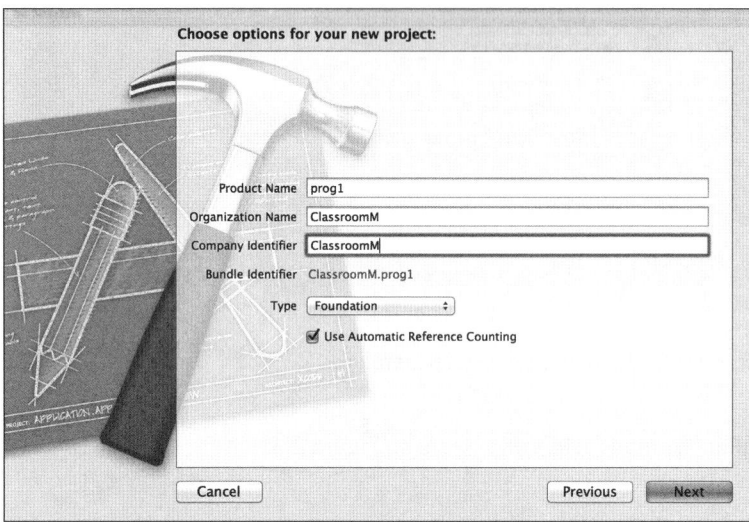

Figura 2.4 Iniciando um novo projeto: especifique o nome do produto e o tipo.

Clique em Next. Na folha que aparece, você pode especificar o nome da pasta de projeto que vai conter os arquivos relacionados ao seu projeto. Aqui, você também pode especificar onde deseja armazenar a pasta de projeto. De acordo com a Figura 2.5, vamos armazenar nosso projeto na área de trabalho (Desktop), em uma pasta chamada prog1.

Clique no botão Create para criar seu novo projeto. O Xcode abre então uma janela de projeto como a mostrada na Figura 2.6. Note que sua janela poderá ser diferente, caso você já tenha usado o Xcode ou tenha alterado alguma de suas opções. Essa figura mostra o painel Utilities. Você pode fechar esse painel anulando a seleção do terceiro ícone listado na categoria View, na parte superior direita da barra de ferramentas do XCode.

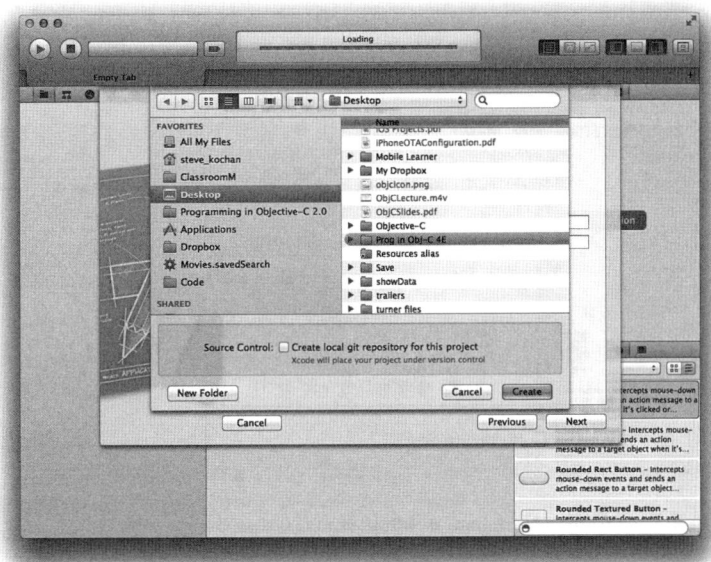

Figura 2.5 Selecionando o local e o nome da pasta de projeto.

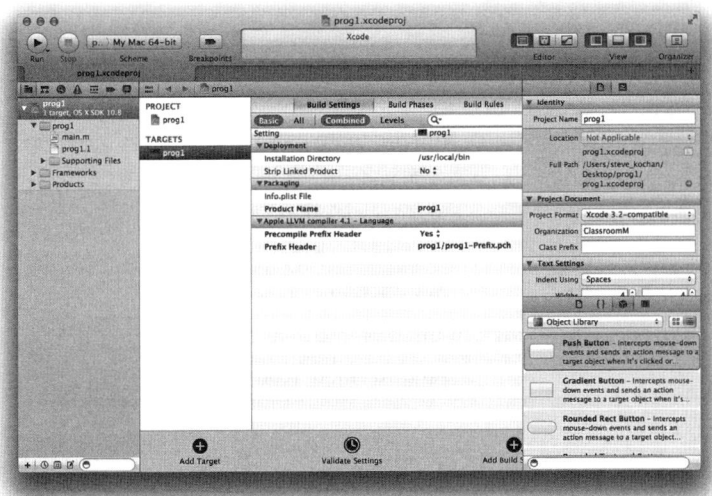

Figura 2.6 Janela de projeto `prog1` do Xcode.

Agora é hora de digitar seu primeiro programa. Selecione o arquivo `main.m` no painel esquerdo. Talvez você tenha que exibir os arquivos sob o nome de projeto, clicando no triângulo de abertura. Agora sua janela de Xcode está como se vê na Figura 2.7.

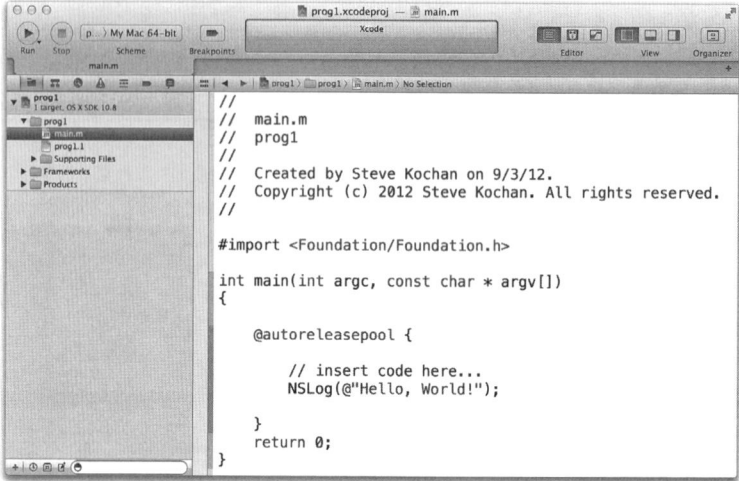

Figura 2.7 Arquivo main.m e a janela de edição.

Os arquivos-fonte Objective-C usam .m como os dois últimos caracteres do nome de arquivo (conhecidos como extensão). A Tabela 2.1 lista outras extensões de nome de arquivo comumente utilizadas.

Tabela 2.1 Extensões de nome de arquivo comuns

Extensão	Significado
.c	Arquivo-fonte da linguagem C
.cc, .cpp	Arquivo-fonte da linguagem C++
.h	Arquivo de cabeçalho
.m	Arquivo-fonte Objective-C
.mm	Arquivo-fonte Objective-C++
.pl	Arquivo-fonte Perl
.o	Arquivo-objeto (compilado)

O painel direito da janela de projeto do Xcode mostra o conteúdo do arquivo main.m, que foi criado automaticamente como arquivo de modelo pelo Xcode contendo as seguintes linhas:

```
//
//  main.m
//  prog1
//
//  Created by Steve Kochan on 9/3/12.
//  Copyright (c) 2012 Steve Kochan. All rights reserved.
//
```

```
#import <Foundation/Foundation.h>

int main (int argc, const char * argv[])
{
    @autoreleasepool {

        // insert code here...
        NSLog (@"Hello World!");
    }
    return 0;
}
```

Você pode editar seu arquivo dentro dessa janela. Faça alterações no programa mostrado na janela de edição, de acordo com o Programa 2.1. As linhas que começam com dois caracteres de barra normal (//) são chamadas de *comentários*; falaremos mais sobre comentários em breve.

Agora seu programa na janela de edição deve estar como mostra o Programa 2.1. (Não se preocupe se seus comentários não corresponderem).

Programa 2.1

```
// Primeiro exemplo de programa

#import <Foundation/Foundation.h>

int main (int argc, const char * argv[])
{
    @autoreleasepool {
        NSLog (@"Programming is fun!");
    }
    return 0;
}
```

> **Nota**
>
> Não se preocupe com as cores usadas para mostrar seu texto na tela. O Xcode indica valores, palavras reservadas, e assim por diante, em cores diferentes. Isso se mostrará muito valioso quando você começar a programar mais, pois pode indicar a fonte de um erro em potencial.

Agora é hora de compilar e executar seu primeiro programa; na terminologia do Xcode, isso é chamado de *construir e executar* (*building and running*). Antes de fazermos isso, precisamos exibir um painel que mostre os resultados (saída) de nosso programa. Você pode fazer isso mais facilmente selecionando o ícone central em View na barra de ferramentas. Quando você deixa o cursor do mouse sobre esse ícone, ele exibe "Hide or show the debug area" (Ocultar ou exibir a área de depuração). Agora sua janela deve estar como a da Figura 2.8. Note que, normalmente, o Xcode exibe a área de depuração automaticamente, sempre que quaisquer dados forem escritos nele.

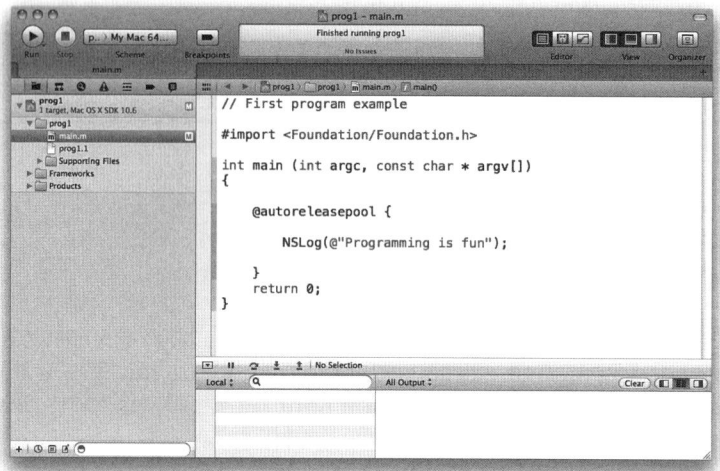

Figura 2.8 Área de depuração do Xcode exibida.

Agora, se você clicar no botão Run, localizado no canto superior esquerdo da barra de ferramentas, ou selecionar Run no menu Product, o Xcode executará processo de duas etapas – primeiro construindo e depois rodando seu programa. Esta última só ocorrerá se não forem encontrados erros em seu programa.

> **Nota**
>
> Na primeira vez que você clica no botão Run, o XCode exibe uma folha que mostra Enable Developer Mode on the Mac? Clique no botão Enable e digite sua senha de administrador para prosseguir.

Caso cometa erros em seu programa, você os verá pelo caminho, denotados como sinais de parada vermelhos contendo pontos de exclamação; eles são chamados de *erros fatais* e você não pode executar seu programa sem corrigi-los. Os *avisos* são representados por triângulos amarelos contendo pontos de exclamação. Você ainda pode executar seu programa com eles, mas em geral deve examiná-los e corrigi-los. Depois que você executar o programa com todos os erros removidos, o painel inferior direito exibirá a saída de seu programa e deverá ser parecido com a Figura 2.9.

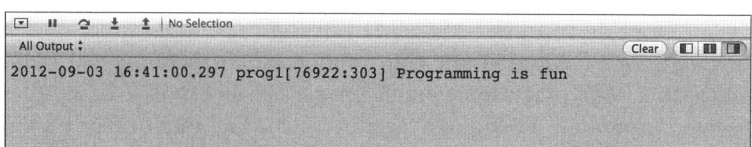

Figura 2.9 Saída de depuração do Xcode.

Agora você concluiu os procedimentos de compilação e execução de seu primeiro programa com Xcode (uau!). A seguir, apresentamos um resumo das etapas envolvidas na criação de um novo programa com o Xcode:

1. Inicie o aplicativo Xcode.
2. Se for um novo projeto, selecione File, New, New Project... ou escolha Create a new Xcode project na tela inicial.
3. Para o tipo de aplicativo, selecione Application, Command Line Tool e clique em Next.
4. Escolha um nome para seu aplicativo e configure seu tipo (Type) como Foundation. Certifique-se de que Use Automatic Reference Counting está marcado. Preencha também os outros campos que aparecem na folha. Clique em Next.
5. Escolha um nome para sua pasta de projeto e um diretório para armazenar seus arquivos de projeto. Clique em Create.
6. No painel esquerdo, você verá o arquivo `main.m`. (Talvez seja preciso exibi-lo dentro da pasta que tem o nome do produto.) Selecione esse arquivo. Digite seu programa na janela de edição que aparece no painel da direita.
7. Na barra de ferramentas, selecione o ícone do meio em View para exibir a área de depuração. É nela que você vai ver sua saída.
8. Construa e execute seu aplicativo, clicando no botão Run na barra de ferramentas ou selecionando Run no menu Product.

> **Nota**
>
> O Xcode vem com uma poderosa ferramenta, conhecida como analisador estático. Ela analisa seu código e encontra erros na lógica do programa. Você pode usá-la selecionando Analyze no menu Product ou o botão Run na barra de ferramentas.

9. Se você receber qualquer erro do compilador ou a saída não for a esperada, faça alterações no programa e execute-o novamente.

Utilizando o terminal

Algumas pessoas talvez não queiram aprender a usar o Xcode para começar a programar com Objective-C. Se você estiver acostumado a usar o shell do UNIX e ferramentas de linha de comando, talvez queira editar, compilar e executar seus programas utilizando o aplicativo Terminal. Aqui, examinaremos como se faz isso.

Antes de tentar compilar seu programa a partir da linha de comando, certifique-se de ter instalado as Command Line Tools do Xcode em seu sistema. Vá em Xcode, Preferences, Downloads, Components dentro do Xcode. Você vai ver algo semelhante à Figura 2.10. Essa figura indica que Command Line Tools não foi instalado nesse sistema. Para fazer isso, clique no botão Install.

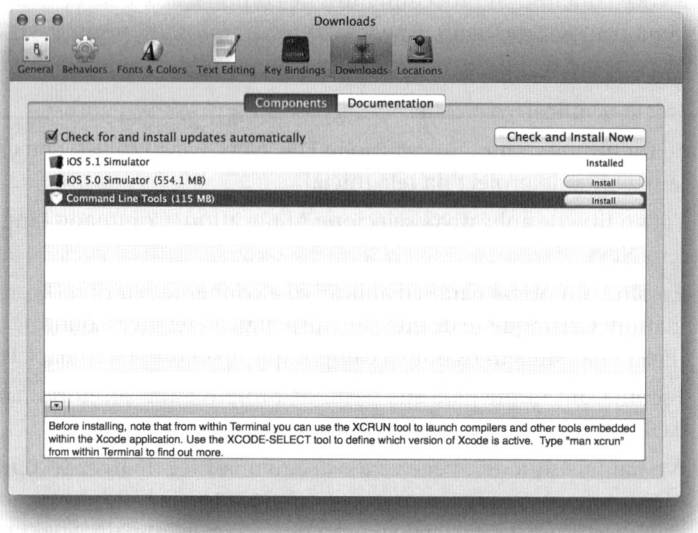

Figura 2.10 Instalando Command Line Tools.

Uma vez que Command Line Tools esteja instalado, o próximo passo é iniciar o aplicativo Terminal em seu Mac. O aplicativo Terminal está localizado na pasta Applications, armazenada em Utilities. A Figura 2.11 mostra seu ícone.

Terminal

Figura 2.11 Ícone do programa Terminal.

Inicie o aplicativo Terminal. Você verá uma janela como a da Figura 2.12.

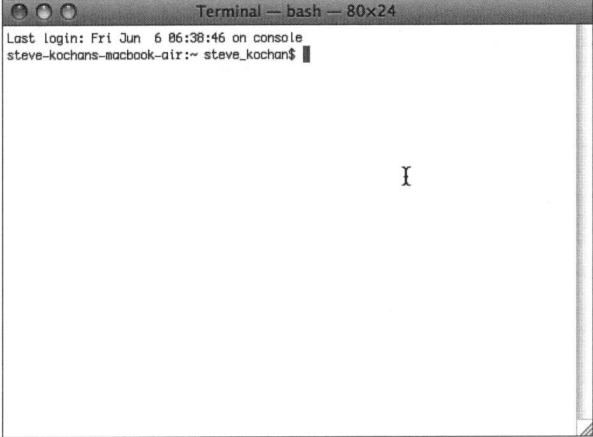

Figura 2.12 Janela de Terminal.

Você digita os comandos após o $ (ou %, dependendo de como seu aplicativo Terminal está configurado) em cada linha. Se você estiver acostumado a usar UNIX, achará isso simples.

Primeiro, você precisa digitar as linhas do Programa 2.1 em um arquivo. Pode começar criando um diretório para armazenar seus exemplos de programa. Então, você deve executar seu editor de textos, como o vi ou o emacs, para digitar seu programa:

```
sh-2.05a$ mkdir Progs      Cria um diretório para armazenar
                           programas
sh-2.05a$ cd Progs         Muda para o novo diretório
sh-2.05a$ vi main.m        Inicia um editor de textos para digitar o
                           programa
--
```

> **Nota**
>
> No exemplo anterior e no resto deste texto, os comandos que você, o usuário, digita são indicados em negrito.

Para arquivos Objective-C, você pode escolher o nome que desejar; basta certificar-se de que os dois últimos caracteres sejam .m. Isso indica ao compilador que você tem um programa em Objective-C.

Após ter digitado seu programa em um arquivo (e não estamos mostrando os comandos de edição para digitar e salvar seu texto aqui) e ter verificado se instalou as ferramentas corretas, você pode usar o compilador LLVM Clang Objective-C, que é chamado de clang, para compilar e lincar seu programa. Este é o formato geral do comando clang:

```
clang -fobjc-arc arquivos -o programa
```

arquivos é a lista de arquivos a serem compilados. Nesse exemplo, temos apenas um arquivo e o estamos chamando de `main.m`. *programa* é o nome do arquivo que vai conter o código executável, caso o programa compile sem erros.

Vamos chamar o programa de `prog1`; aqui, então, está a linha de comando para compilar seu primeiro programa em Objective-C:

```
$ clang -fobjc-arc main.m -o prog1    Compila main.m e o chama de prog1
$
```

O retorno do prompt de comando sem mensagens significa que não foram encontrados erros no programa. Agora você pode executar o programa, digitando o nome **prog1** no prompt de comando:

```
$ prog1          Executa prog1
sh: prog1: command not found
$
```

Esse é o resultado que você provavelmente obterá, a não ser que já tenha usado o Terminal anteriormente. O shell do UNIX (que é o aplicativo que está executando seu programa) não sabe onde `prog1` está localizado (não vamos entrar em todos os detalhes disso aqui), de modo que você tem duas opções: uma é preceder o nome do programa com os caracteres ./ para que o shell saiba que deve procurar o programa a ser executado no diretório atual. A outra é adicionar o diretório no qual seus programas estão armazenados (ou simplesmente o diretório atual) na variável `PATH` do shell. Vamos adotar a primeira estratégia aqui:

```
$ ./prog1        Executa prog1
2012-09-03 18:48:44.210 prog1[7985:10b] Programming is fun!
$
```

Note que escrever e depurar programas em Objective-C a partir do Terminal é uma estratégia válida. No entanto, não é uma boa estratégia de longo prazo. Se você quiser construir aplicativos OS X ou iOS, há mais a ser "empacotado" do que apenas o arquivo executável em um pacote de aplicativo. Não é fácil fazer isso no aplicativo Terminal e essa é uma das especialidades do Xcode. Portanto, sugiro que você aprenda a utilizar o Xcode para desenvolver seus programas. Há uma curva de aprendizado envolvida, mas o esforço será bem recompensado no fim.

Explicação de seu primeiro programa

Agora que você já conhece as etapas envolvidas na compilação e execução de programas em Objective-C, vamos dar uma olhada mais de perto nesse primeiro programa. Aqui está ele novamente:

```
// Primeiro exemplo de programa

#import <Foundation/Foundation.h>

int main (int argc, const char * argv[])
{
   @autoreleasepool {
```

```
        NSLog (@"Programming is fun!");
    }
    return 0;
}
```

Em Objective-C, letras maiúsculas e minúsculas são diferentes. Além disso, a Objective-C não se preocupa com onde você começa a digitar na linha – você pode começar sua instrução em qualquer posição na linha. Você pode tirar proveito disso para desenvolver programas mais fáceis de ler.

As primeiras sete linhas do programa introduzem o conceito de *comentário*. Uma instrução de comentário é usada em um programa para documentá-lo e melhorar sua legibilidade. Os comentários dizem ao leitor do programa – seja o programador ou outra pessoa cuja responsabilidade é manter o programa – exatamente o que o programador tinha em mente ao escrever um programa específico ou uma sequência de instruções em particular.

Você pode inserir comentários em um programa Objective-C de duas maneiras. Uma é usando dois caracteres de barra normal consecutivos (//). O compilador ignora todos os caracteres que vierem após essas barras, até o final da linha.

Você também pode iniciar um comentário com os dois caracteres, / e *. Isso marca o início do comentário. Esses tipos de comentários têm de ser terminados. Para terminar o comentário, você usa os caracteres * e /, sem qualquer espaço entre eles. Todos os caracteres entre /* de abertura e */ de fechamento são tratados como parte da instrução de comentário e são ignorados pelo compilador de Objective--C. Essa forma de comentário é frequentemente usada quando os comentários abrangem muitas linhas de código, como no seguinte:

```
/*
Este arquivo implementa uma classe chamada Fraction, que
representa números fracionários. Métodos permitem a manipulação de
frações, como adição, subtração, etc.

Para mais informações, consulte o documento:
    /usr/docs/classes/Fraction.pdf
*/
```

O estilo de comentário usado fica inteiramente por sua conta. Note apenas que você não pode aninhar os comentários de tipo /*.

Habitue-se a inserir instruções de comentário no programa à medida que você o escreve ou o digita no computador, por três bons motivos. Primeiro, documentar o programa enquanto a lógica em particular ainda está fresca em sua mente é muito mais fácil do que voltar e relembrar a lógica depois que o programa estiver concluído. Segundo, inserindo comentários no programa nos estágios iniciais da programação, você pode usufruir dos benefícios dos comentários durante a fase de depuração, quando os erros de lógica do programa são isolados e depurados. Um comentário não apenas pode ajudar você (e outros) a ler o programa, como também pode ajudar a indicar a fonte do erro de lógica. Por fim, ainda não descobri um programador que goste realmente de documentar um programa. De fato, depois de ter terminado de depurar seu programa, você provavelmente não vai querer voltar a ele para inserir comentários. Inserir comentários ao desenvolver o programa torna um pouco mais fácil lidar com essa tarefa às vezes maçante.

Esta próxima linha do Programa 2.1 ao compilador que localize e processe um arquivo chamado `Foundation.h`:

```
#import <Foundation/Foundation.h>
```

Esse é um arquivo de sistema – isto é, não é um arquivo criado por você. `#import` pede para importar, ou incluir, as informações desse arquivo no programa, exatamente como se o conteúdo do arquivo digitado nesse ponto do programa. Você importou o arquivo `Foundation.h` porque ele tem informações sobre outras classes e funções que são utilizadas posteriormente no programa.

No Programa 2.1, esta linha especifica que o nome do programa é `main`:

```
int main (int argc, const char * argv[])
```

`main` é um nome especial que indica precisamente onde o programa deve começar a execução. A palavra reservada `int` que precede `main` especifica o tipo de valor retornado por `main`, que é um inteiro (mais sobre isso em breve). Vamos ignorar o que aparece entre os parênteses de abertura e fechamento, por enquanto; eles têm a ver com *argumentos de linha de comando*, um assunto que trataremos no Capítulo 13, "Recursos subjacentes da linguagem C".

Agora que você identificou `main` para o sistema, está pronto para especificar precisamente o que essa rotina deve fazer. Isso é feito em todas as *instruções* de programa dentro de um par de chaves. No caso mais simples, uma instrução é apenas uma expressão terminada com um ponto e vírgula. O sistema trata todas as instruções de programa entre as chaves como parte da rotina `main`.

A próxima linha em `main` é a seguinte:

```
@autoreleasepool {
```

Quaisquer instruções de programa entre { e } são executadas dentro de um contexto conhecido como *autorelease pool*. O autorelease pool é um mecanismo que permite ao sistema gerenciar de modo eficiente a memória utilizada por seu aplicativo à medida que ele cria novos objetos. Falaremos dele com mais detalhes no Capítulo 17, "Gerenciamento de memória e Automatic Reference Counting". Aqui, temos apenas uma instrução dentro de nosso contexto `@autoreleasepool`.

Essa instrução especifica que uma rotina `NSLog` deve ser invocada (ou *chamada*). O parâmetro (ou *argumento*) a ser passado à rotina `NSLog` é a seguinte string de caracteres:

```
@"Programming is fun!"
```

Aqui, o sinal @ precede imediatamente uma string de caracteres cercada por um par de aspas duplas. Quando juntos, eles são conhecidos como objeto `NSString` constante.

> **Nota**
>
> Caso você tenha experiência em programação com C, é possível que fique intrigado com o caractere @ no início. Sem esse caractere @ no início, você está escrevendo um string constante no estilo C; com ele, você está escrevendo um objeto string `NSString`. Mais sobre esse assunto no Capítulo 15, "Números, strings e coleções".

A rotina `NSLog` é uma função que simplesmente exibe ou registra seu argumento (ou argumentos, conforme você verá em breve). Contudo, antes de fazer isso, ela exibe a data e hora em que a rotina é executada, o nome do programa e alguns outros números não descritos aqui. No decorrer do livro, não nos preocuparemos em mostrar esse texto que `NSLog` insere antes de sua saída.

Todas as instruções de programa em Objective-C devem terminar com um ponto e vírgula (;). É por isso que um ponto e vírgula aparece imediatamente após o parênteses de fechamento da chamada a `NSLog`.

A última instrução de programa em `main` é a seguinte:

```
return 0;
```

Ela pede para terminar a execução de `main` e *retornar* um valor de status igual a 0. Por convenção, 0 significa que o programa terminou normalmente. Qualquer valor diferente de zero em geral significa que algum problema ocorreu – por exemplo, talvez o programa não tenha conseguido localizar um arquivo de que necessitava.

Agora que acabamos de discutir seu primeiro programa, vamos modificá-lo para que também exiba a frase "Programming in Objective-C is even more fun!" (Programar com Objective-C é ainda mais divertido!). Você pode fazer isso simplesmente adicionando outra chamada para a rotina `NSLog`, como mostrado no Programa 2.2. Lembre-se de que toda instrução de programa em Objective-C deve ser terminada com um ponto e vírgula. Note que removemos as linhas de comentário iniciais em todos os exemplos de programa a seguir.

Programa 2.2

```
#import <Foundation/Foundation.h>

int main (int argc, const char * argv[])
{
   @autoreleasepool {
      NSLog (@"Programming is fun!");
      NSLog (@"Programming with Objective-C is even more fun!");
   }
   return 0;
}
```

Se você digitar o Programa 2.2 e depois compilá-lo e executá-lo, pode esperar a seguinte saída (novamente, sem mostrar o texto que NSLog normalmente acrescenta no começo da saída):

Programa 2.2 Saída

```
Programming is fun!
Programming with Objective-C is even more fun!
```

Conforme você verá no próximo exemplo de programa, não é preciso fazer uma chamada separada para a rotina NSLog para cada linha de saída.

Primeiro, vamos falar sobre uma sequência especial de dois caracteres. Quando juntas, barra invertida (\) e a letra n são conhecidas como caractere de *nova linha*. Um caractere de nova linha pede ao sistema para que faça precisamente o que seu nome quer dizer: vá para uma nova linha. Quaisquer caracteres a serem impressos após o caractere de nova linha aparecem então na linha seguinte da tela. Na verdade, o caractere de nova linha é conceitualmente muito parecido com a tecla de retorno do carro de uma máquina de escrever (lembra-se delas?).

Estude o programa listado no Programa 2.3 e tente prever os resultados antes de examinar a saída (sem trapacear, agora!).

Programa 2.3

```
#import <Foundation/Foundation.h>

int main (int argc, const char *argv[])
{
   @autoreleasepool {
      NSLog (@"Testing...\n..1\n...2\n....3");
   }
   return 0;
}
```

Programa 2.3 Saída

```
Testing...
..1
...2
....3
```

Exibindo os valores de variáveis

Não são apenas frases simples que podem ser exibidas com NSLog, mas também os valores de variáveis e os resultados de operações. O Programa 2.4 usa a rotina NSLog para exibir o resultado da soma de dois números, 50 e 25.

Programa 2.4

```
#import <Foundation/Foundation.h>

int main (int argc, const char *argv[])
```

```
{
   @autoreleasepool {
      int sum;

      sum = 50 + 25;
      NSLog (@"The sum of 50 and 25 is %i", sum);
   }
   return 0;
}
```

Programa 2.4 Saída

```
The sum of 50 and 25 is 75
```

A primeira instrução de programa dentro de main, após o autorelease pool iniciado, define a variável sum como sendo de tipo integer (inteiro). Você deve definir todas as variáveis do programa antes de utilizá-las. A definição de uma variável especifica para o compilador de Objective-C como o programa deve usá-la. O compilador precisa dessa informação para gerar as instruções corretas para armazenar e recuperar valores da variável. Uma variável definida como de tipo int só pode ser usada para conter números inteiros – isto é, números sem casas decimais. Exemplos de números inteiros são 3, 5, -20 e 0. Números com casas decimais, como 2.14, 2.455 e 27.0, são conhecidos como números de *ponto flutuante* e são números reais.

A variável inteira sum armazena o resultado da adição dos dois inteiros 50 e 25. Deixamos intencionalmente uma linha em branco após a definição dessa variável, para separar visualmente as declarações de variável da rotina das instruções do programa; isso é estritamente uma questão de estilo. Às vezes, adicionar uma linha em branco em um programa pode torná-lo mais legível.

A instrução do programa é lida como na maioria das outras linguagens de programação:

```
sum = 50 + 25;
```

O número 50 é somado (conforme indicado pelo sinal de adição) ao número 25 e o resultado é armazenado (conforme indicado pelo operador de atribuição, o sinal de igual) na variável sum.

Agora a chamada da rotina NSLog no Programa 2.4 tem dois argumentos, dentro dos parênteses. Esses argumentos são separados por uma vírgula. O primeiro argumento da rotina NSLog é sempre a string de caracteres a ser exibida. No entanto, junto com a exibição da string de caracteres, você frequentemente quer exibir também o valor de certas variáveis do programa. Neste caso, você quer exibir o valor da variável sum após esses caracteres:

```
The sum of 50 and 25 is
```

O símbolo de porcentagem dentro do primeiro argumento é um caractere especial reconhecido pela função NSLog. O caractere imediatamente após o sinal de porcentagem especifica o tipo de valor a ser exibido nesse ponto. No programa anterior, a rotina NSLog entende que a letra i significa que deve ser exibido um valor inteiro.

Quando a rotina NSLog encontra os caracteres %i dentro de um string de caracteres, ela exibe automaticamente o valor do seu próximo argumento. Como sum é o próximo argumento de NSLog, seu valor é exibido automaticamente após "The sum of 50 and 25 is" (A soma de 50 e 25 é).

Agora, tente prever a saída do Programa 2.5.

Programa 2.5

```
#import <Foundation/Foundation.h>

int main (int argc, const char *argv[])
{
   @autoreleasepool {
      int value1, value2, sum;
      value1 = 50;
      value2 = 25;
      sum = value1 + value2;

      NSLog (@"The sum of %i and %i is %i", value1, value2, sum);
   }
   return 0;
}
```

Programa 2.5   Saída

```
The sum of 50 and 25 is 75
```

A segunda instrução de programa dentro de main define três variáveis, value1, value2 e sum, todas de tipo int. Essa instrução poderia ter sido expressa de forma equivalente usando-se três instruções separadas, como segue:

```
int value1;
int value2;
int sum;
```

Após as três variáveis serem definidas, o programa atribui o valor 50 à variável value1 e, então, o valor 25 a value2. Em seguida, é calculada a soma dessas duas variáveis e o resultado é atribuído à variável sum.

Agora a chamada da rotina NSLog contém quatro argumentos. Mais uma vez, o primeiro argumento, normalmente chamado de string de formatação, descreve para o sistema como os argumentos restantes devem ser exibidos. O valor de value1 é exibido imediatamente após a frase "The sum of" (A soma de). Da mesma forma, os valores de value2 e sum serão impressos nos pontos indicados pelas próximas duas ocorrências dos caracteres %i na string de formatação.

Resumo

Depois de ler este capítulo introdutório sobre desenvolvimento de programas em Objective-C, você deve ter uma boa ideia sobre o que está envolvido na escrita de um programa nessa linguagem – e deve ser capaz de desenvolver um pequeno programa por conta própria. No próximo capítulo, você começará a examinar algumas das complexidades dessa poderosa e flexível linguagem de programação. Mas, primeiro, tente fazer os exercícios a seguir para certificar-se de que entendeu os conceitos apresentados neste capítulo.

Exercícios

1. Digite e execute os cinco programas apresentados neste capítulo. Compare a saída produzida por cada programa com a saída apresentada após cada um deles.

2. Escreva um programa que exiba o texto a seguir:

   ```
   Em Objective-C, as letras minúsculas têm significado.
   main é onde a execução do programa começa.
   Chaves de abertura e fechamento cercam as instruções de programa em uma rotina.
   Todas as instruções de programa devem ser terminadas por um ponto e vírgula.
   ```

3. Que saída você esperaria do programa a seguir?

   ```
   #import <Foundation/Foundation.h>
   int main (int argc, const char * argv[])
   {
     @autoreleasepool {
         int i;
         i = 1;
         NSLog (@"Testing...");
         NSLog (@"....%i", i);
         NSLog (@"...%i", i + 1);
         NSLog (@"..%i", i + 2);
     }
     return 0;
   }
   ```

4. Escreva um programa que subtraia o valor `15` de `87` e exiba o resultado junto com uma mensagem apropriada.

5. Identifique os erros de sintaxe no programa a seguir. Em seguida, digite e execute o programa corrigido para certificar-se de que você identificou todos os erros:

   ```
   #import <Foundation/Foundation.h>

   int main (int argc, const char *argv[]);
   (
     @autoreleasepool {
         INT sum;
   ```

```
        /* CALCULA O RESULTADO //
        sum = 25 + 37 - 19
        / EXIBE OS RESULTADOS /
        NSLog (@'The answer is %i' sum);
    }
    return 0;
}
```

6. Que saída você esperaria do programa a seguir?

```
#import <Foundation/Foundation.h>

int main (int argc, const char *argv[])
{
  @autoreleasepool {
      int answer, result;

      answer = 100;
      result = answer - 10;

      NSLog (@"The result is %i\n", result + 5);
  }
  return 0;
}
```

3
Classes, objetos e métodos

Neste capítulo, você vai aprender alguns conceitos importantes da programação orientada a objetos e começar a trabalhar com classes em Objective-C. Você precisa aprender alguns termos novos, mas manteremos tudo bem informal. Abordaremos também alguns dos termos básicos aqui, para que você não tenha que se preocupar com eles. Para ver definições mais precisas desses termos, consulte o Apêndice A, "Glossário", no final do livro.

O que é um objeto, afinal?

Um objeto é uma coisa. Considere a programação orientada a objetos como uma coisa e como algo que você queira fazer com essa coisa. Isso contrasta com uma linguagem de programação como C, conhecida como linguagem de programação procedural. Em C, normalmente você pensa primeiro no que deseja fazer e depois se preocupa com os objetos – quase o oposto da orientação a objetos.

Considere um exemplo do cotidiano. Vamos supor que você tenha um carro, o qual obviamente é um objeto, e que esse objeto lhe pertença. Você não tem qualquer carro; você tem um determinado carro que foi construído em uma fábrica, talvez em Detroit, talvez no Japão ou mesmo em outro lugar qualquer. Seu carro tem um número de chassi que o identifica univocamente.

No jargão orientado a objetos, seu carro em particular é uma *instância* de um carro. Continuando com a terminologia, carro é o nome da *classe* a partir da qual essa instância foi criada. Assim, sempre que um novo carro é fabricado, uma nova instância da classe dos carros é criada, e nos referimos a cada instância de carro usando o termo *objeto*.

Seu carro pode ser prata, ter interior preto, ser conversível ou ter capô de metal, etc. Além disso, você realiza certas ações com seu carro. Por exemplo, você o dirige, coloca combustível, lava (espera-se), faz a manutenção, e assim por diante. A Tabela 3.1 mostra isso.

Tabela 3.1 Ações sobre objetos

Objeto	O que você faz com ele
Seu carro	Dirige
	Coloca combustível
	Lava
	Faz a manutenção

As ações listadas na Tabela 3.1 podem ser realizadas com seu carro e também com outros carros. Por exemplo, sua irmã dirige o carro dela, lava, coloca combustível, etc.

Instâncias e métodos

Uma única ocorrência de uma classe é uma *instância* e as ações realizadas na instância são denominadas *métodos*. Em alguns casos, um método pode ser aplicado a uma instância da classe ou na própria classe. Por exemplo, lavar seu carro se aplica a uma instância. (Na verdade, todos os métodos listados na Tabela 3.1 podem ser considerados métodos de instância.) Descobrir quantos tipos de carros um fabricante faz se aplicaria à classe, de modo que isso seria um método de classe.

Suponha que você tenha dois carros saídos da linha de montagem e aparentemente idênticos: ambos têm o mesmo interior, a mesma cor, etc. Eles podem começar iguais, mas à medida que cada carro é usado por seus respectivos proprietários, suas características particulares (ou *propriedades*) mudam. Por exemplo, um carro poderia estar arranhado e o outro poderia ser mais rodado. Cada instância ou objeto contém não somente informações sobre suas características iniciais, de fábrica, mas também sobre suas características atuais. Essas características podem mudar dinamicamente. À medida que você dirige seu carro, o tanque de combustível esvazia, o carro fica mais sujo e os pneus ficam mais gastos.

Aplicar um método a um objeto pode afetar o *estado* desse objeto. Se seu método for "encher o tanque de meu carro com combustível", depois que esse método for executado, o tanque de combustível de seu carro estará cheio. Então, o método terá afetado o estado do tanque de combustível do carro.

Os principais conceitos aqui são que os objetos são representações únicas de uma classe e cada objeto contém algumas informações (dados), normalmente exclusivas desse objeto. Os métodos fornecem os meios de acessar e alterar esses dados.

A linguagem de programação Objective-C tem a seguinte sintaxe específica para aplicar métodos em classes e instâncias:

[*ClasseOuInstância método*];

Nessa sintaxe, o colchete à esquerda é seguido pelo nome de uma classe ou instância dessa classe, que é seguido por um ou mais espaços, seguidos pelo método que você deseja executar. Finalmente, fecha-se com um colchete à direita e um ponto e vírgula final. Quando você pede a uma classe ou a uma instância que realize alguma ação, diz-se que você está enviando a ela uma *mensagem*; quem recebe essa mensagem é chamado de *destinatário*. Assim, outro modo de ver o formato geral descrito anteriormente é o seguinte:

```
[ destinatário mensagem ];
```

Vamos voltar à lista anterior e escrever tudo nessa nova sintaxe. Antes de fazer isso, contudo, você precisa criar seu novo carro. Para isso, vá até a fábrica, como segue:

```
seuCarro = [Carro new];          cria um novo carro
```

Você envia uma mensagem new para a classe Carro (o destinatário da mensagem) pedindo a ela que forneça um novo carro. Então, o objeto resultante (que representa seu carro exclusivo) é armazenado na variável seuCarro. De agora em diante, seuCarro pode ser usada para se referir à sua instância do carro, que você recebeu da fábrica.

Como você foi até a fábrica para pegar o carro, o método é chamado de método *fábrica* ou *de classe*. As outras ações executadas em seu novo carro serão métodos de instância, pois se aplicam a seu carro. Aqui estão alguns exemplos de mensagem que você poderia enviar para seu carro:

```
[seuCarro preparar];             prepara-o para seu primeiro uso
[seuCarro dirigir];              dirige seu carro
[seuCarro lavar];                lava seu carro
[seuCarro abastecer];            coloca combustível em seu carro
[seuCarro consertar];            faz a manutenção em seu carro

[seuCarro baixarCapota];         se for um conversível
[seuCarro levantarCapota];
quilometragemAtual = [seuCarro odometro];
```

Este último exemplo mostra um método de instância que retorna informações – presumivelmente a quilometragem atual, conforme indicado no odômetro. Aqui, armazenamos essa informação em uma variável em nosso programa, chamada quilometragemAtual.

Eis um exemplo de um método que recebe um *argumento* que especifica um valor em particular, o qual pode diferir de uma chamada de método para outra:

```
[seuCarro mudarVelocidade: 55];  muda a velocidade para 55 km/h
```

Sua irmã, Sue, pode usar os mesmos métodos para a instância do carro dela:

```
[carroDaSue dirigir];
[carroDaSue lavar];
[carroDaSue abastecer];
```

Aplicar os mesmos métodos em objetos diferentes é um dos principais conceitos da programação orientada a objetos, e você vai aprender mais sobre isso posteriormente.

Você provavelmente não precisará trabalhar com carros em seus programas. Seus objetos em geral serão coisas ligadas ao computador, como janelas, retângulos, partes de texto ou talvez até uma calculadora ou uma lista de reprodução de músicas. E os métodos desses objetos podem ficar parecidos com os métodos usados para seus carros, como os seguintes:

[minhaJanela limpar];	Limpa a janela
aArea = [meuRetangulo ;area];	Calcula a área do retângulo
[usuarioTexto correcaoOrtografica];	Faz a verificação ortográfica de algum texto
[Calculadora limparEntrada];	Apaga a última entrada
[listaFavoritos mostrarMusicas];	Mostra as músicas de uma lista de reprodução de favoritos
[numeroTelefone discar];	Disca um número de telefone
[minhaTabela atualizarDados];	Mostra os dados da tabela atualizada
n = [umToque contarToques];	Armazena o número de vezes que a tela foi tocada

Uma classe em Objective-C para trabalhar com frações

Agora é hora de definir uma classe de verdade em Objective-C e aprender a trabalhar com instâncias da classe.

Mais uma vez, você vai aprender primeiro o procedimento, então os exemplos de programa podem não parecer muito práticos agora. Vamos ver coisas mais práticas posteriormente.

Suponha que você precise escrever um programa para trabalhar com frações. Talvez precise lidar com adição, subtração, multiplicação, etc. Se não conhecesse nada sobre classes, você poderia começar com um programa simples como o seguinte.

Programa 3.1

```
// Programa simples para trabalhar com frações

#import <Foundation/Foundation.h>

int main (int argc, char * argv[])
{
   @autoreleasepool {
      int numerator = 1;
      int denominator = 3;
      NSLog (@"The fraction is %i/%i", numerator, denominator);
   }
   return 0;
}
```

Programa 3.1   Saída

```
The fraction is 1/3
```

No Programa 3.1, a fração é representada em termos de seu numerador (*numerator*) e denominador (*denominator*). Após a diretiva @autoreleasepool, as duas linhas em main declaram as variáveis numerator e denominator como inteiros e atribui a elas os valores iniciais 1 e 3, respectivamente. Isso é equivalente às seguintes linhas:

```
int numerator, denominator;

numerator = 1;
denominator = 3;
```

Representamos a fração 1/3 armazenando 1 na variável numerator e 3 na variável denominator. Se você precisasse armazenar muitas frações em seu programa, isso poderia ser pouco prático. Sempre que quisesses se referir à fração, teria de se referir ao numerador e ao denominador correspondentes. E, igualmente esquisito, teria de efetuar operações com essas frações.

Seria melhor se você pudesse definir uma fração como uma única entidade e se referir ao seu numerador e ao seu denominador usando um único nome, como myFraction (minhaFracao). Isso é possível em Objective-C, e você começa definindo uma nova classe.

O Programa 3.2 replica a funcionalidade do Programa 3.1, usando uma nova classe chamada Fraction. Aqui, então, está o programa, seguido por uma explicação detalhada de seu funcionamento.

Programa 3.2

```
// Programa para trabalhar com frações - versão classe

#import <Foundation/Foundation.h>

//---- seção @interface ----

@interface Fraction: NSObject

-(void) print;
-(void) setNumerator: (int) n;
-(void) setDenominator: (int) d;

@end

//---- seção @implementation ----

@implementation Fraction
{
    int numerator;
    int denominator;
}
-(void) print
{
    NSLog (@"%i/%i", numerator, denominator);
```

```objc
}

-(void) setNumerator: (int) n
{
   numerator = n;
}

-(void) setDenominator: (int) d
{
   denominator = d;
}

@end

//---- seção de programa ----


int main (int argc, char * argv[])
{
   @autoreleasepool {
      Fraction *myFraction;

      // Cria uma instância de Fraction

      myFraction = [Fraction alloc];
      myFraction = [myFraction init];

      // Define a fração em 1/3

      [myFraction setNumerator: 1];
      [myFraction setDenominator: 3];

      // Exibe a fração usando o método print

      NSLog (@"The value of myFraction is:");
      [myFraction print];
   }
   return 0;
}
```

Programa 3.2 Saída

```
The value of myFraction is:
1/3
```

Como você pode ver pelos comentários no Programa 3.2, o programa está dividido logicamente em três seções:

- seção `@interface`
- seção `@implementation`
- seção de programa

A seção `@interface` descreve a classe e seus métodos e a seção `@implementation` descreve os dados (as *variáveis de instância* que os objetos da classe vão armazenar) e contém o código que implementa os métodos declarados na seção de interface. A seção de `programa` contém o código de programa que deverá cumprir o propósito do programa.

> **Nota**
>
> Você também pode declarar as variáveis de instância de uma classe na seção de interface. A capacidade de fazer isso na seção de implementação foi adicionada no Xcode 4.2 e é considerada uma maneira melhor de definir uma classe. Você vai aprender mais sobre o motivo disso em um capítulo posterior.

Cada uma dessas seções faz parte de todo programa em Objective-C, mesmo que você não precise escrever cada uma delas. Como você vai ver, normalmente, cada seção é colocada em seu próprio arquivo. Mas, por enquanto, vamos manter todas juntas em um único arquivo.

A seção `@interface`

Ao definir uma nova classe, você precisa dizer ao compilador do Objective-C de onde ela virá. Isto é, você precisa nomear sua classe *pai*. Em seguida, você precisa definir o tipo de operações (ou *métodos*) que podem ser usadas ao se trabalhar com objetos dessa classe. E, conforme vai aprender em um capítulo posterior, você também lista itens conhecidos como *propriedades*, na seção especial do programa chamada `@interface`. O formato geral dessa seção é o seguinte:

```
@interface NomeNovaClasse: NomeClassePai
    declaraçõesDePropriedadeEMétodo;
@end
```

Por convenção, os nomes de classe começam com letra maiúscula, apesar de não ser obrigatório. Isso permite que alguém que leia seu programa diferencie os nomes de classe de outros tipos de variáveis simplesmente olhando o primeiro caractere do nome. Vamos desviar nossa atenção para falar um pouco sobre a formação de nomes em Objective-C.

Escolhendo nomes

No Capítulo 2, "Programação com Objective-C", você usou diversas variáveis para armazenar valores inteiros (`int`). Por exemplo, a variável `sum` foi usada no Programa 2.4 para armazenar o resultado da soma de dois inteiros, 50 e 25.

A linguagem Objective-C também permite armazenar outros tipos de dados em variáveis, além de apenas inteiros, desde que a declaração correta da variável seja feita antes de ela ser utilizada no programa. As variáveis podem ser usadas para armazenar números de ponto flutuante, caracteres e até objetos (ou, mais precisamente, referências para objetos).

As regras de formação de nomes são muito simples: eles devem começar com uma letra ou um sublinhado (_) e podem ser seguidos por qualquer combinação de letras (maiúsculas ou minúsculas), sublinhados ou dígitos de 0 a 9. A seguir está uma lista de nomes válidos:

- `sum` (soma)
- `pieceFlag` (flagPeça)
- `i`
- `myLocation` (meuLocal)
- `numberOfMoves` (numeroDeMovimentos)
- `sysFlag` (flagsys)
- `ChessBoard` (TabuleiroDeXadrez)

Contudo, os nomes a seguir não são válidos pelos motivos mencionados:

- `sum$value` – $ não é um caractere válido.
- `piece flag` – Não é permitido intercalar espaços.
- `3Spencer` – Os nomes não podem começar com um número.
- `int` – Esta é uma palavra reservada.

Você não pode usar `int` como nome de variável, pois tem um significado especial para o compilador de Objective-C. Esse uso é conhecido como *nome reservado* ou *palavra reservada*. Em geral, qualquer nome que tenha significado especial para o compilador de Objective-C não pode ser usado como nome de variável.

Lembre-se sempre de que Objective-C diferencia letras maiúsculas de minúsculas. Portanto, os nomes de variável `sum`, `Sum` e `SUM` se referem cada um a uma variável diferente. Conforme mencionado, ao dar nome a uma classe, comece com letra maiúscula. Contudo, os nomes de variáveis de instância, objetos e métodos, normalmente começam com letras minúsculas. Para ajudar a legibilidade, letras maiúsculas são usadas dentro dos nomes, para indicar o início de uma nova palavra, como nos exemplos a seguir:

- `AddressBook` (`AgendadeEnderecos`) – Este poderia ser um nome de classe.
- `currentEntry` (`entradaAtual`) – Este poderia ser um objeto.
- `addNewEntry` (`adicionarNovaEntrada`) – Este poderia ser um nome de método.

Ao escolher um nome, lembre-se de uma recomendação: não tenha preguiça. Escolha nomes que reflitam o uso pretendido para a variável ou objeto. Os motivos são óbvios. Assim como os comentários, nomes significativos podem aumentar substancialmente a legibilidade de um programa e ajudarão nas fases de depuração e documentação. Inclusive, a tarefa de documentação provavelmente ficará muito mais fácil, pois o programa será mais autoexplicativo.

Aqui está novamente a seção `@interface` do Programa 3.2:

```
//---- seção @interface ----

@interface Fraction: NSObject

-(void) print;
-(void) setNumerator: (int) n;
-(void) setDenominator: (int) d;

@end
```

O nome da nova classe é `Fraction` e sua classe pai é `NSObject`. (Falaremos detalhadamente sobre as classes pai no Capítulo 8, "Herança".) A classe `NSObject` está definida no arquivo `NSObject.h`, que é incluído automaticamente em seu programa quando você importa `Foundation.h`.

Métodos de classe e de instância

Você precisa definir métodos para trabalhar com seus objetos `Fraction`. Você precisa de um meio para atribuir a uma fração um valor em particular. Como você não terá acesso direto à representação interna de uma fração (em outras palavras, acesso direto às suas variáveis de instância), precisa escrever métodos para atribuir valores ao numerador e ao denominador. Precisará escrever também um método chamado `print`, que exibirá o valor de uma fração. Aqui está a declaração do método `print` no arquivo de interface:

```
-(void) print;
```

O sinal inicial de subtração (–) diz ao compilador do Objective-C que se trata de um método de instância. A única outra opção é um sinal de adição (+), que indica um método de classe. Método de classe é aquele que executa alguma operação na própria classe, como criar uma nova instância da classe.

Um método de instância executa alguma operação sobre uma instância em particular de uma classe, como definir seu valor, recuperar seu valor, exibir seu valor, etc. Voltando ao exemplo do carro, depois de fabricar o carro, talvez seja preciso abastecê-lo. A operação de abastecimento é realizada em um carro em particular, portanto isso é análogo a um método de instância.

Valores de retorno

Quando você declara um novo método, precisa dizer ao compilador do Objective-C se o método retorna um valor e, se retornar, qual o tipo desse valor. Isso é feito colocando o tipo de retorno entre parênteses, após o sinal de subtração ou de adição. Assim, esta declaração especifica que o método de instância chamado `currentAge` retorna um valor inteiro:

```
-(int) currentAge;
```

Da mesma forma, essa linha declara um método que retorna um valor de precisão dupla. (Você vai aprender mais sobre esse tipo de dados no Capítulo 4, "Tipos de dados e expressões".)

```
-(double) retrieveDoubleValue;
```

Um valor é retornado de um método usando-se a instrução `return` de Objective--C, de modo semelhante a como retornamos um valor de `main` nos exemplos de programas anteriores.

Se o método não retorna valor algum, você indica isso usando o tipo `void`, como no seguinte:

```
-(void) print;
```

Isso declara um método de instância chamado `print` que não retorna valor algum. Nesse caso, não é preciso executar uma instrução `return` no final de seu método. Como alternativa, você pode executar uma instrução `return` sem nenhum valor especificado, como no seguinte:

```
return;
```

Argumentos de método

Dois outros métodos são declarados na seção `@interface` do Programa 3.2:

```
-(void) setNumerator: (int) n;
-(void) setDenominator: (int) d;
```

Ambos são métodos de instância que não retornam valor algum. Cada método recebe um argumento inteiro, o qual é indicado por `(int)` na frente do nome do argumento. No caso de `setNumerator`, o nome do argumento é n. Esse nome é arbitrário e é o nome que o método utiliza para se referir ao argumento. Portanto, a declaração de `setNumerator` especifica que um único argumento inteiro, chamado n, será passado para o método e que nenhum valor será retornado. Isso vale também para `setDenominator`, exceto que o nome de seu argumento é d.

Observe a sintaxe da declaração desses métodos. Cada nome de método termina com dois-pontos, o que diz ao compilador de Objective-C que o método espera encontrar um argumento. Em seguida, é especificado o tipo do argumento, cercado por parênteses, da mesma maneira como o tipo de retorno é especificado para o método em si. Por fim, o nome simbólico a ser usado para identificar aquele argumento no método é especificado. A declaração inteira é terminada com um ponto e vírgula. A Figura 3.1 mostra essa sintaxe.

```
    -       (void)    setNumerator:        (int)      n;
    ↑         ↑            ↑                 ↑         ↑
 tipo do   tipo de    nome do  o método   tipo do   nome do
 método    retorno    método   recebe    argumento argumento
                              argumento
```

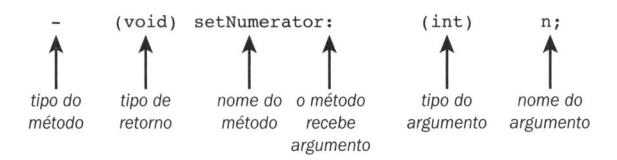

Figura 3.1 Declarando um método.

Quando um método recebe um argumento, você também anexa dois-pontos no nome dele ao fazer referência ao método. Portanto, setNumerator: e setDenominator: são as maneiras corretas de identificar esses dois métodos, cada um dos quais recebe um único argumento. Além disso, identificar o método print sem dois-pontos no final indica que esse método não recebe argumentos. No Capítulo 7, "Mais sobre classes", você vai ver como os métodos que recebem mais de um argumento são identificados.

A seção `@implementation`

Conforme mencionado, a seção `@implementation` contém o código dos métodos declarados na seção `@interface`. Você precisa especificar qual tipo de dados vai armazenar nos objetos dessa classe. Isto é, precisa descrever os dados que os membros da classe conterão. Esses membros são chamados de *variáveis de instância*. Apenas como uma questão de terminologia, diz-se que você declara os métodos na seção `@interface` e que os *define* (isto é, fornece o código real) na seção `@implementation`. O formato geral da seção `@implementation` é o seguinte:

```
@implementation NomeNovaClasse
{
    declaraçõesDosMembros;
}
    definiçõesDosMétodos;
@end
```

NomeNovaClasse é o nome que foi usado para a classe na seção `@interface`. Você pode usar os dois-pontos finais, seguidos pelo nome da classe pai, como fizemos na seção `@interface`:

```
@implementation Fraction: NSObject
```

No entanto, isso é opcional e normalmente não é feito.

A seção *declaraçõesDosMembros* especifica quais tipos de dados são armazenados em Fraction, junto com os nomes desses tipos de dados. Como você pode ver, essa seção é colocada entre chaves. Para sua classe Fraction, essas declarações dizem que um objeto Fraction tem dois membros inteiros, – numerator e denominator:

```
int numerator;
int denominator;
```

Os membros declarados nessa seção são conhecidos como *variáveis de instância*. Sempre que um novo objeto é criado, um novo e único conjunto de variáveis de instância também é criado. Portanto, se você tiver dois objetos Fraction, um chamado fracA e outro fracB, cada um terá seu próprio conjunto de variáveis de instância – isto é, fracA e fracB terão cada um suas próprias variáveis de instância numerator e denominator. O sistema Objective-C monitora isso automaticamente para você, o que é uma das melhores coisas do trabalho com objetos.

A parte *definiçõesDosMétodos* da seção `@implementation` contém o código de cada método especificado na seção `@interface`. Semelhante à seção `@interface`, a definição de cada método começa pela identificação do tipo de método (de classe ou de instância), seu tipo de retorno e seus argumentos e os tipos deles. No entanto, em vez de a linha terminar com ponto e vírgula, o código do método vem a seguir, entre chaves. Observa-se aqui que é possível fazer o compilador gerar métodos automaticamente para você, usando a diretiva especial `@synthesize`. O Capítulo 7 aborda isso em detalhes.

Considere a seção `@implementation` do Programa 3.2:

```
//---- seção @implementation ----
@implementation Fraction
{
    int numerator;
    int denominator;
}

-(void) print
{
    NSLog (@"%i/%i", numerator, denominator);
}

-(void) setNumerator: (int) n
{
    numerator = n;
}

-(void) setDenominator: (int) d
{
    denominator = d;
}

@end
```

O método `print` usa `NSLog` para exibir os valores das variáveis de instância `numerator` e `denominator`. Mas a quais variáveis numerator e denominator esse método se refere? Ele se refere às variáveis de instância contidas no objeto que é o destinatário da mensagem. Esse é um conceito importante e voltaremos a ele em breve.

O método `setNumerator:` armazena o argumento inteiro que você chamou de n na variável de instância `numerator`. Da mesma forma, `setDenominator:` armazena o valor de seu argumento d na variável de instância `denominator`.

A seção de `programa`

A seção de `programa` contém o código para resolver seu problema específico, o qual pode ser distribuído em muitos arquivos, se necessário. Em algum lugar, você deve ter uma rotina chamada `main`, conforme mencionado anteriormente. É aí que a execução do seu programa sempre começa. Aqui está a seção de programa do Programa 3.2:

```
//---- seção de programa ----

int main (int argc, char * argv[])
{
    @autoreleasepool {
        Fraction *myFraction;

        // Cria uma instância de Fraction e a inicializa

        myFraction = [Fraction alloc];
        myFraction = [myFraction init];

        // Configura a fração como 1/3

        [myFraction setNumerator: 1];
        [myFraction setDenominator: 3];

        // Exibe a fração usando o método print

        NSLog (@"The value of myFraction is:");
        [myFraction print];
    }
    return 0;
}
```

Dentro de main, você define uma variável chamada myFraction com a seguinte linha:

`Fraction *myFraction;`

Essa linha diz que myFraction é um objeto de tipo Fraction; isto é, myFraction é usado para armazenar valores de sua nova classe Fraction. O asterisco que precede o nome de variável será descrito com mais detalhes posteriormente.

Agora que você tem um objeto para armazenar uma Fraction, precisa criar uma fração, assim como pediu para a fábrica construir um novo carro. Isso é feito com a seguinte linha:

`myFraction = [Fraction alloc];`

alloc é a abreviação de *alocar*. Você quer alocar espaço de armazenamento na memória para uma nova fração. Esta expressão envia uma mensagem para sua classe Fraction recentemente criada:

`[Fraction alloc]`

Você está pedindo que a classe Fraction aplique o método alloc, mas nunca definiu um método alloc; então, de onde ele vem? O método foi herdado de uma classe pai. O Capítulo 8 trata desse assunto em detalhes.

Quando você envia a mensagem alloc para uma classe, recebe uma nova instância dessa classe. No Programa 3.2, o valor retornado é armazenado em sua variável myFraction. O método `alloc` garante que todas as variáveis de instância de um objeto estarão zeradas. No entanto, isso não significa que o objeto foi inicializado adequadamente para uso. Você precisa inicializar um objeto após alocá-lo.

Isso é feito com a próxima instrução no Programa 3.2, que é a seguinte:

```
myFraction = [myFraction init];
```

Novamente, aqui você está usando um método que não escreveu. O método `init` inicializa a instância de uma classe. Note que você está enviando a mensagem `init` para `myFraction`. Isto é, você quer inicializar um objeto Fraction específico aqui; portanto, você não envia a mensagem para a classe; você a envia para uma instância da classe. Certifique-se de entender esse ponto, antes de continuar.

O método `init` também retorna um valor – a saber, o objeto inicializado. O valor de retorno é armazenado em sua variável `myFraction` do tipo `Fraction`.

A sequência de duas linhas, que aloca uma nova instância da classe e depois a inicializa, é usada com tanta frequência em Objective-C que normalmente as duas mensagens são combinadas, como segue:

```
myFraction = [[Fraction alloc] init];
```

Esta expressão mais interna da mensagem é avaliada primeiro:

```
[Fraction alloc]
```

Como você sabe, o resultado dessa expressão de mensagem é a própria Fraction que foi alocada. Em vez de armazenar o resultado da alocação em uma variável, como feito antes, você aplica o método `init` diretamente nela. Assim, novamente, primeiro você aloca uma nova Fraction e depois a inicializa. Então, o resultado da inicialização é atribuído à variável `myFraction`.

Uma última técnica de abreviação dessa operação consiste em fazer a alocação e a inicialização diretamente na linha de declaração, assim:

```
Fraction *myFraction = [[Fraction alloc] init];
```

Voltando ao Programa 3.2, agora você está pronto para definir o valor de sua fração. Estas linhas de programa fazem justamente isso:

```
// Define a fração como 1/3

[myFraction setNumerator: 1];
[myFraction setDenominator: 3];
```

A primeira instrução de mensagem envia a mensagem `setNumerator:` para `myFraction`. O argumento informado é o valor 1. Em seguida, o controle é passado para o método `setNumerator:` que você definiu em sua classe `Fraction`. O sistema Objective-C sabe que esse é o método dessa classe a ser utilizado, pois sabe que `myFraction` é um objeto da classe `Fraction`.

Dentro do método `setNumerator:`, o valor 1 que foi passado é armazenado na variável n. A única linha de programa desse método armazena esse valor na variável de instância `numerator`. Assim, você efetivamente definiu o numerador de `myFraction` como 1.

A mensagem que chama o método `setDenominator:` em `myFraction` vem em seguida. O argumento 3 é atribuído à variável d dentro do método `setDenominator:`. Então, esse valor é armazenado na variável de instância `denominator`, completando assim a atribuição do valor 1/3 para `myFraction`. Agora você está pronto para exibir o valor de sua fração, o que é feito com as seguintes linhas de código do Programa 3.2:

```
// Exibe a fração usando o método print

NSLog (@"The value of myFraction is:");
[myFraction print];
```

A chamada de `NSLog` simplesmente exibe o texto a seguir:

```
The value of myFraction is:
```

A expressão de mensagem seguinte chama o método `print`:

```
[myFraction print];
```

Dentro do método `print`, os valores das variáveis de instância `numerator` e `denominator` são exibidos, separados por um caractere de barra normal.

> **Nota**
>
> No passado, os programadores de iOS eram responsáveis por dizer ao sistema quando tinham acabado de usar um objeto que alocaram, enviando ao objeto uma mensagem `release`. Isso era feito de acordo com um sistema de gerenciamento de memória conhecido como *contagem manual de referência*. A partir do Xcode 4.2, os programadores não precisam mais se preocupar com isso e podem contar com o sistema para cuidar da liberação de memória, conforme for necessário. Isso é feito por meio de um mecanismo conhecido como *Automatic Reference Counting* ou, abreviadamente, ARC. O ARC é habilitado por padrão quando você compila novos aplicativos utilizando Xcode 4.2 ou posterior.

Aparentemente, você teve de escrever muito mais código para replicar no Programa 3.2 do que no Programa 3.1. Isso é verdade no caso desse exemplo simples; contudo, o objetivo maior de se trabalhar com objetos é tornar seus programas mais fáceis de escrever, manter e estender. Você vai perceber isso mais tarde.

Vamos voltar por um breve momento à declaração de `myFraction`

```
Fraction *myFraction;
```

e à subsequente definição de seus valores.

O asterisco (*) na frente de `myFraction` em sua declaração diz que `myFraction` é, na verdade, uma referência (ou *ponteiro*) para um objeto `Fraction`. A variável `myFraction` não chega a armazenar os dados da fração (isto é, seus valores de numerador e denominador). Em vez disso, ela armazena uma referência – que é na verdade um endereço de memória – indicando onde os dados do objeto estão localizados na memória. Quando você declara `myFraction` pela primeira vez, como mostrado, seu valor está indefinido, pois não foi inicializada com nenhum valor e não tem um valor padrão. Podemos conceber `myFraction` como uma caixa que contém um valor. Inicialmente, a caixa contém um valor indefinido, pois não recebeu valor algum, como mostrado na Figura 3.2.

myFraction

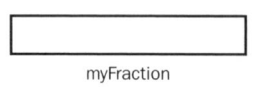

Figura 3.2 Declarando `Fraction *myFraction;`.

Quando você aloca um novo objeto (usando `alloc`, por exemplo), é reservado espaço suficiente na memória para armazenar os dados do objeto, o que inclui espaço para suas variáveis de instância e um pouco mais. A indicação de onde esses dados estão armazenados (a referência para os dados) é retornada pela rotina `alloc` e atribuída à variável `myFraction`. Isso tudo ocorre quando esta instrução é executada no Programa 3.2:

`myFraction = [Fraction alloc];`

A alocação do objeto e o armazenamento da referência para esse objeto em `myFraction` estão ilustrados na Figura 3.3.

| myFraction | 0 | numerador |
| | 0 | denominador |

Dados do objeto

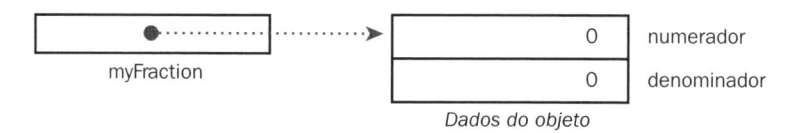

Figura 3.3 Relação entre `myFraction` e seus dados.

> **Nota**
>
> Mais dados são armazenados com o objeto do que os que foram indicados, mas você não precisa se preocupar com isso agora. Você vai notar que as variáveis de instância receberam valor 0. No momento, isso está sendo tratado pelo método `alloc`. No entanto, o objeto ainda não foi inicializado corretamente. Você ainda precisa usar o método `init` no objeto recentemente alocado.

Observe a seta na Figura 3.3. Ela indica a conexão estabelecida entre a variável `myFraction` e o objeto alocado. (O valor armazenado em `myFraction` é, na verdade, um endereço de memória. É nesse endereço de memória que os dados do objeto são armazenados.)

Em seguida, no Programa 3.2, o valor do numerador e do denominador da fração são definidos. A Figura 3.4 mostra o objeto `Fraction` inicializado, com seu numerador definido como 1 e seu denominador definido como 3.

O próximo exemplo mostra como você pode trabalhar com mais de uma fração em seu programa. No Programa 3.3, você vai definir uma fração como 2/3, outra como 3/7 e exibir as duas.

	1	numerador
myFraction	3	denominador

Dados do objeto

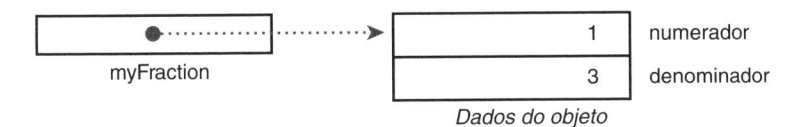

Figura 3.4 Definindo o numerador e o denominador da fração.

Programa 3.3

```
// Programa para trabalhar com frações - continuação

#import <Foundation/Foundation.h>

//---- seção @interface ----

@interface Fraction: NSObject

-(void) print;
-(void) setNumerator: (int) n;
-(void) setDenominator: (int) d;

@end

//---- seção @implementation ----

@implementation Fraction
{
    int numerator;
    int denominator;
}

-(void) print
{
NSLog (@"%i/%i", numerator, denominator);
}

-(void) setNumerator: (int) n
{
numerator = n;
}

-(void) setDenominator: (int) d
{
denominator = d;
}

@end
```

```
//---- seção de programa ----

int main (int argc, char * argv[])
{
   @autoreleasepool {

      Fraction *frac1 = [[Fraction alloc] init];
      Fraction *frac2 = [[Fraction alloc] init];

      // Define a 1ª fração como 2/3

      [frac1 setNumerator: 2];
      [frac1 setDenominator: 3];

      // Define a 2ª fração como 3/7

      [frac2 setNumerator: 3];
      [frac2 setDenominator: 7];

      // Exibe as frações

      NSLog (@"First fraction is:");

      [frac1 print];

      NSLog (@"Second fraction is:");
      [frac2 print];
   }
   return 0;
}
```

Programa 3.3 Saída

```
First fraction is:
2/3
Second fraction is:
3/7
```

As seções @interface e @implementation permanecem inalteradas em relação ao Programa 3.2. O programa cria dois objetos Fraction, chamados frac1 e frac2, e então atribui o valor 2/3 à primeira fração e 3/7 à segunda. Perceba que, quando o método setNumerator: é aplicado em frac1 para atribuir o valor 2 seu numerador, a variável de instância frac1 tem sua variável de instância numerator alterada para o valor 2. Além disso, quando frac2 usa o mesmo método para mudar seu numerador para 3, sua própria variável de instância numerator o valor 3. Sempre que você cria um novo objeto, ele recebe seu próprio conjunto de variáveis de instância. A Figura 3.5 mostra isso.

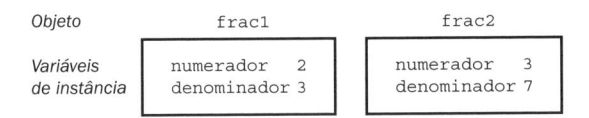

```
Objeto            frac1              frac2
Variáveis      numerador  2       numerador  3
de instância   denominador 3      denominador 7
```

Figura 3.5 Variáveis de instância únicas.

Com base em qual objeto está recebendo a mensagem, as variáveis de instância corretas são referenciadas. Portanto, aqui, `numerator` de `frac1` é referenciada quando `setNumerator:` usa o nome `numerator` dentro do método:

`[frac1 setNumerator: 2];`

Isso se dá porque `frac1` é o destinatário da mensagem.

Acesso a variáveis de instância e encapsulamento de dados

Você viu como os métodos que lidam com frações podem acessar as duas variáveis de instância `numerator` e `denominator` diretamente pelo nome. De fato, um método de instância sempre pode acessar suas variáveis de instância diretamente. Contudo, um método de classe não pode, pois está lidando apenas com a classe em si e não com quaisquer instâncias da classe. (Pense nisso um pouquinho.) Mas e se você quisesse acessar suas variáveis de instância a partir de outro lugar (por exemplo, de dentro de sua rotina `main`)? Não é possível fazer isso diretamente, pois elas estão ocultas. O fato de elas estarem ocultas é um conceito importante, chamado de *encapsulamento de dados*. Isso permite que quem estiver escrevendo definições de classe estenda e modifique essas definições sem ter a preocupação de que programadores (isto é, os usuários da classe) façam modificações nos detalhes internos da classe. O encapsulamento de dados proporciona uma ótima camada de isolamento entre o programador e o desenvolvedor da classe.

Você pode acessar suas variáveis de instância de maneira clara e simples escrevendo métodos especiais para atribuir e recuperar seus valores. Escrevemos os métodos `setNumerator:` e `setDenominator:` para atribuir os valores das duas variáveis de instância em nossa classe `Fraction`. Para recuperar os valores dessas variáveis de instância, você precisa escrever dois métodos novos. Por exemplo, você cria dois métodos novos, adequadamente chamados de `numerator` e `denominator`, para acessar as variáveis de instância correspondentes de `Fraction`, que é o destinatário da mensagem. O resultado é o valor inteiro correspondente que você retorna. Aqui estão as declarações de seus dois novos métodos:

`-(int) numerator;`
`-(int) denominator;`

E aqui estão as definições:

```
-(int) numerator
{
   return numerator;
}

-(int) denominator
{
   return denominator;
}
```

Note que os nomes dos métodos e das variáveis de instância que eles acessam são os mesmos. Não tem problema fazer isso (embora inicialmente possa parecer um pouco estranho); na verdade, essa é uma prática comum. O Programa 3.4 testa seus dois novos métodos.

Programa 3.4

```
// Programa para acessar variáveis de instância - continuação

#import <Foundation/Foundation.h>

//---- seção @interface ----

@interface Fraction: NSObject

-(void) print;
-(void) setNumerator: (int) n;
-(void) setDenominator: (int) d;
-(int) numerator;
-(int) denominator;

@end
//---- seção @implementation ----

@implementation Fraction
{
   int numerator;
   int denominator;
}

-(void) print
{
   NSLog (@"%i/%i", numerator, denominator);
}

-(void) setNumerator: (int) n
{
   numerator = n;
}
```

```
-(void) setDenominator: (int) d
{
denominator = d;
}

-(int) numerator
{
   return numerator;
}

-(int) denominator
{
   return denominator;
}

@end

//---- seção de programa ----

int main (int argc, char * argv[])
{
    @autoreleasepool {
       Fraction *myFraction = [[Fraction alloc] init];

       // Define a fração como 1/3

       [myFraction setNumerator: 1];
       [myFraction setDenominator: 3];

       // Exibe a fração usando nossos dois novos métodos

       NSLog (@"The value of myFraction is: %i/%i",
          [myFraction numerator], [myFraction denominator]);
    }
    return 0;
}
```

Programa 3.4 **Saída**

The value of myFraction is 1/3

Esta instrução NSLog exibe os resultados do envio de duas mensagens para myFraction: o primeiro para recuperar o valor de seu numerator e o segundo, o valor de seu denominator:

NSLog (@"The value of myFraction is: %i/%i",
   [myFraction numerator], [myFraction denominator]);

Assim, na primeira chamada de mensagem, a mensagem numerator é enviada para o objeto myFraction de Fraction. Nesse método, o código retorna o valor da variável de instância `numerator` dessa fração. Lembre-se de que o contexto de um método, enquanto ele está executando, é o objeto que foi o destinatário da mensagem. Assim, quando o método `numerator` acessar e retornar o valor da variável de instância `numerator`, é o numerador de `myFraction` que é acessado e retornado. Esse valor inteiro retornado é então passado para `NSLog` a fim de ser exibido.

Para a segunda chamada de mensagem, o método `denominator` é chamado para acessar e retornar o valor do denominador de `myFraction`, que então é passado para `NSLog` a fim de ser exibido.

Os métodos que atribuem (*set*) os valores de variáveis de instância muitas vezes são chamados de setters (atribuidores) e os métodos usados para recuperar (*get*) valores de variáveis de instância são chamados de getters (recuperadores). Para a classe `Fraction`, `setNumerator:` e `setDenominator:` são os setters, e `numerator` e `denominator` são os getters. Setters e getters também são chamados de *métodos de acesso*.

Certifique-se de entender a diferença entre setters e getters. Os setters não retornam um valor, pois seu objetivo é receber um argumento e guardar na variável de instância correspondente ao valor desse argumento. Nenhum valor precisa ser retornado nesse caso. Este é o objetivo de um setter: alterar o valor de uma variável de instância; portanto, normalmente os setters não retornam valores. Em contraste, o objetivo do getter é "ler" o valor de uma variável de instância armazenada em um objeto e retorná-lo ao programa. Para fazer isso, o getter deve retornar o valor da variável de instância, usando a instrução `return`.

Novamente, a ideia de que não se pode atribuir ou recuperar diretamente o valor de uma variável de instância de fora dos métodos escritos para a classe, mas, em vez disso, ser necessário escrever métodos setter e getter para fazer isso, é o princípio do encapsulamento de dados. Assim, você precisa usar métodos para acessar esses dados que normalmente estão ocultos para o "mundo exterior". Isso proporciona um acesso centralizado às variáveis de instância e impede que algum outro código altere esses valores indiretamente, o que tornaria seus programas difíceis de entender, depurar e modificar.

Também devemos mencionar que um método chamado `new` combina as ações de `alloc` e `init`. Assim, esta linha poderia ser usada para alocar e inicializar uma nova `Fraction`:

`Fraction *myFraction = [Fraction new];`

De modo geral, é melhor usar a estratégia de alocação e inicialização em duas etapas, para que você entenda que dois eventos distintos estão ocorrendo: primeiro, você está criando um novo objeto e depois o está inicializando.

Resumo

Agora você já sabe como definir sua própria classe, criar objetos, ou instâncias, dessa classe e enviar mensagens para esses objetos. Voltaremos à classe `Fraction` em outros capítulos. Você vai aprender a passar vários argumentos para seus métodos, a dividir suas definições de classe em arquivos separados e também a usar conceitos importantes, como herança e vinculação dinâmica. No entanto, agora é hora de aprender a respeito dos tipos de dados e escrever expressões em Objective-C. Primeiro, faça os exercícios a seguir para ver se você entendeu os importantes pontos abordados neste capítulo.

Exercícios

1. Quais dos nomes a seguir são inválidos? Por quê?

   ```
   Int            playNextSong    6_05
   _calloc        Xx              alphaBetaRoutine
   clearScreen    _1312           z
   ReInitialize   _               A$
   ```

2. Com base no exemplo do carro deste capítulo, pense em um objeto que você usa diariamente. Identifique uma classe para esse objeto e escreva cinco ações que você realiza com ele.

3. Dada a lista criada no exercício 2, use a sintaxe a seguir para reescrevê-la no seguinte formato:

   `[instância método];`

4. Imagine que, além de um carro, você possua um barco e uma motocicleta. Liste as ações que você realiza com cada um deles. Existe alguma coincidência entre essas ações?

5. Com base na questão 4, imagine que você tenha uma classe chamada `veiculo` e um objeto chamado `meuVeiculo` que pudesse ser `Carro`, `Motocicleta` ou `Barco`. Suponha que você escreva o seguinte:

   ```
   [meuVeiculo preparar];
   [meuVeiculo abastecer];
   [meuVeiculo consertar];
   ```

   Você vê alguma vantagem em poder aplicar uma ação em um objeto que pudesse ser de uma de várias classes?

6. Em uma linguagem procedural, como C, você pensa nas ações e depois escreve código para executar a ação em vários objetos. Com referência ao exemplo do carro, você poderia escrever um procedimento em C para lavar um veículo e, então, dentro desse procedimento, escrever código para lavar um carro, lavar um barco, lavar uma motocicleta, e assim por diante. Se adotasse essa estratégia e depois quisesse adicionar um novo tipo de veículo (veja o

exercício anterior), você veria vantagens ou desvantagens em usar essa abordagem procedural em relação a uma estratégia orientada a objetos?

7. Defina uma classe chamada `PontoXY` que vai conter uma coordenada cartesiana (x, y), onde x e y são inteiros. Defina métodos para alterar separadamente as coordenadas x e y de um ponto e recuperar seus valores. Escreva um programa em Objective-C para implementar sua nova classe e testá-la.

4
Tipos de dados e expressões

Neste capítulo, veremos os tipos de dados básicos e descreveremos algumas regras fundamentais de formação de expressões aritméticas em Objective-C.

Tipos de dados e constantes

Você já encontrou o tipo de dados básico int de Objective-C. Como você já sabe, uma variável declarada como de tipo int pode ser usada para conter apenas números inteiros – isto é, números que não contêm dígitos decimais.

A linguagem de programação Objective-C fornece três outros tipos de dados básicos: float, double e char. Uma variável declarada como de tipo float pode ser usada para armazenar números de ponto flutuante (valores contendo dígitos decimais). O tipo double é igual ao tipo float, normalmente com quase duas vezes o intervalo. O tipo de dados char pode ser usado para armazenar um único caractere, como a letra a, o caractere de dígito 6 ou um ponto e vírgula (veremos mais sobre isso posteriormente).

Em Objective-C, qualquer número literal, caractere único ou string de caracteres é conhecido como *constante*. Por exemplo, o número 58 representa um valor inteiro constante. A string @"Programing in Objective-C is fun." é um exemplo de objeto string de caracteres constante. A expressão @5 é um exemplo de objeto de número constante, conforme aprenderá no Capítulo 15, "Números, strings e coleções".

Tipo int

Uma constante inteira consiste em uma sequência de um ou mais dígitos. Um sinal de subtração precedendo a sequência indica que o valor é negativo. Os valores 158, -10 e 0 são todos exemplos válidos de constantes inteiras. Não é permitido incorporar espaços entre os dígitos, e vírgulas não podem ser usadas. (Assim, o valor 12,000 não é uma constante inteira válida e deve ser escrita como 12000.)

Todo valor, seja um caractere, um inteiro ou um número de ponto flutuante, tem um *intervalo* de valores associado. Esse intervalo está relacionado com a quantidade de armazenamento alocada para guardar um tipo de dados em particular. Em geral, essa quantidade não é definida na linguagem; normalmente, ela depende do computador que está sendo usado e, portanto, é chamada de *dependente da implementação* ou *da máquina*. Por exemplo, uma variável inteira poderia ter 32 bits em seu computador ou, talvez, pudesse ser armazenada em 64. Se 64 bits forem usados, números muito maiores podem ser armazenados dentro de variáveis inteiras do que se fossem usados 32 bits.

Tipo float

Você pode usar uma variável declarada como sendo de tipo float (ponto flutuante) para armazenar valores contendo dígitos decimais. Uma constante de ponto flutuante é distinguida pela presença de um ponto decimal. Os valores 3., 125.8 e -.0001 são todos exemplos válidos de constantes de ponto flutuante. Para exibir um valor de ponto flutuante, os caracteres de conversão NSLog %f ou %g podem ser utilizados.

As constantes de ponto flutuante também podem ser expressas em *notação científica*. 1.7e4 é um valor de ponto flutuante expresso nessa notação e representa 1.7×10^4.

Conforme mencionado, o tipo double é igual ao tipo float, apenas com aproximadamente o dobro do intervalo.

Tipo char

Você pode usar uma variável char para armazenar um único caractere. Um constante de caractere é formado pela sua colocação dentro de um par de aspas simples. Assim, 'a', ';' e '0' são todos exemplos válidos de constantes de caracteres. A primeira constante representa a letra a, a segunda é um ponto e vírgula e a terceira é o caractere zero – que não é o mesmo que o número zero. Não confunda uma constante de caractere, que é um único caractere colocado entre aspas simples, com uma string de caracteres estilo C, que é qualquer número de caracteres colocado entre aspas duplas. Conforme mencionado no último capítulo, uma string de caracteres colocada dentro de um par de aspas e precedida por um caractere @ é um objeto string de caracteres NSString.

A constante de caractere '\n' (o caractere de nova linha) é uma constante de caractere válida, mesmo que pareça contradizer a regra citada anteriormente. O motivo disso é que a barra invertida é reconhecida como um caractere especial. Em outras palavras, o compilador de Objective-C trata os caracteres '\n' como um único caractere, mesmo sendo na verdade formado por dois. Outros caracteres especiais são iniciados com a barra invertida. Os caracteres de formato %c podem ser usados em uma chamada de NSLog para exibir o valor de uma variável char.

O Programa 4.1 usa os tipos de dados básicos de Objective-C.

Programa 4.1

```
#import <Foundation/Foundation.h>

int main (int argc, char * argv[])
{
   @autoreleasepool {
      int integerVar = 100;
      float floatingVar = 331.79;
      double doubleVar = 8.44e+11;
      char charVar = 'W';
      NSLog (@"integerVar = %i", integerVar);
      NSLog (@"floatingVar = %f", floatingVar);
      NSLog (@"doubleVar = %e", doubleVar);
      NSLog (@"doubleVar = %g", doubleVar);
      NSLog (@"charVar = %c", charVar);
   }
   return 0;
}
```

Programa 4.1 Saída

```
integerVar = 100
floatingVar = 331.790009
doubleVar = 8.440000e+11
doubleVar = 8.44e+11
charVar = W
```

Na segunda linha da saída do programa, observe que o valor `331.79`, que é atribuído a `floatingVar`, na verdade é exibido como `331.790009`. O motivo dessa imprecisão é a maneira particular pela qual os números são representados internamente no computador. Você provavelmente encontra o mesmo tipo de imprecisão quando lida com números em sua calculadora. Se você divide 1 por 3 em sua calculadora, obtém o resultado 0,33333333, talvez com alguns 3 adicionais no final. A sequência de números 3 é a aproximação da calculadora para um terço. Teoricamente, deve haver um número infinito de valores 3. Mas a calculadora só pode conter um número limitado de dígitos, daí a imprecisão inerente da máquina. O mesmo tipo de imprecisão se aplica aqui: certos valores de ponto flutuante não podem ser representados exatamente dentro da memória do computador.

Qualificadores: `long, long long, short, unsigned` e `signed`

Se o qualificador `long` é colocado imediatamente antes da declaração `int`, a variável inteira declarada tem intervalo estendido em alguns sistemas de computador. Um exemplo de declaração `long int` poderia ser esta:

`long int factorial;`

Isso declara a variável `factorial` como sendo uma variável inteira longa. Assim como acontece com valores float e double, o intervalo específico de uma variável long depende de seu sistema de computador em particular.

Para se exibir um valor `long int` usando `NSLog`, a letra *l* é utilizada como modificador antes dos caracteres de formatação de inteiros. Isso significa que os caracteres de formatação `%li` podem ser usados para exibir um valor `long int` no formato decimal.

Você também pode ter uma variável `long long int` ou mesmo uma variável `long double` para conter um número de ponto flutuante com intervalo maior.

O qualificador `short`, quando colocado na frente da declaração `int`, diz ao compilador de Objective-C que a variável em particular que está sendo declarada é usada para armazenar valores inteiros muito pequenos. O motivo para se usar variáveis `short` é principalmente o de economizar espaço de memória, o que pode ser um problema quando o programa precisa de muita memória e a quantidade disponível é limitada.

O último qualificador que pode ser colocado na frente de uma variável `int` é usado quando uma variável inteira vai armazenar somente números positivos. O seguinte declara para o compilador que a variável `counter` é usada para conter somente valores positivos:

```
unsigned int counter;
```

Restringir o uso de uma variável inteira ao armazenamento exclusivo de inteiros positivos aumenta o intervalo da variável inteira.

Tipo `id`

O tipo de dados `id` é usado para armazenar um objeto de qualquer tipo. De certo modo, esse é um tipo de objeto genérico. Por exemplo, esta linha declara `graphicObject` como sendo uma variável de tipo `id`:

```
id    graphicObject;
```

Métodos podem ser declarados como valores de retorno de tipo id, como segue:

```
-(id) newObject: (int) type;
```

Isso declara um método de instância chamado `newObject` que recebe um único argumento inteiro chamado `type` e retorna um valor de tipo `id`.

`id` é um tipo de dados importante e frequentemente usado neste livro. Ele foi mencionado aqui para sermos abrangentes. O tipo `id` é a base de recursos muito importantes em Objective-C, conhecidos como *polimorfismo* e *vinculação dinâmica*, os quais o Capítulo 9, "Polimorfismo, tipagem dinâmica e vinculação dinâmica", discute extensivamente.

A Tabela 4.1 resume os tipos de dados e qualificadores básicos.

Tabela 4.1 Tipos de dados básicos

Tipo	Exemplos de constante	Caracteres NSLog
char	`'a'`, `'\n'`	%c
short int	—	%hi, %hx, %ho

(continua)

Tabela 4.1 Tipos de dados básicos

Tipo	Exemplos de constante	Caracteres NSLog
unsigned short int	—	%hu, %hx, %ho
int	12, -97, 0xFFE0, 0177	%i, %x, %o
unsigned int	12u, 100U, 0XFFu	%u, %x, %o
long int	12L, -2001, 0xffffL	%li, %lx, %lo
unsigned long int	12UL, 100ul, 0xffeeUL	%lu, %lx, %lo
long long int	0xe5e5e5e5LL, 500ll	%lli, %llx, &llo
unsigned long long int	12ull, 0xffeeULL	%llu, %llx, %llo
float	12.34f, 3.1e-5f, 0x1.5p10, 0x1P-1	%f, %e, %g, %a
double	12.34, 3.1e-5, 0x.1p3	%f, %e, %g, %a
long double	12.34L, 3.1e-5l	%Lf, $Le, %Lg
id	nil	%p

> **Nota**
>
> Na tabela, um zero na frente de uma constante inteira indica que ela está em notação octal (base 8), enquanto um 0x (ou 0X) à esquerda indica que está em notação hexadecimal (base 16). Um número escrito como 0x.1p3 representa uma constante hexadecimal de ponto flutuante. Não se preocupe com esses formatos, eles estão resumidos nessa tabela apenas para abrangermos tudo. Além disso, sufixos como f, l (L), u (U) e ll (LL) também podem ser usados para expressar explicitamente constantes como float, long, unsigned e long long, respectivamente.

Expressões aritméticas

Em Objective-C, assim como em quase todas as linguagens de programação, o sinal de adição (+) é usado para somar dois valores, o sinal de subtração (-) é usado para subtrair dois valores, o asterisco (*) é usado para multiplicar dois valores e a barra normal (/) é usada para dividir dois valores. Esses operadores são conhecidos como operadores aritméticos binários, pois operam sobre dois valores ou termos.

Precedência de operador

Você viu como uma operação simples como a adição pode ser efetuada em Objective-C. O programa a seguir ilustra as operações de subtração, multiplicação e divisão. As duas últimas operações efetuadas no programa introduzem a noção de que um operador pode ter prioridade mais alta (ou precedência) do que outro. Na verdade, em Objective-C cada operador tem uma precedência associada.

Essa precedência é usada para determinar como uma expressão que tem mais de um operador é avaliada. O operador com precedência mais alta é avaliado primeiro. Expressões contendo operadores de mesma precedência são avaliadas da esquerda para a direita ou da direita para a esquerda, dependendo do operador. Isso é conhecido como propriedade *associativa* de um operador.

Programa 4.2

```
// Ilustra o uso de vários operadores aritméticos

#import <Foundation/Foundation.h>

int main (int argc, char * argv[])
{
   @autoreleasepool {
      int a = 100;
      int b = 2;
      int c = 25;
      int d = 4;
      int result;

      result = a - b;      // subtração
      NSLog (@"a - b = %i", result);

      result = b * c;      // multiplicação
      NSLog (@"b * c = %i", result);

      result = a / c;      // divisão
      NSLog (@"a / c = %i", result);

      result = a + b * c;  // precedência
      NSLog (@"a + b * c = %i", result);

      NSLog (@"a * b + c * d = %i", a * b + c * d);
   }
   return 0;
}
```

Programa 4.2   Saída

```
a - b = 98
b * c = 50
a / c = 4
a + b * c = 150
a * b + c * d = 300
```

Após declarar as variáveis inteiras a, b, c, d e result, o programa atribui o resultado da subtração de a por b a result e então exibe seu valor com uma chamada apropriada a NSLog.

A próxima instrução tem o efeito de multiplicar o valor de b pelo valor de c e armazenar o produto em result:

result = b * c;

Então, o resultado da multiplicação é exibido com uma chamada de NSLog, que agora você já deve conhecer.

A próxima instrução do programa introduz o operador de divisão, a barra normal. A instrução NSLog exibe o resultado 4, obtido pela divisão de 100 por 25, seguindo imediatamente a divisão de a por c.

Tentar dividir um inteiro por zero resulta em término anormal ou em uma exceção. Mesmo que o programa não termine de forma anormal, os resultados obtidos por essa divisão não terão significado. No Capítulo 6, "Tomando decisões", você vai ver como pode verificar a existência de uma divisão por zero antes que a operação seja efetuada. Se for determinado que o divisor é zero, uma ação apropriada pode ser executada e a operação de divisão pode ser evitada.

Esta expressão não produz o resultado 2550 (102 x 25); em vez disso, o resultado exibido pela instrução NSLog correspondente é mostrado como 150:

```
a + b * c
```

Isso porque Objective-C, assim como a maioria das outras linguagens de programação, tem regras para a ordem de avaliação quando uma expressão tem várias operações ou termos. A avaliação de uma expressão geralmente vai da esquerda para a direita. No entanto, as operações de multiplicação e divisão têm precedência sobre as operações de adição e subtração. Logo, o sistema avalia a expressão

```
a + b * c
```

como segue:

```
a + (b * c)
```

(É a mesma maneira como essa expressão seria avaliada se você aplicasse as regras básicas da álgebra.)

Se quiser alterar a ordem de avaliação de termos dentro de uma expressão, você pode usar parênteses. De fato, a expressão listada anteriormente é uma expressão perfeitamente válida em Objective-C. Assim, a instrução a seguir poderia ser substituída no Programa 4.2 para se obter resultados idênticos:

```
result = a + (b * c);
```

No entanto, se esta expressão fosse usada, o valor atribuído a result seria 2550:

```
result = (a + b) * c;
```

Isso porque o valor de a (100) seria somado ao valor de b (2) antes que a multiplicação pelo valor de c (25) ocorresse. Parênteses também podem ser aninhados, no caso em que a avaliação da expressão vai de dentro para fora, a partir do conjunto de parênteses interno. Para ter certeza, use o mesmo número de parênteses de abertura e fechamento.

Observe, a partir da última instrução no Programa 4.2, que é perfeitamente válido fornecer uma expressão como argumento para NSLog, sem ter de primeiro atribuir o resultado da avaliação da expressão a uma variável. A expressão

```
a * b + c * d
```

é avaliada de acordo com as regras mencionadas anteriormente, como

```
(a * b) + (c * d)
```

ou

```
(100 * 2) + (25 * 4)
```

O resultado 300 é enviado para a rotina NSLog.

Aritmética de inteiros e o operador de subtração unário

O Programa 4.3 reforça o que acabamos de discutir e introduz o conceito de aritmética de inteiros.

Programa 4.3

```
// Mais expressões aritméticas

#import <Foundation/Foundation.h>

int main (int argc, char * argv[])
{
   @autoreleasepool {
      int a = 25;
      int b = 2;
      float c = 25.0;
      float d = 2.0;

      NSLog (@"6 + a / 5 * b = %i", 6 + a / 5 * b);
      NSLog (@"a / b * b = %i", a / b * b);
      NSLog (@"c / d * d = %f", c / d * d);
      NSLog (@"-a = %i", -a);
   }
   return 0;
}
```

Programa 4.3 Saída

```
6 + a / 5 * b = 16
a / b * b = 24
c / d * d = 25.000000
-a = -25
```

Inserimos espaços em branco extras entre int e a declaração de a, b e result nas três primeiras instruções, a fim de alinhar a declaração de cada variável. Isso ajuda a tornar o programa mais legível. Talvez você também tenha notado em cada programa apresentado até aqui que um espaço em branco foi colocado em torno de cada operador. Isso também não é obrigatório e é feito unicamente por motivos estéticos. Em geral, você pode adicionar espaços em branco extras em praticamente qualquer lugar em que um espaço em branco seja permitido. Alguns pressionamentos extras da barra de espaço compensarão, se o programa resultante for mais fácil de ler.

A expressão na primeira chamada de NSLog do Programa 4.3 reforça a noção de precedência de operador. A avaliação dessa expressão se dá como segue:

1. Como a divisão tem precedência mais alta do que a adição, o valor de a (25) é dividido primeiro por 5. Isso dá o resultado intermediário 5.
2. Como a multiplicação também tem precedência mais alta do que a adição, em seguida, o resultado intermediário 5 é multiplicado por 2, o valor de b, dando um novo resultado intermediário 10.
3. Finalmente, é efetuada a soma de 6 e 10, dando o resultado final 16.

A segunda instrução NSLog introduz uma nova mudança. Seria de se esperar que dividir a por b e depois multiplicar por b retornaria o valor de a, que foi definido como 25. Mas não parece que isso acontece, como mostra a saída 24. O computador perdeu algum bit pelo caminho? Muito improvável. O fato é que essa expressão foi avaliada usando aritmética de inteiros.

Se você voltar e der uma olhada nas declarações das variáveis a e b, vai lembrar que ambas foram declaradas como sendo de tipo int. Quando um termo a ser avaliado em uma expressão consiste em dois inteiros, o sistema Objective-C efetua a operação usando aritmética de inteiros. Nesse caso, todas as partes decimais dos números são perdidas. Portanto, quando o valor de a é dividido pelo valor de b, ou 25 é dividido por 2, você obtém o resultado intermediário 12 e *não* 12,5, como poderia esperar. Multiplicar esse resultado intermediário por 2 dá o resultado 24, explicando assim o dígito "perdido".

Como pode ser visto na penúltima instrução NSLog do Programa 4.3, se você efetua a mesma operação usando valores de ponto flutuante em vez de inteiros, obtém o resultado esperado.

A decisão de usar uma variável float ou uma variável int deve ser tomada com base no uso pretendido para a variável. Se você não precisa de casas decimais, use uma variável inteira. O programa resultante será mais eficiente – isto é, executará mais rapidamente em muitos computadores. Contudo, se você necessita da precisão da casa decimal, a escolha é clara. Então, a única pergunta que você tem de responder é se vai usar uma variável float ou double. A resposta dessa pergunta depende da precisão desejada para os números com que você está lidando, assim como sua magnitude.

Na última instrução NSLog, o valor da variável a é negado pelo uso do operador de subtração unário. Operador *unário* é aquele que opera em um único valor, ao contrário de um operador binário, que opera em dois valores. Na verdade, o sinal de subtração tem papel duplo: como operador binário, é usado para subtrair dois valores; como operador unário, é usado para negar um valor.

O operador de subtração unário tem precedência mais alta do que todos os outros operadores aritméticos, exceto quanto ao operador de adição unário (+), que tem a mesma precedência. Assim, a expressão a seguir resulta na multiplicação de -a por b:

```
c = -a * b;
```

O operador módulo

O último operador aritmético a ser apresentado neste capítulo é o operador módulo, simbolizado pelo sinal de porcentagem (%). Tente descobrir como esse operador funciona, analisando a saída do Programa 4.4.

Programa 4.4
```
// O operador módulo

#import <Foundation/Foundation.h>

int main (int argc, char * argv[])
{
   @autoreleasepool {
      int a = 25, b = 5, c = 10, d = 7;

      NSLog (@"a %% b = %i", a % b);
      NSLog (@"a %% c = %i", a % c);
      NSLog (@"a %% d = %i", a % d);
      NSLog (@"a / d * d + a %% d = %i", a / d * d + a % d);
   }
   return 0;
}
```

Programa 4.4 Saída
```
a % b = 0
a % c = 5
a % d = 4
a / d * d + a % d = 25
```

Note a instrução dentro de main que define e inicializa as variáveis a, b, c e d em uma única instrução.

Como você sabe, NSLog usa o caractere imediatamente após o sinal de porcentagem para determinar como vai imprimir seu próximo argumento. No entanto, se aparecer outro sinal de porcentagem, a rotina NSLog entende isso como uma indicação de que, na verdade, você quer exibir um sinal de porcentagem e insere um no lugar apropriado na saída do programa.

Você está certo, se concluiu que a função do operador módulo % é fornecer o resto do primeiro valor dividido pelo segundo. No primeiro exemplo, o resto (de 25 dividido por 5) é 0. Se dividisse 25 por 10, você teria o resto 5, conforme confirmado pela segunda linha de saída. Dividir 25 por 7 dá um resto de 4, como mostrado na terceira linha de saída.

Vamos agora voltar nossa atenção à última expressão aritmética avaliada na última instrução. Você vai se lembrar de que quaisquer operações entre dois valores inteiros em Objective-C são efetuadas com aritmética de inteiros. Portanto, qualquer resto resultante da divisão de dois valores inteiros é simplesmente descartado. Dividir 25 por 7, conforme indicado pela expressão a / d, dá o resultado intermediário 3. Multiplicar esse valor pelo valor de d, que é 7, produz o resultado intermediário 21. Finalmente, somar o resto da divisão de a por d, conforme indicado pela expressão a % d, leva ao resultado final 25. Não é coincidência esse valor ser igual ao valor da variável a. Em geral, essa expressão é sempre igual ao valor de a, supondo, é claro, que a e b sejam ambos valores inteiros:

a / b * b + a % b

Na verdade, o operador módulo % é definido para trabalhar apenas com valores inteiros.

Com relação à precedência, o operador módulo tem precedência igual aos operadores de multiplicação e divisão. Isso significa, é claro, que uma expressão como

table + value % TABLE_SIZE

será avaliada como

table + (value % TABLE_SIZE)

Conversões de valores inteiros e de ponto flutuante

Para desenvolver programas em Objective-C com eficiência, você precisa entender as regras usadas para a conversão implícita de valores de ponto flutuante e inteiros na linguagem. O Programa 4.5 demonstra algumas conversões simples entre tipos de dados numéricos.

Programa 4.5

```
// Conversões básicas em Objective-C

#import <Foundation/Foundation.h>

int main (int argc, char * argv[])
{
   @autoreleasepool {
      float f1 = 123.125, f2;
      int i1, i2 = -150;

      i1 = f1;    // conversão de ponto flutuante para inteiro
      NSLog (@"%f assigned to an int produces %i", f1, i1);

      f1 = i2;    // conversão inteiro para ponto flutuante
      NSLog (@"%i assigned to a float produces %f", i2, f1);

      f1 = i2 / 100;    // inteiro dividido por inteiro
      NSLog (@"%i divided by 100 produces %f", i2, f1);

      f2 = i2 / 100.0;    // inteiro dividido por float
      NSLog (@"%i divided by 100.0 produces %f", i2, f2);
```

```
        f2 = (float) i2 / 100;    // operador de conversão de tipo
        NSLog (@"(float) %i divided by 100 produces %f", i2, f2);
    }
    return 0;
}
```

Programa 4.5 Saída

```
123.125000 assigned to an int produces 123
-150 assigned to a float produces -150.000000
-150 divided by 100 produces -1.000000
-150 divided by 100.0 produces -1.500000
(float) -150 divided by 100 produces -1.500000
```

Quando um valor de ponto flutuante é atribuído a uma variável inteira na Objective-C, a parte decimal do número é truncada. Assim, quando o valor de f1 é atribuído a i1 no programa anterior, o número 123.125 é *truncado*, o que significa que somente sua parte inteira, ou 123, é armazenada em i1. A primeira linha da saída do programa confirma que isso acontece.

Atribuir uma variável inteira a uma variável de ponto flutuante não causa mudança alguma no valor do número; o sistema simplesmente converte o valor e o armazena na variável de ponto flutuante. A segunda linha da saída do programa confirma que o valor de i2 (-150) foi corretamente convertido e armazenado na variável float f1.

As duas próximas linhas da saída do programa ilustram dois pontos a serem lembrados ao se formar expressões aritméticas. O primeiro tem a ver com a aritmética de inteiros, que já discutimos neste capítulo. Quando dois operandos em uma expressão são inteiros (e isso se aplica também a inteiros short, unsigned e long), a operação é efetuada sob as regras da aritmética de inteiros. Portanto, qualquer parte decimal resultante de uma operação de divisão é descartada, mesmo que o resultado seja atribuído a uma variável de ponto flutuante (como fizemos no programa). Quando a variável inteira i2 é dividida pela constante inteira 100, o sistema efetua a operação como uma divisão inteira. Portanto, o resultado da divisão de -150 por 100, que é -1, é o valor armazenado na variável float f1.

A próxima divisão efetuada no programa anterior envolve uma variável inteira e uma constante de ponto flutuante. Qualquer operação entre dois valores em Objective-C é efetuada como uma operação de ponto flutuante, se um ou outro valor for uma variável ou constante de ponto flutuante. Portanto, quando o valor de i2 é dividido por 100.0, o sistema trata a operação como uma divisão de ponto flutuante e produz o resultado -1.5, que é atribuído à variável float f1.

O operador de conversão de tipo

Você já viu como a inclusão de um tipo dentro de um conjunto de parênteses é usada para declarar os tipos de retorno e de argumento ao se declarar e definir métodos. Isso tem um propósito diferente quando usado dentro de expressões.

A última operação de divisão do Programa 4.5, que aparece a seguir, introduz o operador de conversão de tipo:

```
f2 = (float) i2 / 100;    // operador de conversão de tipo
```

O operador de conversão de tipo tem o efeito de converter o valor da variável i2 para o tipo float com o objetivo de avaliar a expressão. Esse operador não afeta o valor da variável i2 permanentemente; ele é um operador unário que se comporta como os outros operadores unários. Assim como a expressão -a não tem efeito permanente sobre o valor de a, o mesmo acontece com a expressão (float) a.

O operador de conversão de tipo tem precedência mais alta do que todos os operadores aritméticos, exceto os operadores de subtração e adição unários. Evidentemente, se necessário, você sempre pode usar parênteses em uma expressão para obrigar os termos a serem avaliados em qualquer ordem desejada.

Como outro exemplo do uso do operador de conversão de tipo, a expressão

```
(int) 29.55 + (int) 21.99
```

é avaliada em Objective-C como

```
29 + 21
```

pois o efeito da conversão de um valor de ponto flutuante para um inteiro é o de truncar o valor de ponto flutuante. A expressão

```
(float) 6 / (float) 4
```

produz 1.5 como resultado, assim como a expressão a seguir:

```
(float) 6 / 4
```

O operador de conversão de tipo é frequentemente usado para forçar um objeto de tipo id genérico a ser um objeto de uma classe em particular. Por exemplo, as linhas a seguir fazem a conversão de tipo do valor da variável id myNumber para um objeto Fraction:

```
id    myNumber;
Fraction *myFraction;
    ...
myFraction = (Fraction *) myNumber;
```

O resultado da conversão é atribuído à variável Fraction myFraction.

Operadores de atribuição

A linguagem Objective-C permite combinar os operadores aritméticos com o operador de atribuição, usando o seguinte formato geral:

```
op=
```

Nesse formato, op é qualquer um dos operadores aritméticos, incluindo +, -, *, / ou %. Além disso, op pode ser qualquer um dos operadores de bit para deslocamento e mascaramento, discutidos posteriormente.

Considere a seguinte instrução:

```
count += 10;
```

O efeito do operador "mais igual" += é somar a expressão do lado direito do operador com a expressão do lado esquerdo e armazenar o resultado de volta na variável do lado esquerdo do operador. Assim, a instrução anterior é equivalente à seguinte:

```
count = count + 10;
```

A expressão a seguir usa o operador de atribuição "menos igual" para subtrair 5 do valor de counter:

```
counter -= 5
```

Isso é equivalente a esta expressão:

```
counter = counter - 5
```

Esta é uma expressão um pouco mais complexa:

```
a /= b + c
```

Ela divide a pelo que aparecer à direita do sinal de igual – ou pela soma de b e c – e armazena o resultado em a. A adição é efetuada primeiro, porque o operador de adição tem precedência mais alta do que o operador de atribuição. Na verdade, todos os operadores, menos o operador vírgula, têm precedência mais alta do que os operadores de atribuição, os quais têm a mesma precedência.

Nesse caso, essa expressão é idêntica à seguinte:

```
a = a / (b + c)
```

O motivo de se usar operadores de atribuição é triplo. Primeiro, a instrução do programa se torna mais fácil de escrever, pois o que aparece no lado esquerdo do operador não precisa ser repetido no lado direito. Segundo, a expressão resultante normalmente é mais fácil de ler. Terceiro, o uso desses operadores pode resultar em programas que executam mais rapidamente, pois às vezes o compilador pode gerar menos código para avaliar uma expressão.

Uma classe `Calculator`

Agora é hora de definirmos uma nova classe. Vamos fazer uma classe `Calculator`, a qual vai ser uma calculadora simples, de quatro funções, que você pode usar para somar, multiplicar, subtrair e dividir números. Semelhante a uma calculadora normal, esta deve monitorar o total geral ou o que normalmente é chamado de acumulador. Assim, os métodos devem permitir que você defina o acumulador com um valor específico, apague-o (ou defina-o como zero) e recupere seu valor quando terminar. O Programa 4.6 inclui a nova definição de classe e um programa de teste para ver como funciona sua calculadora.

Programa 4.6

```
// Implementa uma classe Calculator

#import <Foundation/Foundation.h>
```

```objc
@interface Calculator: NSObject

// métodos do acumulador
-(void)    setAccumulator: (double) value;
-(void)    clear;
-(double) accumulator;

// métodos aritméticos
-(void) add: (double) value;
-(void) subtract: (double) value;
-(void) multiply: (double) value;
-(void) divide: (double) value;
@end

@implementation Calculator
{
    double accumulator;
}

-(void) setAccumulator: (double) value
{
    accumulator = value;
}
-(void) clear
{
    accumulator = 0;
}

-(double) accumulator
{
    return accumulator;
}

-(void) add: (double) value
{
    accumulator += value;
}

-(void) subtract: (double) value
{
    accumulator -= value;
}

-(void) multiply: (double) value
{
    accumulator *= value;
}

-(void) divide: (double) value
{
```

```
      accumulator /= value;
}
@end

int main (int argc, char * argv[])
{
   @autoreleasepool {
      Calculator *deskCalc = [[Calculator alloc] init];

      [deskCalc setAccumulator: 100.0];
      [deskCalc add: 200.];
      [deskCalc divide: 15.0];
      [deskCalc subtract: 10.0];
      [deskCalc multiply: 5];
      NSLog (@"The result is %g", [deskCalc accumulator]);
   }
   return 0;
}
```

Programa 4.6 Saída

The result is 50

As definições de método em si são muito simples. A classe Calculator tem apenas uma variável de instância, um valor double que contém o valor do acumulador.

Observe a mensagem que chama o método multiply:

[deskCalc multiply: 5];

O argumento do método é um inteiro, apesar do método esperar um double. Nenhum problema surge aqui, pois os argumentos numéricos para métodos são automaticamente convertidos de acordo com o tipo esperado. Um valor double é esperado por multiply:, de modo que o valor inteiro 5 é convertido automaticamente para um valor de ponto flutuante de precisão dupla, quando a função é chamada. Mesmo que essa conversão automática ocorra, é considerada uma prática de programação melhor fornecer os tipos de argumento corretos ao chamar métodos.

Perceba que, ao contrário da classe Fraction, na qual se podia trabalhar com muitas frações diferentes, talvez você queira trabalhar somente com um objeto Calculator em seu programa. Mesmo assim, ainda faz sentido definir uma nova classe para facilitar o trabalho com esse objeto. Em algum ponto, talvez você queira acrescentar uma interface gráfica em sua calculadora para que o usuário possa clicar em botões na tela, como o aplicativo de calculadora que você provavelmente tem instalado em seu sistema ou telefone.

Vamos discutir mais sobre conversões de tipo de dados e operações de bit no Capítulo 10, "Mais sobre variáveis e tipos de dados".

Nos vários exercícios a seguir, você vai ver que uma vantagem adicional de definir uma classe Calculator está relacionada com a facilidade de estendê-la.

Exercícios

1. Quais das constantes a seguir são inválidas? Por quê?

   ```
   123.456     0x10.5      0X0G1
   0001        0xFFFF      123L
   0Xab05      0L          -597.25
   123.5e2     .0001       +12
   98.6F       98.7U       17777s
   0996        -12E-12     07777
   1234uL      1.2Fe-7     15,000
   1.234L      197u        100U
   0XABCDEFL   0xabcu      +123
   ```

2. Escreva um programa que converta 27° de graus Fahrenheit (F) em graus Celsius (C), usando a seguinte fórmula:

   C = (F - 32) / 1.8

   Note que você não precisa definir uma classe para efetuar esse cálculo. Apenas avaliar a expressão será suficiente.

3. Que saída você esperaria do programa a seguir?

   ```
   #import <Foundation/Foundation.h>
   int main (int argc, char * argv[])
   {
     @autoreleasepool {
        char c, d;

        c = 'd';
        d = c;
        NSLog (@"d = %c", d);
     }
     return 0;
   }
   ```

4. Escreva um programa para avaliar a função polinomial mostrada aqui. (Para calcular os expoentes, basta fazer a multiplicação direta; não existe operador de exponenciação em Objective-C.)

   $3x^3 - 5x^2 + 6$
   for x = 2.55

5. Escreva um programa que avalie a expressão a seguir e exiba os resultados. (Lembre-se de usar o formato exponencial para exibir o resultado.)

   $(3.31 \times 10^{-8} + 2.01 \times 10^{-7}) / (7.16 \times 10^{-6} + 2.01 \times 10^{-8})$

6. Números *complexos* são aqueles que contêm dois componentes: uma parte *real* e uma parte *imaginária*. Sendo *a* o componente real e *b* o componente imaginário, esta notação é usada para representar o número:

   a + b i

Escreva um programa em Objective-C que defina uma nova classe chamada `Complex`. Seguindo o paradigma estabelecido para a classe `Fraction`, defina os seguintes métodos para sua nova classe:

```
-(void)   setReal: (double) a;
-(void)   setImaginary: (double) b;
-(void)   print;   // exibe como a + bi
-(double) real;
-(double) imaginary;
```

Escreva um programa de teste para testar sua nova classe e os métodos.

7. Suponha que você esteja desenvolvendo uma biblioteca de rotinas para manipular objetos gráficos. Comece definindo uma nova classe chamada `Rectangle`. Por enquanto, basta monitorar a largura e a altura do retângulo. Desenvolva métodos para definir a largura e a altura do retângulo, recuperar esses valores e calcular a área e o perímetro dele. Suponha que esses objetos retângulo descrevam retângulos em uma grade completa, como a tela de um computador. Nesse caso, considere que a largura e a altura do retângulo são valores inteiros.

Aqui está a seção `@interface` da classe `Rectangle`:

```
@interface Rectangle: NSObject
-(void) setWidth: (int) w;
-(void) setHeight: (int) h;
-(int)  width;
-(int)  height;
-(int)  area;
-(int)  perimeter;
@end
```

Escreva a seção de implementação e um programa de teste para testar sua nova classe e os métodos.

8. Os métodos `add:`, `subtract:`, `multiply:` e `divide:` do Programa 4.6 não retornam valor. Modifique esses métodos para retornar o valor do acumulador depois que o cálculo for efetuado. Teste os novos métodos.

9. Após concluir o exercício 8, acrescente os seguintes métodos na classe `Calculator` e teste-os:

```
-(double) changeSign;    // muda o sinal do acumulador
-(double) reciprocal;    // 1/acumulador
-(double) xSquared;      // acumulador ao quadrado
```

10. Adicione um recurso de memória na classe `Calculator` do Programa 4.6. Implemente as seguintes declarações de método e teste-as:

```
-(double) memoryClear;                       // limpa a memória
-(double) memoryStore;                       // define a memória
                                             // com o acumulador
-(double) memoryRecall;                      // define o acumulador
                                             // com a memória
-(double) memoryAdd: (double) value;         // adiciona value na
                                             // memória
-(double) memorySubtract: (double) value;    // subtrai value da
                                             // memória
```

Os dois últimos métodos definem o acumulador e efetuam a operação indicada na memória. Faça todos os métodos retornarem o valor do acumulador.

5
Loops de programa

Em Objective-C, você pode executar uma sequência de código repetidamente de várias maneiras. Esses recursos de loop (também conhecido como laço) são o assunto deste capítulo e consistem em:

- A instrução for
- A instrução while
- A instrução do

Começaremos com um exemplo simples: a contagem de números.

Se fosse arrumar 15 bolas de gude em uma forma de triângulo, você acabaria com uma disposição semelhante à Figura 5.1.

Figura 5.1 Exemplo de disposição em triângulo.

A primeira fileira do triângulo contém uma bola de gude, a segunda contém duas bolas de gude, e assim por diante. Generalizando, o número de bolas de gude exigido para formar um triângulo contendo n fileiras seria a soma dos inteiros de 1 a n. Essa soma é conhecida como *número triangular*.

Se você começasse em 1, o quarto número triangular seria a soma dos inteiros consecutivos 1 a 4 (1 + 2 + 3 + 4), ou 10.

Suponha que você quisesse escrever um programa que calculasse e exibisse o valor do oitavo número triangular. Obviamente, você poderia calcular esse número de cabeça facilmente, mas, como um exemplo, vamos supor que quisesse escrever um programa em Objective-C para executar essa tarefa. O Programa 5.1 ilustra tal programa.

Programa 5.1

```
#import <Foundation/Foundation.h>

// Programa para calcular o oitavo número triangular

int main (int argc, char * argv[])
{
   @autoreleasepool {
      int triangularNumber;

      triangularNumber = 1 + 2 + 3 + 4 + 5 + 6 + 7 + 8;

      NSLog (@"The eighth triangular number is %i", triangularNumber);
   }

   return 0;
}
```

Programa 5.1   Saída

```
The eighth triangular number is 36
```

A técnica do Programa 5.1 funciona bem para calcular números triangulares relativamente pequenos, mas o que aconteceria se você precisasse descobrir o valor do 200º número triangular, por exemplo? Com certeza, seria maçante ter de modificar o Programa 5.1 para somar explicitamente todos os inteiros de 1 a 200. Por sorte, existe um modo mais fácil.

Uma das propriedades fundamentais de um computador é sua capacidade de executar um conjunto de instruções repetitivamente. Esses recursos de loop permitem aos programadores desenvolver programas concisos, contendo processos repetitivos que de outro modo exigiriam milhares ou mesmo milhões de instruções de programa. A linguagem Objective-C contém três instruções para programar loops.

A instrução `for`

Vamos ver um programa que usa a instrução `for`. O objetivo do Programa 5.2 é calcular o 200º número triangular. Veja se você consegue descobrir como a instrução `for` funciona.

Programa 5.2

```
// Programa para calcular o 200° número triangular
// Introdução da instrução for
```

```
#import <Foundation/Foundation.h>

int main (int argc, char * argv[])
{
    @autoreleasepool {
        int n, triangularNumber;

        triangularNumber = 0;

        for ( n = 1; n <= 200; n = n + 1 )
            triangularNumber += n;

        NSLog (@"The 200th triangular number is %i", triangularNumber);
    }

    return 0;
}
```

Programa 5.2 Saída

```
The 200th triangular number is 20100
```

É necessária alguma explicação para o Programa 5.2. Na verdade, o método empregado para calcular o 200º número triangular é o mesmo usado para calcular o 8º número triangular no programa anterior: Os inteiros de 1 a 200 são somados.

A variável triangularNumber é definida como 0 antes que a instrução for seja atingida. Em geral, você precisa inicializar todas as variáveis com algum valor (assim como seus objetos), antes de usá-las em seu programa. Conforme você vai aprender posteriormente, certos tipos de variáveis recebem valores iniciais padrão, mas é mais seguro não contar com isso e, seja como for, você deve defini-las.

Com a instrução for você não precisa escrever explicitamente cada inteiro de 1 a 200. De certa forma, essa instrução gera esses números para você.

O formato geral da instrução for é o seguinte:

for (*expressão_inicial*; *condição_de_loop*; *expressão_de_loop*)
   instrução de programa

As três expressões colocadas dentro dos parênteses (*expressão_inicial*, *condição_de_loop* e *expressão_de_loop*) configuram o ambiente para o loop do programa. A *instrução de programa* que vem imediatamente a seguir (a qual, é claro, é terminada por um ponto e vírgula) pode ser qualquer instrução de programa Objective-C válida e constitui o corpo do loop. Essa instrução é executada tantas vezes quantas forem especificadas pelos parâmetros configurados na instrução for.

O primeiro componente da instrução `for`, identificado como *expressão_inicial*, é usado para definir os valores iniciais antes que o loop comece. No Programa 5.2, essa parte da instrução `for` é usada para definir o valor inicial de n como 1. Como você pode ver, a atribuição é uma forma válida de expressão.

O segundo componente da instrução `for` especifica a condição (ou condições) necessária para que o loop continue. Em outras palavras, o loop continua enquanto essa condição é satisfeita. Novamente, com referência ao Programa 5.2, a *condição_de_loop* da instrução `for` é especificada pela seguinte expressão relacional:

```
n <= 200
```

Essa expressão pode ser lida como "*n* menor ou igual a 200". O operador "menor ou igual a" (que é o caractere de menor que [<] seguido imediatamente pelo sinal de igual [=]) é apenas um dos vários operadores relacionais fornecidos na linguagem de programação Objective-C. Esses operadores são usados para testar condições específicas. A resposta desse teste é "sim" (ou `true` – verdadeira) se a condição é satisfeita e "não" (ou `false` – falsa) se a condição não é satisfeita.

A Tabela 5.1 lista todos os operadores relacionais disponíveis em Objective-C.

Tabela 5.1 Operadores relacionais

Operador	Significado	Exemplo
==	Igual a	count == 10
!=	Diferente de	flag != DONE
<	Menor que	a < b
<=	Menor ou igual a	low <= high
>	Maior que	points > POINT_MAX
>=	Maior ou igual a	j >= 0

Os operadores relacionais têm precedência mais baixa do que todos os operadores aritméticos. Isso significa, por exemplo, que uma expressão como

```
a < b + c
```

é avaliada como

```
a < (b + c)
```

Isso seria de se esperar. Ela seria `true` se o valor de a fosse menor do que o valor de b + c e `false`, caso contrário.

Preste bastante atenção ao operador "é igual a" (==) e não confunda seu uso com o operador de atribuição (=). A expressão

```
a == 2
```

testa se o valor de a é igual a 2, enquanto a expressão

```
a = 2
```

atribui o número 2 à variável a.

A escolha do operador relacional a ser usado depende do teste em específico que está sendo feito e, em alguns casos, de suas preferências em particular. Por exemplo, a expressão relacional

`n <= 200`

pode ser expressa de forma equivalente como

`n < 201`

Voltando ao exemplo anterior, a instrução de programa que forma o corpo do loop `for (triangularNumber += n;)` é executada repetitivamente, *desde que* o resultado do teste relacional seja `true` ou, neste caso, enquanto o valor de `n` for menor ou igual a `200`. Essa instrução de programa tem o efeito de somar o valor de `n` ao valor de `triangularNumber`.

Quando a *condição_de_loop* não é mais satisfeita, a execução do programa continua com a instrução de programa imediatamente após o loop `for`. Neste programa, a execução continua com a instrução `NSLog`, depois que o loop tiver terminado.

O último componente da instrução `for` contém uma expressão que é sempre avaliada depois que o corpo do loop é executado. No Programa 5.2, essa *expressão_ de_loop* soma 1 ao valor de `n`. Portanto, a cada vez, o valor de `n` é incrementado por 1, depois que seu valor tiver sido somado ao valor de `triangularNumber`, e vai de `1` até `201`.

É interessante notar que o último valor que `n` atinge, `201`, não é somado ao valor de `triangularNumber`, pois o loop termina assim que a condição de loop não é mais satisfeita, ou assim que `n` é igual a `201`.

Em resumo, a execução da instrução `for` se dá como segue:

1. A expressão inicial é avaliada primeiro. Normalmente, essa expressão atribui a uma variável usada dentro do loop, geralmente referida como variável de *índice*, algum valor inicial (como `0` ou `1`).
2. A condição de loop é avaliada. Se a condição não é satisfeita (a expressão é `false`), o loop termina imediatamente. A execução continua com a instrução de programa que vem imediatamente após o loop.
3. A instrução de programa que constitui o corpo do loop é executada.
4. A expressão de loop é avaliada. Essa expressão geralmente é usada para alterar o valor da variável de índice, frequentemente somando 1 a ela ou subtraindo 1 dela.
5. Volta ao passo 2.

Lembre-se de que a condição de loop é avaliada imediatamente ao se entrar no loop, antes que o corpo do loop tenha executado uma vez. Lembre-se também de não colocar um ponto e vírgula após o parêntese de fechamento no final do loop, pois isso termina o loop imediatamente.

O Programa 5.2 gera todos os primeiros 200 números triangulares a caminho de seu objetivo final; portanto, seria interessante gerar uma tabela desses números. Contudo, para economizar espaço, vamos supor que você queira imprimir uma tabela com apenas os 10 primeiros números triangulares. O Programa 5.3 executa essa tarefa.

Programa 5.3

```
// Programa para gerar uma tabela de números triangulares

#import <Foundation/Foundation.h>

int main (int argc, char * argv[])
{
   @autoreleasepool {
      int n, triangularNumber;

      NSLog (@"TABLE OF TRIANGULAR NUMBERS");
      NSLog (@" n Sum from 1 to n");
      NSLog (@"-- ---------------");

      triangularNumber = 0;

      for ( n = 1; n <= 10; ++n ) {
         triangularNumber += n;
         NSLog (@" %i      %i", n, triangularNumber);
      }

   }

   return 0;
}
```

Programa 5.3 Saída

```
TABLE OF TRIANGULAR NUMBERS
 n Sum from 1 to n
-- ---------------
 1      1
 2      3
 3      6
 4      10
 5      15
 6      21
 7      28
 8      36
 9      45
 10     55
```

No Programa 5.3, o objetivo das três primeiras instruções NSLog é simplesmente fornecer um cabeçalho geral e rotular as colunas da saída.

Após os cabeçalhos apropriados serem exibidos, o programa calcula os 10 primeiros números triangulares. A variável n é usada para contar o número atual cuja soma de 1 a n você está calculando e a variável triangularNumber é usada para armazenar o valor do número triangular n.

A execução da instrução for começa definindo o valor da variável n como 1. Conforme mencionado anteriormente, a instrução de programa imediatamente após a instrução for constitui o corpo do loop do programa. Mas o que acontece se você quer executar repetitivamente não apenas uma instrução de programa, mas um grupo de instruções de programa? Isso também pode ser feito colocando todas essas instruções de programa entre chaves. O sistema, então, trata esse grupo (ou *bloco*) de instruções como uma única entidade. Em geral, pode-se usar um bloco de instruções de um programa em Objective-C em qualquer lugar onde uma única instrução seja permitida, desde que você se lembre de colocar o bloco dentro de um par de chaves.

Portanto, no Programa 5.3, tanto a expressão que soma n ao valor de triangularNumber como a instrução NSLog que vem imediatamente após, constituem o corpo do loop do programa. Preste bastante atenção à maneira como as instruções de programa são recuadas. Dando uma rápida olhada, você pode determinar facilmente quais instruções fazem parte do loop for. Note também que os programadores usam diferentes estilos de codificação; alguns preferem digitar o loop deste modo:

```
for ( n = 1; n <= 10; ++n )
{
    triangularNumber += n;
    NSLog (@" %i %i", n, triangularNumber);
}
```

Aqui, a chave de abertura está colocada na linha após o for. Isso é estritamente uma questão de gosto e não tem efeito algum sobre o programa.

O próximo número triangular é calculado simplesmente pela adição do valor de n ao número triangular anterior. Na primeira passagem pelo loop for, o número triangular anterior é 0; portanto, o novo valor de triangularNumber quando n é igual a 1 é simplesmente o valor de n, ou 1. Então, os valores de n e triangularNumber são exibidos, com um número apropriado de espaços em branco inserido na string de formatação para garantir que os valores das duas variáveis fiquem alinhados sob os cabeçalhos de coluna adequados.

Como agora o corpo do loop foi executado, a expressão de loop é avaliada em seguida. Contudo, a expressão dessa instrução for parece um pouco estranha. Com certeza, você deve ter cometido um erro tipográfico e queria inserir n = n + 1, em vez dessa expressão de aparência engraçada:

```
++n
```

Mas `++n` é uma expressão perfeitamente válida em Objective-C. Ela introduz um novo (e bastante singular) operador na linguagem de programação Objective-C: o *operador de incremento*. A função do sinal de adição duplo (ou o operador de incremento) é somar 1 ao seu operando. Somar 1 é uma operação tão comum nos programas que foi criado um operador especial unicamente para esse propósito. Portanto, a expressão `++n` é equivalente à expressão `n = n + 1`. À primeira vista, pode parecer que `n = n + 1` é mais legível, mas logo você vai se acostumar a usar a função desse operador e até aprender a apreciar sua característica sucinta.

Evidentemente, nenhuma linguagem de programação que oferece um operador de incremento para somar 1 estaria completa sem um operador correspondente para subtrair 1. Como você pode imaginar, o nome desse operador é *operador de decremento* e é simbolizado pelo sinal de subtração duplo. Assim, uma expressão em Objective-C que indique

```
bean_counter = bean_counter - 1
```

pode ser expressa de forma equivalente usando o operador de decremento, como segue:

```
--bean_counter
```

Alguns programadores preferem colocar `++` ou `--` após o nome da variável, como em `n++` ou `bean_counter--`. Isso é uma questão de preferência pessoal no exemplo mostrado para a instrução `for`. No entanto, conforme você vai aprender no Capítulo 13, "Recursos subjacentes da linguagem C", a natureza pré ou pós do operador entra em jogo quando ele é usado em expressões mais complexas.

Você pode ter notado que a última linha de saída do Programa 5.3 não está alinhada. Esse pequeno contratempo pode ser corrigido substituindo a instrução `NSLog` a seguir pela instrução correspondente do Programa 5.3:

```
NSLog ("%2i %i", n, triangularNumber);
```

Para verificar se essa alteração resolve o problema, aqui está a saída do programa modificado (chamado de Programa 5.3A).

Programa 5.3A Saída

```
TABLE OF TRIANGULAR NUMBERS

 n Sum from 1 to n
--- ---------------
 1       1
 2       3
 3       6
 4       10
 5       15
 6       21
 7       28
 8       36
 9       45
10       55
```

A principal alteração feita na instrução NSLog foi a inclusão de uma especificação de largura de campo. Os caracteres %2i dizem à rotina NSLog não apenas que você deseja exibir o valor de um inteiro em um ponto em particular, mas também que o tamanho do inteiro a ser exibido deve ocupar pelo menos duas colunas na exibição. Qualquer inteiro que normalmente ocuparia menos de duas colunas (isto é, os inteiros 0 a 9) será exibido com um espaço à esquerda. Isso é conhecido como *justificação à direita*.

Portanto, usando a especificação de largura de campo %2i, você garante que pelo menos duas colunas serão usadas para exibir o valor de n; garante também que os valores de triangularNumber serão alinhados.

Entrada pelo teclado

O Programa 5.2 calcula o 200º número triangular e nada mais. E se, em vez disso, você quiser calcular o 50º ou o 100º número triangular? Bem, nesse caso, precisa alterar o programa de modo que o loop for seja executado o número correto de vezes. Tem que alterar também a instrução NSLog para exibir a mensagem correta.

Uma solução mais fácil poderia ser, de algum modo, fazer o programa perguntar qual número triangular você deseja calcular. Então, depois de receber sua resposta, o programa poderia calcular o número triangular desejado. Isso pode ser solucionado usando uma rotina chamada de scanf. A rotina scanf é conceitualmente semelhante à rotina NSLog. Enquanto a rotina NSLog é usada para exibir valores, o objetivo da rotina scanf é permitir que o programador digite valores no programa. Na verdade, se você estiver escrevendo um programa em Objective-C que utilize uma interface gráfica do usuário (UI, user interface), como um aplicativo Cocoa ou iOS, provavelmente não vai usar NSLog nem scanf em seu programa.

O Programa 5.4 pergunta ao usuário qual número triangular deve ser calculado, calcula esse número e então exibe os resultados.

Programa 5.4

```
#import <Foundation/Foundation.h>

int main (int argc, char * argv[])
{
   @autoreleasepool {
      int n, number, triangularNumber;
      NSLog (@"What triangular number do you want?");
      scanf ("%i", &number);

      triangularNumber = 0;

      for ( n = 1; n <= number; ++n )
         triangularNumber += n;
      NSLog (@"Triangular number %i is %i\n", number, triangularNumber);
   }

   return 0;
}
```

Na saída a seguir, o número digitado pelo usuário (100) está grafado em negrito para distingui-lo da saída exibida pelo programa.

Programa 5.4 Saída

```
What triangular number do you want?
100
Triangular number 100 is 5050
```

De acordo com a saída, o usuário digitou o número 100. Então, o programa calculou o 100º número triangular e exibiu o resultado 5050 no terminal. Da mesma forma, o usuário poderia ter digitado o número 10 ou 30, por exemplo, se quisesse calcular esses números triangulares em particular.

A primeira instrução NSLog no Programa 5.4 é usada para pedir ao usuário que digite um número. Evidentemente, sempre é interessante lembrar o usuário do que deve ser digitado. Depois que a mensagem é impressa, a rotina scanf é chamada. O primeiro argumento de scanf é a string de formatação, que *não* começa com o caractere @. Ao contrário de NSLog, cujo primeiro argumento é sempre um objeto NSString, o primeiro argumento de scanf é uma string estilo C. Conforme mencionado anteriormente, as strings de caracteres estilo C não são precedidas pelo caractere @.

A string de formatação diz a scanf quais tipos de valores devem ser lidos do console (ou janela do Terminal, caso você esteja compilando seus programas com o aplicativo Terminal). Assim como acontece com NSLog, os caracteres %i são usados para especificar um valor inteiro.

O segundo argumento da rotina scanf especifica onde o valor digitado pelo usuário deve ser armazenado. O caractere & antes da variável number é necessário nesse caso. Em vez de fornecer o valor da variável number, especificamos *onde* queremos armazenar o valor digitado. Não se preocupe com isso agora. Discutiremos esse caractere, que na verdade é um operador, com bastante detalhe quando falarmos sobre ponteiros, no Capítulo 13.

Dada a discussão anterior, agora você pode ver que a chamada de scanf do Programa 5.4 especifica que deve ser lido um valor inteiro e armazenado na variável number. Esse valor representa o número triangular em particular que o usuário deseja calcular.

Depois que o usuário digita esse número (e pressiona a tecla Enter no teclado para sinalizar que a digitação do número está terminada), o programa calcula o número triangular solicitado. Isso é feito da mesma maneira que no Programa 5.2; a única diferença é que, em vez de usar 200 como limite, number é usado como limite.

> **Nota**
>
> Pressionar a tecla Enter em um teclado com teclado numérico pode não fazer o número digitado ser enviado para o programa. Em vez disso, use a tecla Return de seu teclado.

Depois que o número triangular desejado é calculado, os resultados aparecem. A execução do programa está concluída.

Loops `for` aninhados

O Programa 5.4 oferece ao usuário a flexibilidade de calcular qualquer número triangular desejado. Mas suponha que o usuário tenha uma lista de cinco números triangulares a serem calculados. Nesse caso, ele poderia simplesmente executar o programa cinco vezes, a cada vez digitando o próximo número triangular da lista para ser calculado.

Outra maneira de atingir o mesmo objetivo, e um método muito mais interessante no que diz respeito a aprender sobre Objective-C, é deixar o programa tratar da situação. A melhor maneira de fazer isso é inserir um loop no programa para repetir cinco vezes a série de cálculos inteira. Você pode usar a instrução `for` para configurar tal loop. O Programa 5.5 e sua saída associada ilustram essa técnica.

Programa 5.5

```
#import <Foundation/Foundation.h>

int main (int argc, char * argv[])
{
    @autoreleasepool {
        int n, number, triangularNumber, counter;

        for ( counter = 1; counter <= 5; ++counter ) {
            NSLog (@"What triangular number do you want?");
            scanf ("%i", &number);

            triangularNumber = 0;

            for ( n = 1; n <= number; ++n )
                triangularNumber += n;

            NSLog (@"Triangular number %i is %i", number, triangularNumber);
        }
    }

    return 0;
}
```

Programa 5.5 Saída

```
What triangular number do you want?
12
Triangular number 12 is 78

What triangular number do you want?
25
Triangular number 25 is 325
```

```
What triangular number do you want?
50
Triangular number 50 is 1275

What triangular number do you want?
75
Triangular number 75 is 2850

What triangular number do you want?
83
Triangular number 83 is 3486
```

O programa consiste em dois níveis de instruções `for`. A instrução `for` mais externa é a seguinte:

```
for ( counter = 1; counter <= 5; ++counter )
```

Isso especifica que o loop do programa vai ser executado precisamente cinco vezes. O valor de `counter` é definido inicialmente como 1 e recebe incrementos de 1 até que deixe de ser menor ou igual a 5 (em outras palavras, até atingir 6).

Ao contrário dos exemplos de programa anteriores, a variável `counter` não é usada em algum outro lugar dentro do programa. Sua função é unicamente ser um contador de loop na instrução `for`. Contudo, como se trata de uma variável, você deve declará-la no programa.

O loop do programa consiste na verdade em todas as instruções de programa restantes, conforme indicado pelas chaves. Você poderá compreender o funcionamento desse programa mais facilmente se conceituá-lo como segue:

```
Por 5 vezes
{
    Obtém o número do usuário.
    Calcula o número triangular solicitado.
    Exibe os resultados.
}
```

A parte do loop referida anteriormente como `Calcula o número triangular solicitado` consiste em definir o valor da variável `triangularNumber` como 0 mais o loop `for` que calcula o número triangular. Portanto, na verdade, uma instrução `for` está contida dentro de outra instrução `for`. Isso é perfeitamente válido em Objective-C, e o aninhamento pode continuar mais além, até qualquer nível desejado.

O uso correto de recuos se torna ainda mais importante ao lidarmos com construções de programa mais sofisticadas, como as instruções `for` aninhadas. Dando uma rápida olhada, você pode identificar facilmente quais instruções estão contidas dentro de cada instrução `for`.

Variantes de loop `for`

Antes de deixarmos a discussão sobre o loop `for`, devemos mencionar algumas das variações sintáticas permitidas na formação desse loop. Ao escrever um loop `for`, você pode descobrir que deseja inicializar mais de uma variável antes que o loop comece ou talvez queira avaliar mais de uma expressão a cada passagem pelo loop. Você pode incluir várias expressões em qualquer um dos campos do loop `for`, desde que separe essas expressões com vírgulas. Por exemplo, na instrução `for` que começa com

```
for ( i = 0, j = 0; i < 10; ++i )
    ...
```

o valor de `i` é definido como `0` e o valor de `j` é definido como `0` antes de o loop começar. As duas expressões `i = 0` e `j = 0` são separadas uma da outra por uma vírgula e ambas são consideradas parte do campo *expressão_inicial* do loop. Como outro exemplo, o loop `for` que começa com

```
for ( i = 0, j = 100; i < 10; ++i, j -= 10 )
    ...
```

configura duas variáveis de índice, `i` e `j`, que são inicializadas com `0` e `100` respectivamente, antes de o loop começar. A cada vez, depois que o corpo do loop é executado, o valor de `i` é incrementado por 1 e o valor de `j` é decrementado por 10.

Assim como talvez seja necessário incluir mais de uma expressão em um campo em particular da instrução `for`, talvez também seja preciso omitir um ou mais campos da instrução. Você pode fazer isso simplesmente omitindo o campo desejado e marcando seu lugar com um ponto e vírgula. A aplicação mais comum da omissão de um campo na instrução `for` ocorre quando nenhuma expressão inicial precisa ser avaliada. Nesse caso, você pode simplesmente deixar o campo *expressão_inicial* em branco, desde que ainda inclua o ponto e vírgula:

```
for (; j != 100; ++j )
    ...
```

Essa instrução poderia ser usada se `j` já estivesse definida com algum valor inicial, antes de se entrar no loop.

Um loop `for` que tem seu campo *condição_de_loop* omitido efetivamente configura um loop infinito – isto é, um loop que teoricamente será executado para sempre. Tal loop pode ser usado, desde que exista alguma outra maneira de sair dele (como executar uma instrução `return`, `break` ou `goto`, conforme será discutido ainda neste livro).

Você também pode definir variáveis como parte de sua expressão inicial dentro de um loop `for`. Isso é feito usando as maneiras típicas pelas quais definíamos variáveis no passado. Por exemplo, o seguinte pode ser usado para definir um loop `for` com uma variável inteira `counter`, definida e inicializada com o valor 1, como segue:

```
for ( int counter = 1; counter <= 5; ++counter )
```

A variável `counter` só é conhecida durante a execução do loop `for` (ela é chamada de variável *local*) e não pode ser acessada fora do loop.

Uma última variante do loop `for`, para fazer o que é conhecido como *enumerações rápidas* em coleções de objetos, será descrita em detalhes no Capítulo 15, "Números, strings e coleções".

A instrução `while`

A instrução `while` amplia ainda mais o repertório de recursos de loop da linguagem Objective-C. A sintaxe dessa construção frequentemente utilizada é a seguinte:

```
while ( expressão )
   instrução de programa
```

A expressão especificada entre parênteses é avaliada. Se o resultado da avaliação de expressão for true, a instrução de programa que vem imediatamente após é executada. Após a execução dessa instrução (ou instruções, se colocadas entre chaves), expressão é novamente avaliada. Se o resultado da avaliação for true, a instrução de programa é executada outra vez. Esse processo continua até que expressão finalmente seja avaliada como false, no ponto em que o loop termina. Então, a execução do programa continua com a instrução que vem após a instrução de programa.

Como exemplo de seu uso, o programa a seguir configura um loop while, o qual simplesmente conta de 1 a 5.

Programa 5.6

```
// Este programa introduz a instrução while

#import <Foundation/Foundation.h>

int main (int argc, char * argv[])
{
   @autoreleasepool {
      int count = 1;

      while ( count <= 5 ) {
         NSLog (@"%i", count);
         ++count;
      }
   }

   return 0;
}
```

Programa 5.6   Saída

```
1
2
3
4
5
```

Inicialmente, o programa define o valor de count como 1; então, a execução do loop while começa. Como o valor de count é menor ou igual a 5, a instrução que vem imediatamente após é executada. As chaves definem, como corpo do loop while, a instrução NSLog e a instrução que incrementa count. A partir da saída do programa, você pode ver que esse loop é executado cinco vezes ou até que o valor de count chegue a 5.

Nesse programa, talvez você tenha percebido que poderia ter realizado a mesma tarefa sem dificuldade usando uma instrução for. De fato, uma instrução for sempre pode ser transformada em uma instrução while equivalente e vice-versa. Por exemplo, a instrução for geral

```
for ( expressão_inicial; condição_de_loop; expressão_de_loop )
    instrução de programa
```

pode ser expressa de maneira equivalente na forma de uma instrução while, como segue:

```
expressão_inicial;
while ( condição_de_loop )
{
    instrução de programa
    expressão_de_loop;
}
```

Quando você estiver mais acostumado com o uso da instrução while, vai perceber melhor quando parece mais lógico usar uma instrução while e quando deve usar uma instrução for. Em geral, um loop executado um número predeterminado de vezes é um excelente candidato à implementação como uma instrução for. Além disso, se a expressão inicial, a expressão de loop e a condição de loop envolvem a mesma variável, a instrução for provavelmente é a escolha certa.

O próximo programa fornece outro exemplo do uso da instrução while. O programa calcula o máximo divisor comum de dois valores inteiros. O máximo divisor comum (daqui em diante, abreviaremos para mdc) de dois inteiros é o maior valor inteiro que faz a divisão exata dos dois inteiros. Por exemplo, o mdc de 10 e 15 é 5, porque 5 é o maior inteiro que divide igualmente 10 e 15.

Um procedimento (ou algoritmo) que pode ser seguido para se chegar ao mdc de dois inteiros arbitrários é baseado em um procedimento originalmente desenvolvido por Euclides, por volta de 300 antes da Era Comum. Ele pode ser declarado como segue:

Problema:	Encontrar o máximo divisor comum de dois inteiros não negativos *u* e *v*.
Passo 1:	Se *v* é igual a 0, então terminamos e o mdc é igual a *u*.
Passo 2:	Calcula temp = *u* % *v*, *u* = *v*, *v* = temp e volta ao passo 1.

Não se preocupe com os detalhes do funcionamento do algoritmo anterior; apenas acredite nele. Estamos mais preocupados aqui com o desenvolvimento de um programa para encontrar o máximo divisor comum do que fazer uma análise do funcionamento do algoritmo.

Depois de se expressar a solução do problema de encontrar o máximo divisor comum em termos de um algoritmo, desenvolver o programa de computador se torna uma tarefa muito mais simples. Uma análise das etapas do algoritmo revela que o passo 2 é executado repetitivamente, desde que o valor de v não seja igual a 0. Essa compreensão leva à implementação natural desse algoritmo em Objective-C com o uso de uma instrução while.

O Programa 5.7 encontra o mdc de dois valores inteiros não negativos digitados pelo usuário.

Programa 5.7

```
// Encontra o máximo divisor comum de dois inteiros não negativos

#import <Foundation/Foundation.h>

int main (int argc, char * argv[])
{
   @autoreleasepool {
      unsigned int u, v, temp;

      NSLog (@"Please type in two nonnegative integers.");
      scanf ("%u%u", &u, &v);
      while ( v != 0 ) {
         temp = u % v;
         u = v;
         v = temp;
      }

      NSLog (@"Their gratest commom divisor is %u", u);
   }

   return 0;
}
```

Programa 5.7   Saída

```
Please type in two nonnegative integers.
150 35
Their gratest commom divisor is 5
```

Programa 5.7A   Saída (Reexecução)

```
Please type in two nonnegative integers.
1026 540
Their gratest commom divisor is 54
```

Depois que os dois valores inteiros foram digitados e armazenados nas variáveis u e v (usando os caracteres de formatação %u para ler um valor inteiro sem sinal), o programa entra em um loop while para calcular seu máximo divisor comum. Depois que o loop `while` temina, o valor de `u`, que representa o mdc de `v` e do valor original de `u`, é exibido com uma mensagem apropriada.

Você vai usar o algoritmo para encontrar o máximo divisor comum novamente no Capítulo 7, quando voltará a trabalhar com frações. Lá, você vai usar o algoritmo para reduzir uma fração a seus termos mais simples.

Para o próximo programa que ilustra o uso da instrução `while`, vamos considerar a tarefa de inverter os dígitos de um inteiro digitado no terminal. Por exemplo, se o usuário digita o número `1234`, o programa deve inverter os dígitos desse número e exibir o resultado `4321`.

> **Nota**
>
> Usar chamadas de NSLog fará cada dígito aparecer em uma linha separada na saída. Os programadores de C que conhecem a função `printf` podem usar essa rotina, em vez de fazer os dígitos aparecerem consecutivamente.

Para escrever esse programa, você primeiro deve pensar em um algoritmo que execute a tarefa pedida. Analisar seu próprio método para resolver o problema frequentemente leva a um algoritmo. Para a tarefa de inverter os dígitos de um número, a solução pode ser declarada apenas como "ler sucessivamente os dígitos do número, da direita para a esquerda". Você pode fazer um programa de computador ler sucessivamente os dígitos do número, desenvolvendo um procedimento para isolar ou extrair cada dígito do número de maneira sucessiva, começando com o dígito mais à direita. Subsequentemente, o dígito extraído pode ser exibido no terminal como o próximo dígito do número invertido.

O dígito mais à direita de um número inteiro pode ser extraído pegando-se o resto do inteiro depois que ele é dividido por 10. Por exemplo, `1234 % 10` fornece o valor `4`, que é o dígito mais à direita de `1234` e também é o primeiro dígito do número invertido. (Lembre-se de que o operador módulo fornece o resto de um inteiro dividido por outro.) Você pode obter o próximo dígito do número usando o mesmo processo se primeiro dividir o número por `10`, lembrando-se de como a divisão inteiros funciona. Assim, `1234 / 10` dá o resultado `123` e `123 % 10` dá `3`, que é o próximo dígito do número invertido.

Você pode continuar esse procedimento até ter extraído o último dígito. No caso geral, você sabe que o último dígito do número foi extraído quando o resultado da última divisão de inteiros por 10 é `0`.

O Programa 5.8 pede ao usuário para que digite um número e, então, passa a exibir os dígitos desse número da direita para a esquerda.

Programa 5.8

```
// Programa para inverter os dígitos de um número

#import <Foundation/Foundation.h>

int main (int argc, char * argv[])
{
```

```
   @autoreleasepool {
      int    number, right_digit;

      NSLog (@"Enter your number.");
      scanf ("%i", &number);

      while ( number != 0 ) {
         right_digit = number % 10;
         NSLog (@"%i", right_digit);
         number /= 10;
      }
   }

   return 0;
}
```

Programa 5.8 Saída

```
Enter your number.
13579
9
7
5
3
1
```

A instrução do

As duas construções de loop discutidas até aqui neste capítulo testam as condições antes do loop ser executado. Portanto, o corpo do loop pode nunca ser executado, caso as condições não sejam satisfeitas. Ao desenvolver programas, às vezes você quer fazer o teste no final do loop e não no começo. Naturalmente, a linguagem Objective-C fornece uma construção especial para tratar dessa situação, conhecida como instrução do. A sintaxe dessa instrução é a seguinte:

```
do
    instrução de programa
while ( expressão );
```

A execução da instrução do se dá como segue: a instrução de programa é executada primeiro. Em seguida, a expressão entre parênteses é avaliada. Se o resultado da avaliação da expressão é true, o loop continua e a instrução de programa é executada novamente. Enquanto a avaliação de expressão continuar a ser true, a instrução de programa é repetidamente executada. Quando a avaliação da expressão se torna false, o loop termina e a próxima instrução do programa é executada da maneira sequencial normal.

A instrução do é simplesmente uma transposição da instrução while, com as condições de loop colocadas no final do loop, em vez de no início.

O Programa 5.8 usou uma instrução `while` para inverter os dígitos de um número. Volte a esse programa e tente descobrir o que aconteceria se o usuário tivesse digitado o número `0`, em vez de `13579`. O loop da instrução `while` nunca seria executado e nada seria mostrado na saída. Se você usasse uma instrução `do`, em vez de uma instrução `while`, garantiria que o loop do programa fosse executado pelo menos uma vez, assegurando assim a exibição de pelo menos um dígito em todos os casos. O Programa 5.9 ilustra o uso da instrução `do`.

Programa 5.9

```
// Programa para inverter os dígitos de um número

#import <Foundation/Foundation.h>

int main (int argc, char * argv[])
{
   @autoreleasepool {
       int number, right_digit;

       NSLog (@"Enter your number.");
       scanf ("%i", &number);

       do {
          right_digit = number % 10;
          NSLog (@"%i", right_digit);
          number /= 10;
       }
       while ( number != 0 );
   }

   return 0;
}
```

Programa 5.9   Saída

```
Enter your number.
135
5
3
1
```

Programa 5.9A   Saída (Reexecução)

```
Enter your number.
0
0
```

Como você pode ver a partir da saída do programa, quando `0` é digitado, o programa exibe corretamente o dígito `0`.

A instrução `break`

Às vezes, ao executar um loop, você desejará sair dele assim que certa condição ocorrer – por exemplo, talvez você detecte uma condição de erro ou encontre os dados que está procurando em uma lista. A instrução `break` pode ser usada para esse propósito. A execução da instrução `break` faz o programa sair imediatamente do loop que está executando, seja um loop `for`, `while` ou `do`. As instruções subsequentes no loop são puladas e a execução do loop termina. A execução continua com a instrução que vier após o loop.

Se uma instrução `break` é executada dentro de um conjunto de loops aninhados, somente o loop mais interno termina, aquele no qual a instrução `break` é executada.

O formato da instrução `break` é simplesmente a palavra-chave `break` seguida de um ponto e vírgula, como a seguir:

```
break;
```

A instrução `continue`

A instrução `continue` é semelhante à instrução `break`, exceto que não faz o loop terminar. No ponto em que a instrução `continue` é executada, quaisquer instruções que apareçam depois dela, até o final do loop, são puladas. Fora isso, a execução do loop continua normalmente.

A instrução `continue` é mais frequentemente usada para saltar um grupo de instruções dentro de um loop com base em alguma condição, mas de resto continua executando o loop. O formato da instrução `continue` é o seguinte:

```
continue;
```

Não use as instruções `break` ou `continue` até estar bem acostumado com a escrita de loops de programa e sair deles normalmente. É muito fácil abusar dessas instruções e elas podem resultar em programas difíceis de seguir.

Resumo

Agora que você conhece todas as construções de loop básicas fornecidas pela linguagem Objective-C, está pronto para aprender sobre outra classe de instruções da linguagem, as quais permitem tomar decisões durante a execução de um programa. O próximo capítulo descreve em detalhes esses recursos de tomada de decisão.

Exercícios

1. Escreva um programa para gerar e exibir uma tabela de *n* e *n*2, para valores inteiros de *n* variando de 1 a 10. Certifique-se de imprimir os cabeçalhos de coluna apropriados.

2. Um número triangular também pode ser gerado para qualquer valor inteiro de *n*, por meio desta fórmula:

   ```
   triangularNumber = n (n + 1) / 2
   ```

   Por exemplo, o 10º número triangular, 55, pode ser calculado substituindo 10 como o valor de *n* na fórmula anterior. Escreva um programa que gere uma tabela de números triangulares usando a fórmula anterior. Faça o programa gerar cada quinto número triangular entre 5 e 50 (isto é, 5, 10, 15, ..., 50).

3. O fatorial de um valor inteiro *n*, escrito n!, é o produto dos inteiros consecutivos de 1 a *n*. Por exemplo, o fatorial de 5 é calculado como segue:

   ```
   5! = 5 x 4 x 3 x 2 x 1 = 120
   ```

   Escreva um programa para gerar e imprimir uma tabela dos 10 primeiros fatoriais.

4. Um sinal de subtração colocado na frente de uma especificação de largura de campo faz o campo ser exibido com justificação à esquerda. Substitua a seguinte instrução NSLog pela instrução correspondente no Programa 5.3, execute o programa e compare as saídas produzidas pelos dois programas:

   ```
   NSLog (@"%-2i %i", n, triangularNumber);
   ```

5. O Programa 5.5 permite que o usuário digite apenas cinco números diferentes. Modifique esse programa para que o usuário possa digitar a quantidade de números triangulares a serem calculados.

6. Nos programas 5.2 a 5.5, substitua todos os usos da instrução for pelas instruções while equivalentes. Execute cada programa para verificar se as duas versões são idênticas.

7. O que aconteceria se você digitasse um número negativo no Programa 5.8? Experimente e veja.

8. Escreva um programa que calcule a soma dos dígitos de um valor inteiro. Por exemplo, a soma dos dígitos do número 2155 é 2 + 1 + 5 + 5, ou 13. O programa deve aceitar qualquer inteiro arbitrário digitado pelo usuário.

6
Tomando decisões

Um recurso fundamental de qualquer linguagem de programação é a capacidade de tomar decisões. Decisões foram tomadas na execução das instruções de loop para determinar seu término. A linguagem de programação Objective-C também fornece várias outras construções de tomada de decisão, as quais são abordadas neste capítulo:

- A instrução `if`
- A instrução `switch`
- O operador `condicional`

A instrução `if`

Objective-C fornece um recurso de tomada de decisão geral, na forma de uma construção chamada de instrução `if`. O formato geral dessa instrução é o seguinte:

```
if ( expressão )
    instrução de programa
```

Imagine que você pudesse converter uma instrução como "Se não estiver chovendo, vou nadar", para Objective-C. Usando o formato anterior da instrução `if`, isso poderia ser "escrito" em Objective-C como segue:

```
if ( não estiver chovendo )
    vou nadar
```

A instrução `if` é usada para estipular a execução de uma instrução de programa (ou instruções, se estiverem entre chaves) com base em condições especificadas. Vou nadar, se não estiver chovendo. Da mesma forma, na instrução de programa

```
if ( count > MAXIMUM_SONGS )
    [playlist maxExceeded];
```

a mensagem `maxExceeded` é enviada para `playlist` *somente* se o valor de `count` for maior do que o valor de `MAXIMUM_SONGS`; caso contrário, ela é ignorada.

Um exemplo de programa real ajudará a compreender esse ponto. Suponha que você quer escrever um programa que aceite um inteiro digitado no teclado e então exiba o valor absoluto desse inteiro. Uma maneira simples de calcular o valor absoluto de um inteiro é apenas negar o número, se ele for menor que zero. A frase "se ele for menor que zero" na sentença anterior sinaliza que o programa deve tomar uma decisão. Essa decisão pode ser afetada pelo uso de uma instrução `if`, como mostrado no programa a seguir.

Programa 6.1

```
// Calcula o valor absoluto de um inteiro

#import <Foundation/Foundation.h>

int main (int argc, char * argv[])
{
   @autoreleasepool {
      int number;

      NSLog (@"Type in your number: ");
      scanf ("%i", &number);

      if ( number < 0 )
         number = -number;

      NSLog (@"The absolute value is %i", number);
   }
   return 0;
}
```

Programa 6.1 Saída

```
Type in your number:
-100
The absolute value is 100
```

Programa 6.1 Saída (Reexecução)

```
Type in your number:
2000
The absolute value is 2000
```

O programa foi executado duas vezes para verificar se ele está funcionando de maneira correta. Evidentemente, poderia ser desejável executar o programa várias outras vezes, para se ter um grau de confiança mais alto de ele estar de fato funcionando corretamente, mas pelo menos você sabe que verificou os dois resultados possíveis da decisão do programa.

Depois que uma mensagem é exibida para o usuário e o valor inteiro digitado é armazenado em `number`, o programa testa o valor de `number` para ver se é menor do que zero. Se for, a instrução seguinte do programa, que nega o valor de `number`, é executada. Se o valor de `number` não é menor do que zero, essa instrução do programa é pulada automaticamente. (Se ele já é positivo, você não quer negá-lo.) Então, o valor absoluto de `number` é exibido pelo programa e a execução termina.

Vamos ver outro programa que utiliza a instrução `if`. Adicionaremos mais um método na classe `Fraction`, chamado `convertToNum`. Esse método fornecerá o valor de uma fração, expresso como um número real. Em outras palavras, ele vai dividir o numerador pelo denominador e retornar o resultado como um valor de precisão dupla. Assim, se você tem a fração `1/2`, quer que o método retorne o valor `0.5`.

A declaração de tal método poderia ser como segue:

```
-(double) convertToNum;
```

É assim que você poderia escrever sua definição:

```
-(double) convertToNum
{
    return numerator / denominator;
}
```

Bem, não exatamente. Conforme foi definido, esse método tem dois problemas sérios. Você consegue identificá-los? O primeiro está relacionado às conversões aritméticas. Lembre-se de que `numerator` e `denominator` são variáveis de instância inteiras. Então, o que acontece quando você divide dois inteiros? Correto, isso é efetuado como uma divisão inteira! Se você quisesse converter a fração `1/2`, o código anterior forneceria zero! Isso é corrigido facilmente usando o operador de conversão de tipo para converter um dos operandos ou os dois em um valor de ponto flutuante, antes que a divisão ocorra:

```
(double) numerator / denominator
```

Lembrando da precedência relativamente alta desse operador, o valor de `numerator` é primeiro convertido em `Double`, antes que a divisão ocorra. Além disso, não é preciso converter `denominator`, pois as regras de conversão aritmética cuidam disso para você.

O segundo problema desse método é que você precisa verificar se vai haver divisão por zero. (Você sempre deve verificar isso!). Por descuido, o chamador desse método poderia ter se esquecido de definir o denominador da fração, ou tê-lo definido como zero, e você não quer que seu programa termine de forma anormal.

A versão modificada do método `convertToNum` aparece a seguir:

```
-(double) convertToNum
{
   if (denominator != 0)
      return (double) numerator / denominator;
   else
      return NAN;
}
```

Decidimos retornar o valor especial NAN (que significa Not A Number – não é um número), caso o denominador da fração seja zero. Esse símbolo é definido em um arquivo de cabeçalho do sistema chamado math.h, que é importado para seu programa automaticamente.

Vamos utilizar esse novo método no Programa 6.2.

Programa 6.2

```
#import <Foundation/Foundation.h>

@interface Fraction: NSObject

-(void)    print;
-(void)    setNumerator: (int) n;
-(void)    setDenominator: (int) d;
-(int)     numerator;
-(int)     denominator;
-(double) convertToNum;
@end

@implementation Fraction
{
   int numerator;
   int denominator;
}

-(void) print
{
   NSLog (@" %i/%i ", numerator, denominator);
}

-(void) setNumerator: (int) n
{
   numerator = n;
}

-(void) setDenominator: (int) d
{
   denominator = d;
}

-(int) numerator
```

```
{
    return numerator;
}

-(int) denominator
{
    return denominator;
}

-(double) convertToNum
{
    if (denominator != 0)
        return (double) numerator / denominator;
    else
        return NAN;
}
@end

int main (int argc, char * argv[])
{
    @autoreleasepool {
        Fraction *aFraction = [[Fraction alloc] init];
        Fraction *bFraction = [[Fraction alloc] init];

        [aFraction setNumerator: 1];    // a 1ª fração é 1/4
        [aFraction setDenominator: 4];

        [aFraction print];
        NSLog (@" =");
        NSLog (@"%g", [aFraction convertToNum]);

        [bFraction print];      // nunca é atribuído um valor
        NSLog (@" =");
        NSLog (@"%g", [bFraction convertToNum]);
    }
    return 0;
}
```

Programa 6.2 Saída

```
1/4
=
0.25
0/0
=
nan
```

Após definir `aFraction` como `1/4`, o programa usa o método `convertToNum` para converter a fração em um valor decimal. Então, esse valor é exibido como 0.25.

No segundo caso, o valor de `bFraction` não é definido explicitamente, de modo que seu numerador e seu denominador são inicializados com zero, que é o padrão para variáveis de instância. Isso explica o resultado do método `print`. Isso também faz a instrução `if` dentro do método `convertToNum` retornar o valor `NAN`, o qual, você notará, na verdade é exibido por `NSLog` como `nan`.

A construção `if-else`

Se alguém perguntar se um número em particular é par ou ímpar, você provavelmente chegará a uma conclusão examinando o último algarismo do número. Se esse algarismo for `0`, `2`, `4`, `6` ou `8`, você prontamente declarará que o número é par. Caso contrário, dirá que o número é ímpar.

Uma maneira mais fácil para um computador determinar se um número em particular é par ou ímpar é influenciada não pelo exame do último dígito, para ver se é `0`, `2`, `4`, `6` ou `8`, mas simplesmente determinar se sua divisão por 2 é exata. Se for, o número é par; caso contrário, é ímpar.

Você já viu como o operador módulo `%` é usado para calcular o resto de um inteiro dividido por outro. Isso o transforma no operador perfeito a ser usado para determinar se a divisão de um inteiro por 2 é exata. Se o resto, após a divisão por 2, for `0`, ele é par; caso contrário, é ímpar.

Agora, vamos escrever um programa que determina se um valor inteiro digitado pelo usuário é par ou ímpar e, então, exibe uma mensagem apropriada no terminal – veja o Programa 6.3.

Programa 6.3

```
// Programa para determinar se um número é par ou ímpar

#import <Foundation/Foundation.h>

int main (int argc, char * argv[])
{
   @autoreleasepool {
      int number_to_test, remainder;

      NSLog (@"Enter your number to be tested: ");
      scanf ("%i", &number_to_test);

      remainder = number_to_test % 2;

      if ( remainder == 0 )
         NSLog (@"The number is even.");

      if ( remainder != 0 )
         NSLog (@"The number is odd.");
   }

   return 0;
}
```

Programa 6.3 Saída

```
Enter your number to be tested:
2455
The number is odd.
```

Programa 6.3 Saída (Reexecução)

```
Enter your number to be tested:
1210
The number is even.
```

Depois que o número é digitado, é calculado o resto da divisão por 2. A primeira instrução if testa o valor desse resto para ver se é igual a zero. Se for, a mensagem "The number is even." (o número é par) aparece.

A segunda instrução if testa o resto para ver se *não* é igual a zero e, se esse for o caso, exibe uma mensagem dizendo que o número é ímpar.

Quando a primeira instrução if for bem-sucedida, a segunda deve falhar e vice-versa. Se você se recorda de nossas discussões sobre números pares/ímpares, no início desta seção, dissemos que, se a divisão do número por 2 for exata, ele é par; senão, é ímpar.

Ao se escrever programas, esse conceito de "senão" é tão frequentemente exigido que é fornecida uma construção especial para tratar dessa situação. Na Objective-C, isso é conhecido como if-else e o formato geral é o seguinte:

```
if ( expressão )
    instrução de programa 1
else
    instrução de programa 2
```

A construção if-else é na verdade apenas uma extensão do formato geral da instrução if. Se o resultado da avaliação da expressão é verdadeiro, *instrução de programa 1*, que vem imediatamente após, é executada; caso contrário, *instrução de programa 2* é executada. Em um ou outro caso, ou *instrução de programa 1* ou *instrução de programa 2* será executada, mas não ambas.

Você pode incorporar a instrução if-else no programa anterior, substituindo as duas instruções if por uma única instrução if-else. Você vai ver como essa nova construção realmente ajuda a reduzir um pouco a complexidade do programa e também melhora sua legibilidade.

Programa 6.4

```objc
// Determina se um número é par ou ímpar (Ver. 2)

#import <Foundation/Foundation.h>

int main (int argc, char * argv[])
{
    @autoreleasepool {
        int number_to_test, remainder;
```

```
        NSLog (@"Enter your number to be tested:");
        scanf ("%i", &number_to_test);

        remainder = number_to_test % 2;

        if ( remainder == 0 )
           NSLog (@"The number is even.");
        else
           NSLog (@"The number is odd.");
    }

    return 0;
}
```

Programa 6.4   Saída

```
Enter your number to be tested:
1234
The number is even.
```

Programa 6.4   Saída (Reexecução)

```
Enter your number to be tested:
6551
The number is odd.
```

Não se esqueça de que o sinal de igual duplo (==) é o teste de igualdade e que o sinal de igual simples é o operador de atribuição. Esquecer disso e inadvertidamente usar o operador de atribuição dentro da instrução if pode causar muitas dores de cabeça.

Testes relacionais compostos

As instruções if utilizadas até aqui neste capítulo definem testes relacionais simples entre dois números. O Programa 6.1 comparava o valor de number com zero, enquanto o Programa 6.2 comparava o denominador da fração com zero. Às vezes torna-se desejável, se não necessário, definir testes mais sofisticados. Suponha, por exemplo, que você queira contar o número de notas de um exame que ficaram entre 70 e 79, inclusive. Nesse caso, você desejaria comparar o valor de uma nota não apenas com um limite, mas com dois, 70 e 79, para garantir que ele estivesse dentro do intervalo especificado.

A linguagem Objective-C fornece os mecanismos necessários para fazer esses tipos de testes relacionais compostos. Um *teste relacional composto* é simplesmente um ou mais testes relacionais simples unidos pelos operadores lógicos E (AND) ou OU (OR). Esses operadores são representados pelos pares de caracteres && e || (dois caracteres de barra vertical), respectivamente. Como exemplo, a instrução

Objective-C a seguir incrementa o valor de `grades_70_to_79` somente se o valor de `grade` ("nota" em inglês) for maior ou igual a `70` e menor ou igual a `79`:

```
if ( grade >= 70 && grade <= 79 )
   ++grades_70_to_79;
```

De maneira semelhante, a instrução a seguir causa a execução da instrução `NSLog` se index for menor que `0` *ou* maior que `99`:

```
if ( index < 0 || index > 99 )
   NSLog (@"Error - index out of range");
```

Os operadores compostos podem ser usados para formar expressões extremamente complexas em Objective-C. A linguagem Objective-C garante ao programador a máxima flexibilidade na formação de expressões, mas essa flexibilidade é uma capacidade da qual os programadores frequentemente abusam. Expressões mais simples quase sempre são mais fáceis de ler e depurar.

Ao formar expressões relacionais compostas, use parênteses liberalmente para ajudar a tornar a expressão mais legível e não ter problemas por causa de uma suposição errada sobre a precedência dos operadores na expressão OU. (O operador `&&` tem precedência mais baixa do que qualquer operador aritmético ou relacional, mas precedência mais alta do que o operador `||`.) Espaços em branco também podem ajudar na legibilidade da expressão. Um espaço em branco extra em torno dos operadores `&&` e `||` separa visualmente esses operadores das expressões que estão unindo.

Para ilustrar o uso de um teste relacional composto em um exemplo de programa real, vamos escrever um programa que testa se um ano é bissexto. Todos nós sabemos que um ano é bissexto se é divisível por 4. Contudo, o que você talvez não perceba é que um ano divisível por 100 não é bissexto a não ser que também seja divisível por 400.

Tente imaginar como você faria para criar um teste para essa condição. Primeiro você poderia calcular os restos (em inglês "remainders") dos anos após a divisão por 4, 100 e 400, e atribuir esses valores a variáveis com nomes adequados, como `rem_4`, `rem_100` e `rem_400`, respectivamente. Então, poderia testar esses restos para determinar se os critérios desejados para um ano bissexto foram satisfeitos.

Se reformularmos nossa definição anterior de ano bissexto, podemos dizer que um ano é bissexto se é divisível por 4 e não por 100 ou se é divisível por 400. Pare por uns instantes para refletir sobre essa última sentença e verifique por si mesmo que ela é equivalente à definição declarada anteriormente. Agora que reformulamos nossa definição nesses termos, a tarefa de transformá-la em uma instrução de programa torna-se relativamente simples, como segue:

```
if ( (rem_4 == 0 && rem_100 != 0) || rem_400 == 0 )
     NSLog (@"It's a leap year.");
```

Os parênteses em torno da subexpressão a seguir não são obrigatórios:

```
rem_4 == 0 && rem_100 != 0
```

Isso porque, de qualquer modo, a expressão será avaliada dessa forma – lembre-se de que && tem precedência mais alta do que ||.

Na verdade, nesse exemplo em particular, o seguinte teste também funcionaria:

```
if ( rem_4 == 0 && ( rem_100 != 0 || rem_400 == 0 ) )
```

Se você adicionar algumas instruções na frente do teste para declarar as variáveis e permitir que o usuário digite o ano no terminal, acabará com um programa que determina se um ano é bissexto, como mostrado no Programa 6.5.

Programa 6.5

```
// Este programa determina se um ano é bissexto

#import <Foundation/Foundation.h>

int main (int argc, char * argv[])
{
   @autoreleasepool {
       int year, rem_4, rem_100, rem_400;

       NSLog (@"Enter the year to be tested: ");
       scanf ("%i", &year);

       rem_4 = year % 4;
       rem_100 = year % 100;
       rem_400 = year % 400;

       if ( (rem_4 == 0 && rem_100 != 0) || rem_400 == 0 )
          NSLog (@"It's a leap year.");
          else
NSLog (@"Nope, it's not a leap year.");
}
return 0;
}
```

Programa 6.5 Saída

```
Enter the year to be tested:
1955
Nope, it's not a leap year.
```

Programa 6.5 Saída (Reexecução)

```
Enter the year to be tested:
2000
It's a leap year.
```

Programa 6.5 Saída (Reexecução)

```
Enter the year to be tested:
1800
Nope, it's not a leap year.
```

Os exemplos anteriores usam um ano que não é bissexto porque não é divisível por 4 (1955), um ano bissexto porque é divisível por 400 (2000) e um ano que não é bissexto porque é divisível por 100, mas não por 400 (1800). Para completar a sequência de casos de teste, você também deve usar um ano que seja divisível por 4 e não por 100. Isso fica como exercício.

Mencionamos que Objective-C oferece ao programador uma flexibilidade tremenda na formação de expressões. Por exemplo, no programa anterior, você não precisou calcular os resultados intermediários `rem_4`, `rem_100` e `rem_400`; o cálculo poderia ser efetuado diretamente dentro da instrução `if`, como segue:

```
if ( ( year % 4 == 0 && year % 100 != 0 ) || year % 400 == 0 )
```

Usar espaços em branco para destacar os vários operadores ainda torna a expressão anterior legível. Se você decidisse ignorar isso e removesse o conjunto de parênteses desnecessário, acabaria com uma expressão como a seguinte:

```
if(year%4==0&&year%100!=0||year%400==0)
```

Essa expressão é perfeitamente válida e, acredite se quiser, executa de forma idêntica à expressão mostrada imediatamente antes dela. De fato, esses espaços em branco extras ajudam muito nosso entendimento de expressões complexas.

Instruções `if` aninhadas

Nas discussões sobre o formato geral da instrução `if`, indicamos que se o resultado da avaliação da expressão dentro dos parênteses é verdadeiro, a instrução imediatamente seguinte é executada. É perfeitamente válido essa instrução de programa ser outra instrução `if`, como se vê a seguir:

```
if ( [chessGame isOver] == NO )
    if ( [chessGame whoseTurn] == YOU )
        [chessGame yourMove];
```

Se o valor retornado pelo envio da mensagem `isOver` para `chessGame` é NO, a instrução seguinte é executada; essa instrução, por sua vez, é outra instrução `if`. Essa instrução `if` compara o valor retornado do método `whoseTurn` com YOU. Se os dois valores são iguais, a mensagem `yourMove` é enviada para o objeto `chessGame`. Portanto, a mensagem `yourMove` só é enviada se o jogo ainda não terminou e é sua vez (*your move*). Na verdade, essa instrução poderia ser formulada de forma equivalente usando relacionais compostas, como segue:

```
if ( [chessGame isOver] == NO && [chessGame whoseTurn] == YOU )
    [chessGame yourMove];
```

Um exemplo mais prático de instruções `if` aninhadas poderia envolver o acréscimo de uma cláusula `else` ao exemplo anterior, como mostrado aqui:

```
if ( [chessGame isOver] == NO )
    if ( [chessGame whoseTurn] == YOU )
        [chessGame yourMove];
    else
        [chessGame myMove];
```

A execução dessa instrução ocorre conforme descrito anteriormente. No entanto, se o jogo não acabou e não é sua vez, a cláusula `else` é executada. Isso envia a mensagem `myMove` para `chessGame`. Se o jogo acabou, a instrução `if` inteira que vem a seguir, incluindo sua cláusula `else` associada, é pulada.

Observe como a cláusula `else` está associada à instrução `if` que testa o valor retornado do método `whoseTurn` e não à instrução `if` que testa se o jogo terminou. A regra geral é que uma cláusula `else` está sempre associada à última instrução `if` que não contém um `else`.

Você pode ir um passo além e adicionar uma cláusula `else` na instrução `if` mais externa no exemplo anterior. Essa cláusula `else` é executada se o jogo terminou:

```
if ( [chessGame isOver] == NO )
    if ( [chessGame whoseTurn] == YOU )
        [chessGame yourMove];
    else
        [chessGame myMove];
else
    [chessGame finish];
```

Naturalmente, mesmo que você use recuos para indicar o modo como acha que uma instrução vai ser interpretada na linguagem Objective-C, isso pode nem sempre coincidir com o modo como o sistema realmente interpreta a instrução. Por exemplo, remover a primeira cláusula `else` do exemplo anterior *não* resultará na interpretação da instrução conforme seu formato indica:

```
if ( [chessGame isOver] == NO )
    if ( [chessGame whoseTurn] == YOU )
        [chessGame yourMove];
else
    [chessGame finish];
```

Em vez disso, essa instrução será interpretada como segue:

```
if ( [chessGame isOver] == NO )
    if ( [chessGame whoseTurn] == YOU )
        [chessGame yourMove];
    else
        [chessGame finish];
```

Isso porque a cláusula `else` está associada ao último `if` sem `else`. Você pode usar chaves para impor uma associação diferente, quando um `if` mais interno não contém um else, mas um `if` externo contém. As chaves têm o efeito de isolar a instrução `if`. Portanto, a instrução a seguir consegue o efeito desejado:

```
if ( [chessGame isOver] == NO ) {
   if ( [chessGame whoseTurn] == YOU )
      [chessGame yourMove];
}
else
   [chessGame finish];
```

A construção `else if`

Você viu como a instrução `else` entra em ação quando há um teste com duas condições possíveis: ou o número é par ou é ímpar; ou o ano é bissexto ou não é. No entanto, programar as decisões que você tem de tomar nem sempre é simples. Considere a tarefa de escrever um programa que exibe -1 se um número digitado pelo usuário é menor do que zero, 0 se o número é igual a zero e 1 se o número é maior do que zero. (Isso é uma implementação do que é comumente chamado de função de *sinal*.) Obviamente, nesse caso você precisa fazer três testes para determinar se o número digitado é negativo, zero ou positivo. A construção `if-else` simples não funcionará. É claro que você sempre pode recorrer a três instruções `if` separadas, mas essa solução nem sempre funciona – em especial se os testes não são mutuamente exclusivos.

A situação que acabamos de descrever pode ser resolvida adicionando uma instrução `if` na cláusula `else`. Mencionamos que a instrução que vem após um `else` pode ser qualquer instrução de programa válida de Objective-C; então, por que não outro `if`? Assim, no caso geral, você poderia escrever o seguinte:

```
if ( expressão 1 )
    instrução de programa 1
else
    if ( expressão 2 )
        instrução de programa 2
    else
        instrução de programa 3
```

Isso efetivamente estende a instrução `if`, de uma decisão lógica avaliada duas vezes para uma decisão lógica avaliada três vezes. Você pode continuar a adicionar instruções `if` nas cláusulas `else` da maneira que acabamos de mostrar, a fim de efetivamente estender a decisão para uma lógica de avaliação de n valores.

A construção anterior é usada tantas vezes que é referida de modo geral como construção `else if` e quase sempre é formatada de maneira diferente da mostrada anteriormente:

```
if ( expressão 1 )
    instrução de programa 1
else if ( expressão 2 )
    instrução de programa 2
else
    instrução de programa 3
```

Este último método de formatação aumenta a legibilidade da instrução e torna mais claro que está sendo tomada uma decisão tríplice.

O próximo programa ilustra o uso da construção `else if` implementando a função de sinal discutida em páginas anteriores.

Programa 6.6

```objectivec
// Programa para implementar a função de sinal

#import <Foundation/Foundation.h>

int main (int argc, char * argv[])
{
   @autoreleasepool {
      int number, sign;

      NSLog (@"Please type in a number: ");
      scanf ("%i", &number);

      if ( number < 0 )
         sign = -1;
      else if ( number == 0 )
         sign = 0;
      else    // Deve ser positivo
         sign = 1;

      NSLog (@"Sign = %i", sign);
   }

   return 0;
}
```

Programa 6.6 Saída

```
Please type in a number:
1121
Sign = 1
```

Programa 6.6 Saída (Reexecução)

```
Please type in a number:
-158
Sign = -1
```

Programa 6.6 Saída (Reexecução)

```
Please type in a number:
0
Sign = 0
```

Se o número digitado é menor do que zero, o valor `-1` é atribuído a `sign`; se o número é igual a zero, o valor `0` é atribuído a `sign`; caso contrário, o número deve ser maior do que zero, de modo que `sign` recebe o valor `1`.

O próximo programa analisa um caractere que é digitado no terminal e o classifica como alfabético (a-z ou A-Z), algarismo (0–9) ou um caractere especial (qualquer coisa). Para se ler um único caractere do terminal, os caracteres de formatação %c são usados na chamada de scanf.

Programa 6.7

```
// Este programa classifica um único caractere
//    digitado no teclado

#import <Foundation/Foundation.h>
int main (int argc, char * argv[])
{
@autoreleasepool {
char c;

NSLog (@"Enter a single character:");
scanf (" %c", &c);

if ( (c >= 'a' && c <= 'z') || (c >= 'A' && c <= 'Z') )
    NSLog (@"It's an alphabetic character.");
else if ( c >= '0' && c <= '9' )
    NSLog (@"It's a digit.");
else
    NSLog (@"It's a special character.");
}
return 0;
}
```

Programa 6.7   Saída

```
Enter a single character:
&
It's a special character.

Programa 6.7 Saída (Reexecução)
Enter a single character:
8
It's a digit.
```

Programa 6.7   Saída (Reexecução)

```
Enter a single character:
B
It's an alphabetic character.
```

> **Nota**
>
> Como mostrado no exemplo de programa, é melhor colocar um espaço antes de %c na string de formatação de scanf (como em " %c"). Isso permite que scanf "pule" quaisquer dos caracteres não imprimíveis (por exemplo, novas linhas, retornos, tabulações, avanço de linha) da entrada. Omitir esse espaço pode permitir que scanf leia um caractere que você não espera. Embora isso possa não ser um problema nesse exemplo, é bom lembrar-se disso ao trabalhar nos outros exemplos deste capítulo (incluindo os exercícios), quando você quiser ler um único caractere.

O primeiro teste feito depois que o caractere é lido determina se a variável `char c` é um caractere alfabético. Isso é feito testando se o caractere é uma letra minúscula ou maiúscula. O primeiro teste é feito pela seguinte expressão:

```
( c >= 'a' && c <= 'z' )
```

Essa expressão é verdadeira se `c` está dentro do intervalo de caracteres 'a' a 'z'; ou seja, se `c` é uma letra minúscula. O último teste é feito por esta expressão:

```
( c >= 'A' && c <= 'Z' )
```

Essa expressão é verdadeira se `c` está dentro do intervalo de caracteres 'A' a 'Z'; ou seja, se `c` é uma letra maiúscula. Esses testes funcionam em sistemas de computador que armazenam caracteres dentro da máquina em um formato conhecido como ASCII.

Se a variável `c` é um caractere alfabético, o primeiro teste `if` é bem-sucedido e a mensagem `"It's an alphabetic character."` é exibida. Se o teste falha, a cláusula `else if` é executada. Essa cláusula determina se o caractere é um algarismo. Note que esse teste compara o caractere `c` com os *caracteres* '0' a '9' e *não* com os *inteiros* de 0 a 9. Isso porque um caractere foi lido do terminal e os caracteres '0' a '9' não são os mesmos que os números 0–9. Na verdade, em ASCII, o caractere '0' é representado internamente como o número `48`, o caractere '1' como o número `49`, e assim por diante.

Se `c` é um caractere de algarismo, a frase `"It's a digit."` é exibida. Caso contrário, se `c` não é alfabético nem um algarismo, a última cláusula `else` é executada e exibe a frase `"It's a special character."` no terminal. Então, a execução do programa está terminada.

Note que, mesmo usando `scanf` aqui para ler apenas um caractere, você ainda deve pressionar a tecla Return, depois que o caractere for digitado, para enviar a entrada para o programa. Em geral, quando se está lendo dados do terminal, o programa não vê nenhum dos dados digitados na linha, até que a tecla Return seja pressionada.

Vamos supor, para o próximo exemplo, que você quer escrever um programa que permita ao usuário digitar expressões simples da seguinte forma:

```
número    operador    número
```

O programa avaliará a expressão e exibirá os resultados no terminal. Os operadores que devem ser reconhecidos são os operadores normais para adição, subtração, multiplicação e divisão. Vamos usar aqui a classe `Calculator` do Programa 4.6 do Capítulo 4, "Tipos de dados e expressões". Cada expressão será fornecida para a calculadora fazer os cálculos.

O programa a seguir usa uma grande instrução `if` com muitas cláusulas `else if` para determinar qual operação vai ser efetuada.

> **Nota**
>
> É melhor usar rotinas da biblioteca padrão chamadas `islower` e `isupper` e evitar totalmente o problema da representação interna. Para fazer isso, inclua a linha `#import <ctype.h>` em seu programa. No entanto, colocamos isso aqui somente para propósitos ilustrativos.

Programa 6.8

```objc
// Programa para avaliar expressões simples da forma
//         número operador número

// Implementa uma classe Calculator

#import <Foundation/Foundation.h>

@interface Calculator: NSObject

// métodos do acumulador
-(void) setAccumulator: (double) value;
-(void) clear;
-(double) accumulator;

// métodos aritméticos
-(void) add: (double) value;
-(void) subtract: (double) value;
-(void) multiply: (double) value;
-(void) divide: (double) value;
@end

@implementation Calculator
{
   double accumulator;
}

-(void) setAccumulator: (double) value
{
   accumulator = value;
}

-(void) clear
{
   accumulator = 0;
}

-(double) accumulator
{
   return accumulator;
}
```

```objectivec
-(void) add: (double) value
{
   accumulator += value;
}

-(void) subtract: (double) value
{
   accumulator -= value;
}

-(void) multiply: (double) value
{
   accumulator *= value;
}

-(void) divide: (double) value
{
   accumulator /= value;
}
@end

int main (int argc, char * argv[])
{
   @autoreleasepool {
      double    value1, value2;
      char      operator;
      Calculator     *deskCalc = [[Calculator alloc] init];

      NSLog (@"Type in your expression.");
      scanf ("%lf %c %lf", &value1, &operator, &value2);

      [deskCalc setAccumulator: value1];
      if ( operator == '+' )
         [deskCalc add: value2];
      else if ( operator == '-' )
         [deskCalc subtract: value2];
      else if ( operator == '*' )
         [deskCalc multiply: value2];
      else if ( operator == '/' )
         [deskCalc divide: value2];

      NSLog (@"%.2f", [deskCalc accumulator]);
   }

   return 0;
}
```

Programa 6.8	Saída

```
Type in your expression.
123.5 + 59.3
182.80
```

Programa 6.8	Saída (Reexecução)

```
Type in your expression.
198.7 / 26
7.64
```

Programa 6.8	Saída (Reexecução)

```
Type in your expression.
89.3 * 2.5
223.25
```

A chamada de scanf especifica que três valores vão ser lidos nas variáveis value1, operator e value2. Um valor double pode ser lido com os caracteres de formatação %lf. Esse é o formato usado para ler o valor da variável value1, que é o primeiro operando da expressão.

Em seguida, você lê o operador. Como o operador é um caractere ('+', '-', '*' ou '/') e não um número, você o lê na variável de caractere operator. Os caracteres de formatação %c dizem ao sistema que leia o próximo caractere do terminal. Os espaços em branco dentro da string de formatação indicam que é permitido na entrada um número arbitrário de espaços em branco. Isso possibilita separar os operandos do operador com espaços em branco, quando você digitar esses valores.

Depois de lidos os dois valores e o operador, o programa armazena o primeiro valor no acumulador da calculadora. Em seguida, você testa o valor de operator em relação aos quatro operadores permitidos. Quando é encontrada uma combinação correta, a mensagem correspondente é enviada para a calculadora, a fim de efetuar a operação. No último NSLog, o valor do acumulador é recuperado para exibição. Assim, a execução do programa está terminada.

Neste ponto, são necessárias algumas palavras sobre a eficácia do programa. Embora o programa anterior cumpra a tarefa que deve desempenhar, ele não está realmente completo, pois não leva em conta erros do usuário. Por exemplo, o que aconteceria se o usuário digitasse ? para o operador, por engano? O programa simplesmente falharia na instrução if e nenhuma mensagem apareceria no terminal para avisar o usuário de que ele digitou a expressão incorretamente.

Outro caso desconsiderado é quando o usuário digita uma operação de divisão tendo zero como divisor. Agora você sabe que nunca deve tentar dividir um número por zero em Objective-C. O programa deve verificar esse caso.

Tentar prever as maneiras pelas quais um programa pode falhar ou produzir resultados indesejados e adotar medidas preventivas para resolver tais situações são partes necessárias da produção de programas bons e confiáveis. Executar um número suficiente de casos de teste em um programa frequentemente pode indicar as partes dele que não consideram certas situações. Mas não somente isso. Deve-se tornar uma questão de autodisciplina, ao codificar um programa, sempre perguntar "O que aconteceria se...?" e inserir as instruções de programa necessárias para tratar da situação corretamente.

O Programa 6.8A, uma versão modificada do Programa 6.8, considera a divisão por zero e a digitação de um operador desconhecido.

Programa 6.8A
```
// Programa para avaliar expressões simples da forma
//       valor operador valor

#import <Foundation/Foundation.h>

// Insira as seções de interface e implementação para a
// classe Calculator aqui

int main (int argc, char * argv[])
{
   @autoreleasepool {
      double    value1, value2;
      char      operator;
      Calculator    *deskCalc = [[Calculator alloc] init];

      NSLog (@"Type in your expression.");
      scanf ("%lf %c %lf", &value1, &operator, &value2);

      [deskCalc setAccumulator: value1];

      if ( operator == '+' )
         [deskCalc add: value2];
      else if ( operator == '-' )
         [deskCalc subtract: value2];
      else if ( operator == '*' )
         [deskCalc multiply: value2];
      else if ( operator == '/' )
         if ( value2 == 0 )
            NSLog (@"Division by zero.");
         else
            [deskCalc divide: value2];
      else
         NSLog (@"Unknown operator.");
```

```
        NSLog (@"%.2f", [deskCalc accumulator]);
    }

    return 0;
}
```

Programa 6.8A Saída

```
Type in your expression.
123.5 + 59.3
182.80
```

Programa 6.8A Saída (Reexecução)

```
Type in your expression.
198.7 / 0
Division by zero.
198.7
```

Programa 6.8A Saída (Reexecução)

```
Type in your expression.
125 $ 28
Unknown operator.
125
```

Quando o operador digitado é a barra normal, para divisão, outro teste é feito para determinar se value2 é 0. Se for, uma mensagem apropriada é exibida no terminal; caso contrário, a operação de divisão é efetuada e os resultados são exibidos. Preste bastante atenção ao aninhamento das instruções if e das cláusulas else associadas nesse caso.

A cláusula else no final do programa pega todas as falhas. Portanto, qualquer valor de operator que não corresponda a um dos quatro caracteres testados permite que essa cláusula else seja executada, resultando na exibição de "Unknown operator." no terminal.

Uma maneira melhor de tratar do problema da divisão por zero é fazer o teste dentro do método que efetua a divisão. Você pode modificar seu método divide: como mostrado aqui:

```
-(void) divide: (double) value
{
    if (value != 0.0)
        accumulator /= value;
    else {
        NSLog (@"Division by zero.");
        accumulator = NAN;
    }
}
```

Se `value` é diferente de zero, você efetua a divisão; caso contrário, exibe a mensagem e atribui ao acumulador o valor `NAN`. Em geral, é melhor fazer o método tratar dos casos especiais do que contar com a habilidade do programador ao usar o método.

A instrução `switch`

O tipo de encadeamento de instruções `if-else` que você encontrou no último exemplo de programa – com o valor de uma variável sucessivamente comparado com diferentes valores – é tão comumente usado ao se desenvolver programas, que existe uma instrução de programa especial na linguagem Objective-C para executar precisamente essa função. O nome da instrução é `switch` e seu formato geral é o seguinte:

```
switch ( expressão )
{
   case valor1:
      instrução de programa
      instrução de programa
         ...
      break;
   case valor2:
      instrução de programa
      instrução de programa
         ...
      break;
   ...
   case valorn:
      instrução de programa
      instrução de programa
         ...
      break;
   default:
      instrução de programa
      instrução de programa
         ...
      break;
}
```

A *expressão* colocada entre parênteses é sucessivamente comparada com os valores *valor1*, *valor2*, ..., *valorn*, os quais devem ser constantes simples ou expressões constantes. Se for encontrado um *case* cujo valor é igual ao valor de expressão, as instruções de programa que vêm após o *case* são executadas. Note que, quando mais de uma instrução de programa é incluída, elas *não* precisam ser colocadas dentro de chaves.

A instrução `break` sinaliza o final de um *case* em particular e faz a execução da instrução `switch` terminar. Lembre-se de incluir a instrução `break` no final de todo *case*. Esquecer-se disso para um *case* em particular faz a execução do programa continuar no próximo *case*, quando esse *case* for executado. Às vezes isso é feito intencionalmente; se optar por fazer isso, certifique-se de inserir comentários para alertar os outros sobre sua intenção.

O *case* opcional especial, chamado `default`, é executado se o valor de *expressão* não corresponder a nenhum dos valores de *case*. Isso é conceitualmente equivalente à instrução `else` genérica usada no exemplo anterior. De fato, a forma geral da instrução `switch` pode ser expressa de maneira equivalente a uma instrução `if`, como segue:

```
if ( expressão == valor1 )
{
      instrução de programa
      instrução de programa
         ...
}
else if ( expressão == valor2 )
{
      instrução de programa
      instrução de programa
         ...
}
   ...
else if ( expressão == valorn )
{
      instrução de programa
      instrução de programa
         ...
}
else
{
      instrução de programa
      instrução de programa
         ...
}
```

Lembrando o código anterior, você pode transformar a grande instrução `if` do Programa 6.8A em uma instrução `switch` equivalente, como mostrado no Programa 6.9.

Programa 6.9

```
// Programa para avaliar expressões simples da forma
//       valor operador valor

#import <Foundation/Foundation.h>

// Insira as seções de interface e implementação para a
// classe Calculator aqui

int main (int argc, char * argv[])
{
```

```
@autoreleasepool {
   double    value1, value2;
   char      operator;
   Calculator    *deskCalc = [[Calculator alloc] init];

   NSLog (@"Type in your expression.");
   scanf ("%lf %c %lf", &value1, &operator, &value2);

   [deskCalc setAccumulator: value1];

   switch ( operator ) {
      case '+':
         [deskCalc add: value2];
         break;
      case '-':
         [deskCalc subtract: value2];
         break;
      case '*':
         [deskCalc multiply: value2];
         break;
      case '/':
         [deskCalc divide: value2];
         break;
      default:
         NSLog (@"Unknown operator.");
         break;
   }

   NSLog (@"%.2f", [deskCalc accumulator]);
}

   return 0;
}
```

Programa 6.9   Saída

```
Type in your expression.
178.99 - 326.8
-147.81
```

Depois que a expressão é lida, o valor de `operator` é sucessivamente comparado com os valores especificados por cada *case*. Quando uma correspondência é encontrada, as instruções contidas no *case* são executadas. Então, a instrução `break` sai da execução da instrução `switch`, onde a execução do programa termina. Se nenhum dos *cases* corresponder ao valor de `operator`, o *case* `default`, que exibe "Unknown operator.", é executado.

Na verdade, a instrução `break` do *case* `default` é desnecessária no programa anterior, pois nenhuma instrução vem após esse *case* dentro do `switch`. Contudo, é um bom hábito de programação lembrar-se de incluir a instrução `break` no final de cada *case*.

Ao escrever uma instrução `switch`, lembre-se de que dois valores de *case* não podem ser iguais. No entanto, você pode associar mais de um valor de *case* a um conjunto de instruções de programa em particular. Isso é feito simplesmente listando os vários valores de *case* (com a palavra-chave `case` antes do valor e dois-pontos depois dele em cada *case*), antes das instruções comuns que vão ser executadas. Por exemplo, na instrução `switch` a seguir, o método `multiply:` é executado se `operator` é igual a um asterisco ou à letra x minúscula:

```
switch ( operator )
{
    ...
    case '*':
    case 'x':
        [deskCalc multiply: value2];
        break;
    ...
}
```

Variáveis booleanas

Quase todo mundo que aprende a programar logo se depara com a tarefa de escrever um programa para gerar uma tabela de números primos. Para refrescar sua memória, um inteiro positivo, p, é primo se não é divisível por quaisquer outros inteiros além de 1 e dele próprio. O primeiro inteiro primo é definido como 2. O primo seguinte é 3, pois não é divisível por quaisquer inteiros que não sejam 1 e 3; e 4 *não* é primo, pois *é* divisível por 2.

Você pode adotar várias estratégias para gerar uma tabela de números primos. Se você tivesse a tarefa de gerar todos os números primos até 50, por exemplo, o algoritmo mais óbvio (e o mais simples) para produzir essa tabela seria simplesmente testar a divisibilidade de cada inteiro, p, por todos os inteiros de 2 a p-1. Se algum inteiro causar uma divisão exata por p, então p não é primo; caso contrário, é um número primo.

O Programa 6.10 gera uma lista de números primos de 2 a 50.

Programa 6.10

```
// Programa para gerar uma tabela de números primos

#import <Foundation/Foundation.h>

int main (int argc, char * argv[])
{
    @autoreleasepool {
        int    p, d, isPrime;

        for ( p = 2; p <= 50; ++p ) {
            isPrime = 1;
```

```
            for ( d = 2; d < p; ++d )
                if ( p % d == 0 )
                    isPrime = 0;

            if ( isPrime != 0 )
                NSLog (@"%i ", p);
        }
    }

    return 0;
}
```

Programa 6.10 **Saída**
2
3
5
7
11
13
17
19
23
29
31
37
41
43
47

Vários pontos são dignos de nota em relação ao Programa 6.10. A instrução for mais externa configura um loop para percorrer os inteiros 2-50. A variável de loop p representa o valor que você está testando no momento para ver se é primo. A primeira instrução do loop atribui o valor 1 à variável isPrime. O uso dessa variável se tornará claro em breve.

Um segundo loop é configurado para dividir p pelos inteiros 2 a p-1. Dentro do loop, é feito um teste para ver se o resto de p dividido por d é 0. Se for, você sabe que p não pode ser primo, pois um inteiro diferente de 1 e dele mesmo gera uma divisão exata. Para sinalizar que p não é mais candidato a número primo, o valor da variável isPrime é definido como 0.

Quando a execução do loop mais interno termina, o valor de isPrime é testado. Se seu valor não é igual a 0, não foi encontrado inteiro algum que gere a divisão exata de p; portanto, p deve ser um número primo e seu valor é exibido.

Talvez você tenha notado que a variável isPrime recebe 0 ou 1, e nenhum outro valor. Seu valor é 1 enquanto p ainda se qualifica como número primo. Mas assim que é encontrado mesmo um único divisor, seu valor é definido como 0 para indicar que p não satisfaz mais os critérios para ser primo. Variáveis utilizadas dessa maneira são geralmente referidas como variáveis *booleanas*. Um flag normalmente assume somente um de dois valores diferentes. Além disso, o valor de um flag em geral é testado pelo menos uma vez no programa, para ver se está ativado (verdadeiro ou YES) ou desativado (falso ou NO), e alguma ação específica é executada com base nos resultados do teste.

Em Objective-C, a noção de um flag ser verdadeiro ou falso é mais naturalmente traduzida nos valores 1 e 0, respectivamente. Assim, no Programa 6.10, quando você define o valor de isPrime como 1 dentro do loop, está efetivamente definindo-o como verdadeiro para indicar que p "é primo". Durante a execução do loop for mais interno, se um divisor exato é encontrado, o valor de isPrime é definido como falso para indicar que p não mais "é primo".

Não é coincidência que o valor 1 seja normalmente usado para representar o estado verdadeiro ou ativado e 0 seja usado para representar o estado falso ou desativado. Essa representação corresponde à noção de um único bit dentro de um computador. Quando um bit está ativado, seu valor é 1; quando está desativado, seu valor é 0. Contudo, em Objective-C há um argumento ainda mais convincente a favor desses valores lógicos. Ele está relacionado à maneira como a linguagem Objective-C trata o conceito de verdadeiro e falso.

Quando começamos nossas discussões neste capítulo, observamos que, se as condições especificadas dentro da instrução if são satisfeitas, a instrução de programa que vem imediatamente após é executada. Mas o que significa *satisfeita* exatamente? Na linguagem Objective-C, *satisfeita* significa diferente de zero e nada mais. Portanto, a instrução

```
if ( 100 )
   NSLog (@"This will always be printed.");
```

resulta na execução da instrução NSLog, pois a condição na instrução if (neste caso, simplesmente o valor 100) é diferente de zero e, portanto, é satisfeita.

Em cada um dos programas deste capítulo, usamos as noções de "diferente de zero significa satisfeita" e "zero significa não satisfeita". Isso porque, quando uma expressão relacional é avaliada em Objective-C, ela recebe o valor 1 se é satisfeita e 0 se não é satisfeita. Assim, a avaliação da instrução

```
if ( number < 0 )
   number = -number;
```

na verdade ocorre como segue: a expressão relacional number < 0 é avaliada. Se a condição é satisfeita – isto é, se number é menor que 0 —, o valor da expressão é 1; caso contrário, seu valor é 0.

A instrução if testa o resultado da avaliação da expressão. Se o resultado é diferente de zero, a instrução que vem imediatamente após é executada; caso contrário, a instrução é pulada.

A discussão anterior também se aplica à avaliação de condições dentro das instruções `for`, `while` e `do`. A avaliação de expressões relacionais compostas, como da instrução a seguir, também ocorre como delineado anteriormente:

```
while ( char != 'e' && count != 80 )
```

Se as duas condições especificadas são válidas, o resultado é 1, mas se uma ou outra condição não é válida, o resultado da avaliação é 0. Então, os resultados da avaliação são verificados. Se o resultado é 0, o loop `while` termina; caso contrário, ele continua.

Voltando ao Programa 6.10 e à noção de flags, em Objective-C é perfeitamente válido testar se o valor de um flag é verdadeiro, usando uma expressão como a seguinte:

```
if ( isPrime )
```

Essa expressão é equivalente à seguinte:

```
if ( isPrime != 0 )
```

Para testar facilmente se o valor de um flag é falso, você usa o operador de negação lógica, !. Na expressão a seguir, o operador de negação lógica é usado para testar se o valor de `isPrime` é falso (leia essa instrução como "se não `isPrime`"):

```
if ( ! isPrime )
```

Em geral, uma expressão como esta nega o valor lógico de *expressão*:

```
! expressão
```

Assim, se *expressão* é 0, o operador de negação lógica produz 1. E se o resultado da avaliação de *expressão* é diferente de zero, o operador de negação produz 0.

O operador de negação lógica pode ser usado para inverter facilmente o valor de um flag, como na expressão a seguir:

```
my_move = ! my_move;
```

Conforme você poderia esperar, esse operador tem a mesma precedência do operador de subtração unário, o que significa que ele tem precedência mais alta do que todos os operadores aritméticos binários e todos os operadores relacionais. Para testar se o valor de uma variável x não é menor do que o valor de uma variável y, como em

```
! ( x < y )
```

os parênteses são obrigatórios, para garantir a avaliação correta da expressão. Evidentemente, você poderia ter expressado a instrução anterior de forma equivalente, como segue:

```
x >= y
```

Dois recursos internos de Objective-C facilitam um pouco o trabalho com variáveis booleanas. Um é o tipo especial `BOOL`, que pode ser usado para declarar variáveis que conterão um valor `verdadeiro` ou `falso`. O outro são os valores internos `YES` e `NO`. Usar esses valores predefinidos em seus programas pode torná-los mais fáceis de escrever e ler. Dê uma olhada no Programa 6.10, reescrito para tirar proveito desses recursos.

> **Nota**
>
> O tipo BOOL é na verdade adicionado por um mecanismo conhecido como pré-processador.

Programa 6.10

```
// Programa para gerar uma tabela de números primos
// segunda versão, usando o tipo BOOL e valores predefinidos

#import <Foundation/Foundation.h>

int main (int argc, char * argv[])
{
    @autoreleasepool {
        int     p, d;
        BOOL    isPrime;

        for ( p = 2; p <= 50; ++p ) {
            isPrime = YES;

            for ( d = 2; d < p; ++d )
                if ( p % d == 0 )
                    isPrime = NO;

            if ( isPrime == YES )
                NSLog (@"%i ", p);
        }
    }
    return 0;
}
```

Programa 6.10A   Saída

```
2
3
5
7
11
13
17
19
23
29
31
37
41
43
47
```

Muitos métodos nas bibliotecas de sistema retornam um valor de tipo BOOL ou recebem um ou mais argumentos desse tipo. Você vai ver exemplos disso posteriormente no livro.

O operador condicional

Talvez o operador mais incomum da linguagem Objective-C seja o chamado operador *condicional*. Ao contrário de todos os outros operadores de Objective-C – que são operadores unários ou binários —, o operador condicional é *ternário*; ou seja, ele recebe três operandos. Os dois símbolos usados para denotar esse operador são o ponto de interrogação (?) e os dois-pontos (:). O primeiro operando é colocado entes de ?, o segundo entre ? e :, e o terceiro depois de : .

O formato geral da expressão condicional é o seguinte:

condição ? expressão1: expressão2

Nessa sintaxe, condição é uma expressão, normalmente uma expressão relacional, que o sistema Objective-C avalia primeiro ao encontrar o operador condicional. Se o resultado da avaliação de condição é verdadeiro (isto é, diferente de zero), expressão1 é avaliada e o resultado da avaliação se torna o resultado da operação. Se condição é avaliada como falsa (isto é, zero), expressão2 é avaliada e seu resultado se torna o resultado da operação.

Uma expressão condicional é frequentemente usada para atribuir um de dois valores a uma variável, dependendo de alguma condição. Por exemplo, suponha que você tenha uma variável inteira x e outra variável inteira s. Se quiser atribuir -1 a s, se x for menor que 0, e o valor de x2 a s, caso contrário, você pode escrever a instrução a seguir:

s = (x < 0) ? -1   : x * x;

Quando a instrução anterior é executada, a condição x < 0 é testada primeiro. Parênteses geralmente são colocados em torno da expressão de condição para ajudar na legibilidade da instrução. Contudo, isso normalmente não é obrigatório, pois a precedência do operador condicional é muito baixa (na verdade, mais baixa do que a de todos os outros operadores, menos os operadores de atribuição e o operador vírgula).

Se o valor de x é menor do que zero, a expressão que vem imediatamente após ? é avaliada. Essa expressão é simplesmente o valor inteiro constante -1, que é atribuído à variável s se x é menor do que zero.

Se o valor de x não é menor do que zero, a expressão imediatamente após : é avaliada e atribuída a s. Assim, se x é maior ou igual a zero, o valor de x * x, ou x2, é atribuído a s.

Como outro exemplo do operador condicional, a instrução a seguir atribui à variável max_value o máximo de a e b:

max_value = (a > b) ? a: b;

Se a expressão após : (a parte "else") consiste em outro operador condicional, você pode obter os efeitos de uma cláusula `else if`. Por exemplo, a função de sinal implementada no Programa 6.6 pode ser escrita em uma única linha de programa usando dois operadores condicionais, como segue:

```
sign = ( number < 0 ) ? -1    : (( number == 0 ) ? 0    : 1);
```

Se `number` é menor do que zero, `sign` recebe o valor `-1`; se `number` é igual a zero, `sign` recebe o valor `0`; caso contrário, recebe o valor `1`. Os parênteses em torno da parte "else" da expressão anterior são desnecessários. Isso porque o operador condicional associa da direita para a esquerda, significando que vários usos desse operador em uma única expressão, como em

```
e1 ? e2    : e3 ? e4    : e5
```

são agrupados da direita para a esquerda e, portanto, são avaliados como segue:

```
e1 ? e2    : ( e3 ? e4    : e5 )
```

Não é necessário usar expressões condicionais no lado direito de uma atribuição; elas podem ser usadas em qualquer situação em que expressões possam ser usadas. Isso significa que você pode exibir o sinal da variável `number` sem primeiro atribuí--lo a uma variável, usando uma instrução `NSLog`, como mostrado aqui:

```
NSLog (@"Sign = %i", ( number < 0 ) ? -1
                   : ( number == 0 ) ? 0    : 1);
```

O operador condicional é muito útil ao se escrever macros de pré-processador em Objective-C. Isso pode ser visto em detalhes no Capítulo 12, "O pré-processador".

Exercícios

1. Escreva um programa que peça para o usuário digitar dois valores inteiros. Teste esses dois números para determinar se o primeiro é divisível pelo segundo e, então, exiba uma mensagem apropriada no terminal.

2. O Programa 6.8A exibe o valor do acumulador mesmo que seja digitado um operador inválido ou uma divisão por zero seja tentada. Corrija esse problema.

3. Modifique o método `print` da classe `Fraction` para que os números inteiros sejam exibidos como tal (de modo que a fração 5/1 deve aparecer simplesmente como 5). Além disso, modifique o método para exibir as frações com numerador 0 simplesmente como zero.

4. Escreva um programa que atue como uma calculadora simples. O programa deve permitir que o usuário digite expressões da seguinte forma:

    número   operador

    O programa deve reconhecer os seguintes operadores:

    ```
    +  -  *  /  S  E
    ```

    O operador S diz ao programa para atribuir ao acumulador o número digitado e o operador E diz que a execução deve terminar. As operações aritméticas são efetuadas no conteúdo do acumulador, com o número que foi digitado atuando como segundo operando. Aqui está um exemplo de execução, mostrando como o programa deve operar:

```
Início dos cálculos
10 S              Define o acumulador como 10
= 10.000000       Conteúdo do acumulador
2 /               Divide por 2
= 5.000000        Conteúdo do acumulador
55 -              Subtrai 55
= -50.000000
100.25 S          Define o acumulador como 100.25
= 100.250000
4 *               Multiplica por 4
= 401.000000
0 E               Fim do programa
= 401.000000
Fim dos cálculos.
```

Certifique-se de que o programa detecte divisão por zero e também verifique operadores desconhecidos. Use a classe `Calculator` desenvolvida no Programa 6.8 para efetuar seus cálculos. Nota: lembre-se de usar um caractere de espaço em sua string de formatação `scanf` (por exemplo, `"%f %c"`) para pular caracteres não imprimíveis da entrada.

5. Desenvolvemos o Programa 5.9 para inverter os algarismos de um inteiro digitado no terminal. No entanto, esse programa não funciona bem se você digita um número negativo. Descubra o que acontece nesse caso e, então, modifique o programa de modo que os números negativos sejam tratados corretamente. Com isso, queremos dizer que, se fosse digitado o número `-8645`, por exemplo, a saída do programa deveria ser `5468-`.

6. Escreva um programa que pegue um inteiro digitado no terminal e extraia e exiba cada dígito do inteiro em inglês. Assim, se o usuário digitar `932`, o programa deverá exibir o seguinte:
```
nine
three
two
```
(Lembre-se de exibir `zero`, se o usuário digitar apenas `0`.) Nota: este exercício é difícil!

7. O Programa 6.10 tem várias ineficiências. Uma delas resulta da verificação de números pares. Como qualquer número par maior do que 2 obviamente não pode ser primo, o programa poderia apenas pular todos os números pares como possíveis primos e como possíveis divisores. O loop `for` interno também é ineficiente, pois o valor de `p` é sempre dividido por todos os valores de `d`, de 2 a `p-1`. Você pode evitar essa ineficiência se adicionar um teste para o valor de `isPrime` nas condições do loop `for`. Dessa maneira, pode definir o loop `for` para continuar, desde que nenhum divisor seja encontrado e o valor de `d` seja menor do que `p`. Modifique o Programa 6.10 para incorporar essas duas alterações; em seguida, execute o programa para verificar seu funcionamento.

7
Mais sobre classes

Neste capítulo, você continuará aprendendo a trabalhar com classes e a escrever métodos. Também vai aplicar alguns dos conceitos aprendidos no capítulo anterior, como completar loops de programa, tomar decisões e trabalhar com expressões. Primeiro, contudo, falaremos sobre como decompor seu programa em vários arquivos para facilitar o trabalho com programas maiores.

Separando arquivos de interface e de implementação

É hora de você se acostumar a colocar suas declarações e definições de classe em arquivos separados.

Se estiver usando Xcode, inicie um novo projeto chamado `FractionTest`. Digite o programa a seguir no arquivo `main.m`.

Programa 7.1 **Programa de teste principal:** `main.m`

```
#import "Fraction.h"

int main (int argc, char * argv[])
{
    @autoreleasepool {
        Fraction *myFraction = [[Fraction alloc] init];

        // define a fração como 1/3

        [myFraction setNumerator: 1];
        [myFraction setDenominator: 3];

        // exibe a fração

        NSLog (@"The value of myFraction is:");
```

```
        [myFraction print];
    }

    return 0;
}
```

Note que esse arquivo não inclui a definição da classe `Fraction`. No entanto, ele importa um arquivo chamado `Fraction.h`.

Normalmente, uma declaração de classe (isto é, a seção `@interface`) é colocada em seu próprio arquivo, chamado *classe*.h. A definição (isto é, a seção `@implementation` que contém o código) normalmente é colocada em um arquivo de mesmo nome, usando a extensão .m. Portanto, vamos colocar a declaração da classe `Fraction` no arquivo `Fraction.h` e a definição em `Fraction.m`.

Para fazer isso no Xcode, selecione New File no menu File. No painel esquerdo, selecione Cocoa. No painel superior direito, selecione Objective-C class. Sua janela deve ser parecida com a mostrada na Figura 7.1.

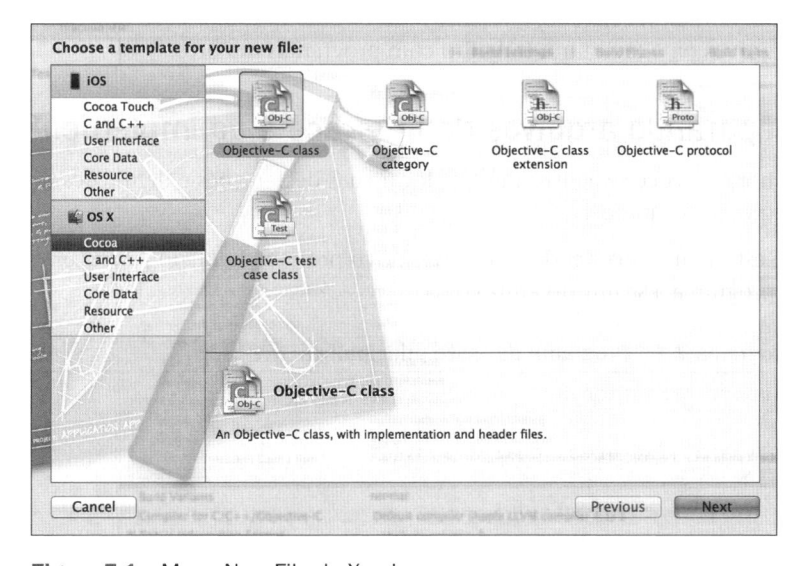

Figura 7.1 Menu New File do Xcode.

Clique em Next. Digite o nome de sua classe (**Fraction**) e escolha NSObject para Subclass of (veja a Figura 7.2). Clique em Next novamente.

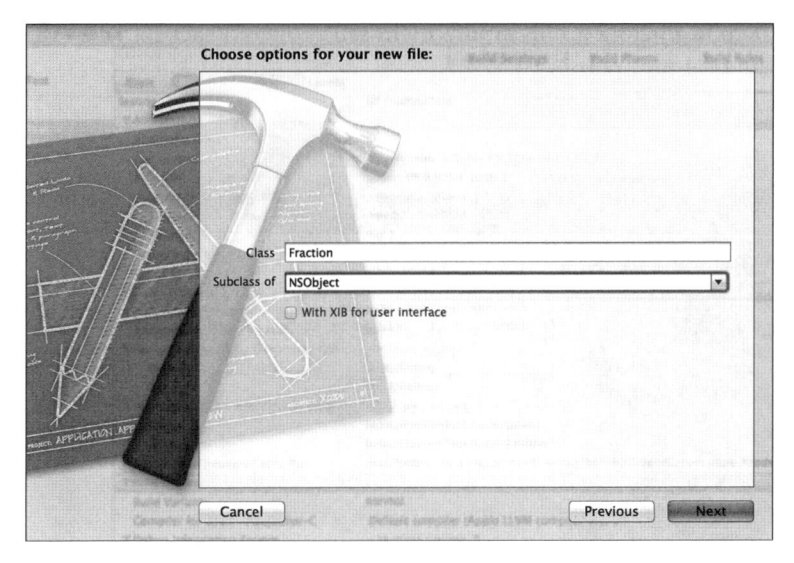

Figura 7.2 Adicionando uma nova classe em seu projeto.

Você deverá obter uma folha semelhante à que aparece na Figura 7.3. Você pode deixar tudo configurado conforme mostrado em sua tela e simplesmente clicar em Create.

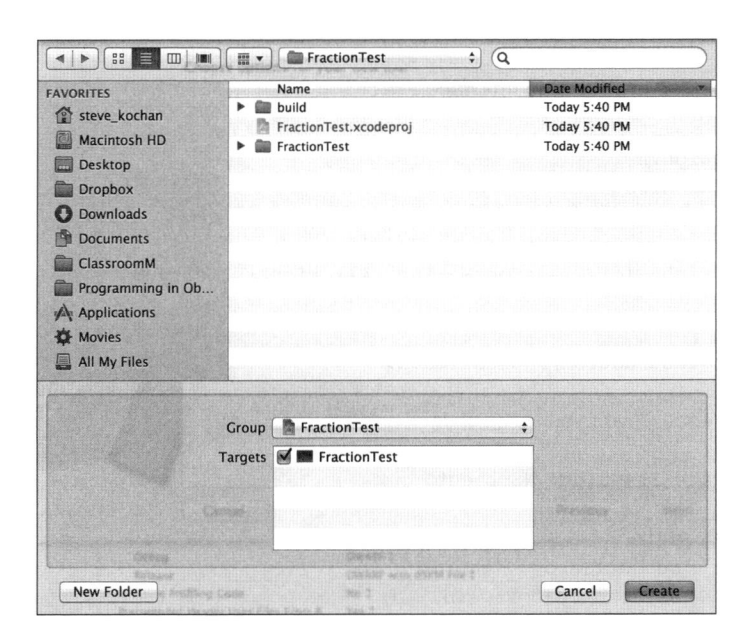

Figura 7.3 Adicionando uma nova classe em seu projeto.

O Xcode adicionou dois arquivos em seu projeto: Fraction.h e Fraction.m. A Figura 7.4 mostra isso.

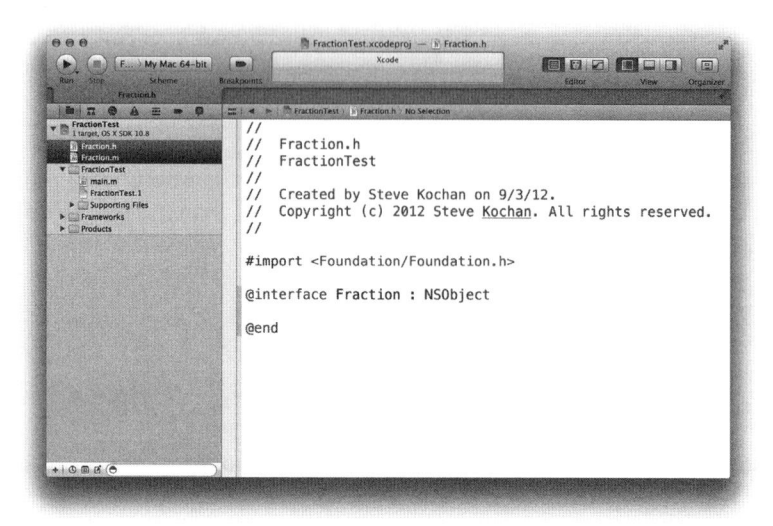

Figura 7.4 O Xcode cria arquivos para a nova classe.

No arquivo Fraction.h, você vai agora digitar sua seção de interface para a classe Fraction, como mostrado aqui.

Programa 7.1   Arquivo de interface Fraction.h

```
//
// Fraction.h
// FractionTest
//
// Created by Steve Kochan on 9/3/12.
// Copyright (c) ClassroomM, Inc. All rights reserved.
//

#import <Foundation/Foundation.h>

// A classe Fraction

@interface Fraction: NSObject

-(void)    print;
-(void)    setNumerator: (int) n;
-(void)    setDenominator: (int) d;
-(int)     numerator;
-(int)     denominator;
-(double)  convertToNum;

@end
```

O arquivo de interface diz ao compilador (e aos outros programadores, conforme você vai aprender posteriormente) como é Fraction – há seis métodos de instância: print, setNumerator:, setDenominator:, numerator, denominator e convertToNum. Os três primeiros métodos não retornam valor, os dois seguintes retornam um int e o último retorna um double. Os métodos setNumerator: e setDenominator: recebem um argumento inteiro cada um.

Os detalhes da implementação da classe Fraction devem ser digitados no arquivo Fraction.m.

Programa 7.1 Arquivo de implementação: Fraction.m

```
//
// Fraction.m
// FractionTest
//
// Created by Steve Kochan on 9/3/12.
// Copyright (c) ClassroomM, Inc. All rights reserved.
//
#import "Fraction.h"

@implementation Fraction
{
   int numerator;
   int denominator;
}

-(void) print
{
   NSLog (@"%i/%i", numerator, denominator);
}

-(void) setNumerator: (int) n
{
   numerator = n;
}

-(void) setDenominator: (int) d
{
   denominator = d;
}

-(int) numerator
{
   return numerator;
}

-(int) denominator
{
```

```
        return denominator;
}

-(double) convertToNum
{
    if (denominator != 0)
        return (double) numerator / denominator;
    else
        return NAN;
}
@end
```

Note que o arquivo de interface é importado para o arquivo de implementação com a instrução a seguir:

```
#import "Fraction.h"
```

Isso é feito porque separamos as seções de interface e de implementação em dois arquivos. O compilador vai compilar cada arquivo independentemente. Quando o compilador está processando o arquivo que contém a seção de implementação (isto é, o arquivo Fraction.m), precisa conhecer informações da seção de interface da classe (como os nomes e os tipos de argumento de seus métodos). Importando o arquivo .h, o compilador sabe a respeito da classe e dos métodos que você declarou para a classe Fraction e pode garantir a consistência entre os dois arquivos.

Outro detalhe que deve ser notado é que o arquivo importado está entre aspas duplas, e não entre caracteres < e >, como foi o caso de <Foundation/Foundation.h>. As aspas duplas são usadas para arquivos *locais* (aqueles que você cria), em vez de arquivos de sistema, e informa ao compilador onde deve procurar o arquivo especificado. Quando você usa aspas duplas, o compilador normalmente procura o arquivo especificado primeiro dentro de seu diretório de projeto e depois em uma lista de outros lugares. Se necessário, você pode especificar locais diferentes para o compilador procurar.

Note, novamente, que o programa de teste, main.m (mostrado no início deste capítulo), inclui o arquivo de interface Fraction.h e *não* o arquivo de implementação Fraction.m. A seção de interface fornece todas as informações que o compilador deve saber sobre uma classe, quando você precisa usar essa classe em outro arquivo. A seção de implementação contém o código real dos métodos, e o Xcode cuida da inclusão desse código junto com qualquer outro que você escreva, ao construir seu aplicativo. Considere o arquivo de interface como contendo as informações *públicas* sobre uma classe – as informações que você compartilha com os usuários da classe. Em contraste, a seção de implementação contém as informações *privadas* – as variáveis de instância e o código.

> **Nota**
>
> Na verdade, o código pode ser armazenado em outro lugar, como em um framework ou biblioteca.

Agora seu programa está dividido em três arquivos separados. Talvez isso pareça muito trabalho para um pequeno exemplo de programa, mas a utilidade se tornará evidente quando você começar a lidar com programas maiores e a compartilhar declarações de classe com outros programadores.

Agora você pode compilar e executar seu programa da mesma maneira que antes: selecione Run no menu Product ou simplesmente clique no botão Run da barra de ferramentas.

Se estiver compilando seus programas a partir da linha de comando, forneça ao compilador de Objective-C os dois nomes de arquivo .m. Usando clang, a linha de comando é a seguinte:

```
clang -fobjc-arc Fraction.m main.m -o FractionTest
```

Isso constrói um arquivo executável chamado FractionTest. Aqui está a saída após a execução do programa:

Programa 7.1 **Saída de** FractionTest

```
The value of myFraction is:
1/3
```

Métodos de acesso sintetizados

A partir de Objective-C 2.0, os métodos setter e getter (conhecidos como métodos de acesso) podem ser gerados automaticamente. Não mostramos como fazer isso até este ponto, pois era importante que você aprendesse a escrever esses métodos. No entanto, essa é uma excelente conveniência fornecida na linguagem, de modo que é hora de aprender a tirar proveito desse recurso.

O primeiro passo é usar a diretiva @property na seção de interface para identificar suas propriedades. Essas propriedades frequentemente têm o mesmo nome de suas variáveis de instância, embora isso não seja necessário. No caso de nossa classe Fraction, as duas variáveis de instância numerator e denominator caem nessa categoria. Aqui está a nova seção de interface com a nova diretiva @property adicionada.

```
@interface Fraction: NSObject

@property int numerator, denominator;

-(void)     print;
-(double)   convertToNum;
@end
```

Note que não incluímos mais as definições de nossos métodos getter e setter: numerator, denominator, setNumerator: e setDenominator:. Vamos fazer o compilador de Objective-C gerá-los automaticamente ou *sintetizá-los* para nós. Como isso é feito? Basta usar a diretiva @synthesize na seção de implementação, como mostrado.

```
#import "Fraction.h"
```

```
@implementation Fraction

@synthesize numerator, denominator;

-(void) print
{
   NSLog (@"%i/%i", numerator, denominator);
}

-(double) convertToNum
{
   if (denominator != 0)
      return (double) numerator / denominator;
   else
      return NAN;
}
@end
```

Observe que, quando você usa a diretiva @property, não precisa mais declarar a variável de instância correspondente na seção de implementação. Se quiser, você pode, mas não é mais necessário; o compilador cuida disso.

A linha a seguir diz ao compilador de Objective-C para que gere um par de métodos getter e setter para cada uma das duas propriedades, numerator e denominator:

@synthesize numerator, denominator;

Em geral, se você tem uma propriedade chamada *x*, incluir a linha a seguir na seção de implementação faz o compilador sintetizar automaticamente um método getter chamado *x* e um método setter chamado set*X*:.

@synthesize x;

Mesmo que possa não parecer grande coisa aqui, o fato de o compilador fazer isso para você vale a pena, pois os métodos de acesso gerados serão eficientes e executarão com segurança com várias threads, em várias máquinas, com vários núcleos.

> **NOTA**
>
> A partir do Xcode 4.5, não é mais preciso usar a diretiva @synthesize. Basta usar a diretiva @property. O compilador gera os métodos setter e getter automaticamente. Voltaremos a esse assunto ainda neste capítulo.

Agora, volte ao Programa 7.1 e faça as alterações nas seções de interface e de implementação, conforme indicado, para que os métodos de acesso sejam sintetizados para você. Verifique se você ainda obtém a mesma saída do programa sem quaisquer mudanças em main.m.

Acessando propriedades com o operador ponto

A linguagem Objective-C permite acessar propriedades usando uma sintaxe mais conveniente. Para obter o valor do numerador armazenado em myFraction, você poderia escrever o seguinte:

[myFraction numerator]

Isso envia a mensagem numerator para o objeto myFraction, resultando no retorno do valor desejado. Você também pode escrever esta expressão equivalente, usando o operador ponto:

myFraction.numerator

O formato geral aqui é o seguinte:

instância.propriedade

Você também pode usar uma sintaxe semelhante para atribuir valores:

instância.propriedade = valor

Isso é equivalente a escrever a seguinte expressão: [*instância setPropriedade: valor*]

No Programa 7.1, você define o numerador e o denominador de sua fração como 1/3, usando as duas linhas de código a seguir:

[myFraction setNumerator: 1];
[myFraction setDenominator: 3];

Aqui está uma maneira equivalente de escrever as mesmas duas linhas:

myFraction.numerator = 1;
myFraction.denominator = 3;

Usaremos esses novos recursos para sintetizar métodos e acessar propriedades no restante deste texto.

O Programa 7.2 mostra o uso do operador ponto que acabamos de descrever.

Programa 7.2 Programa de teste principal: main.m **mostrando o uso do operador ponto**

```
#import "Fraction.h"

int main (int argc, char * argv[])
{
    @autoreleasepool {
        Fraction *myFraction = [[Fraction alloc] init];

        // define a fração como 1/3 usando o operador ponto

        myFraction.numerator = 1;
        myFraction.denominator = 3;

        // exibe o numerador e o denominador da fração

        NSLog (@"The numerator is %i, and the denominator is %i",
```

```
            myFraction.numerator, myFraction.denominator);
}

    return 0;
}
```

Programa 7.2 Saída de `FractionTest`

```
The numerator is 1, and the denominator is 3
```

É importante mencionar que você pode usar o operador ponto em métodos que escreve manualmente e não apenas nos que são sintetizados. Além disso, se você tem um método getter chamado `numerator`, ainda pode escrever uma expressão como `myFraction.numerator` em seu programa, mesmo `numerator` não sendo definido como uma propriedade.

> **Nota**
>
> Com base na discussão anterior, perceba que, embora seja sintaticamente correto escrever uma instrução como `myFraction.print`, esse não é considerado um bom estilo de programação. O operador ponto foi projetado para ser usado com propriedades – normalmente para definir/obter o valor de uma variável de instância. Os métodos que funcionam (como calcular a soma de duas frações) são rotulados como *tarefas* na documentação da Apple. As tarefas normalmente não são executadas usando o operador ponto; a tradicional expressão de mensagem entre colchetes é a sintaxe preferida.

> **Nota**
>
> Se você sintetizar seus métodos de acesso, não inicie os nomes das propriedades com as palavras `new`, `alloc`, `copy` ou `init`. Isso tem a ver com as suposições que o compilador faz sobre os métodos correspondentes que serão sintetizados e está descrito em detalhes no Capítulo 17, "Gerenciamento de memória e Automatic Reference Counting".

Vários argumentos para métodos

Vamos continuar trabalhando com a classe `Fraction` e fazer alguns acréscimos. Você definiu seis métodos. Seria interessante ter um método para definir o numerador e o denominador com uma única mensagem. Os métodos que recebem vários argumentos são definidos simplesmente listando cada argumento sucessivo seguido por dois-pontos. Isso se torna parte do nome do método. Por exemplo, o método chamado `addEntryWithName:andEmail:` recebe dois argumentos, presumidamente um nome e um endereço de email. O método `addEntryWithName:andEmail:andPhone:` recebe três argumentos: um nome, um endereço de email e um número de telefone.

Um método para denifir o numerador e o denominador poderia se chamar `setNumerator:andDenominator:` e você poderia usá-lo como segue:

`[myFraction setNumerator: 1 andDenominator: 3];`

Nada mal – na verdade, foi a primeira escolha para o nome do método. Mas podemos sugerir um nome de método mais legível. Por exemplo, que tal `setTo:over:`? Talvez isso não pareça muito atraente à primeira vista, mas compare esta mensagem para definir `myFraction` como 1/3 com a anterior:

`[myFraction setTo: 1 over: 3];`

Acho que isso informa um pouco melhor, mas a escolha fica por sua conta. (Alguns podem preferir o primeiro nome, porque referencia explicitamente os nomes de variável de instância contidos na classe.) Novamente, escolher bons nomes de método é importante para a legibilidade do programa. Escrever a expressão de mensagem real pode ajudá-lo a escolher um bom nome.

Vamos utilizar esse novo método. Primeiro, adicione a declaração de `setTo:over:` ao arquivo de interface, como mostrado no Programa 7.2.

Programa 7.2 Arquivo de interface: `Fraction.h`

```
#import <Foundation/Foundation.h>

// Define a classe Fraction

@interface Fraction: NSObject

@property int numerator, denominator;

-(void)     print;
-(void)     setTo: (int) n over: (int) d;
-(double)   convertToNum;
@end
```

Em seguida, adicione a definição do novo método no arquivo de implementação.

Programa 7.2 Arquivo de implementação: `Fraction.m`

```
#import "Fraction.h"

@implementation Fraction

@synthesize numerator, denominator;

-(void) print
{
   NSLog (@"%i/%i", numerator, denominator);
}
```

```objc
-(double) convertToNum
{
   if (denominator != 0)
      return (double) numerator / denominator;
   else
      return NAN;
}

-(void) setTo: (int) n over: (int) d
{
   numerator = n;
   denominator = d;
}
@end
```

O novo método `setTo:over:` simplesmente atribui seus dois argumentos inteiros, n e d, às variáveis de instância correspondentes da fração, `numerator` e `denominator`.

Aqui está um programa de teste para testar seu novo método.

Programa 7.2 Arquivo de teste: `main.m`

```objc
#import "Fraction.h"

int main (int argc, char * argv[])
{
   @autoreleasepool {
      Fraction *aFraction = [[Fraction alloc] init];

      [aFraction setTo: 100 over: 200];
      [aFraction print];

      [aFraction setTo: 1 over: 3];
      [aFraction print];
   }

   return 0;
}
```

Programa 7.2 Saída

```
100/200
1/3
```

Métodos sem nomes de argumento

Ao se criar o nome de um método, os nomes de argumento são opcionais. Por exemplo, você pode declarar um método como segue:

```objc
-(int) set: (int) n: (int) d;
```

Note que, ao contrário dos exemplos anteriores, aqui nenhum nome é dado para o segundo argumento do método. Esse método é chamado `set::` e os dois dois-pontos significam que ele recebe dois argumentos, mesmo não sendo todos nomeados.

Para chamar o método `set::`, você usa os dois-pontos como delimitadores de argumento, como mostrado aqui:

```
[aFraction set:1 :3];
```

Não é considerado um bom estilo de programação omitir nomes de argumento ao escrever novos métodos, pois isso torna o programa mais difícil de seguir e o propósito dos parâmetros do método menos intuitivo.

Operações em frações

Vamos continuar trabalhando com a classe `Fraction`. Primeiro, você escreve um método que permite somar uma fração com outra. Em seguida, chama o método de `add:` e o faz receber uma fração como argumento. Aqui está a declaração do novo método:

```
-(void) add: (Fraction *) f;
```

Observe a declaração do argumento f:

```
(Fraction *) f
```

Isso diz que o argumento do método `add:` é uma referência para um objeto da classe `Fraction`. O asterisco é necessário, de modo que a declaração a seguir não está correta:

```
(Fraction) f
```

Você vai passar uma fração como argumento para seu método `add:` e fazer o método somá-la ao destinatário da mensagem; a expressão de mensagem a seguir soma o objeto `Fraction` bFraction com o objeto `Fraction` aFraction:

```
[aFraction add: bFraction];
```

Apenas como uma rápida recordação da matemática, para somar as frações a/b e c/d, você efetua o cálculo como segue:

$$\frac{a}{b} + \frac{c}{d} = \frac{ad + bc}{bd}$$

Coloque esse código do novo método na seção `@implementation`:

```
// soma uma fração com o destinatário

- (void) add: (Fraction *) f
{
   // Para somar duas frações:
   // a/b + c/d = ((a*d) + (b*c)) / (b * d)

   numerator = numerator * f.denominator + denominator * f.numerator;
   denominator = denominator * f.denominator;
}
```

Não esqueça que você pode se referir a `Fraction`, que é o destinatário da mensagem, por meio de seus campos: `numerator` e `denominator`. Dito de outro modo, dentro do método `add:`, você se refere às variáveis de instância do objeto para o qual enviou a mensagem diretamente pelo nome.

Contudo, você não pode se referir diretamente às variáveis de instância do argumento `f` dessa maneira. Em vez disso, precisa identificar esse objeto pelo seu nome, `f`. Você pode então obter as variáveis de instância correspondentes aplicando o operador ponto em `f`.

Assim, a primeira instrução no método `add:` que indica

```
numerator = numerator * f.denominator + denominator * f.numerator;
```

diz para pegar o numerador da primeira fração (o destinatário da mensagem), multiplicar pelo denominador do argumento (`numerator * f.denominator`) e somar ao produto do denominador do destinatário e o numerador do argumento (`denominator * f.numerator`). Então, o resultado final da adição é armazenado no numerador do destinatário.

Releia o parágrafo anterior para ter certeza de que você compreendeu as operações que estão sendo efetuadas. Aqui, o fundamental é entender quando o destinatário está sendo referenciado e quando o argumento está sendo referenciado.

Vamos supor que você adicionou as declarações e definições anteriores de seu novo método `add:` em seus arquivos de interface e de implementação. O Programa 7.3 mostra tudo isso, além de um exemplo de programa de teste e a saída.

Programa 7.3   **Arquivo de interface:** `Fraction.h`

```
#import <Foundation/Foundation.h>

// Define a classe Fraction

@interface Fraction: NSObject

@property int numerator, denominator;

-(void)      print;
-(void)      setTo: (int) n over: (int) d;
-(double)    convertToNum;
-(void)      add: (Fraction *) f;
@end
```

Programa 7.3   Arquivo de implementação: `Fraction.m`

```objectivec
#import "Fraction.h"

@implementation Fraction

@synthesize numerator, denominator;

-(void) print
{
    NSLog (@"%i/%i", numerator, denominator);
}

-(double) convertToNum
{
   if (denominator != 0)
       return (double) numerator / denominator;
   else
       return NAN;
}

-(void) setTo: (int) n over: (int) d
{
    numerator = n;
    denominator = d;
}

// soma uma fração com o destinatário

- (void) add: (Fraction *) f
{
   // Para somar duas frações:
   // a/b + c/d = ((a*d) + (b*c)) / (b * d)

   numerator = numerator * f.denominator + denominator * f.numerator;
   denominator = denominator * f.denominator;
}
@end
```

Programa 7.3   Arquivo de teste: `FractionTest.m`

```objectivec
#import "Fraction.h"

int main (int argc, char * argv[])
{
    @autoreleasepool {
        Fraction *aFraction = [[Fraction alloc] init];
        Fraction *bFraction = [[Fraction alloc] init];

        // Define duas frações como 1/4 e 1/2 e as soma
```

```
        [aFraction setTo: 1 over: 4];
        [bFraction setTo: 1 over: 2];

        // Imprime os resultados

        [aFraction print];
        NSLog (@"+");
        [bFraction print];
        NSLog (@"=");

        [aFraction add: bFraction];
        [aFraction print];
    }

    return 0;
}
```

Programa 7.3 Saída

1/4
+
1/2
=
6/8

O programa de teste é muito simples. Dois objetos Fraction, chamados aFraction e bFraction, são alocados e inicializados. Depois, são definidos com os valores 1/4 e 1/2 respectivamente. Em seguida, o objeto Fraction bFraction é somado ao objeto Fraction aFraction; então, o resultado da adição é exibido. Note, novamente, que o método add: soma o argumento com o objeto da mensagem; portanto, o objeto é modificado. Isso é verificado quando você imprime o valor de aFraction no final de main. Você teve que imprimir o valor de aFraction *antes* de chamar o método add: para ter seu valor exibido antes que o método o alterasse. Ainda neste capítulo, você vai redefinir o método add: de modo que ele não afete o valor de seu destinatário.

Variáveis locais

Você deve ter notado que o resultado da adição de 1/4 e 1/2 foi exibido como 6/8 e não como 3/4, que poderia ser preferível (ou mesmo esperado!). Isso ocorre porque sua rotina de adição apenas efetua a operação e mais nada; ela não se preocupa em reduzir o resultado. Portanto, para continuar nosso exercício de acrescentar novos métodos para trabalhar com frações, vamos fazer um novo método reduce para reduzir uma fração aos seus termos mais simples.

Voltando novamente à matemática da escola secundária, você pode reduzir uma fração encontrando o maior número que divide o numerador e o denominador igualmente e, então, dividi-los por esse número. Tecnicamente, você quer encontrar o máximo divisor comum (mdc) do numerador e do denominador. Você já sabe fazer isso, do Programa 5.7. Talvez você queira consultar esse exemplo de programa apenas para refrescar a memória.

Com o algoritmo em mãos, você pode agora escrever seu novo método reduce:

```
- (void) reduce
{
   int u = numerator;
   int v = denominator;
   int temp;

   while (v != 0) {
      temp = u % v;
      u = v;
      v = temp;
   }

   numerator /= u;
   denominator /= u;
}
```

Observe uma novidade nesse método reduce: ele declara três variáveis inteiras, chamadas u, v e temp. Elas são *variáveis locais,* significando que seus valores só existem durante a execução do método reduce e que *elas só podem ser acessadas dentro do método em que são definidas.* Nesse sentido, elas são semelhantes às variáveis que você declarou dentro de sua rotina main; essas variáveis também eram locais para main e só podiam ser acessadas diretamente dentro da rotina main. Nenhum dos métodos que você desenvolveu podia acessar diretamente as variáveis definidas em main.

As variáveis locais, que são tipos de dados básicos da linguagem C, não têm valor inicial padrão; portanto, antes de usá-las, você precisa atribuir algum valor a elas. As três variáveis locais do método reduce são definidas com valores antes de serem usadas; logo, isso não é problema aqui. As variáveis de objeto locais são inicializadas com *nil*, por padrão. Ao contrário das variáveis de instância (que mantêm seus valores nas chamadas de método), essas variáveis locais não têm memória. Assim, depois que o método retorna, os valores dessas variáveis desaparecem. Sempre que um método é chamado, cada variável local definida nesse método é reinicializada com o valor especificado (se houver) com a declaração da variável.

Argumentos de método

Os nomes utilizados para se referir aos argumentos de um método também são variáveis locais. Quando o método é executado, os argumentos passados para ele são copiados nessas variáveis. Como o método está tratando com uma cópia dos argumentos, *ele não pode alterar os valores originais passados para o método.* Esse é um conceito importante. Suponha que você tivesse um método chamado calculate:, definido como segue:

```
-(void) calculate: (double) x
{
    x *= 2;
    ...
}
```

Suponha também que você usasse a seguinte expressão de mensagem para chamá-lo:

```
[myData calculate: ptVal];
```

O valor contido na variável ptVal seria copiado na variável local x quando o método calculate fosse executado. Assim, alterar o valor de x dentro de calculate: não teria efeito algum sobre o valor de ptVal – somente na cópia de seu valor armazenado dentro de x.

Coincidentemente, no caso de argumentos que são objetos, você pode alterar as variáveis de instância armazenadas nesses objetos. Isso porque, quando você passa um objeto como argumento, passa na verdade uma referência para onde os dados estão armazenados. Por isso, pode modificar esses dados. Você vai aprender mais sobre isso no próximo capítulo.

A palavra-chave static

Você pode fazer uma variável local manter seu valor em várias chamadas de um método, colocando a palavra-chave static na frente da declaração da variável. Por exemplo, esta aqui declara o inteiro hitCount como sendo uma variável estática:

```
static int hitCount = 0;
```

Ao contrário de outras variáveis locais, que são tipos de dados básicos, uma variável estática tem o valor inicial 0; portanto, a inicialização mostrada anteriormente é redundante. Além disso, elas são inicializadas somente uma vez, quando a execução do programa começa, e mantêm seus valores em sucessivas chamadas de método.

A sequência de código a seguir poderia aparecer dentro de um método showPage que quisesse monitorar o número de vezes que foi chamado (ou, neste caso, talvez o número de páginas que foram impressas, por exemplo):

```
-(int) showPage
{
    static int pageCount = 0;
    ...
    ++pageCount;
    ...
    return pageCount;
}
```

A variável local estática seria definida como 0 somente uma vez, quando o programa começasse, e manteria seu valor nas sucessivas chamadas do método showPage.

Note a diferença entre tornar pageCount uma variável estática local e torná-la uma variável de instância. No primeiro caso, pageCount poderia contar o número de páginas impressas por todos os objetos que chamassem o método showPage. No último caso, a variável contaria o número de páginas impressas por cada objeto individual, pois cada objeto teria sua própria cópia de pageCount.

Lembre-se de que as variáveis estáticas ou locais só podem ser acessadas dentro do método que são definidas. Assim, mesmo a variável estática pageCount só pode ser acessada dentro de showPage. Você pode mover a declaração da variável *para fora* de qualquer declaração de método (normalmente, próximo ao início de seu arquivo de implementação) para torná-la acessível para quaisquer métodos, como segue:

```
#import "Printer.h"
static int pageCount;

@implementation Printer
   ...
@end
```

Agora, qualquer método de instância ou de classe contido no arquivo pode acessar a variável pageCount. O Capítulo 10, "Mais sobre variáveis e tipos de dados", aborda esse assunto de escopo de variável com mais detalhes.

Voltando às frações, você pode incorporar o código do método reduce em seu arquivo de implementação Fraction.m. Não se esqueça de também declarar o método reduce em seu arquivo de interface Fraction.h. Feito isso, você pode testar seu novo método no Programa 7.4. Aqui, mostramos todos os três arquivos: o arquivo de interface, o arquivo de implementação e o arquivo do programa de teste.

Programa 7.4 **Arquivo de interface:** Fraction.h

```
#import <Foundation/Foundation.h>

// Define a classe Fraction

@interface Fraction: NSObject

@property int numerator, denominator;

-(void)     print;
-(void)     setTo: (int) n over: (int) d;
-(double)   convertToNum;
-(void)     add: (Fraction *) f;
-(void)     reduce;
@end
```

Programa 7.4 Arquivo de implementação: `Fraction.m`

```objectivec
#import "Fraction.h"

@implementation Fraction

@synthesize numerator, denominator;

-(void) print
{
   NSLog (@"%i/%i", numerator, denominator);
}

-(double) convertToNum
{
   if (denominator != 0)
      return (double) numerator / denominator;
   else
      return NAN;
}

-(void) setTo: (int) n over: (int) d
{
   numerator = n;
   denominator = d;
}

// soma uma fração com o destinatário

-(void) add: (Fraction *) f
{
   // Para somar duas frações:
   // a/b + c/d = ((a*d) + (b*c)) / (b * d)

   numerator = numerator * f.denominator + denominator * f.numerator;
   denominator = denominator * f.denominator;
}

-(void) reduce
{
   int u = numerator;
   int v = denominator;
   int temp;

   while (v != 0) {
      temp = u % v;
      u = v;
      v = temp;
   }
```

```
        numerator /= u;
        denominator /= u;
}

@end
```

Programa 7.4 Arquivo de teste: `main.m`

```
#import "Fraction.h"

int main (int argc, char * argv[])
{
    @autoreleasepool {
        Fraction *aFraction = [[Fraction alloc] init];
        Fraction *bFraction = [[Fraction alloc] init];

        [aFraction setTo: 1 over: 4]; // define a 1ª fração como 1/4
        [bFraction setTo: 1 over: 2]; // define a 2ª fração como 1/2

        [aFraction print];
        NSLog (@"+");
        [bFraction print];
        NSLog (@"=");

        [aFraction add: bFraction];

        // reduz o resultado da adição e o imprime

        [aFraction reduce];
        [aFraction print];
    }

    return 0;
}
```

Programa 7.4 Saída

```
1/4
+
1/2
=
3/4
```

Isso é melhor!

A palavra-chave `self`

No Programa 7.4, decidimos reduzir a fração fora do método `add:`. Também poderíamos ter feito isso dentro de `add:`; a decisão foi completamente arbitrária. No entanto, como identificaríamos a fração a ser reduzida? Qual fração queremos reduzir, afinal? Queremos reduzir a mesma fração para a qual enviamos a mensagem `add:`.

Sabemos identificar variáveis de instância dentro de um método, diretamente pelo nome, mas não sabemos identificar diretamente o destinatário da mensagem. Felizmente, há um modo de fazer isso.

Você pode usar a palavra-chave `self` para se referir ao objeto que é o destinatário da mensagem corrente. Se, dentro de seu método `add:`, você escrevesse

```
[self reduce];
```

o método `reduce` seria aplicado ao objeto `Fraction` que foi o destinatário da mensagem `add:`, que é o que você quer. Ao longo do livro, você vai ver como a palavra-chave `self` pode ser útil, e ela é usada o tempo todo na programação de iOS. Por enquanto, você a utiliza em seu método `add:`. Aqui está o método modificado:

```
- (void) add: (Fraction *) f
{
   // Para somar duas frações:
   // a/b + c/d = ((a*d) + (b*c)) / (b * d)

   numerator = numerator * f.denominator + denominator * f.numerator;
   denominator = denominator * f.denominator;

   [self reduce];
}
```

Depois que a adição é efetuada, a fração é reduzida. A mensagem `reduce` é enviada para o destinatário da mensagem `add:`. Assim, se seu programa de teste contém esta linha de código

```
[aFraction add: bFraction];
```

então `self` se refere a um objeto `aFraction` quando o método `add:` executar; portanto, é essa a fração que será reduzida.

Alocando e retornando objetos de métodos

Mencionamos que o método `add:` altera o valor do objeto que está recebendo a mensagem. Vamos criar uma nova versão de `add:` que, em vez disso, faça uma nova fração armazenar o resultado da adição. Nesse caso, precisamos retornar o novo objeto `Fraction` para o remetente da mensagem. Aqui está a definição do novo método `add::`

```
-(Fraction *) add: (Fraction *) f
{
   // Para somar duas frações:
   // a/b + c/d = ((a*d) + (b*c)) / (b * d)

   // result armazenará o resultado da adição
   Fraction *result = [[Fraction alloc] init];
```

```
    result.numerator = numerator * f.denominator +
                       denominator * f.numerator;
    result.denominator = denominator * f.denominator;

    [result reduce];

    return result;
}
```

A primeira linha de sua definição de método é esta:

`-(Fraction *) add: (Fraction *) f`

Ela diz que seu método `add:` retornará um objeto `Fraction` e também que ele receberá um como argumento. O argumento será adicionado ao destinatário da mensagem, que também é um objeto `Fraction`. Note que você precisa alterar sua seção de interface para refletir o fato de que agora o método `add:` retorna um objeto `Fraction`.

O método aloca e inicializa um novo objeto `Fraction` chamado `result` para armazenar o resultado da adição.

O método efetua a adição como antes, atribuindo o numerador e o denominador resultantes ao seu objeto `Fraction` recentemente alocado `result`. Após reduzir o resultado, você retorna seu valor para o remetente da mensagem com a instrução `return`. Note que agora não queremos reduzir o destinatário, pois não o estamos alterando. Em vez disso, queremos reduzir `result`, o que é o motivo pelo qual, desta vez, a mensagem é enviada para esse objeto.

O Programa 7.5 testa seu novo método `add:`.

Programa 7.5 Arquivo de teste: `main.m`

```
#import "Fraction.h"

int main (int argc, char * argv[])
{
    @autoreleasepool {
        Fraction *aFraction = [[Fraction alloc] init];
        Fraction *bFraction = [[Fraction alloc] init];

        Fraction *resultFraction;

        [aFraction setTo: 1 over: 4]; // define a 1ª fração como 1/4
        [bFraction setTo: 1 over: 2]; // define a 2ª fração como 1/2

        [aFraction print];
        NSLog (@"+");
        [bFraction print];
        NSLog (@"=");

        resultFraction = [aFraction add: bFraction];
```

```
        [resultFraction print];
    }

    return 0;
}
```

Programa 7.5 Saída

```
1/4
+
1/2
=
3/4
3/4
```

Algumas explicações são necessárias aqui. Primeiro, você define dois objetos `Fraction` (`aFraction` e `bFraction`) e define seus valores como 1/4 e 1/2, respectivamente. Você define também um objeto `Fraction` chamado `resultFraction`. Essa variável armazena o resultado da operação de adição que vem a seguir.

A seguinte linha de código envia a mensagem `add:` para `aFraction`, passando o objeto `Fraction` `bFraction` como argumento:

`resultFraction = [aFraction add: bFraction];`

Dentro do método, um novo objeto `Fraction` é alocado e a adição resultante é efetuada. Em seguida, o resultado armazenado no objeto `Fraction` `result` é retornado pelo método, onde então é armazenado na variável `resultFraction`.

Talvez você tenha notado que nunca alocamos (nem inicializamos) um objeto `Fraction` dentro de `main` para `resultFraction`; isso porque o método `add:` alocou o objeto para nós e depois retornou a referência para esse objeto. Então, essa referência foi armazenada em `resultFraction`. Assim, `resultFraction` acaba armazenando a referência para o objeto `Fraction` que alocamos no método `add:`. Esse parágrafo é importante! Vale a pena analisá-lo até entendê-lo bem.

Estendendo definições de classe e o arquivo de interface

Talvez você não precise trabalhar com frações, mas esses exemplos mostraram como é possível refinar e estender uma classe continuamente pela adição de novos métodos. Você pode dar seu arquivo de interface `Fraction.h` a alguém que trabalhe com frações, e isso seria suficiente para essa pessoa conseguir escrever programas para lidar com frações. Se essa pessoa precisasse adicionar um novo método, poderia fazer isso diretamente, estendendo a definição de classe, ou indiretamente, definindo sua própria subclasse e adicionando seus próprios métodos novos. Você vai aprender a fazer isso no próximo capítulo.

Exercícios

1. Adicione os métodos a seguir na classe `Fraction` para completar as operações aritméticas com frações. Em cada caso, reduza o resultado dentro do método:

   ```
   // Subtrai o argumento do destinatário
   -(Fraction *) subtract: (Fraction *) f;
   // Multiplica o destinatário pelo argumento
   -(Fraction *) multiply: (Fraction *) f;
   // Divide o destinatário pelo argumento
   -(Fraction *) divide: (Fraction *) f;
   ```

2. Modifique o método `print` de sua classe `Fraction` para que ele receba um argumento `BOOL` adicional que indique se a fração deve ser reduzida para exibição. Se ela precisar ser reduzida (isto é, se o argumento for `YES`), certifique-se de não fazer quaisquer alterações permanentes na fração em si.

3. Sua classe `Fraction` funcionará com frações negativas? Por exemplo, você pode somar -1/4 com -1/2 e obter o resultado correto? Quando achar que tem a resposta, escreva um programa de teste para testá-la.

4. Modifique o método `print` de `Fraction` para exibir frações maiores do que 1 como números mistos. Por exemplo, a fração 5/3 deve ser exibida como 1 2/3.

5. O exercício 6 do Capítulo 4, "Tipos de dados e expressões", definiu uma nova classe chamada `Complex` para trabalhar com números imaginários complexos. Adicione um novo método, chamado `add:`, que possa ser usado para somar dois números complexos. Para somar dois números complexos, você simplesmente soma as partes reais e as partes imaginárias, como mostrado aqui:

   (5.3 + 7i) + (2.7 + 4i) = 8 + 11i

   Faça o método `add:` armazenar e retornar o resultado como um novo número `Complex`, com base na seguinte declaração de método:

   `-(Complex *) add: (Complex *) complexNum;`

6. Dada a classe `Complex` desenvolvida no exercício 6 do Capítulo 4 e a extensão feita no exercício 6 deste capítulo, crie arquivos de interface e de implementação `Complex.h` e `Complex.m` separados. Crie um arquivo de programa de teste separado para verificar o funcionamento de tudo.

8
Herança

Neste capítulo, você vai aprender sobre um dos mais importantes princípios que tornam a programação orientada a objetos tão poderosa. Por meio do conceito de *herança*, você vai ampliar definições de classe existentes e personalizá-las para suas próprias aplicações.

Tudo começa na raiz

Você aprendeu sobre o conceito de classe pai no Capítulo 3, "Classes, objetos e métodos". Uma classe pai pode ter, ela própria, um pai. A classe que não tem pai está no topo da hierarquia e é conhecida como classe *raiz*. Em Objective-C, você pode definir sua própria classe raiz, mas isso é algo que normalmente não deseja fazer. Em vez disso, quer tirar proveito de classes já existentes. Todas as classes que definimos até este ponto são descendentes da classe raiz chamada NSObject, que foi especificada no arquivo de interface como segue:

@interface Fraction: NSObject
...
@end

A classe Fraction é derivada da classe NSObject. Como NSObject está no topo da hierarquia (isto é, não existem classes acima dela), ela é chamada de classe *raiz*, como mostrado na Figura 8.1. A classe Fraction é conhecida como classe *filho* ou *subclasse*.

| NSObject | *classe raiz* |

↓

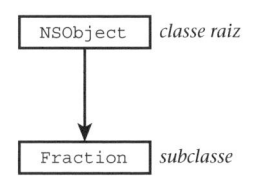

| Fraction | *subclasse* |

Figura 8.1   Raiz e subclasse.

Do ponto de vista terminológico, podemos falar de classes, classes filhos e classes pais. Analogamente, podemos falar sobre classes, subclasses e superclasses. Você deve se acostumar com os dois tipos de terminologia.

Quando uma nova classe (que não seja uma nova classe raiz) é definida, ela herda certas coisas. Por exemplo, as variáveis de instância (não privadas) e os métodos do pai tornam-se implicitamente parte da nova definição de classe. Isso significa que a subclasse pode acessar esses métodos e variáveis de instância, como se fossem definidos diretamente dentro da definição da classe.

Note que as variáveis de instância que vão ser acessadas diretamente por uma subclasse devem ser declaradas na seção de interface e não na seção de implementação, como estamos fazendo ao longo do livro. As variáveis de instância declaradas ou sintetizadas na seção de implementação são variáveis de instância *privadas* e não são diretamente acessíveis para as subclasses. Em vez disso, você deseja usar seus métodos getter e setter explicitamente definidos ou sintetizados, para acessar seus valores.

Um exemplo simples, embora artificial, ajuda a ilustrar esse importante conceito de herança. Aqui está uma declaração de um objeto chamado `ClassA` com um método chamado `initVar` (e note que aqui estamos declarando a variável de instância x na seção de interface para torná-la acessível para as subclasses.):

```
@interface ClassA: NSObject
{
        int x;
}

-(void) initVar;
@end
```

O método `initVar` simplesmente define o valor da variável de instância de `ClassA` como 100:

```
@implementation ClassA
-(void) initVar
{
        x = 100;
}
@end
```

Agora, vamos definir também uma classe chamada `ClassB`:

```
@interface ClassB: ClassA
-(void) printVar;
@end
```

A primeira linha da declaração

```
@interface ClassB: ClassA
```

diz que, em vez de `ClassB` ser uma subclasse de `NSObject`, `ClassB` é uma subclasse de `ClassA`. Assim, embora o pai (ou superclasse) de `ClassA` seja `NSObject`, o pai de `ClassB` é `ClassA`. A Figura 8.2 ilustra isso.

```
         NSObject
subclasse  ↓     superclasse
          ClassA
subclasse  ↓     superclasse
          ClassB
```

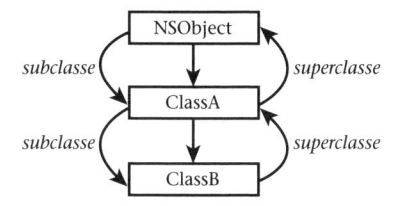

Figura 8.2 Subclasses e superclasses.

Como você pode ver na Figura 8.2, a classe raiz não tem superclasse e a ClassB, que está no final da hierarquia, não tem subclasse. Portanto, ClassA é uma subclasse de NSObject e ClassB é uma subclasse de ClassA e também de NSObject. (Tecnicamente, ela é uma sub-subclasse ou *neto*.) Além disso, NSObject é uma superclasse de ClassA, que é uma superclasse de ClassB. NSObject também é uma superclasse de ClassB, pois está mais abaixo em sua hierarquia.

Aqui está a declaração completa de ClassB, que define um método chamado printVar:

```
@interface ClassB: ClassA
-(void) printVar;
@end

@implementation ClassB
-(void) printVar
{
    NSLog (@"x = %i", x);
}
@end
```

O método printVar imprime o valor da variável de instância x, apesar de você não ter definido quaisquer variáveis de instância em ClassB. Isso porque ClassB é uma subclasse de ClassA – portanto, herda as variáveis de instância públicas de ClassA. (Neste caso, há apenas uma.) A Figura 8.3 mostra isso.

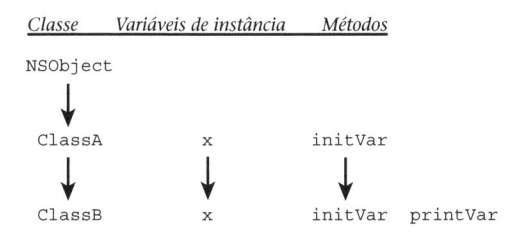

```
Classe    Variáveis de instância    Métodos
NSObject
  ↓
ClassA         x                    initVar
  ↓            ↓                      ↓
ClassB         x                    initVar   printVar
```

Figura 8.3 Herdando variáveis de instância e métodos.

(Evidentemente, a Figura 8.3 não mostra nenhum dos métodos ou variáveis de instância herdados da classe NSObject – existem vários.)

Vamos ver como isso funciona, reunindo tudo em um exemplo de programa completo. Por questões de brevidade, colocamos todas as declarações e definições de classe em um único arquivo (veja o Programa 8.1).

Programa 8.1

```
// Exemplo simples para ilustrar herança

#import <Foundation/Foundation.h>

// Declaração e definição de ClassA

@interface ClassA: NSObject
{
    int x;
}

-(void) initVar;
@end

@implementation ClassA
-(void) initVar
{
    x = 100;
}
@end

// Declaração e definição de ClassB

@interface ClassB: ClassA
-(void) printVar;
@end

@implementation ClassB
-(void) printVar
{
    NSLog (@"x = %i", x);
}
@end

int main (int argc, char * argv[])
{
    @autoreleasepool {
        ClassB *b = [[ClassB alloc] init];

        [b initVar];    // usará método herdado
        [b printVar];   // revela o valor de x;
    }
    return 0;
}
```

Programa 8.1 Saída

```
x = 100
```

Você começa definindo b como um objeto de ClassB. Após alocar e inicializar b, você envia uma mensagem para aplicar o método initVar nele. Mas, examinando a definição de ClassB, você observará que nunca definiu esse método. initVar foi definido em ClassA e, como ClassA é o pai de ClassB, ClassB tem permissão para usar todos os métodos de ClassA. Assim, com relação a ClassB, initVar é um método *herdado*.

> **Nota**
>
> Mencionamos isso brevemente, até este ponto, mas alloc e init são métodos que você tem usado desde o começo e que nunca foram definidos em suas classes. Isso porque você tirou proveito do fato de eles serem métodos herdados da classe NSObject.

Após enviar a mensagem initVar para b, você chama o método printVar para exibir o valor da variável de instância x. A saída de x = 100 confirma que printVar foi capaz de acessar essa variável de instância. Isso porque, assim como o método initVar, ela foi herdada.

Lembre-se de que o conceito de herança funciona para todo o encadeamento. Assim, se você define uma nova classe chamada ClassC, cuja classe pai é ClassB, como segue

```
@interface ClassC: ClassB
...
@end
```

então ClassC herda todos os métodos e variáveis de instância de ClassB, a qual herdou todos os métodos e variáveis de instância de ClassA, que por sua vez herdou todos os métodos e variáveis de instância de NSObject.

Certifique-se de entender que cada instância de uma classe recebe suas próprias variáveis de instância, mesmo sendo herdadas. Portanto, um objeto de ClassC e um objeto de ClassB teriam cada um suas próprias variáveis de instância distintas.

Encontrando o método correto

Quando você envia uma mensagem para um objeto, pode se perguntar como é escolhido o método correto a aplicar nesse objeto. As regras são muito simples. Primeiro, a classe à qual o objeto pertence é verificada para ver se nela está definido explicitamente um método com o nome especificado. Se estiver, esse método é utilizado. Se não estiver definido lá, a classe pai é verificada. Se o método estiver definido nela, esse é o método usado. Caso contrário, a busca continua.

As classes pais são verificadas até que uma de duas coisas aconteça: ou você encontra uma classe que contém o método especificado ou não encontra o método após ter retrocedido até a classe raiz. Se a primeira ocorrer, está tudo resolvido; se ocorrer a segunda, você tem um problema e é gerada uma mensagem de alerta igual a esta:

```
warning: 'ClassB' may not respond to '-inity'
```

Nesse caso, você está tentando inadvertidamente enviar uma mensagem chamada inity para uma variável da classe do tipo ClassB. O compilador o informou que os objetos dessa classe não sabem como responder a esse método. Novamente, isso foi determinado após a verificação dos métodos de ClassB e dos métodos de seus pais, até chegar à classe raiz (a qual, neste caso, é NSObject).

Você vai aprender mais sobre como o sistema verifica o método correto a ser executado, no Capítulo 9, "Polimorfismo, tipagem dinâmica e vinculação dinâmica".

Extensão por meio de herança: adicionando novos métodos

A herança é frequentemente usada para estender uma classe. Como exemplo, vamos supor que você tenha acabado de ser incumbido da tarefa de desenvolver algumas classes para trabalhar com objetos gráficos bidimensionais, como retângulos, círculos e triângulos. Por enquanto, vamos nos preocupar apenas com os retângulos. Vamos voltar ao exercício 7 do Capítulo 4, "Tipos de dados e expressões", e começar com a seção @interface daquele exemplo:

```
@interface Rectangle: NSObject

@property int width, height;
-(int)    area;
-(int)    perimeter;
@end
```

Você vai ter métodos sintetizados para definir a largura e a altura do retângulo e para retornar esses valores, e seus próprios métodos para calcular a área e o perímetro. Vamos adicionar um método que permitirá definir a largura e a altura do retângulo com a mesma chamada de mensagem, que é a seguinte:

```
-(void) setWidth: (int) w andHeight: (int) h;
```

Suponha que você digitou a declaração dessa nova classe em um arquivo chamado Rectangle.h. Aqui está como poderia ser o arquivo de implementação Rectangle.m:

```
#import "Rectangle.h"

@implementation Rectangle

@synthesize width, height;

-(void) setWidth: (int) w andHeight: (int) h
{
    width = w;
```

```
      height = h;
}

-(int) area
{
   return width * height;
}

-(int) perimeter
{
   return (width + height) * 2;
}
@end
```

A definição de cada método é muito simples. O Programa 8.2 mostra uma rotina main para testá-lo.

Programa 8.2

```
#import "Rectangle.h"

int main (int argc, char * argv[])
{
   @autoreleasepool {
      Rectangle *myRect = [[Rectangle alloc] init];

      [myRect setWidth: 5 andHeight: 8];

      NSLog (@"Rectangle: w = %i, h = %i", myRect.width, myRect.height);
      NSLog (@"Area = %i, Perimeter = %i", [myRect area],
             [myRect perimeter]);
   }
   return 0;
}
```

Programa 8.2 Saída

```
Rectangle: w = 5, h = 8
Area = 40, Perimeter = 26
```

Assim, myRect é alocada e inicializada; então, sua largura (*width*) é definida como 5 e sua altura (*height*) como 8. A primeira linha da saída confirma isso. Em seguida, a área e o perímetro do retângulo são calculados com as chamadas de mensagem apropriadas e os valores retornados são levados a NSLog para serem exibidos.

Suponha que agora você precise trabalhar com quadrados. Você poderia definir uma nova classe chamada Square e definir métodos semelhantes nela, como fez na classe Rectangle. Como alternativa, você poderia reconhecer o fato de que um quadrado é apenas um caso especial de retângulo, cuja largura e altura são iguais.

Assim, uma maneira fácil de tratar disso é gerar uma nova classe chamada Square (quadrado) e determinar que ela seja uma subclasse de Rectangle. Por enquanto, os únicos métodos que você desejaria adicionar seriam para definir o lado do quadrado com um valor em particular e para recuperar esse valor. O Programa 8.3 mostra os arquivos de interface e de implementação de sua nova classe Square.

Programa 8.3   Arquivo de interface de Square.h

```
#import "Rectangle.h"

@interface Square: Rectangle

-(void) setSide: (int) s;
-(int) side;
@end
```

Programa 8.3   Arquivo de implementação de Square.m

```
#import "Square.h"

@implementation Square: Rectangle

-(void) setSide: (int) s
{
    [self setWidth: s andHeight: s];
}

-(int) side
{
   return self.width;
}
@end
```

Observe o que foi feito aqui. Você definiu sua classe Square como uma subclasse de Rectangle, o que está declarado no arquivo de cabeçalho Rectangle.h. Você não precisou adicionar quaisquer variáveis de instância, mas adicionou métodos novos, chamados setSide: e side. Note que o método side não tem acesso direto à variável de instância width de Rectangle; ela é privada e, portanto, inacessível para a classe Square. No entanto, o método getter é herdado da classe pai e pode ser usado para acessar o valor da largura. Você lembrará que escrever a expressão

```
self.width
```

é equivalente a escrever

```
[self width]
```

Isso envia a mensagem width para o destinatário da mensagem de side. Em outras palavras, você executa o método getter width, em vez de tentar acessar a variável de instância width diretamente (o que, conforme discutido, não pode ser feito). Esse é um conceito importante que precisa ser entendido.

Um quadrado tem apenas um tamanho de lado, mas você o está representando internamente com dois números – não tem problema. Tudo isso fica oculto do usuário da classe `Square`. Você sempre poderá redefinir sua classe `Square`, se necessário; os usuários da classe não precisam se preocupar com os detalhes internos, graças à noção de encapsulamento de dados, discutida anteriormente.

O método `setSide:` tira proveito do fato de que você já tem um método herdado da classe `Rectangle` para definir os valores da largura e da altura de um retângulo. Assim, `setSide:` chama o método `setWidth:andHeight:` da classe `Rectangle`, passando o parâmetro s como valor para a largura e para a altura. Você não precisa fazer mais nada. Agora, alguém que trabalhe com um objeto `Square` pode definir as dimensões do quadrado usando `setSide:` e tirar proveito dos métodos da classe `Rectangle` para calcular a área do quadrado, o perímetro, e assim por diante. O Programa 8.3 mostra o programa de teste e a saída de sua nova classe `Square`.

Programa 8.3 **Programa de teste**

```
#import "Square.h"
#import <Foundation/Foundation.h>

int main (int argc, char * argv[])
{
   @autoreleasepool {
      Square *mySquare = [[Square alloc] init];

      [mySquare setSide: 5];

      NSLog (@"Square s = %i", [mySquare side]);
      NSLog (@"Area = %i, Perimeter = %i",
         [mySquare area], [mySquare perimeter]);
   }
   return 0;
}
```

Programa 8.3 **Saída**

```
Square s = 5
Area = 25, Perimeter = 20
```

O modo como a classe `Square` foi definida é uma técnica fundamental para se trabalhar com classes em Objective-C: estender o que você ou outra pessoa já fez, de acordo com suas necessidades. Além disso, um mecanismo conhecido como *categorias* permite adicionar novos métodos em uma definição de classe já existente de maneira modular – isto é, sem ter de constantemente adicionar novas definições nos mesmos arquivos de interface e de implementação. Isso se mostra particularmente útil quando você quer usar essa técnica em uma classe para a qual não tem acesso ao código-fonte. Você vai aprender sobre categorias no Capítulo 11, "Categorias e protocolos".

Uma classe `Point` e alocação de objetos

A classe `Rectangle` armazena apenas as dimensões do retângulo. Em um aplicativo gráfico real, talvez seja preciso monitorar todos os tipos de informação adicionais, como a cor de preenchimento do retângulo, a cor da linha, o local (origem) dentro de uma janela, etc. Você pode estender sua classe facilmente para fazer isso. Por enquanto, vamos tratar do conceito da origem do retângulo. Suponha que *origem* signifique o local do canto inferior esquerdo do retângulo dentro de algum sistema de coordenadas cartesianas (x, y). Se você fosse escrever um aplicativo de desenho, esse ponto poderia representar o local do retângulo dentro de uma janela, como mostrado na Figura 8.4.

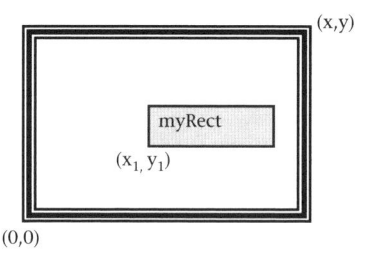

Figura 8.4 Um retângulo desenhado em uma janela.

Na Figura 8.4, a origem do retângulo está mostrada em (x_1, y_1).

Você poderia estender sua classe `Rectangle` para armazenar a coordenada x, y da origem do retângulo como dois valores separados. Ou, então, poderia perceber que no desenvolvimento de seu aplicativo gráfico terá de lidar com muitas coordenadas e, portanto, optar por definir uma classe chamada `XYPoint`. (Você pode rever esse problema no exercício 7 do Capítulo 3.)

```
#import <Foundation/Foundation.h>

@interface XYPoint: NSObject

@property int x, y;

-(void) setX: (int) xVal andY: (int) yVal;
@end
```

Agora, vamos voltar à sua classe `Rectangle`. Você quer armazenar a origem do retângulo; portanto, adiciona na definição da classe `Rectangle` uma variável de instância chamada `origin`:

```
@implementation Rectangle
{
    XYPoint *origin;
}
    ...
```

Parece razoável adicionar um método para definir a origem do retângulo e recuperá-la. Para ilustrarmos um ponto importante, não sintetizaremos os métodos de acesso para a origem agora. Em vez disso, nós mesmos vamos escrevê-los.

A diretiva `@class`

Agora você pode trabalhar com retângulos (e também com quadrados!), com a capacidade de definir suas larguras, alturas e origens. Primeiro, vamos dar uma olhada completa no arquivo de interface `Rectangle.h`:

```
#import <Foundation/Foundation.h>

@class XYPoint;

@interface Rectangle: NSObject

@property int width, height;

-(XYPoint *) origin;
-(void)    setOrigin: (XYPoint *) pt;
-(void)    setWidth: (int) w andHeight: (int) h;
-(int)     area;
-(int)     perimeter;
@end
```

Você usou uma nova diretiva no arquivo de cabeçalho `Rectangle.h`:

```
@class XYPoint;
```

Isso foi necessário porque o compilador precisará saber o que é `XYPoint` quando o encontrar como uma das variáveis de instância definidas para um objeto `Rectangle`. O nome da classe também é usado nas declarações de argumento e tipo de retorno de seus métodos `setOrigin:` e `origin`, respectivamente. Você tem outra escolha. Em vez disso, poderia ter importado o arquivo de cabeçalho, como segue:

```
#import "XYPoint.h"
```

Usar a diretiva `@class` é mais eficiente, pois o compilador não precisa importar e, portanto, processar o arquivo `XYPoint.h` inteiro (mesmo ele sendo muito pequeno); ele só precisa saber que `XYPoint` é o nome de uma classe. Se você precisasse fazer referência a um dos métodos da classe `XYPoint` (na seção de implementação, por exemplo), a diretiva `@class` não bastaria, pois o compilador precisaria de mais informações; ele deveria saber quantos argumentos o método recebe, quais são seus tipos e qual é o tipo de retorno do método.

Portanto, certifique-se de entender o uso da diretiva `@class` aqui. Ela está simplesmente dizendo ao compilador que `XYPoint` é o nome de uma classe. Assim, quando ele vê esta linha:

```
XYPoint *origin;
```

sabe que `origin` é um objeto da uma classe chamada `XYPoint`. Isso é tudo que o compilador precisa saber neste ponto.

Vamos completar sua nova classe XYPoint e os métodos de Rectangle para que você possa testar tudo em um programa.

Primeiro, o Programa 8.4 mostra os novos métodos da classe Rectangle.

Programa 8.4 **Métodos adicionados de** Rectangle.m

```
#import "XYPoint.h"

-(void) setOrigin: (XYPoint *) pt
{
   origin = pt;
}

-(XYPoint *) origin
{
   return origin;
}
@end
```

Aqui estão as definições de classe completas de XYPoint e Rectangle, seguidas por um programa de teste para verificá-las.

Programa 8.4 **Arquivo de interface de** XYPoint.h

```
#import <Foundation/Foundation.h>

@interface XYPoint: NSObject

@property int x, y;

-(void) setX: (int) xVal andY: (int) yVal;
@end
```

Programa 8.4 **Arquivo de implementação de** XYPoint.m

```
#import "XYPoint.h"

@implementation XYPoint

@synthesize x, y;

-(void) setX: (int) xVal andY: (int) yVal
{
   x = xVal;
   y = yVal;
}
@end
```

Programa 8.4   Arquivo de interface de `Rectangle.h`

```objc
#import <Foundation/Foundation.h>

@class XYPoint;
@interface Rectangle: NSObject

@property int width, height;

-(XYPoint *) origin;
-(void)    setOrigin: (XYPoint *) pt;
-(void)    setWidth: (int) w andHeight: (int) h;
-(int)     area;
-(int)     perimeter;
@end
```

Programa 8.4   Arquivo de implementação de `Rectangle.m`

```objc
#import "Rectangle.h"

@implementation Rectangle
{
   XYPoint *origin;
}

@synthesize width, height;

-(void) setWidth: (int) w andHeight: (int) h
{
   width = w;
   height = h;
}

-(void) setOrigin: (XYPoint *) pt
{
   origin = pt;
}

-(int) area
{
   return width * height;
}

-(int) perimeter
{
   return (width + height) * 2;
}

-(XYPoint *) origin
{
```

```
    return origin;
}
@end
```

Programa 8.4   Programa de teste

```
#import "Rectangle.h"
#import "XYPoint.h"

int main (int argc, char * argv[])
{
    @autoreleasepool {
        Rectangle *myRect = [[Rectangle alloc] init];
        XYPoint *myPoint = [[XYPoint alloc] init];

        [myPoint setX: 100 andY: 200];

        [myRect setWidth: 5 andHeight: 8];
        myRect.origin = myPoint;

        NSLog (@"Rectangle w = %i, h = %i", myRect.width, myRect.height);

        NSLog (@"Origin at (%i, %i)", myRect.origin.x, myRect.origin.y);

        NSLog (@"Area = %i, Perimeter = %i",
            [myRect area], [myRect perimeter]);
    }
    return 0;
}
```

Programa 8.4   Saída

```
Rectangle w = 5, h = 8
Origin at (100, 200)
Area = 40, Perimeter = 26
```

Dentro da rotina `main`, você alocou e inicializou um retângulo identificado como `myRect` e um ponto chamado `myPoint`. Usando o método `setX:andY:`, você definiu `myPoint` como (100, 200). Depois de definir a largura e a altura do retângulo como 5 e 8 respectivamente, você chamou o método `setOrigin` para definir a origem do retângulo como o ponto indicado por `myPoint`. Então, as três chamadas de `NSLog` recuperam e imprimem os valores. A expressão

`myRect.origin.x`

pega o objeto `XYPoint` retornado pelo método de acesso `origin` e aplica o operador ponto para obter a coordenada x da origem do retângulo. De maneira semelhante, a expressão a seguir recupera a coordenada y da origem do retângulo:

`myRect.origin.y`

Lembre-se de que tal expressão é equivalente a esta

`[[myRect origin] y]`

com base no que você sabe a respeito do operador ponto e de como ele é interpretado pelo compilador.

Classes e seus objetos

Você consegue explicar a saída do Programa 8.5?

Programa 8.5
```
#import "Rectangle.h"
#import "XYPoint.h"

int main (int argc, char * argv[])
{
   @autoreleasepool {
       Rectangle *myRect = [[Rectangle alloc] init];
       XYPoint *myPoint = [[XYPoint alloc] init];

       [myPoint setX: 100 andY: 200];
       [myRect setWidth: 5 andHeight: 8];
       myRect.origin = myPoint;

       NSLog (@"Origin at (%i, %i)", myRect.origin.x, myRect.origin.y);

       [myPoint setX: 50 andY: 50];
       NSLog (@"Origin at (%i, %i)", myRect.origin.x, myRect.origin.y);
   }
   return 0;
}
```

Programa 8.5 Saída
```
Origin at (100, 200)
Origin at (50, 50)
```

No programa, você mudou `myPoint` de `(100, 200)` para `(50, 50)` e, aparentemente, isso também mudou a origem do retângulo! Mas por que isso aconteceu? Você não redefiniu a origem do retângulo explicitamente. Então, por que ela mudou? Se você voltar à definição do método `setOrigin:`, talvez entenda o motivo:

```
-(void) setOrigin: (XYPoint *) pt
{
   origin = pt;
}
```

Quando o método `setOrigin:` é chamado com a expressão

`myRect.origin = myPoint;`

o valor de `myPoint` é passado como argumento para o método. Esse valor aponta para onde esse objeto `XYPoint` está armazenado na memória, como ilustrado na Figura 8.5.

Figura 8.5 A referência do objeto `myPoint` na memória.

Esse valor armazenado dentro de `myPoint`, que é um ponteiro para a memória, é copiado na variável local `pt`, conforme definido dentro do método. Agora, tanto `pt` como `myPoint` referenciam os mesmos dados armazenados na memória. A Figura 8.6 ilustra isso.

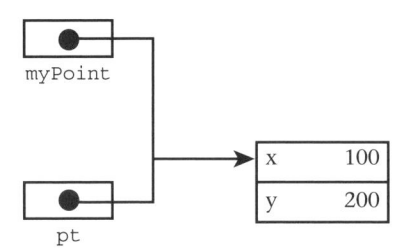

Figura 8.6 Passando a origem do retângulo para o método.

Quando a variável `origin` (origem) é definida como `pt` dentro do método, o ponteiro armazenado dentro de `pt` é copiado na variável de instância `origin`, conforme ilustrado na Figura 8.7.

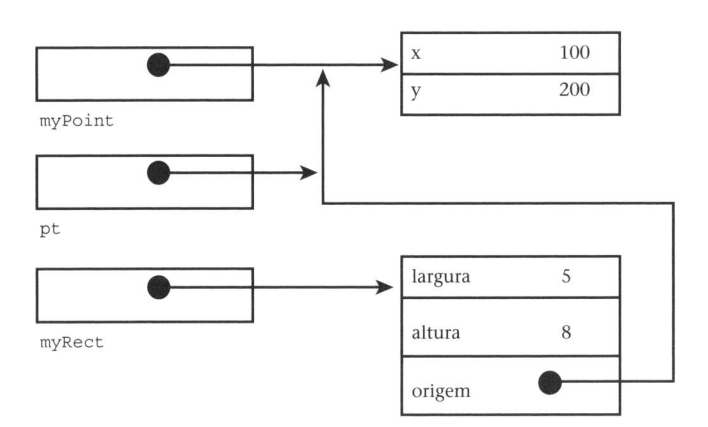

Figura 8.7 Definindo a origem do retângulo.

Como `myPoint` e a variável `origin` armazenada em `myRect` referenciam a mesma área na memória (assim como faz a variável local `pt`), quando você altera subsequentemente o valor de `myPoint` para (50, 50), a origem do retângulo também é alterada.

Esse problema pode ser evitado modificando o método `setOrigin:` para que ele aloque seu próprio ponto e estabeleça a variável `origin` nesse ponto. Isso está mostrado a seguir:

```
-(void) setOrigin: (XYPoint *) pt
{
   if (! origin)
      origin = [[XYPoint alloc] init];

   origin.x = pt.x;
   origin.y = pt.y;
}
```

Primeiro, o método faz um teste para ver se a variável de instância `origin` é diferente de zero. (Certifique-se de entender esse teste e o uso do operador de negação lógica ! empregado.) Lembre-se de que todas as variáveis de instância são inicialmente definidas como zero. Assim, quando um novo objeto `Rectangle` for alocado, suas variáveis de instância, que incluem `origin`, serão definidas como zero.

Se `origin` é zero, o método `setOrigin:` vai alocar e inicializar um novo objeto `XYPoint` e armazenar a referência para ele na variável `origin`.

Então, o método define o objeto `XYPoint` recentemente alocado com as coordenadas x, y de seu argumento. Estude esse método até entender completamente como ele funciona.

A alteração no método `setOrigin:` significa que agora cada instância de `Rectangle` possui sua instância de `XYPoint`. Como agora ele é responsável por alocar a memória para esse `XYPoint`, também deve se tornar responsável por liberar essa memória. Em geral, quando uma classe contém outros objetos, às vezes você vai querer que ela possua alguns deles ou todos eles. No caso de um retângulo, faz sentido a classe `Rectangle` possuir sua origem, pois esse é um atributo básico de um retângulo. Somente os métodos de acesso da classe deverão definir ou recuperar essa origem. Isso é compatível com a noção de encapsulamento de dados.

Com seu método modificado, recompilar e reexecutar o Programa 8.5 produz as mensagens de erro mostradas na Figura 8.8.

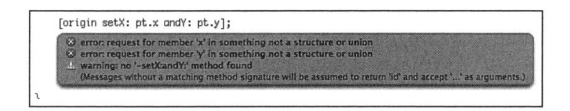

```
[origin setX: pt.x andY: pt.y];
  error: request for member 'x' in something not a structure or union
  error: request for member 'y' in something not a structure or union
  warning: no '-setXandY?' method found
  (Messages without a matching method signature will be assumed to return 'id' and accept '...' as arguments)
```

Figura 8.8 Mensagens de erro do compilador.

Opa! O problema aqui é que você fez referência a algumas variáveis de instância da classe `XYPoint` em seu método modificado, de modo que agora o compilador precisa de mais informações sobre ela do que as fornecidas pela diretiva `@class`. Nesse caso, você precisa voltar ao seu arquivo de cabeçalho `Rectangle.h` e substituir essa diretiva por uma `import`, como segue:

```
#import "XYPoint.h"
```

Programa 8.5B Saída
```
Origin at (100, 200)
Origin at (100, 200)
```

Isso é melhor. Desta vez, alterar o valor de `myPoint` para (50, 50) dentro de `main` não ocasionou efeito algum na origem do retângulo, pois uma cópia do ponto foi criada dentro do método `setOrigin:` de `Rectangle`.

Por outro lado, não sintetizamos os métodos de `origin` aqui, porque o método setter sintetizado `setOrigin:` teria se comportado exatamente como o que você escreveu originalmente. Isto é, por padrão, a ação de um método setter sintetizado é simplesmente copiar o ponteiro do objeto e não o objeto em si.

Você pode sintetizar um tipo diferente de método setter que, em vez disso, faz uma cópia do objeto. No entanto, para isso você precisa aprender a escrever um método de cópia especial. Voltaremos a esse assunto no Capítulo 18, "Copiando objetos".

Antes de deixarmos esta seção, vamos pensar sobre o lado getter da classe `Rectangle`. Suponha em seu programa de teste do Programa 8.4, que você tenha inserido as linhas a seguir depois de ter definido os valores de seu retângulo:

```
XYPoint *theOrigin = myRect.origin;

theOrigin.x = 200;
theOrigin.y = 300;
```

O que acha que aconteceria com a origem de `myRect` depois que esse código fosse executado? Certo, sua origem mudaria para (200, 300). O objeto origin retornado pelo método getter é "vulnerável". Qualquer um que altere seu valor x ou y altera correspondentemente o valor de x ou y do retângulo. Por isso, a maneira mais segura de escrever um método getter que retorna um objeto é fazer uma cópia do objeto e retornar essa cópia. Desse modo, você está evitando que a variável de instância seja alterada inadvertidamente. Não faremos essa alteração aqui, mas fica como exercício para você. Note que, se você copiar seus objetos antes de retorná-los, haverá uma penalidade no desempenho. Você terá que julgar se essa troca compensa, quando projetar sua classe.

Anulando métodos

Mencionamos, anteriormente neste capítulo, que você não pode remover ou subtrair métodos por meio de herança. No entanto, pode mudar a definição de um método herdado *anulando-o*.

Voltando às suas duas classes, `ClassA` e `ClassB`, suponha que você queira escrever seu próprio método `initVar` para `ClassB`. Você já sabe que `ClassB` herdará o método `initVar` definido em `ClassA`, mas pode fazer um novo método com o mesmo nome para substituir o método herdado? A resposta é sim, e pode fazer isso simplesmente definindo um novo método com o mesmo nome. Um método definido com o mesmo nome de um da classe pai substitui (ou anula) a definição herdada. Seu novo método deve ter o mesmo tipo de retorno e receber o mesmo número e tipo de argumentos do método que está sendo anulado.

O Programa 8.6 mostra um exemplo simples para ilustrar esse conceito.

Programa 8.6

```objectivec
// Anulando métodos

#import <Foundation/Foundation.h>

// Declaração e definição de ClassA

@interface ClassA: NSObject
{
    int x; // Será herdado pelas subclasses
}

-(void) initVar;
@end
///////////////////////////
@implementation ClassA
-(void) initVar
{
    x = 100;
}
@end

// Declaração e definição de ClassB

@interface ClassB: ClassA
-(void) initVar;
-(void) printVar;
@end
///////////////////////////
@implementation ClassB
-(void) initVar // método adicionado
{
    x = 200;
}

-(void) printVar
{
    NSLog (@"x = %i", x);
}
@end
///////////////////////////
int main (int argc, char * argv[])
{
@autoreleasepool {
```

```
            ClassB *b = [[ClassB alloc] init];

         [b initVar];    // usa anulação de método em B

         [b printVar];   // revela o valor de x;
      }
      return 0;
}
```

Programa 8.6 Saída

```
x = 200
```

Claramente, a mensagem [b initVar]; proporciona o uso do método initVar definido em ClassB e não aquele definido em ClassA, como foi o caso no exemplo anterior. A Figura 8.9 ilustra isso.

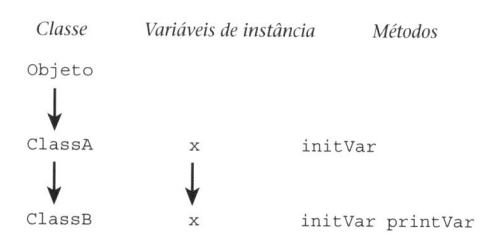

```
   Classe      Variáveis de instância    Métodos
   Objeto
     ↓
   ClassA           x                initVar
     ↓              ↓
   ClassB           x                initVar printVar
```

Figura 8.9 Anulando o método initVar.

Qual método é selecionado?

Abordamos o modo como o sistema pesquisa a hierarquia em busca de um método para aplicar em um objeto. Se você tem métodos com o mesmo nome em diferentes classes, o método correto é escolhido com base na classe do destinatário da mensagem. O Programa 8.7 usa a mesma definição de classe para ClassA e ClassB, como antes.

Programa 8.7

```
#import <Foundation/Foundation.h>

// insira as definições para ClassA e ClassB aqui

int main (int argc, char * argv[])
{
   @autoreleasepool {
      ClassA *a = [[ClassA alloc] init];
      ClassB *b = [[ClassB alloc] init];
      [a initVar];    // usa o método de ClassA
      [a printVar];   // revela o valor de x;
```

```
        [b initVar];   // usa anulação do método de ClassB
        [b printVar];  // revela o valor de x;
    }
    return 0;
}
```

Quando você construir esse programa, receberá esta mensagem de alerta:

```
warning: 'ClassA' may not respond to '-printVar'
```

O que aconteceu aqui? Falamos sobre isso em uma seção anterior. Dê uma olhada na declaração de ClassA:

```
// Declaração e definição de ClassA

@interface ClassA: NSObject
{
    int x;
}

-(void) initVar;
@end
```

Observe que nenhum método printVar é declarado. Esse método é declarado e definido em ClassB. Portanto, mesmo que os objetos de ClassB e seus descendentes possam usar esse método por meio de herança, os objetos de ClassA não podem, porque o método está definido mais abaixo na hierarquia.

> **Nota**
>
> Você pode forçar o uso desse método de algumas maneiras, mas não faremos isso aqui – além disso, não é uma boa prática de programação.

Voltando ao nosso exemplo, vamos adicionar um método printVar em ClassA para que você possa exibir o valor de sua variável de instância:

```
// Declaração e definição de ClassA

@interface ClassA: NSObject
{
int x; // Será herdado pelas subclasses
}

-(void) initVar;
-(void) printVar;
@end

@implementation ClassA
-(void) initVar
{
    x = 100;
}
```

```
-(void) printVar
{
    NSLog (@"x = %i", x);
}

@end
```

A declaração e a definição de `ClassB` permanecem inalteradas. Vamos tentar compilar e executar esse programa novamente.

Programa 8.7   Saída

```
x = 100
x = 200
```

Agora podemos falar sobre o exemplo real. Primeiro, a e b são definidos como objetos de `ClassA` e de `ClassB` respectivamente. Após a alocação e a inicialização, uma mensagem é enviada para a, pedindo que aplique o método `initVar`. Esse método está definido na definição de `ClassA`, de modo que esse é o método selecionado. O método simplesmente define o valor da variável de instância x como 100 e retorna. O método `printVar` que você acabou de adicionar em `ClassA` é chamado em seguida, para exibir o valor de x.

Assim como acontece com o objeto de `ClassA`, o objeto de `ClassB` b é alocado e inicializado, sua variável de instância x é definida como 200 e, finalmente, seu valor é exibido.

Certifique-se de entender como o método correto é escolhido para a e para b, com base na classe a que pertencem. Esse é um conceito fundamental da programação orientada a objetos em Objective-C.

Como exercício, considere a remoção do método `printVar` de `ClassB`. Isso funcionaria? Por que sim ou por que não?

Ao definir uma subclasse, você pode não apenas adicionar novos métodos para estender efetivamente a definição de uma classe, como também pode adicionar novas variáveis de instância. Nos dois casos, o efeito é acumulativo. Você nunca pode remover métodos ou variáveis de instância por meio de herança; só pode adicionar – ou, no caso dos métodos, adicionar ou anular.

Assim, como revisão, por que você desejaria criar uma subclasse? Aqui estão três motivos:

1. Você quer ampliar a funcionalidade de uma classe, talvez adicionando alguns métodos novos e/ou variáveis de instância.
2. Você quer fazer uma versão especializada de uma classe (por exemplo, um tipo de objeto gráfico em particular).
3. Você precisa alterar o comportamento padrão de uma classe, anulando um ou mais de seus métodos.

Classes abstratas

Qual é a melhor maneira de concluir este capítulo senão com um pouco de terminologia? Nós as introduzimos aqui porque estão diretamente relacionadas com a noção de herança.

Às vezes, classes são criadas apenas para tornar mais fácil para alguém gerar uma subclasse. Por isso, essas classes são chamadas de classes *abstratas* ou, equivalentemente, *superclasses abstratas*. Métodos e variáveis de instância são definidos na classe, mas não se espera que se crie uma instância dessa classe. Por exemplo, considere o objeto raiz NSObject. Você consegue pensar em algum uso para a definição de um objeto dessa classe?

O framework Foundation, abordado na parte dois, tem várias das chamadas classes abstratas. Como exemplo, a classe NSNumber da estrutura Foundation é uma classe abstrata criada para trabalhar com números como objetos. Números inteiros e de ponto flutuante normalmente têm diferentes requisitos de armazenamento. Existem subclasses de NSNumber separadas para cada tipo numérico. Como essas subclasses, ao contrário de suas superclasses abstratas, realmente existem, elas são conhecidas como *subclasses concretas*. Cada subclasse concreta cai sob uma categoria da classe NSNumber e elas são coletivamente referidas como um *grupo* (*cluster*) *de classes*. Quando você envia uma mensagem para a classe NSNumber a fim de criar um novo objeto inteiro, a subclasse apropriada é usada para alocar o armazenamento necessário para um objeto inteiro e para definir seu valor adequadamente. Essas subclasses são privadas. Você não as acessa diretamente; elas são acessadas indiretamente por intermédio da superclasse abstrata. A superclasse abstrata fornece uma interface comum para se trabalhar com todos os tipos de objetos de número e livra você da carga de ter de saber qual tipo de número armazenou em seu objeto de número e como definir e recuperar seu valor.

Sei que, essa discussão pode parecer um pouco "abstrata" (desculpe!). Não se preocupe; apenas uma ideia básica do conceito é suficiente aqui.

Exercícios

1. Adicione uma nova classe chamada ClassC, que é uma subclasse de ClassB, no Programa 8.1. Faça um método initVar que defina o valor de sua variável de instância x como 300. Escreva uma rotina de teste que declare os objetos ClassA, ClassB e ClassC e chame seus métodos initVar correspondentes.

2. Ao lidar com equipamentos de resolução mais alta, talvez você precise usar um sistema de coordenadas que permita especificar pontos como valores de ponto flutuante, em vez de inteiros simples (O iOS usa uma estrutura chamada CGRect para trabalhar com retângulos. Todas as coordenadas e tamanhos são expressos como números de ponto flutuante ao se trabalhar com esses retângulos.) Modifique as classes XYPoint e Rectangle deste capítulo para tratar de números de ponto flutuante. As variáveis width, height, area

e `perimeter` do retângulo também devem todas trabalhar com números de ponto flutuante.

3. Altere o Programa 8.1 para adicionar uma nova classe chamada `ClassB2` que, assim como `ClassB`, é uma subclasse de `ClassA`.

   O que você pode dizer a respeito da relação entre `ClassB` e `ClassB2`?

   Identifique a relação hierárquica entre a classe `NSObject`, `ClassA`, `ClassB` e `ClassB2`.

   Qual é a superclasse de `ClassB`?

   Qual é a superclasse de `ClassB2`?

   Quantas subclasses e quantas superclasses uma classe pode ter?

4. Escreva um método `Rectangle` chamado `translate:` que receba um objeto `XYPoint` como argumento. Faça-o transladar a origem do retângulo pelo vetor especificado. Nota: transladar significa simplesmente mover o ponto de um lugar para outro.

5. Defina uma nova classe chamada `GraphicObject` e torne-a uma subclasse de `NSObject`. Defina variáveis de instância em sua nova classe, como segue:

   ```
   Int fillColor;    // Cor de 32 bits
   BOOL filled;      // O objeto está preenchido?
   int lineColor;    // Cor de linha de 32 bits
   ```

   Escreva métodos para definir e recuperar as variáveis definidas anteriormente.

   Torne a classe `Rectangle` uma subclasse de `GraphicObject`.

   Defina novas classes, `Circle` e `Triangle`, as quais também são subclasses de `GraphicObject`. Escreva métodos para definir e recuperar os vários parâmetros desses objetos e também para calcular a circunferência e a área do círculo, bem como o perímetro e a área do triângulo.

6. Escreva um método `Rectangle` chamado de `containsPoint:` que receba um objeto `XYPoint` como argumento:

   `-(BOOL) containsPoint: (XYPoint *) aPoint;`

   Faça o método retornar o valor `BOOL YES`, caso o retângulo englobe o ponto especificado, e `NO`, caso contrário.

7. Escreva um método `Rectangle` chamado `intersect:` que receba um retângulo como argumento e retorne um retângulo representando a área sobreposta pelos dois retângulos. Por exemplo, dados os dois retângulos mostrados na Figura 8.10, o método deve retornar um retângulo cuja origem esteja em (400, 420), a largura seja 50 e a altura 60.

   Se os retângulos não se sobrepõem, retorne um cuja largura e altura sejam zero e a origem esteja em (0,0).

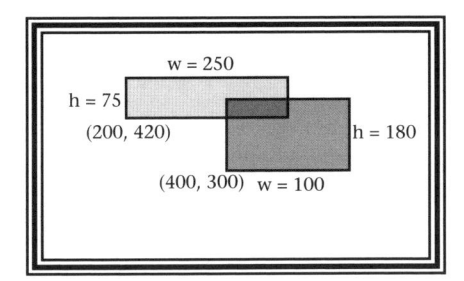

Figura 8.10 Retângulos sobrepostos.

8. Escreva um método para a classe Rectangle, chamado draw, que desenhe um retângulo usando traços e caracteres de barra vertical. A seguinte sequência de código

```
Rectangle *myRect = [[Rectangle alloc] init];
[myRect setWidth: 10 andHeight: 3];
[myRect draw];
```

produziria a saída a seguir:

```
----------
|        |
|        |
|        |
----------
```

Nota

Você deve usar printf para desenhar os caracteres, pois NSLog exibirá uma nova linha cada vez que for chamado.

9

Polimorfismo, tipagem dinâmica e vinculação dinâmica

Neste capítulo, você vai conhecer aqueles recursos de Objective-C que a tornam uma linguagem de programação poderosa e que a diferenciam de outras linguagens de programação orientadas a objetos, como C++. Este capítulo descreve três conceitos importantes: polimorfismo, tipagem dinâmica e vinculação dinâmica. O *polimorfismo* permite desenvolver programas de modo que objetos de diferentes classes possam definir métodos que compartilham o mesmo nome. A *tipagem dinâmica* adia a determinação da classe a que um objeto pertence até que o programa esteja em execução. A *vinculação dinâmica* adia a determinação do método a ser chamado em um objeto até o tempo de execução do programa.

Polimorfismo: mesmo nome, classe diferente

O Programa 9.1 mostra o arquivo de interface de uma classe chamada Complex, a qual é usada para representar números complexos em um programa.

Programa 9.1 **Arquivo de interface** Complex.h

```
// Arquivo de interface da classe Complex

#import <Foundation/Foundation.h>

@interface Complex: NSObject

@property double real, imaginary;
-(void) print;
-(void) setReal: (double) a andImaginary: (double) b;
-(Complex *) add: (Complex *) f;
@end
```

Você deve ter completado a seção de implementação dessa classe nos exercícios 5 e 6 do Capítulo 7. Adicionamos mais um método setReal:andImaginary: para permitir que você atribua às partes real e imaginária de seu número uma única mensagem, e também sintetizamos métodos de acesso. Isso está mostrado a seguir.

Programa 9.1 Arquivo de implementação Complex.m

```objectivec
// Arquivo de implementação da classe Complex

#import "Complex.h"

@implementation Complex

@synthesize real, imaginary;

-(void) print
{
    NSLog (@" %g + %gi ", real, imaginary);
}

-(void) setReal: (double) a andImaginary: (double) b
{
    real = a;
    imaginary = b;
}

-(Complex *) add: (Complex *) f
{
    Complex *result = [[Complex alloc] init];

    result.real = real + f.real;
    result.imaginary = imaginary + f.imaginary;

    return result;
}
@end
```

Programa 9.1 Programa de teste main.m

```objectivec
// Nomes de método compartilhados: polimorfismo

#import "Fraction.h"
#import "Complex.h"

int main (int argc, char * argv[])
{

    @autoreleasepool {
        Fraction *f1 = [[Fraction alloc] init];
        Fraction *f2 = [[Fraction alloc] init];
```

```
            Fraction *fracResult;
            Complex *c1 = [[Complex alloc] init];
            Complex *c2 = [[Complex alloc] init];
            Complex *compResult;

            [f1 setTo: 1 over: 10];
            [f2 setTo: 2 over: 15];

            [c1 setReal: 18.0 andImaginary: 2.5];
            [c2 setReal: -5.0 andImaginary: 3.2];

            // soma e imprime 2 números complexos

            [c1 print]; NSLog (@"    +"); [c2 print];
            NSLog (@"---------");
            compResult = [c1 add: c2];
            [compResult print];
            NSLog (@"\n");

            // soma e imprime 2 frações
            [f1 print]; NSLog (@"    +"); [f2 print];
            NSLog (@"----");
            fracResult = [f1 add: f2];
            [fracResult print];
        }
        return 0;
}
```

Programa 9.1 Saída

```
18 + 2.5i
    +
-5 + 3.2i
---------
13 + 5.7i

1/10
  +
2/15
----
7/30
```

Note que tanto a classe Fraction como a classe Complex contêm métodos add: e print. Assim, ao executar as expressões de mensagem

```
compResult = [c1 add: c2];
[compResult print];
```

como o sistema sabe quais métodos deve executar? É simples: o runtime de Objective-C sabe que c1, o destinatário da primeira mensagem, é um objeto Complex. Portanto, seleciona o método add: definido para a classe Complex.

O sistema de runtime de Objective-C também determina que compResult é um objeto Complex; portanto, seleciona o método print definido na classe Complex para exibir o resultado da adição. A mesma discussão se aplica às seguintes expressões de mensagem:

```
fracResult = [f1 add: f2];
[fracResult print];
```

> **Nota**
>
> Conforme descrito em mais detalhes no Capítulo 13, "Recursos subjacentes da linguagem C", o sistema sempre contém informações sobre a classe à qual um objeto pertence. Isso permite que ele tome essas decisões importantes em tempo de execução e não em tempo de compilação.

Os métodos correspondentes da classe Fraction são escolhidos para avaliar a expressão de mensagem com base na classe de f1 e fracResult.

Conforme mencionado, a capacidade de compartilhar o mesmo nome de método entre diferentes classes é conhecida como polimorfismo. O polimorfismo permite que você desenvolva um conjunto de classes, cada uma podendo responder ao mesmo nome de método. Cada definição de classe encapsula o código necessário para responder a esse método em particular, e isso a torna independente das outras definições de classe. Isso também permite que, posteriormente, você adicione novas classes que podem responder a métodos com o mesmo nome.

Vinculação dinâmica e o tipo `id`

O Capítulo 4, "Tipos de dados e expressões", mencionou brevemente o tipo de dados id e observou que esse é um tipo de objeto genérico. Isto é, id pode ser usado para armazenar objetos pertencentes a qualquer classe. O poder real desse tipo de dados é explorado quando ele é usado dessa maneira para armazenar diferentes tipos de objetos em uma variável durante a execução de um programa. Estude o Programa 9.2 e sua saída associada.

Programa 9.2 **Programa de teste** main.m

```
// Ilustra tipagem e vinculação dinâmicas

#import "Fraction.h"
#import "Complex.h"
int main (int argc, char * argv[])
{
   @autoreleasepool {
      id    dataValue;
      Fraction *f1 = [[Fraction alloc] init];
      Complex *c1 = [[Complex alloc] init];

      [f1 setTo: 2 over: 5];
      [c1 setReal: 10.0 andImaginary: 2.5];
```

```
        // primeiro, dataValue recebe uma fração

        dataValue = f1;
        [dataValue print];

        // agora dataValue recebe um número complexo

        dataValue = c1;
        [dataValue print];
    }
    return 0;
}
```

Programa 9.2 Saída

```
2/5
10 + 2.5i
```

A variável `dataValue` é declarada como um tipo de objeto `id`. Portanto, `dataValue` pode ser usada para conter qualquer tipo de objeto no programa. Note que nenhum asterisco é usado na linha de declaração:

`id dataValue;`

O objeto `Fraction f1` é definido como 2/5 e o número `Complex c1` é definido como (10 + 2.5i). A atribuição

`dataValue = f1;`

armazena o objeto `Fraction f1` em `dataValue`. Agora, o que você pode fazer com `dataValue`? Bem, chamar qualquer um dos métodos que pode ser usado em um objeto `Fraction` com `dataValue`, mesmo o tipo de `dataValue` sendo `id` e não `Fraction`. Mas se `dataValue` pode armazenar qualquer tipo de objeto, como o sistema sabe qual método deve chamar? Isto é, quando ele encontra a expressão de mensagem

`[dataValue print];`

como sabe qual método print deve chamar? Você tem métodos `print` definidos tanto para a classe `Fraction` como para `Complex`.

Conforme mencionado anteriormente, a resposta está no fato de que o sistema Objective-C sempre monitora a classe a qual um objeto pertence. Está também nos conceitos de tipagem dinâmica e vinculação dinâmica. Isto é, o sistema toma a decisão sobre a classe do objeto e, portanto, qual método deve chamar dinamicamente em tempo de execução, em vez de em tempo de compilação.

Assim, durante a execução do programa, antes que o sistema envie a mensagem `print` para `dataValue`, ele primeiro verifica a classe do objeto armazenado dentro de `dataValue`. No primeiro caso do Programa 9.2, essa variável contém um objeto `Fraction`; portanto, é usado o método `print` definido na classe `Fraction`. Isso é verificado pela saída do programa.

No segundo caso, a mesma coisa acontece. Primeiro, o número `Complex c1` é atribuído a `dataValue`. Em seguida, a seguinte expressão de mensagem é executada:

```
[dataValue print];
```

Desta vez, como `dataValue` contém um objeto pertencente à classe `Complex`, o método `print` correspondente dessa classe é selecionado para execução.

Esse é um exemplo simples, mas você pode extrapolar tal conceito para aplicações mais sofisticadas. Quando combinadas com o polimorfismo, a vinculação dinâmica e a tipagem dinâmica permitem escrever facilmente código que pode enviar a mesma mensagem para objetos de classes diferentes.

Por exemplo, considere um método `draw` que pode ser usado para desenhar objetos gráficos na tela. Você poderia ter diferentes métodos `draw` definidos para cada um de seus objetos gráficos, como texto, círculos, retângulos, janelas, etc. Se o objeto em particular a ser desenhado fosse armazenado dentro de uma variável `id` chamada `currentObject`, por exemplo, você poderia pintá-lo na tela simplesmente enviando a ele a mensagem `draw`:

```
[currentObject draw];
```

Você poderia até testá-lo primeiro, para garantir que o objeto armazenado em `currentObject` de fato responde a um método `draw`. Você vai ver como fazer isso, posteriormente neste capítulo, na seção "Fazendo perguntas sobre classes".

Verificação em tempo de compilação *versus* tempo de execução

Como o tipo de objeto armazenado dentro de uma variável `id` pode ser indeterminado em tempo de compilação, alguns testes são adiados até o tempo de execução – isto é, enquanto o programa está em execução.

Considere a sequência de código a seguir:

```
Fraction *f1 = [[Fraction alloc] init];
[f1 setReal: 10.0 andImaginary: 2.5];
```

Lembrando que o método `setReal:andImaginary:` se aplica a números complexos e não a frações, a seguinte mensagem é emitida quando você compila o programa contendo essa linha:

```
'Fraction' may not respond to 'setReal:andImaginary:'
```

O compilador de Objective-C sabe que `f1` é um objeto `Fraction`, porque ele foi declarado dessa maneira. Sabe também que, quando vê a expressão de mensagem

```
[f1 setReal: 10.0 andImaginary: 2.5];
```

a classe `Fraction` não tem um método `setReal:andImaginary:` (e também não herdou um). Portanto, o compilador emite a mensagem de alerta mostrada anteriormente.

Agora, considere a sequência de código a seguir:

```
id dataValue = [[Fraction alloc] init];
...
[dataValue setReal: 10.0 andImaginary: 2.5];
```

Essas linhas não produzem uma mensagem de alerta, pois o compilador não sabe qual tipo de objeto está armazenado dentro de `dataValue` ao processar seu arquivo-fonte (Não, o compilador não vê que, anteriormente, um objeto `Fraction` foi armazenado dentro dessa variável!).

Nenhuma mensagem de erro é emitida até que você execute o programa que contém essas linhas. O programa falha e o erro contém muitas linhas, uma das quais é a seguinte:

```
-[Fraction setReal:andImaginary:]: unrecognized selector sent to instance 0x103f00
```

Quando o programa está em execução, o sistema primeiro verifica o tipo de objeto armazenado dentro de `dataValue`. Como `dataValue` tem um objeto `Fraction` armazenado, o sistema de runtime procura um método `setReal:andImaginary:` definido para a classe `Fraction`. Como não consegue encontrar esse método, a mensagem de erro mostrada anteriormente é emitida e o programa termina.

O tipo de dados `id` e a tipagem estática

Se um tipo de dados `id` pode ser usado para armazenar qualquer objeto, por que você não pode simplesmente declarar todos os seus objetos como tipo `id`? Por vários motivos, você não quer habituar-se a usar esse tipo de dados de classe genérico exageradamente.

Primeiro, quando você define uma variável para ser um objeto de uma classe em particular, está usando o que é conhecida como tipagem *estática*. A palavra *estática* se refere ao fato de que o tipo de objeto que será armazenado na variável está sendo declarado explicitamente. Assim, a classe do objeto armazenado nesse tipo é predeterminada, ou *estática*. Quando você usa tipagem estática, o compilador garante, tanto quanto pode, que a variável seja usada de maneira uniforme em todo o programa. O compilador pode fazer uma verificação para garantir que um método aplicado a um objeto é definido ou herdado por essa classe; se não for, ele emite uma mensagem de alerta. Portanto, quando você declara uma variável `Rectangle` chamada `myRect` em seu programa, o compilador verifica se todos os métodos chamados em `myRect` estão definidos na classe `Rectangle` ou são herdados de sua superclasse.

> **Nota**
>
> Também é possível chamar métodos em um objeto especificando o nome do método como uma variável, conforme você ainda vai ver neste capítulo. Nesse caso, o compilador não pode verificar o argumento de seu método nem os tipos de retorno para você.

No entanto, se de qualquer modo essa verificação é feita em tempo de execução, por que se preocupar com a tipagem estática? Você se preocupa porque é melhor detectar erros durante a fase de compilação de seu programa do que durante a fase de execução. Se deixar isso para o tempo de execução, talvez nem mesmo seja você a pessoa que o estará executando, quando o erro ocorrer. Se seu programa é colocado em produção, algum pobre usuário inocente poderá descobrir, ao executá-lo, que um objeto em particular não reconhece um método, causando a falha do programa.

Outro motivo para se usar tipagem estática é que ela torna seus programas mais legíveis. Considere a declaração a seguir:

```
id f1;
```

versus

```
Fraction *f1;
```

Qual você acha mais compreensível – isto é, qual torna mais claro o uso pretendido para a variável f1? A combinação de tipagem estática e nomes de variável significativos (os quais não escolhemos intencionalmente no exemplo anterior) podem ser de muita ajuda no sentido de fazer seu programa ser documentado de forma mais automática.

> **Nota**
>
> Você não pode usar o operador ponto com variáveis id; se tentar fazer isso, o compilador emitirá um erro.

Tipos de argumento e de retorno com tipagem dinâmica

Se você usar tipagem dinâmica para chamar um método, observe a seguinte regra: se um método com o mesmo nome for implementado em mais de uma de suas classes, cada método deve concordar com o tipo de cada argumento e com o tipo de valor que retorna, para que o compilador possa gerar o código correto para suas expressões de mensagem.

O compilador faz uma verificação de consistência entre cada declaração de classe que vê. Se um ou mais métodos estão em conflito no tipo de argumento ou de retorno, o compilador emite uma mensagem de alerta. Por exemplo, tanto a classe Fraction como a classe Complex contêm métodos add:. No entanto, a classe Fraction recebe como argumento e retorna um objeto Fraction, enquanto a classe Complex recebe e retorna um objeto Complex. Se frac1 e myFract são objetos Fraction, e comp1 e myComplex são objetos Complex, instruções como

```
result = [myFract add: frac1];
```

e

```
result = [myComplex add: comp1];
```

não causam quaisquer problemas. Isso porque, nos dois casos, o destinatário da mensagem é tipado estaticamente e o compilador pode verificar o uso consistente do método conforme está definido na classe do destinatário.

```
Se dataValue1 e dataValue2 são variáveis id, a instrução
result = [dataValue1 add: dataValue2];
```

faz o compilador gerar código para passar o argumento a um método `add:` e manipular seu valor retornado fazendo suposições.

Em tempo de execução, o sistema de runtime de Objective-C vai verificar a classe real do objeto armazenado dentro de `dataValue1` e selecionar o método apropriado da classe correta para executar. No entanto, em um caso mais geral, o compilador pode gerar o código incorreto para passar argumentos a um método ou manipular seu valor de retorno. Isso aconteceria se um método recebesse um objeto como argumento e o outro recebesse um valor em ponto flutuante, por exemplo. Ou, então, se um método retornasse um objeto e o outro retornasse um inteiro. Se a inconsistência entre dois métodos for apenas um tipo de objeto diferente (por exemplo, o método `add:` de `Fraction` recebe como argumento e retorna um objeto `Fraction` e o método `add:` de `Complex` recebe e retorna um objeto `Complex`), o compilador ainda gerará o código correto, pois, de qualquer forma, os endereços de memória (isto é, ponteiros) são passados como referências para objetos.

Perguntas sobre classes

Quando você começar a trabalhar com variáveis que podem conter objetos de diferentes classes, talvez precise fazer perguntas como as seguintes:

- Este objeto é um retângulo?
- Este objeto suporta um método `print`?
- Este objeto é membro da classe `Graphics` ou de uma de suas descendentes?

Então, você pode usar as respostas dessas perguntas para executar diferentes sequências de código, a fim de evitar um erro ou verificar a integridade de seu programa enquanto está em execução.

A Tabela 9.1 resume alguns dos métodos básicos que a classe `NSObject` suporta para fazer esses tipos de perguntas. Nessa tabela, `classe-objeto` é um objeto de classe (normalmente gerado com o método `class`) e `seletor` é um valor de tipo `SEL` (normalmente criado com a diretiva `@selector`).

Tabela 9.1 Métodos para trabalhar com tipos dinâmicos

Método	Pergunta ou ação
-(BOOL) isKindOfClass: *classe-objeto*	O objeto é membro de *classe-objeto* ou um descendente?
-(BOOL) isMemberOfClass: *classe-objeto*	O objeto é membro de *classe-objeto*?
-(BOOL) respondsToSelector: *seletor*	O objeto pode responder ao método especificado por *seletor*?
+(BOOL) instancesRespondToSelector: *seletor*	As instâncias da classe especificada podem responder a *seletor*?
+(BOOL)isSubclassOfClass: *classe-objeto*	O objeto é uma subclasse da classe especificada?
-(id) performSelector: *seletor*	Aplica o método especificado por *seletor*.
-(id) performSelector: *seletor* withObject: *objeto*	Aplica o método especificado por *seletor*, passando o argumento *objeto*.
-(id) performSelector: *selector* withObject: *objeto1* withObject: *objeto2*	Aplica o método especificado por *seletor*, com os argumentos *objeto1* e *objeto2*.

Outros métodos não foram abordados aqui. Um deles permite que você pergunte se um objeto obedece a um protocolo (veja o Capítulo 11, "Categorias e protocolos"). Outros permitem que você pergunte sobre como resolver métodos dinamicamente (não abordado neste texto).

Para gerar um objeto de classe a partir de um nome de classe ou de outro objeto, você envia para ele a mensagem class. Então, para obter um objeto de classe a partir de uma classe chamada Square, você escreve o seguinte:

[Square class]

Se mySquare é uma instância do objeto Square, você obtém sua classe escrevendo isto:

[mySquare class]

Para ver se os objetos armazenados nas variáveis obj1 e obj2 são instâncias da mesma classe, você escreve isto:

if ([obj1 class] == [obj2 class])
...

Para ver se a variável myFract é um objeto da classe Fraction, você testa o resultado da expressão, como segue:

[myFract isMemberOfClass: [Fraction class]]

Para gerar um dos seletores listados na Tabela 9.1, você aplica a diretiva @selector em um nome de método. Por exemplo, esta expressão produz um valor de tipo

SEL para o método chamado `alloc`, o qual você sabe que é um método herdado da classe NSObject:

```
@selector (alloc)
```

A expressão a seguir produz um seletor para o método `setTo:over:` que você implementou em sua classe `Fraction` (lembre-se daqueles caracteres de dois-pontos nos nomes de método):

```
@selector (setTo:over:)
```

Para ver se uma instância da classe `Fraction` responde ao método `setTo:over:`, você pode testar o valor de retorno da expressão, como segue:

```
[Fraction instancesRespondToSelector: @selector (setTo:over:)]
```

Lembre-se de que o teste abrange os métodos herdados e não apenas o que está diretamente determinado na definição de classe.

O método `performSelector:` e suas variantes (não mostrados na Tabela 9.1) permitem que você envie uma mensagem para um objeto, em que a mensagem pode ser um seletor armazenado dentro de uma variável. Por exemplo, considere a seguinte sequência de código:

```
SEL      action;
id       graphicObject;
...
action = @selector (draw);
...
[graphicObject performSelector: action];
```

Nesse exemplo, o método indicado pela ação da variável SEL é enviado para qualquer objeto gráfico que esteja armazenado em `graphicObject`. Presumidamente, a ação pode variar durante a execução do programa – talvez com base na entrada do usuário –, mesmo que tenhamos mostrado a ação como *draw* (desenhar em inglês) Para primeiro certificar-se de que o objeto pode responder à ação, talvez você queira usar algo como segue:

```
if ([graphicObject respondsToSelector: action] == YES)
    [graphicObject performSelector: action]
else
    // código de tratamento de erro aqui
```

> **Nota**
>
> O método `respondsToSelector:` é amplamente usado no iOS para implementar o conceito de *delegação*. Conforme você vai aprender no Capítulo 10, "Mais sobre variáveis e tipos de dados", o sistema frequentemente oferece a opção de implementar um ou mais métodos em sua classe para tratar de certos eventos ou fornecer certas informações (como o número de seções em uma tabela). Para o sistema determinar se você realmente implementou um método em particular, ele usa `respondsToSelector:` para ver se consegue delegar o tratamento do evento para seu método. Se você não implementou o método, ele mesmo cuida do evento, fazendo o que estiver definido como comportamento padrão.

Você também pode empregar outras estratégias: pode encaminhar a mensagem para outro objeto tratar, usando o método `forwardInvocation:`, mas abordar como isso é feito está fora dos objetivos deste texto.

O Programa 9.3 faz algumas perguntas sobre as classes `Square` e `Rectangle` definidas no Capítulo 8, "Herança". Tente prever os resultados desse programa antes de ver a saída real (sem espiar!).

Programa 9.3

```
#import "Square.h"

int main (int argc, char * argv[])
{
   @autoreleasepool {
      Square *mySquare = [[Square alloc] init];

      // isMemberOf:

      if ( [mySquare isMemberOfClass: [Square class]] == YES )
         NSLog (@"mySquare is a member of Square class");

      if ( [mySquare isMemberOfClass: [Rectangle class]] == YES )
         NSLog (@"mySquare is a member of Rectangle class");

      if ( [mySquare isMemberOfClass: [NSObject class]] == YES )
         NSLog (@"mySquare is a member of NSObject class");

      // isKindOf:

      if ( [mySquare isKindOfClass: [Square class]] == YES )
         NSLog (@"mySquare is a kind of Square");

      if ( [mySquare isKindOfClass: [Rectangle class]] == YES )
         NSLog (@"mySquare is a kind of Rectangle");

      if ( [mySquare isKindOfClass: [NSObject class]] == YES )
         NSLog (@"mySquare is a kind of NSObject");

      // respondsTo:

      if ( [mySquare respondsToSelector: @selector (setSide:)] == YES )
         NSLog (@"mySquare responds to setSide: method");

      if ( [mySquare respondsToSelector: @selector
            (setWidth:andHeight:)] == YES )
         NSLog (@"mySquare responds to setWidth:andHeight: method");

      if ( [Square respondsToSelector: @selector (alloc)] == YES )
         NSLog (@"Square class responds to alloc method");
```

```
        // instancesRespondTo:

    if ([Rectangle instancesRespondToSelector: @selector
            (setSide:)] == YES)
        NSLog (@"Instances of Rectangle respond to setSide: method");

    if ([Square instancesRespondToSelector: @selector (setSide:)] == YES)
        NSLog (@"Instances of Square respond to setSide: method");

    if ([Square isSubclassOfClass: [Rectangle class]] == YES)
        NSLog (@"Square is a subclass of a rectangle");
    }
    return 0;
}
```

Certifique-se de construir esse programa com os arquivos de implementação das classes `Square`, `Rectangle` e `XYPoint`, todos apresentados no Capítulo 8.

Programa 9.3 Saída

```
mySquare is a member of Square class
mySquare is a kind of Square
mySquare is a kind of Rectangle
mySquare is a kind of NSObject
mySquare responds to setSide: method
mySquare responds to setWidth:andHeight: method
Square class responds to alloc method
Instances of Square respond to setSide: method
Square is a subclass of a rectangle
```

A saída do Programa 9.3 deve ser clara. Lembre-se de que `isMemberOfClass:` testa a participação direta como membro em uma classe, enquanto `isKindOfClass:` verifica a participação como membro na hierarquia da herança. Assim, `mySquare` é membro da classe `Square` – mas também é um "tipo de" `Square`, `Rectangle` e `NSObject`, pois ele existe nessa hierarquia de classes. (Obviamente, todos os objetos devem retornar `YES` para o teste de `isKindOf:` na classe `NSObject`, a não ser que você tenha definido um novo objeto raiz.)

O teste

```
if ( [Square respondsToSelector: @selector (alloc)] == YES )
```

verifica se a classe `Square` responde ao método de classe `alloc`, o que acontece, pois é herdado do objeto raiz `NSObject`. Perceba que você sempre pode usar o nome da classe diretamente como destinatário em uma expressão de mensagem e que não precisa escrever isto na expressão anterior (embora pudesse, se quisesse):

```
[Square class]
```

Esse é o único lugar em que você pode fugir disso. Em outros lugares, você precisa aplicar o método de classe para obter o objeto de classe.

Tratamento de exceção usando @try

A boa prática de programação diz que você deve tentar antecipar os problemas que possam ocorrer em seu programa. Você pode fazer isso testando as condições que poderiam fazer um programa terminar de forma anormal e tratar dessas situações, talvez registrando uma mensagem e terminando o programa normalmente ou executando alguma outra ação corretiva. Por exemplo, você viu anteriormente neste capítulo como pode fazer um teste para ver se um objeto responde a uma mensagem em particular. No caso de se querer evitar um erro, fazer esse teste enquanto o programa está em execução pode evitar o envio de uma mensagem não reconhecida para um objeto. Quando for feita uma tentativa de enviar tal mensagem não reconhecida, normalmente seu programa terminará imediatamente, lançando o que é conhecido como exceção.

Dê uma olhada no Programa 9.4. Não temos método algum chamado noSuchMethod definido na classe Fraction. Quando você compilar o programa, receberá mensagens de alerta sobre isso.

Programa 9.4

```
#import "Fraction.h"

int main (int argc, char * argv [])
{
    @autoreleasepool {
        Fraction *f = [[Fraction alloc] init];
        [f noSuchMethod];
        NSLog (@"Execution continues!");
    }
    return 0;
}
```

Você pode ir em frente e executar o programa, apesar das mensagens de alerta recebidas. Se fizer isso, pode esperar que seu programa termine de forma anormal, com erros semelhantes aos mostrados no Programa 9.4.

Programa 9.4   Saída

```
*** Terminating app due to uncaught exception 'NSInvalidArgumentException',
reason: '-[Fraction noSuchMethod]: unrecognized selector sent to instance
0x103f00'
*** Call stack at first throw:'')
```

Para evitar o término anormal do programa em um caso como esse, você pode colocar uma ou mais instruções dentro de um bloco de instruções especial, o qual assume o seguinte formato:

```
@try {
   instrução
   instrução
   ...
}
@catch (NSException *exception) {
   instrução
   instrução
   ...
}
```

A execução prossegue normalmente em cada *instrução* no bloco @try. No entanto, se uma das instruções do bloco lança uma exceção, a execução não termina, vai imediatamente para o bloco @catch, onde continua. Dentro desse bloco, você pode tratar da exceção. Uma sequência de ações plausível aqui seria registrar uma mensagem de erro, fazer a limpeza e terminar a execução.

O Programa 9.5 ilustra o tratamento de exceção. Isso é seguido pela saída do programa.

Programa 9.5 Tratamento de exceção

```
#import <Foundation/Foundation.h>

int main (int argc, char * argv [])
{
   @autoreleasepool {
      NSArray *myArray = [NSArray array];

      @try {
         [myArray objectAtIndex: 2];
      }
      @catch (NSException *exception) {
         NSLog (@"Caught %@%@", exception.name, exception.reason);
      }

      NSLog (@"Execution continues");

   }
   return 0;
}
```

Programa 9.5 Saída

```
Caught NSRangeException*** -[__NSArrayI objectAtIndex:]: index 2 beyond bounds for empty array
Execution continues
```

O Programa 9.5 configura um array, o que você vai aprender a fazer no Capítulo 15, "Números, strings e coleções". Então, ele tenta fazer referência a um elemento inexistente do array, usando o método `objectAtIndex:` da classe `NSArray`. Isso causa uma exceção.

Quando a exceção ocorre, o bloco `@catch` é executado. Um objeto `NSException` contendo informações sobre a exceção é passado como argumento para esse bloco. Como você pode ver, o método `name` recupera o nome da exceção e o método `reason` fornece o motivo (o qual o sistema de runtime também imprimiu anteriormente, de forma automática).

Depois que a última instrução do bloco `@catch` é executada (temos apenas uma aqui), a execução do programa continua com a instrução imediatamente após o bloco. Neste caso, executamos uma chamada de `NSLog` para verificar se a execução continuou e não foi terminada.

Esse é um exemplo simples para ilustrar como se captura exceções em um programa. Pode-se usar um bloco `@finally` para incluir código a ser executado, se uma instrução lançar uma exceção em um bloco `@try` ou não.

A diretiva `@throw` permite que você lance sua própria exceção. Você pode usá-la para lançar uma exceção específica ou, dentro de um bloco `@catch`, para lançar a mesma exceção que o levou para o bloco, como segue:

`@throw;`

Talvez você queira fazer isso após tratar de uma exceção (talvez depois de fazer trabalho de limpeza, por exemplo). Então, você pode deixar que o sistema faça o restante do trabalho sozinho.

Pode haver vários blocos `@catch` em sequência para capturar e tratar de diferentes tipos de exceções.

Em geral, você não quer que ocorram exceções enquanto seu programa está em execução. Portanto, é considerada uma melhor prática de programação testar a existência de erros antes que eles ocorram do que capturá-los depois. Também é melhor testar a existência de um erro em um método e retornar algum valor como indicador de erro, do que lançar uma exceção. É altamente recomendado que, se capturar uma exceção, você só faça isso com a intenção de fazer a limpeza e terminar seu aplicativo. Por quê? Porque, quando uma exceção é lançada, a Apple não garante que seu aplicativo vai estar em um estado bem definido para continuar a execução do programa.

Exercícios

1. O que acontecerá se você inserir a expressão de mensagem

    `[compResult reduce];`

    no Programa 9.1, depois que a adição for efetuada? Teste e veja.

2 A variável id dataValue definida no Programa 9.2 pode receber um objeto Rectangle, conforme definido no Capítulo 8? Isto é, a instrução

dataValue = [[Rectangle alloc] init];

é válida? Por que sim ou por que não?

3 Adicione um método print na classe XYPoint definida no Capítulo 8. Faça-o exibir o ponto no formato (x, y). Em seguida, modifique o Programa 9.2 para incorporar um objeto XYPoint. Faça o Programa modificado criar um objeto XYPoint, definir seu valor, atribuí-lo à variável id dataValue e depois exibir seu valor.

4. Com base nas discussões sobre tipos de argumento e de retorno deste capítulo, modifique os métodos add: das classes Fraction e Complex para que recebam e retornem objetos id. Em seguida, escreva um Programa que incorpore a sequência de código a seguir:

```
result = [dataValue1 add: dataValue2];
[result print];
```

Aqui, result, dataValue1 e dataValue2 são objetos id. Certifique-se de atribuir dataValue1 e dataValue2 corretamente em seu programa.

> **Nota**
>
> Você terá de mudar o nome dos métodos para algo diferente de add:. Isso porque a classe NSObjectController do sistema também tem um método add:. Conforme mencionado na seção "Tipos de argumentos e de retorno com tipagem dinâmica", se existirem vários métodos com o mesmo nome em diferentes classes e o tipo do destinatário não for conhecido em tempo de compilação, o compilador faz uma verificação de consistência para certificar-se de que os tipos de argumentos e de retorno sejam consistentes entre os métodos de nomes iguais.

5. Dadas as definições de classe de Fraction e Complex utilizadas neste texto e as seguintes definições

```
Fraction *fraction = [[Fraction alloc] init];
Complex *complex = [[Complex alloc] init];
id number = [[Complex alloc] init];
```

Determine o valor de retorno das expressões de mensagem a seguir. Em seguida, digite-as em um programa para verificar os resultados.

```
[fraction isMemberOfClass: [Complex class]];
[complex isMemberOfClass: [NSObject class]];
[complex isKindOfClass: [NSObject class]];
[fraction isKindOfClass: [Fraction class]];
[fraction respondsToSelector: @selector (print)];
[complex respondsToSelector: @selector (print)];
[Fraction instancesRespondToSelector: @selector (print)];
[number respondsToSelector: @selector (print)];
[number isKindOfClass: [Complex class]];
[[number class] respondsToSelector: @selector (alloc)];
```

10
Mais sobre variáveis e tipos de dados

Este capítulo aborda, em mais detalhes, o escopo de variável, os métodos de inicialização para objetos e os tipos de dados.

A inicialização de um objeto merece uma atenção especial, o que faremos aqui.

Falamos brevemente sobre o escopo de variáveis de instância e também sobre variáveis estáticas e locais no Capítulo 7, "Mais sobre classes". Falaremos mais sobre variáveis estáticas aqui e introduziremos o conceito de variáveis globais e externas. Além disso, você pode fornecer certas diretivas para o compilador de Objective-C, a fim de controlar com mais precisão o escopo de suas variáveis de instância. Também abordaremos essas diretivas neste capítulo.

Um tipo de dados *enumerado* permite definir o nome de um tipo de dados a ser usado somente para armazenar uma lista de valores especificada. A instrução `typedef` de Objective-C permite que você atribua seu próprio nome para um tipo de dados interno ou derivado. Por fim, descreveremos com mais detalhes as etapas precisas seguidas pelo compilador de Objective-C ao converter tipos de dados na avaliação de expressões.

Inicializando objetos

O padrão já foi visto antes: você aloca uma nova instância de um objeto e, então, a inicializa usando uma sequência conhecida, como esta:

```
Fraction *myFract = [[Fraction alloc] init];
```

Não escrevemos nosso próprio método `init` aqui; usamos o que foi herdado da classe pai, que é `NSObject`.

Depois que esses dois métodos são chamados, normalmente você atribui alguns valores ao novo objeto, como segue:

```
[myFract setTo: 1 over: 3];
```

O processo de inicialização de um objeto, seguido de sua configuração com alguns valores iniciais, é frequentemente combinado em um único método. Por exemplo, você pode definir um método `initWith:over:` que inicializa uma fração e define seu numerador e denominador com os dois argumentos fornecidos.

Uma classe que contém muitos métodos e variáveis de instância em geral também tem vários métodos de inicialização. Por exemplo, a classe `NSArray` do framework Foundation contém os seis métodos de inicialização a seguir:

```
initWithArray:
initWithArray:copyItems:
initWithContentsOfFile:
initWithContentsOfURL:
initWithObjects:
initWithObjects:count:
```

Um array poderia ser alocado e depois inicializado com uma sequência como esta:

```
myArray = [[NSArray alloc] initWithArray: myOtherArray];
```

É uma prática comum todos os inicializadores de uma classe começarem com `init...`. Como você pode ver, os inicializadores de `NSArray` seguem essa convenção. Quando escrever inicializadores, você deve obedecer às duas estratégias a seguir.

Pode ser que você queira fazer algo especial quando um dos objetos de sua classe for inicializado. Por exemplo, esse é o lugar perfeito para criar os objetos que sua classe utiliza e referencia por meio de uma ou mais variáveis de instância. Um exemplo perfeito disso é nossa classe `Rectangle`; é razoável alocar a origem XYPoint do retângulo no método `init`. Para fazer isso, precisamos apenas anular o método `init` herdado.

Você usa um "modelo" padrão para anular `init`, e ele é como segue:

```
- (id)init
{
    self = [super init];
    if (self) {
        // Código de inicialização aqui.
    }
    return self;
}
```

Esse método chama primeiro o inicializador pai. Executar o inicializador do pai garante que quaisquer variáveis de instância herdadas sejam inicializadas de maneira correta.

Você deve atribuir o resultado da execução do método `init` do pai de volta para `self`, pois um inicializador tem o direito de mudar o local do objeto na memória (significando que sua referência mudará).

Se a inicialização do pai for bem-sucedida, o valor retornado não será nil, conforme testado pela instrução `if`. Como o comentário indica, dentro do bloco seguinte é onde você pode colocar seu código de inicialização personalizado para seu objeto. Frequentemente, isso envolve alocar e inicializar as variáveis de instância que estão em sua classe.

Se sua classe contém mais de um inicializador, um deles deve ser o inicializador *designado* e todos os outros métodos de inicialização devem utilizá-lo. Normalmente, esse é seu método de inicialização mais complexo (em geral, o que recebe mais argumentos). Criar um inicializador designado centraliza seu código de inicialização principal em um único método. Então, alguém que faça uma subclasse de sua classe pode anular seu inicializador designado para garantir que as novas instâncias sejam inicializadas corretamente.

Com base nessa discussão, o método de inicialização `initWith:over:` de sua classe `Fraction` poderia ser como segue:

```
-(Fraction *) initWith: (int) n over: (int) d
{
   self = [super init];

   if (self)
      [self setTo: n over: d];

   return self;
}
```

Após a inicialização de `super` (e seu sucesso, conforme indicado pelo retorno de um valor diferente de zero), você usa o método `setTo:over:` para definir o numerador e o denominador de seu objeto `Fraction`. Assim como em outros métodos de inicialização, espera-se que você retorne o objeto inicializado, o que é feito aqui.

O Programa 10.1 testa seu novo método de inicialização `initWith:over:`.

Programa 10.1

```
#import "Fraction.h"

int main (int argc, char * argv[])
{
   @autoreleasepool {

      Fraction *a, *b;

      a = [[Fraction alloc] initWith: 1 over: 3];
      b = [[Fraction alloc] initWith: 3 over: 7];

      [a print];
      [b print];

   }
   return 0;
}
```

Programa 10.1 Saída
1/3   3/7

Para obedecer à regra declarada anteriormente sobre um inicializador designado, você também deve modificar `init` em sua classe `Fraction`. Isso é particularmente importante se sua classe pode se tornar uma subclasse.

Aqui está como o método `init` poderia ser:

```
-(id) init
{
    return [self initWith: 0 over: 0];
}
```

Note que `init` foi definido de forma a retornar um tipo `id`. Essa é a regra geral para se escrever métodos `init` para uma classe que pode se tornar uma subclasse. Nesses casos, você não quer codificar um nome de classe, pois a subclasse não será um objeto da mesma classe do pai. Para ser coerente aqui, você deve voltar ao método `initWith:over:` e mudar seu tipo de retorno para `id`.

Quando seu programa começa a executar, ele envia o método de chamada `initialize` para todas as suas classes. Caso você tenha uma classe e subclasses associadas, a classe pai receberá a mensagem primeiro. Essa mensagem é enviada apenas uma vez para cada classe e é garantido que seja enviada antes que quaisquer outras mensagens sejam enviadas para a classe. O motivo é para que você faça qualquer inicialização de classe nesse ponto. Por exemplo, talvez você queira, nesse momento, inicializar algumas variáveis estáticas associadas a essa classe.

Escopo revisitado

Você pode influenciar o escopo das variáveis em seu programa de várias maneiras. Pode fazer isso com variáveis de instância também, assim como com variáveis normais definidas em funções externas ou internas. Na discussão a seguir, usamos o termo *módulo* para nos referirmos a qualquer número de definições de método ou função contidas em um único arquivo-fonte.

Diretivas para controlar o escopo de variável de instância

Agora você já sabe que as variáveis de instância têm escopo limitado aos métodos de instância definidos para a classe. Assim, qualquer método de instância pode acessar suas variáveis de instância diretamente pelo nome, sem fazer nada de especial.

Você sabe também que as variáveis de instância declaradas na seção de interface são herdadas por uma subclasse. As variáveis de instância herdadas também podem ser acessadas diretamente pelo nome, dentro de qualquer método definido nessa subclasse. Novamente, sem ter de fazer nada de especial.

Para controlar o escopo de suas variáveis de instância mais precisamente, você pode colocar quatro diretivas na frente delas, ao serem declaradas na seção de interface:

- `@protected` – Os métodos definidos na classe e em quaisquer subclasses podem acessar diretamente as variáveis de instância que aparecem em seguida. Isso é o padrão para variáveis de instância definidas na seção de interface.

- `@private` – Os métodos definidos na classe podem acessar diretamente as variáveis de instância que aparecem em seguida, mas as subclasses, não. Esse é o padrão para variáveis de instância definidas na seção de implementação.

- `@public` – Os métodos definidos na classe e em quaisquer outras classes ou módulos podem acessar diretamente as variáveis de instância que aparecem em seguida.

- `@package` – Para imagens de 64 bits, a variável de instância pode ser acessada em qualquer lugar dentro da imagem que implementa a classe.

Se você quiser definir uma classe chamada `Printer` que mantenha privadas duas variáveis de instância, chamadas `pageCount` e `tonerLevel`, e só seja acessível para métodos da classe `Printer`, pode usar uma seção de interface como a seguinte:

```
@interface Printer
{
@private
   int pageCount;
   int tonerLevel;
@protected
   // outras variáveis de instância
}
...
@end
```

Alguém que quisesse fazer uma subclasse de `Printer` seria incapaz de acessar essas duas variáveis de instância, pois se tornaram privadas.

Essas diretivas especiais atuam como "comutadores"; todas as variáveis que aparecem depois de uma dessas diretivas (até a chave à direita que marca o fim das declarações de variável) têm o escopo especificado, a não ser que outra diretiva seja usada. No exemplo anterior, a diretiva `@protected` garante que as variáveis de instância seguintes, até a `}`, serão acessíveis para as subclasses e para os métodos de classe `Printer`.

A diretiva `@public` torna as variáveis de instância acessíveis para outros métodos ou funções utilizando o operador de ponteiro (->), que será abordado no Capítulo 13, "Recursos subjacentes da linguagem C". Tornar uma variável de instância pública não é considerado uma boa prática de programação, pois anula o conceito de encapsulamento de dados (isto é, uma classe ocultar suas variáveis de instância).

Mais sobre propriedades, métodos de acesso sintetizados e variáveis de instância

A tendência atual nas convenções de codificação (as quais o Xcode 4 adotou) é usar um sublinhado (_) como caractere inicial de um nome de variável de instância. Assim, todas as referências que você vê no modelo de código gerado pelo Xcode a variáveis que começam com _ estão referenciando as variáveis de instância diretamente pelo nome.

Quando você vir uma diretiva `@synthesize` como a seguinte

```
@synthesize window=_window;
```

ela diz para sintetizar os métodos getter e setter da propriedade chamada window e para associar essa propriedade a uma variável de instância chamada _window (a qual não precisa ser declarada explicitamente). Isso ajuda a distinguir o uso da variável de instância da propriedade e a estimular você a definir e recuperar o valor da variável de instância por meio dos métodos setter e getter. Isto é, escrever algo como

```
[window makeKeyAndVisible];    // Isto não funcionaria
```

falhará, pois não existe variável de instância alguma chamada window. Em vez disso, você precisa chamar a variável de instância diretamente pelo seu nome, como em

```
[_window makeKeyAndVisible];
```

ou, preferivelmente, usar o método de acesso:

```
[self.window makeKeyAndVisible];
```

Como você sabe, as variáveis de instância declaradas explicitamente na seção de implementação (ou implicitamente, usando-se a diretiva `@synthesize`) se tornam privadas, significando que não são acessíveis diretamente pelo nome para subclasses. Assim, as subclasses não têm escolha, a não ser usar os métodos de acesso herdados, para acessar seus valores.

Lembre-se de que os métodos sintetizados podem estar fazendo um trabalho adicional, de acordo com seus atributos (por exemplo, gerenciando memória, copiando valores, etc.), que não ocorreriam ao se atribuir ou recuperar valores diretamente à/da variável de instância. Assim, há um nível extra de abstração entre a propriedade e a variável de instância. Esse nível de abstração dá ao sistema uma oportunidade de fazer trabalho extra (do qual você não precisa necessariamente estar ciente) ao acessar variáveis de instância.

Conforme mencionado no Capítulo 7, a partir do Xcode 4.5 não é mais preciso usar uma diretiva `@synthesize` para sintetizar seus métodos de acesso. O compilador gera esses métodos na ausência dessa diretiva, quando você simplesmente as declara como propriedades. Quando o compilador faz isso, obedece à convenção de codificação mencionada anteriormente; ou seja, se você escreve em sua seção `@interface`

```
@property BOOL isFinishedFlag;
```

é como se incluísse em sua seção `@implementation`:

```
@synthesize isFinishedFlag = _isFinishedFlag;
```

Assim, neste caso, a variável de instância subjacente é chamada `_isFinishedFlag` e, como tal, pode ser referenciada diretamente pelo nome na seção de implementação. Por exemplo

```
_isFinishedFlag = NO;
```

E para, em vez disso, definir o mesmo valor por meio do método setter da propriedade, você escreve isto:

```
self.isFinishedFlag = NO;
```

Variáveis globais

Se você escrever a instrução

```
int gMoveNumber = 0;
```

no início de seu programa – fora de qualquer método, definição de classe ou função –, seu valor poderá ser referenciado a partir de qualquer lugar nesse módulo. Nesse caso, dizemos que `gMoveNumber` é definida como uma variável *global*. Por convenção, um *g* minúsculo é comumente usado como primeira letra de uma variável global, a fim de indicar seu escopo para o leitor do programa.

Na verdade, essa mesma definição da variável `gMoveNumber` também torna seu valor acessível a partir de outros arquivos. Especificamente, a instrução anterior define a variável `gMoveNumber` não apenas como global, mas como variável global *externa*.

Variável *externa* é aquela cujo valor pode ser acessado e alterado por quaisquer outros métodos ou funções. Dentro do módulo que deseja acessar a variável externa, a variável é declarada normalmente e a palavra-chave `extern` é colocada antes da declaração. Isso sinaliza para o sistema que uma variável de outro arquivo, definida globalmente, deve ser acessada. A seguir está um exemplo de como declarar a variável `gMoveNumber` como uma variável externa:

```
extern int gMoveNumber;
```

O módulo no qual a declaração anterior apareceu pode agora acessar e modificar o valor de `gMoveNumber`. Outros módulos também podem acessar o valor de `gMoveNumber` usando uma declaração `extern` semelhante no arquivo.

Considere esta importante regra a ser seguida ao trabalhar com variáveis externas: a variável deve ser definida em algum lugar dentre seus arquivos-fonte. Isso é feito declarando a variável fora de qualquer método ou função e *não* é precedida pela palavra-chave `extern`, como segue:

```
int gMoveNumber;
```

Aqui, um valor inicial pode ser opcionalmente atribuído à variável, como já foi mostrado.

A segunda maneira de definir uma variável externa é declarar a variável fora de qualquer função, colocando a palavra-chave `extern` na frente da declaração e atribuindo explicitamente um valor inicial a ela, como segue:

```
extern int gMoveNumber = 0;
```

No entanto, essa não é a maneira preferida para isso, e o compilador o avisará de que você declarou a variável `extern` e ao mesmo tempo atribuiu a ela um valor. É por isso que usar a palavra-chave `extern` a torna uma declaração para a variável e não uma definição. Lembre-se de que uma declaração não aloca espaço para armazenamento de uma variável, mas uma definição faz. O exemplo anterior viola essa regra, forçando uma declaração ser tratada como definição (atribuindo a ela um valor inicial).

Ao tratar com variáveis externas, você pode declarar uma variável como `extern` em muitos lugares, mas só pode defini-la uma vez.

Considere um pequeno exemplo de programa para ilustrar o uso de variáveis externas. Suponha que tenhamos definido uma classe chamada `Foo` e digitado o código a seguir em um arquivo chamado `main.m`:

```
#import "Foo.h"

int gGlobalVar = 5;

int main (int argc, char *argc[])
{
   @autoreleasepool {
      Foo *myFoo = [[Foo alloc] init];
      NSLog (@"%i ", gGlobalVar);

      [myFoo setgGlobalVar: 100];
      NSLog (@"%i", gGlobalVar);
   }
   return 0;
}
```

A definição da variável global `gGlobalVar` no programa anterior torna seu valor acessível a qualquer método (ou função) que utilize uma declaração `extern` apropriada. Suponha que seu método `Foo setgGlobalVar:` seja como segue:

```
-(void) setgGlobalVar: (int) val
{
   extern int gGlobalVar;
   gGlobalVar = val;
}
```

Esse programa produz a seguinte saída:

```
5
100
```

Isso confirma que o método `setgGlobalVar:` pode acessar e alterar o valor da variável externa `gGlobalVar`.

Se muitos métodos precisam acessar o valor de `gGlobalVar`, seria mais fácil fazer a declaração `extern` apenas uma vez, na frente do arquivo. No entanto, se apenas um método ou um pequeno número de métodos precisa acessar essa variável, há algo a ser dito sobre fazer declarações `extern` separadas em cada método; isso torna o programa mais organizado e isola o uso da variável em particular nas funções que realmente a utilizam. Note que, se a variável é definida dentro do arquivo que contém o código que acessa a variável, não são exigidas declarações `extern` individuais.

Variáveis estáticas

O exemplo que acabamos de mostrar vai contra a noção de encapsulamento de dados e as boas técnicas de programação orientada a objetos. No entanto, talvez você precise trabalhar com variáveis cujos valores são compartilhados entre diferentes chamadas de método. Mesmo que possa não fazer sentido tornar `gGlobalVar` uma variável de instância na classe `Foo`, uma estratégia melhor poderia ser "ocultá-la" dentro da classe `Foo`, restringindo seu acesso aos métodos setter e getter definidos para essa classe.

Agora você já sabe que qualquer variável definida fora de um método não é apenas uma variável global, mas também externa. Surgem muitas situações nas quais você quer definir uma variável como global, mas não como externa. Em outras palavras, você quer definir uma variável global como sendo local a um módulo (arquivo) determinado. Faria sentido definir uma variável dessa maneira se nenhum método, além daqueles contidos dentro de uma definição de classe em particular, precisasse acessar a variável. Você pode fazer isso definindo a variável como *estática* dentro do arquivo que contém a implementação da classe em particular.

Se colocada fora de qualquer método (ou função), a instrução a seguir torna o valor de `gGlobalVar` acessível a partir de qualquer ponto subsequente no arquivo em que a definição aparece, mas não a partir de métodos ou funções contidos em outros arquivos:

```
static int gGlobalVar = 0;
```

Lembre-se de que os métodos de classe não têm acesso às variáveis de instância (talvez você queira pensar novamente sobre o motivo disso). No entanto, é possível que você queira que um método de classe possa definir e acessar variáveis. Um exemplo simples é um método alocador de classe que você quer para monitorar o número de objetos alocados. Você executaria essa tarefa definindo uma variável estática dentro do arquivo de implementação da classe. O método de alocação poderia então acessar essa variável diretamente, pois ela não seria uma variável de instância. Os usuários da classe não precisariam saber sobre essa variável. Como ela é definida como variável estática no arquivo de implementação, seu escopo seria restrito a esse arquivo. Portanto, os usuários não têm acesso direto a ela e o conceito de encapsulamento de dados não é violado. Se for necessário acesso fora da classe, você pode escrever um método para recuperar o valor dessa variável.

O Programa 10.2 estende a definição da classe Fraction com a inclusão de dois novos métodos. O método de classe allocF aloca um novo objeto Fraction e monitora quantos objetos Fraction ela alocou, enquanto o método count retorna essa contagem. Note que este último método também é um método de classe. Ele também poderia ser implementado como um método de instância, mas faz mais sentido perguntar à classe quantas instâncias ela alocou, em vez de enviar a mensagem para uma instância em particular da classe.

Estas são as declarações dos dois novos métodos de classe a serem adicionados no arquivo de cabeçalho Fraction.h:

```
+(Fraction *) allocF;
+(int) count;
```

Observe que o método alloc herdado não foi anulado aqui; em vez disso, você definiu seu próprio método alocador. Seu método vai tirar proveito do método alloc herdado. Coloque este código em seu arquivo de implementação Fraction.m:

```
static int gCounter;

@implementation Fraction

+(Fraction *) allocF
{
    extern int gCounter;
    ++gCounter;

    return [Fraction alloc];
}

+(int) count
{
    extern int gCounter;

    return gCounter;
}
// outros métodos da classe Fraction ficam aqui
    ...
@end
```

> **Nota**
>
> Não é considerada uma boa prática de programação anular alloc, pois esse método trata da alocação física da memória. Você não deve se envolver nesse nível.

A declaração estática de gCounter a torna acessível para qualquer método definido na seção de implementação, apesar de não torná-la acessível fora do arquivo. O método allocF simplesmente incrementa a variável gCounter e depois usa o método alloc para criar um novo objeto Fraction, retornando o resultado. O método count simplesmente retorna o valor do contador (*counter*), isolando assim seu acesso direto do usuário.

Lembre-se de que as declarações `extern` não são exigidas nos dois métodos porque a variável `gCounter` está definida dentro do arquivo. Isso apenas ajuda o leitor do método a entender que está sendo acessada uma variável definida fora do método. O prefixo `g` do nome da variável também tem o mesmo objetivo; por isso, a maioria dos programadores normalmente não inclui as declarações `extern`.

O Programa 10.2 testa os novos métodos.

Programa 10.2

```
#import "Fraction.h"

int main (int argc, char * argv[])
{
   @autoreleasepool {
      Fraction *a, *b, *c;

      NSLog (@"Fractions allocated: %i", [Fraction count]);

      a = [[Fraction allocF] init];
      b = [[Fraction allocF] init];
      c = [[Fraction allocF] init];

      NSLog (@"Fractions allocated: %i", [Fraction count]);
   }
   return 0;
}
```

Programa 10.2 Saída

```
Fractions allocated: 0
Fractions allocated: 3
```

Quando a execução do programa começa, o valor de `gCounter` é automaticamente definido como 0. (Lembre-se de que você pode anular o método de classe `initialize` herdado, se quiser fazer qualquer inicialização especial da classe como um todo, como definir o valor de outras variáveis estáticas com alguns valores diferentes de zero.) Após alocar (e então inicializar) três objetos `Fraction` usando o método `allocF`, o método `count` recupera a variável `counter`, que está corretamente definida como 3. Você também pode adicionar um método setter na classe, se quiser zerar o contador ou atribuir a ele um valor em particular. Contudo, para essa aplicação não é preciso fazer isso.

Tipos de dados enumerados

A linguagem Objective-C permite especificar um intervalo de valores que podem ser atribuídos a uma variável. Uma definição de tipo de dados enumerado é iniciada pela palavra-chave `enum`. Imediatamente após essa palavra-chave vem o nome do tipo de dados enumerado, seguido por uma lista de identificadores (colocados em um conjunto de chaves) que definem os valores que podem ser atribuídos ao tipo. Por exemplo, a instrução a seguir define um tipo de dados flag:

```
enum flag { false, true };
```

Teoricamente, esse tipo de dados pode receber os valores true e false dentro do programa, e nenhum outro. Infelizmente, o compilador de Objective-C não gera mensagens de alerta se essa regra é violada.

Para declarar uma variável como sendo de tipo enum flag, novamente você usa a palavra-chave enum, seguida do nome do tipo enumerado, seguido da lista de variáveis. Assim, a instrução a seguir define as duas variáveis endOfData e matchFound como sendo de tipo flag:

```
enum flag endOfData, matchFound;
```

Os únicos valores (quer dizer, teoricamente) que podem ser atribuídos a essas variáveis são os nomes true e false. Assim, instruções como

```
endOfData = true;
```

e

```
if ( matchFound == false )
...
```

são válidas.

Se quiser ter um valor inteiro específico associado a um identificador de enumeração, você pode atribuir o inteiro ao identificador, quando o tipo de dados for definido. Os identificadores de enumeração que aparecem subsequentemente na lista são valores inteiros sequenciais atribuídos, começando com o valor inteiro especificado mais um.

Na definição a seguir, um tipo de dados enumerado, direction, é definido com os valores up, down, left e right:

```
enum direction { up, down, left = 10, right };
```

O compilador atribui o valor 0 a up porque ele aparece primeiro na lista, atribui 1 a down porque aparece em seguida, atribui 10 a left porque esse valor está atribuído explicitamente e atribui 11 a right porque é o valor incrementado de enum precedente na lista.

Os identificadores de enumeração podem compartilhar o mesmo valor. Por exemplo, em

```
enum boolean { no = 0, false = 0, yes = 1, true = 1 };
```

atribuir o valor no ou false a uma variável enum boolean atribui a ela o valor 0; atribuir yes ou true atribui a ela o valor 1.

Como outro exemplo de definição de tipo de dados enumerado, este define o tipo enum month, com os valores que podem ser atribuídos a uma variável desse tipo, sendo os nomes dos meses do ano em inglês:

```
enum month { january = 1, february, march, april, may, june, july,
    august, september, october, november, december };
```

Na verdade, o compilador de Objective-C trata os identificadores de enumeração como constantes inteiras. Se seu programa contém as duas linhas a seguir, o valor 2 é atribuído a `thisMonth` (e não o nome `february`):

```
enum month thisMonth;
...
thisMonth = february;
```

O Programa 10.3 mostra um programa simples usando tipos de dados enumerados. O programa lê um número de mês e então entra em uma instrução `switch` para ver qual mês foi inserido. Lembre-se de que o compilador trata valores de enumeração como constantes inteiras, de modo que são valores de *case* válidos. A variável `days` recebe o número de dias no mês especificado e seu valor é exibido após a saída de `switch`. É incluído um teste especial para ver se o mês é fevereiro (*February*).

Programa 10.3

```
#import <Foundation/Foundation.h>

// imprime o número de dias de um mês
int main (int argc, char * argv[])
{
   @autoreleasepool {
      enum month { january = 1, february, march, april, may, june,
   july, august, september, october, november,
december };
      enum month amonth;
      int    days;

      NSLog (@"Enter month number: ");
      scanf ("%i", &amonth);

      switch (amonth) {
         case january:
         case march:
         case may:
         case july:
         case august:
         case october:
         case december:
              days = 31;
              break;
         case april:
         case june:
         case september:
         case november:
              days = 30;
              break;
```

```
            case february:
                days = 28;
                break;
            default:
                NSLog (@"bad month number");
                days = 0;
                break;
        }

        if ( days != 0 )
            NSLog (@"Number of days is %i", days);

        if ( amonth == february )
            NSLog (@"...or 29 if it's a leap year");
    }
    return 0;
}
```

Programa 10.3   Saída

```
Enter month number:
5
Number of days is 31
```

Programa 10.3   Saída (Reexecução)

```
Enter month number:
2
Number of days is 28
...or 29 if it's a leap year
```

É possível atribuir explicitamente um valor inteiro a uma variável de tipo de dados enumerado; isso é feito usando o operador de conversão de tipo. Portanto, se monthValue fosse uma variável inteira que tivesse o valor 6, por exemplo, esta expressão seria permitida:

`lastMonth = (enum month) (monthValue - 1);`

Se o operador de conversão de tipo não fosse usado, o compilador (infelizmente) não reclamaria.

Quando usar programas com tipos de dados enumerados, tente não contar com o fato de que os valores enumerados são tratados como inteiros. Em vez disso, trate-os como tipos de dados distintos. O tipo de dados enumerado oferece a você uma maneira de associar um nome simbólico a um número inteiro. Se você, subsequentemente, precisar alterar o valor desse número, deve alterá-lo somente no lugar onde a enumeração foi definida. Se você fizer suposições com base no valor real do tipo de dados enumerado, anulará essa vantagem do uso de uma enumeração.

A partir do Xcode 4.4, é possível associar um tipo de dados inteiro a um nome enumerado quando a enumeração é definida. Por exemplo, esta define o tipo de enumeração `iPhoneModels` de forma a ter um valor `unsigned short int` como seu tipo de dados subjacente:

```
enum iPhoneModels: unsigned short int { iPhone, iPhone3G,
    iPhone3GS, iPhone4 iPhone4S, iPhone5, Wednesday,
```

Foram adicionadas as opções de compilador (`-WConversion`) e (`-Wswitch`) para oferecer uma verificação de tipo melhor ao se atribuir e usar enumerações em expressões e ao se usar constantes de enumeração em instruções `switch`.

São permitidas algumas variações ao se definir um tipo de dados enumerado: o nome do tipo de dados pode ser omitido e as variáveis podem ser declaradas como sendo do tipo de dados enumerado em particular quando o tipo é definido. Como um exemplo mostrando essas duas opções, a instrução

```
enum { east, west, south, north } direction;
```

define um tipo de dados enumerado (sem nome) com os valores `east`, `west`, `south` ou `north` e declara uma variável (`direction`) como sendo desse tipo.

Definir um tipo de dados enumerado dentro de um bloco limita o escopo dessa definição ao bloco. No entanto, definir um tipo de dados enumerado no início do programa, fora de qualquer bloco, torna a definição global ao arquivo.

Ao definir um tipo de dados enumerado, você deve certificar-se de que os identificadores de enumeração sejam únicos com relação a outros nomes de variável e identificadores de enumeração definidos dentro do mesmo escopo.

A instrução `typedef`

Objective-C oferece um recurso que permite ao programador atribuir um nome alternativo a um tipo de dados. Isso é feito com uma instrução conhecida como `typedef`. A instrução a seguir define o nome `Counter` como equivalente ao tipo de dados `int` de Objective-C:

```
typedef int Counter;
```

Subsequentemente, você pode declarar variáveis como sendo de tipo `Counter`, como na instrução a seguir:

```
Counter j, n;
```

O compilador de Objective-C trata a declaração das variáveis `j` e `n`, mostradas anteriormente, como variáveis inteiras normais. A principal vantagem de usar `typedef` nesse caso é a maior legibilidade que proporciona à definição das variáveis. A definição de `j` e `n` torna claro o propósito dessas variáveis no programa. Declará-las como sendo de tipo `int` da maneira tradicional não teria deixado claro o uso pretendido para essas variáveis.

O `typedef` a seguir define um tipo chamado `NumberObject` como sendo um objeto `NSNumber`:

```
typedef NSNumber *NumberObject;
```

As variáveis subsequentemente declaradas como sendo de tipo `NumberObject`, como em

```
NumberObject myValue1, myValue2, myResult;
```

são tratadas como se fossem declaradas da maneira normal em seu programa:

```
NSNumber *myValue1, *myValue2, *myResult;
```

Para definir um novo nome de tipo com `typedef`, siga este procedimento:

1. Escreva a instrução como se uma variável do tipo desejado estivesse sendo declarada.
2. Onde normalmente apareceria o nome da variável declarada, substitua pelo novo nome de tipo.
3. Na frente de tudo, coloque a palavra-chave `typedef`.

Como exemplo desse procedimento, para definir um tipo chamado `Direction` como um tipo de dados enumerado consistindo nas direções leste, oeste, norte e sul (*east*, *west*, *north* e *south*), escreva a definição do tipo enumerado e substitua o nome `Direction` onde normalmente apareceria o nome da variável. Antes de tudo, coloque a palavra-chave `typedef`:

```
typedef enum { east, west, south, north } Direction;
```

Com esse `typedef` em vigor, você pode subsequentemente declarar variáveis como sendo de tipo `Direction`, como no seguinte:

```
Direction step1, step2;
```

Conversões de tipo de dados

O Capítulo 4, "Tipos de dados e expressões", tratou brevemente do fato de que, às vezes, o sistema faz conversões implicitamente quando as expressões são avaliadas. Examinamos um caso com os tipos de dados `float` e `int`. Você viu como uma operação envolvendo um `float` e um `int` foi efetuada como operação de ponto flutuante, com o item de dados inteiro convertido automaticamente para ponto flutuante.

Você viu também como o operador de conversão de tipo pode ser usado para impor uma conversão explicitamente. Assim, dado que `total` e n são ambas variáveis inteiras

```
average = (float) total / n;
```

o valor da variável `total` é convertido para o tipo `float` antes que a operação seja efetuada, garantindo que a divisão seja executada como uma operação de ponto flutuante.

Regras de conversão

O compilador de Objective-C obedece a regras muito restritas quando se trata de avaliar expressões que consistem em diferentes tipos de dados básicos.

As seguintes etapas resumem a ordem em que as conversões ocorrem na avaliação de dois operandos em uma expressão:

1. Se um dos operandos é de tipo `long double`, o outro é convertido em `long double`, e esse é o tipo do resultado.
2. Se um dos operandos é de tipo `double`, o outro é convertido em `double`, e esse é o tipo do resultado.
3. Se um dos operandos é de tipo `float`, o outro é convertido em `float`, e esse é o tipo do resultado.
4. Se um dos operandos é de tipo `_Bool`, `char`, `short int` ou `bitfield`, ou de um tipo de dados enumerado, ele é convertido em `int`.
5. Se um dos operandos é de tipo `long long int`, o outro é convertido em `long long int`, e esse é o tipo do resultado.
6. Se um dos operandos é de tipo `long int`, o outro é convertido em `long int`, e esse é o tipo do resultado.
7. Se esta etapa for atingida, os dois operandos são de tipo `int`, e esse é o tipo do resultado.

Na verdade, essa é uma versão simplificada das etapas envolvidas na conversão de operandos em uma expressão. As regras ficam mais complicadas quando estão envolvidos operandos `unsigned`, mas isso é detalhado demais para este texto.

Perceba, a partir dessa série de etapas, que quando você atinge uma etapa que diz "esse é o tipo do resultado", terminou o processo de conversão.

Para um exemplo de como seguir essas etapas, vamos ver como a expressão a seguir seria avaliada, onde f é definida como uma variável `float`, i é `int`, l é `long int` e s é `short int`:

```
f * i + l / s
```

Considere primeiro a multiplicação de f por i, que é a multiplicação de um `float` por um `int`. A partir da etapa 3, você sabe que, como f é de tipo `float`, o outro operando (i) também será convertido para o tipo `float`, e esse será o tipo do resultado da multiplicação.

Em seguida, l é dividido por s, que é a divisão de um `long int` por um `short int`. A etapa 4 diz que `short int` será promovido a `int`. Continuando, a etapa 6 mostra que, como um dos operandos (l) é `long int`, o outro será convertido em um `long int`, que também será o tipo do resultado. Portanto, essa divisão produz um valor de tipo `long int`, com qualquer parte fracionária resultante da divisão truncada.

Por fim, a etapa 3 indica que se um dos operandos de uma expressão é de tipo `float` (como acontece com o resultado da multiplicação f * i), o outro será convertido para o tipo `float`, o qual será o tipo do resultado. Portanto, *após* a divisão de l por s, o resultado da operação é convertido para o tipo `float` e então somado ao produto de f e i. Assim, o resultado final da expressão anterior será um valor de tipo `float`.

Lembre-se de que o operador de conversão de tipo sempre pode ser usado para impor conversões explicitamente e, com isso, controlar o modo como uma expressão em particular é avaliada.

Portanto, se você não quiser que o resultado da divisão de l por s seja truncado na avaliação da expressão anterior, pode fazer a conversão de tipo dos operandos para o tipo float, obrigando assim a avaliação a ser efetuada como uma divisão de ponto flutuante:

```
f * i + (float) l / s
```

Nessa expressão, l é convertido em float antes que a operação de divisão seja efetuada, pois o operador de conversão de tipo tem precedência mais alta do que o operador de divisão. Como um dos operandos da divisão é, então, de tipo float, o outro (s) é convertido para o tipo float automaticamente, e esse é o tipo do resultado.

Operadores de bit

Vários operadores da linguagem Objective-C trabalham com bits específicos usados para representar um valor inteiro. A Tabela 10.1 apresenta esses operadores.

Tabela 10.1   Operadores de bit

Símbolo	Operação
&	E bit a bit
|	OU inclusivo bit a bit
^	OU bit a bit
~	Complemento de um
<<	Deslocamento à esquerda
>>	Deslocamento à direita

> **Nota**
>
> Você não vai usar muito (se é que vai usar) os operadores bit a bit em seus programas Objective-C, embora os encontre em arquivos de cabeçalho de framework. Como este material pode ser um pouco denso para os programadores iniciantes, você pode apenas dar uma rápida olhada nesta seção e consultá-la posteriormente, se necessário.

Todos os operadores listados na Tabela 10.1, com exceção do operador complemento de um (~), são binários e, como tal, recebem dois operandos. As operações de bit podem ser efetuadas em qualquer tipo de valor inteiro, mas não em valores de ponto flutuante.

Nos exemplos a seguir, você vai aprender como se faz a conversão entre notação binária e notação hexadecimal. Um dígito hexadecimal (base 16) é composto de 4 bits. A Tabela 10.2 mostra como converter entre essas duas bases.

Tabela 10.2 Equivalentes binários, decimais e hexadecimais

Valor binário	Valor decimal	Valor hexadecimal
0000	0	0
0001	1	1
0010	2	2
0011	3	3
0100	4	4
0101	5	5
0110	6	6
0111	7	7
1000	8	8
1001	9	9
1010	10	a
1011	11	b
1100	12	c
1101	13	d
1110	14	e
1111	15	f

O operador E bit a bit

Quando o operador lógico E (AND) é usado em dois valores, as representações binárias dos valores são comparadas bit por bit. Cada bit que é 1 no primeiro valor, e 1 no segundo valor, produz 1 na posição de bit correspondente do resultado; qualquer outra coisa produz 0. Se b1 e b2 representam os bits correspondentes dos dois operandos, a tabela a seguir, chamada de *tabela da verdade*, mostra o resultado da operação lógica E de b1 com b2 para todos os valores possíveis de b1 e b2.

b1	b2	b1 & b2
0	0	0
0	1	0
1	0	0
1	1	1

Por exemplo, se w1 e w2 são definidos como short int, e a w1 é atribuído 15 em hexadecimal e a w2 é atribuído 0c em hexadecimal, a seguinte instrução em C atribui o valor 0x04 a w3:

```
w3 = w1 & w2;
```

Isso pode ser visto mais facilmente tratando os valores de `w1`, `w2` e `w3` como números binários. Suponha que você esteja lidando com um tamanho `short int` de 16 bits:

```
w1   0000 0000 0001 0101      0x15
w2   0000 0000 0000 1100   &  0x0c

w3   0000 0000 0000 0100      0x04
```

A operação lógica E bit a bit é frequentemente usada para operações de mascaramento. Isto é, esse operador pode ser usado para atribuir 0 a bits específicos de um item de dados. Por exemplo, a instrução a seguir atribui a `w3` o resultado da operação lógica E bit a bit do valor de `w1` e a constante 3.

```
w3 = w1 & 3;
```

Isso tem o efeito de definir todos os bits de `w3` (fora os 2 bits mais à direita) como 0 e de preservar os 2 bits mais à direita de `w1`.

Assim como todos os operadores aritméticos binários de Objective-C, os operadores de bit binários também podem ser usados como operadores de atribuição pela adição de um sinal de igual. Assim, a instrução

```
word &= 15;
```

executa a mesma função de

```
word = word & 15;
```

e tem o efeito de definir todos os bits, menos os 4 mais à esquerda de `word`, como 0.

O operador OU inclusivo bit a bit

Quando a operação lógica OU (OR) inclusivo bit a bit é usada em dois valores na Objective-C, a representação binária dos dois valores é, mais uma vez, comparada bit por bit. Desta vez, cada bit que é 1 no primeiro valor ou no segundo valor produz 1 no bit correspondente do resultado. A tabela da verdade do operador OU inclusivo está mostrada a seguir.

b1	b2	b1 | b2
0	0	0
0	1	1
1	0	1
1	1	1

Assim, se `w1` é um `short int` igual a 19 em hexadecimal e `w2` é um `short int` igual a 6a em hexadecimal, uma operação lógica OU inclusivo bit a bit de `w1` e `w2` produz o resultado 7b em hexadecimal, como mostrado:

```
w1   0000 0000 0001 1001      0x19
w2   0000 0000 0110 1010   |  0x6a

     0000 0000 0111 1011      0x7b
```

A operação OU inclusivo bit a bit, frequentemente chamada apenas de OU bit a bit, é usada para definir alguns bits especificados de uma palavra como 1. Por exemplo, a instrução a seguir define os três bits mais à direita de w1 como 1, independentemente do estado desses bits antes de a operação ser efetuada.

```
w1 = w1 | 07;
```

É claro que você poderia ter usado um operador de atribuição especial na instrução, como nesta:

```
w1 |= 07;
```

Deixaremos um exemplo de programa que ilustra o uso do operador OU inclusivo para depois.

O operador OU exclusivo bit a bit

O operador OU exclusivo bit a bit, que é frequentemente chamado de operador XOR, funciona como segue: para os bits correspondentes dos dois operandos, se um ou outro bit é 1 – mas não ambos – o bit correspondente do resultado é 1; caso contrário, é 0. A tabela da verdade desse operador é a seguinte.

b1	b2	b1 ^ b2
0	0	0
0	1	1
1	0	1
1	1	0

Se w1 e w2 fossem iguais a 5e e d6 em hexadecimal, respectivamente, o resultado da operação OU exclusivo de w1 com w2 seria e8 em hexadecimal, conforme ilustrado:

```
w1    0000 0000 0101 1110        0x5e
w2    0000 0000 1011 0110    ^   0xd6
      ─────────────────────      ──────
      0000 0000 1110 1000        0xe8
```

O operador complemento de um

O operador complemento de um é unário e seu efeito é simplesmente "inverter" os bits de seu operando. Cada bit 1 do operando é mudado para 0 e cada bit 0 é mudado para 1. A tabela da verdade é fornecida aqui apenas para abrangermos tudo.

b1	~b1
0	1
1	0

Se `w1` é `short int` com 16 bits e é definido igual a `a52f` em hexadecimal, então o complemento de um desse valor produz o resultado `5ad0` em hexadecimal:

```
w1   1010 0101 0010 1111     0xa52f
~w1  0101 1010 1101 0000     0x5ad0
```

O operador complemento de um se mostra útil quando você não sabe o tamanho de bit preciso da quantidade com que está lidando em uma operação e seu uso pode ajudar a tornar um programa menos dependente do tamanho em particular de um tipo de dados inteiro. Por exemplo, para definir como 0 o bit menos significativo de um `int` chamado `w1`, você pode usar a operação lógica E em `w1` e um `int` consistindo somente de valores 1, exceto um único 0 no bit mais à direita. Assim, uma instrução em C como a seguinte funciona bem em máquinas nas quais um inteiro é representado por 32 bits:

```
w1 &= 0xFFFFFFFE;
```

Se você substituir a instrução anterior por esta, será efetuada a operação lógica E de `w1` e o valor correto em qualquer máquina:

```
w1 &= ~1;
```

Isso porque será calculado o complemento de um de 1 e consistirá em quantos bits 1 mais à esquerda forem necessários para preencher o tamanho de um `int` (63 bits mais à esquerda em um sistema com inteiros de 64 bits).

Agora é hora de mostrar um exemplo de programa real que ilustra o uso dos vários operadores de bit (veja o Programa 10.4).

Programa 10.4

```
// Operadores bit a bit ilustrados

#import <Foundation/Foundation.h>

int main (int argc, char * argv[])
{
    @autoreleasepool {
        unsigned int w1 = 0xA0A0A0A0, w2 = 0xFFFF0000,
                     w3 = 0x00007777;

        NSLog (@"%x %x %x", w1 & w2, w1 | w2, w1 ^ w2);
        NSLog (@"%x %x %x", ~w1, ~w2, ~w3);
        NSLog (@"%x %x %x", w1 ^ w1, w1 & ~w2, w1 | w2 | w3);
        NSLog (@"%x %x", w1 | w2 & w3, w1 | w2 & ~w3);
        NSLog (@"%x %x", ~(~w1 & ~w2), ~(~w1 | ~w2));
    }
    return 0;
}
```

Programa 10.4 Saída

```
a0a00000 ffffa0a0 5f5fa0a0
5f5f5f5f ffff ffff8888
0 a0a0 fffff7f7
a0a0a0a0 ffffa0a0
ffffa0a0 a0a00000
```

Calcule cada uma das operações do Programa 10.4 para verificar se você entende como os resultados foram obtidos.

Na quarta chamada de NSLog, é importante notar que o operador E bit a bit tem precedência mais alta do que o OU bit a bit, pois esse fato influencia o valor resultante da expressão.

A quinta chamada de NSLog ilustra a regra de DeMorgan: ~(~a & ~b) é igual a a | b e ~(~a | ~b) é igual a a & b.

O operador de deslocamento à esquerda

Quando uma operação de deslocamento à esquerda é efetuada em um valor, os bits contidos no valor são literalmente deslocados para a esquerda. Associado a essa operação está o número de casas (bits) que o valor deve ser deslocado. Os bits deslocados além do bit mais significativo do item de dados são perdidos e os valores 0 são sempre deslocados para o bit menos significativo do valor. Assim, se w1 é igual a 3, a expressão

```
w1 = w1 << 1;
```

que também pode ser expressa como

```
w1 <<= 1;
```

resulta em 3 sendo deslocado uma casa para a esquerda, o que resultará em 6 sendo atribuído a w1:

```
w1         ... 0000 0011      0x03
w1 << 1    ... 0000 0110      0x06
```

O operando à esquerda do operador << é o valor a ser deslocado, enquanto o operando à direita é o número de posições de bit pelas quais o valor deve ser deslocado. Se deslocássemos w1 mais uma casa para a esquerda, acabaríamos com 0c em hexadecimal:

```
w1         ... 0000 0110      0x06
w1 << 1    ... 0000 1100      0x0c
```

O operador de deslocamento à direita

Conforme seu nome implica, o operador de deslocamento à direita >> desloca os bits de um valor para a direita. Os bits deslocados para além do bit menos significativo do valor são perdidos. Deslocar para a direita um valor sem sinal sempre resulta no deslocamento dos valores 0 para a esquerda – isto é, além dos bits mais significativos. O que é deslocado para a esquerda em valores com sinal depende do sinal do valor que está sendo deslocado e também de como essa operação é implementada. Se o bit de sinal for 0 (significando que o valor é positivo), os valores 0 serão deslocados independentemente da máquina utilizada. No entanto, se o bit de sinal for 1, em algumas máquinas os valores 1 serão deslocados e em outras os valores 0 serão deslocados. Esse primeiro tipo de operação é conhecido como deslocamento à direita aritmético, enquanto o último é conhecido como deslocamento à direita lógico.

> **Atenção**
>
> Nunca faça quaisquer suposições sobre se um sistema implementa deslocamento à direita aritmético ou lógico. Devido a esse tipo de suposição, um programa que desloca os valores com sinais para a direita poderia funcionar corretamente em um sistema e falhar em outro.

Se `w1` é `unsigned int`, que é representado em 32 bits, e `w1` é definido igual a `F777EE22` em hexadecimal, deslocar `w1` uma casa para a direita com a instrução

```
w1 >>= 1;
```

define `w1` igual a `7BBBF711` em hexadecimal, como mostrado:

```
w1        1111 0111 0111 0111 1110 1110 0010 0010    0xF777EE22
w1 >> 1   0111 1011 1011 1011 1111 0111 0001 0001    0x7BBBF711
```

Se `w1` fosse declarado como sendo `short int` (com sinal), o mesmo resultado seria produzido em alguns computadores; em outros, o resultado seria `FBBBF711`, se a operação fosse efetuada como deslocamento à direita aritmético.

Note que a linguagem Objective-C não produz um resultado definido se for feita uma tentativa de deslocar um valor para a esquerda ou para a direita por uma quantidade maior ou igual ao número de bits no tamanho do item de dados. Assim, em uma máquina que representa inteiros em 64 bits, por exemplo, não é garantido que deslocar um inteiro à esquerda ou à direita por 64 bits ou mais produza um resultado definido em seu programa. Além disso, note que, se você deslocar um valor por uma quantidade negativa, da mesma forma o resultado é indefinido.

Exercícios

1. Usando a classe `Rectangle` do Capítulo 8, "Herança", adicione um método inicializador de acordo com a declaração a seguir. (Nota: certifique-se de anular `init` para usar esse inicializador.)

    ```
    -(id) initWithWidth: (int) w andHeight: (int) h;
    ```

2. Supondo que você rotule o método desenvolvido no Exercício 1 como o inicializador designado para a classe `Rectangle` e baseado nas definições de classe `Square` e `Rectangle` do Capítulo 8, adicione um método inicializador na classe `Square`, de acordo com a seguinte declaração:

    ```
    -(id) initWithSide: (int) side;
    ```

3. Adicione um contador no método `add:` da classe `Fraction` para contar o número de vezes que ele é chamado. Como você pode recuperar o valor do contador?

4. Usando `typedef` e tipos de dados enumerados, defina um tipo chamado `Day` com os valores possíveis `Sunday, Monday, Tuesday, Wednesday, Thursday, Friday` e `Saturday`.

5. Usando `typedef`, defina um tipo chamado `FractionObj` que permita escrever instruções como a seguinte:
```
FractionObj f1 = [[Fraction alloc] init],
f2 = [[Fraction alloc] init];
```

6. Com base nas definições a seguir
```
float       f = 1.00;
short int   i = 100;
long int    l = 500L;
double      d = 15.00;
```
e nas sete etapas descritas neste capítulo para a conversão de operandos em expressões, determine o tipo e o valor das seguintes expressões:
```
f + i
l / d
i / l + f
l * i
f / 2
i / (d + f)
l / (i * 2.0)
l + i / (double) l
```

11
Categorias e protocolos

Neste capítulo, você vai aprender a adicionar métodos em uma classe de modo modular usando categorias e a criar uma lista de métodos padronizada para outras pessoas implementarem.

Categorias

Às vezes, você pode estar trabalhando com uma definição de classe e querer adicionar nela alguns métodos novos. Por exemplo, talvez você decida para sua classe `Fraction` que, além do método `add:` para somar duas frações, deseja ter métodos para subtrair, multiplicar e dividir duas frações.

Como outro exemplo, suponha que você esteja trabalhando em um grande projeto de programação e, como parte desse projeto, seu grupo está definindo uma nova classe que contém muitos métodos diferentes. Você foi incumbido da tarefa de escrever métodos para a classe que trabalha com arquivos. A outros membros do projeto foram designados métodos responsáveis por criar e inicializar instâncias da classe, efetuar operações em objetos da classe e desenhar representações de objetos da classe na tela.

Como um último exemplo, suponha que você aprendeu a usar uma classe de uma biblioteca de frameworks (por exemplo, a classe de array do framework Foundation, chamada `NSArray`) e percebe que gostaria que a classe tivesse implementado um ou mais métodos. Evidentemente, você poderia escrever uma nova subclasse da classe `NSArray` e implementar os novos métodos, mas talvez exista um modo mais fácil.

Uma solução prática para todas essas situações são as *categorias*. Uma categoria oferece uma maneira fácil de modularizar a definição de uma classe em grupos ou categorias de métodos relacionados. Oferece também uma maneira fácil de estender uma definição de classe já existente, sem ter de acessar o código-fonte original da classe e sem ter de criar uma subclasse. Esse é um conceito poderoso e fácil de aprender.

Vamos voltar ao primeiro caso e mostrar como se adiciona uma nova categoria na classe Fraction para tratar das quatro operações básicas da matemática. Primeiro, mostramos a seção de interface original de Fraction:

```
#import <Foundation/Foundation.h>
// Define a classe Fraction

@interface Fraction: NSObject

@property int numerator, denominator;

-(void)       setTo: (int) n over: (int) d;
-(Fraction *) add: (Fraction *) f;
-(void)       reduce;
-(double)     convertToNum;
-(void)       print;
@end
```

Em seguida, vamos remover o método add: dessa seção de interface e adicionar nela uma nova categoria, junto com as outras três operações matemáticas que você quer implementar. Aqui está como seria a seção de interface de sua nova categoria MathOps:

```
#import "Fraction.h"

@interface Fraction (MathOps)
-(Fraction *) add: (Fraction *) f;
-(Fraction *) mul: (Fraction *) f;
-(Fraction *) sub: (Fraction *) f;
-(Fraction *) div: (Fraction *) f;
@end
```

Perceba que, mesmo sendo essa uma definição de seção de interface, é uma extensão de outra já existente. Portanto, você deve importar a seção de interface original para que o compilador saiba da existência da classe Fraction (a não ser que você incorpore a nova categoria diretamente no arquivo de cabeçalho original de Fraction.h, o que é uma opção).

Após #import, você vê a seguinte linha:

```
@interface Fraction (MathOps)
```

Isso diz ao compilador que você está definindo uma nova categoria para a classe Fraction e que seu nome é MathOps. O nome da categoria é colocado entre parênteses após o nome da classe. Observe que você não lista a classe pai de Fraction aqui; o compilador já sabe disso a partir de Fraction.h. Além disso, você não o informa sobre propriedades, como fez nas seções de interface que definiu anteriormente. Essa seção de interface diz ao compilador que você está adicionando uma extensão na classe chamada Fraction, sob a categoria chamada MathOps. A categoria MathOps contém quatro métodos de instância: add:, mul:, sub: e div:. Cada método recebe uma fração como argumento e também retorna uma fração.

Você pode colocar as definições de todos os seus métodos em uma única seção de implementação. Isto é, você poderia definir todos os métodos da seção de interface em Fraction.h, além de todos os métodos da categoria MathOps, em uma única seção de implementação. Como alternativa, poderia definir os métodos de sua categoria em uma seção de implementação separada. Nesse caso, a seção de implementação desses métodos também deve identificar a categoria à qual os métodos pertencem. Assim como na seção de interface, isso é feito incluindo o nome da categoria entre parênteses após o nome da classe, como segue:

```
@implementation Fraction (MathOps)
// código dos métodos da categoria
...
@end
```

No Programa 11.1, as seções de interface e de implementação da nova categoria MathOps são agrupadas, junto com uma rotina de teste, em um único arquivo.

Programa 11.1 Categoria MathOps e programa de teste

```
#import "Fraction.h"

@interface Fraction (MathOps)
-(Fraction *) add: (Fraction *) f;
-(Fraction *) mul: (Fraction *) f;
-(Fraction *) sub: (Fraction *) f;
-(Fraction *) div: (Fraction *) f;
@end

@implementation Fraction (MathOps)
-(Fraction *) add: (Fraction *) f
{
   // Para somar duas frações:
   // a/b + c/d = ((a*d) + (b*c)) / (b * d)

   Fraction *result = [[Fraction alloc] init];

   result.numerator = (self.numerator * f.denominator) +
      (self.denominator * f.numerator);
   result.denominator = self.denominator * f.denominator;
   [result reduce];

   return result;
}

-(Fraction *) sub: (Fraction *) f
{
   // Para subtrair duas frações:
   // a/b - c/d = ((a*d) - (b*c)) / (b * d)

   Fraction *result = [[Fraction alloc] init];
```

```objc
      result.numerator = (self.numerator * f.denominator) -
         (self.denominator * f.numerator);
      result.denominator = self.denominator * f.denominator;
      [result reduce];

      return result;
}

-(Fraction *) mul: (Fraction *) f
{
   Fraction *result = [[Fraction alloc] init];

   result.numerator = self.numerator * f.numerator;
   result.denominator = self.denominator * f.denominator;
   [result reduce];

   return result;
}

-(Fraction *) div: (Fraction *) f
{
   Fraction *result = [[Fraction alloc] init];

   result.numerator = self.numerator * f.denominator;
   result.denominator = self.denominator * f.numerator;
   [result reduce];

   return result;
}
@end

int main (int argc, char * argv[])
{
   @autoreleasepool {
      Fraction *a = [[Fraction alloc] init];
      Fraction *b = [[Fraction alloc] init];
      Fraction *result;

      [a setTo: 1 over: 3];
      [b setTo: 2 over: 5];

      [a print]; NSLog (@" +"); [b print]; NSLog (@"-----");
      result = [a add: b];
      [result print];
      NSLog (@"\n");

      [a print]; NSLog (@" -"); [b print]; NSLog (@"-----");
      result = [a sub: b];
      [result print];
      NSLog (@"\n");
```

```
        [a print]; NSLog (@" *"); [b print]; NSLog (@"-----");
        result = [a mul: b];
        [result print];
        NSLog (@"\n");

        [a print]; NSLog (@" /"); [b print]; NSLog (@"-----");
        result = [a div: b];
        [result print];
        NSLog (@"\n");
    }
    return 0;
}
```

Programa 11.1 Saída

```
1/3
 +
2/5
-----
11/15

1/3
 -
2/5
-----
-1/15

1/3
 *
2/5
-----
2/15

1/3
 /
2/5
-----
5/6
```

O Programa 11.1 coloca as seções de interface e de implementação da nova categoria no mesmo arquivo com o programa de teste. Conforme mencionado anteriormente, a seção de interface dessa categoria também poderia ficar no arquivo de cabeçalho original de `Fraction.h` para que todos os métodos fossem declarados em um único lugar ou em seu próprio arquivo de cabeçalho.

> **Nota**
>
> Por convenção, o nome básico dos arquivos .h e .m de uma categoria é o nome da classe seguido do nome da categoria. Em nosso exemplo, colocaríamos a seção de interface da categoria em um arquivo chamado `FractionMathOps.h` e a seção de implementação em um arquivo chamado `FractionMathOps.m`.

Se você colocar sua categoria em um arquivo de definição de classe mestre, todos os usuários da classe terão acesso aos métodos da categoria. Se você não tem a capacidade de modificar o arquivo de cabeçalho original diretamente (considere a adição de uma categoria em uma classe já existente em uma biblioteca, como mostrado na parte dois, "O framework Foundation"), não há outra escolha a não ser mantê-lo separado.

Extensões de classe

Um caso especial permite criar uma categoria sem nome; isto é, não especificar nenhum nome entre (e). Essa sintaxe especial define o que é conhecido como *extensão de classe*. Quando você define uma categoria sem nome dessa forma, pode estender a classe adicionando mais variáveis de instância e propriedades. Isso não é permitido para categorias nomeadas. Os métodos declarados em extensão de classe são implementados na seção de implementação principal da classe e não em uma seção de implementação separada.

As extensões de classe são úteis porque seus métodos são privados. Assim, se você precisa escrever uma classe contendo dados e métodos que só podem ser usados dentro da própria classe, uma extensão de classe pode ser muito adequada.

> **Nota**
>
> Os métodos são privados no sentido de não serem anunciados na seção de interface. Contudo, se alguém souber o nome de um método privado, ainda poderá chamá-lo.

Lembre-se do método `reduce` de nossa classe `Fraction`. Suponha que você queira que somente os métodos definidos na seção de implementação da classe `Fraction` tenham acesso a esse método `reduce`; ou seja, você não quer torná-lo diretamente acessível para usuários da classe. Você poderia definir esse método como privado, removendo sua declaração do arquivo de cabeçalho original `Fraction.h` e colocando isto no arquivo de implementação `Fraction.m`:

```
#import "Fraction.h"

// Garante que o método reduce seja privado
@interface Fraction ()
-(void) reduce;
@end
```

```
// Define os métodos públicos da classe Fraction

@implementation Fraction
@synthesize numerator, denominator;

-(void) setNumerator: (int) n and Denominator: (int) d
{
   ...
]
...
@end
```

Algumas observações sobre categorias

Uma categoria pode anular outro método na classe, mas isso é considerado uma prática de programação ruim. Por exemplo, após anular um método, você não pode mais acessar o método original. Portanto, deve ter o cuidado de duplicar toda a funcionalidade do método anulado em seu substituto. Caso você precise anular um método, fazer uma subclasse poderia ser a escolha certa. Se você anula um método em uma subclasse, ainda pode fazer referência ao método do pai, enviando uma mensagem para super. Assim, não é preciso entender toda a complexidade do método que está anulando; você pode apenas chamar o método do pai e adicionar sua própria funcionalidade no método da subclasse.

Você pode ter quantas categorias desejar, seguindo as regras descritas aqui. Se um método é definido em mais de uma categoria, a linguagem não especifica qual deles será usado.

Lembre-se de que estender uma classe por meio da adição de novos métodos em uma categoria afeta não apenas essa classe, mas também todas as suas subclasses. Isso pode ser potencialmente perigoso, se você adicionar novos métodos no objeto raiz NSObject, por exemplo, pois todo mundo herdará esses novos métodos, seja essa sua intenção ou não.

Os novos métodos adicionados por meio de uma categoria em uma classe já existente podem servir muito bem aos seus propósitos, mas podem ser incoerentes com o projeto original ou com as intenções da classe. Transformar um objeto Square em um objeto Circle (admitidamente um exagero), por exemplo, adicionando uma nova categoria e alguns métodos, confunde a definição da classe e não é uma boa prática de programação.

Além disso, os pares objeto/categoria nomeados devem ser únicos. Somente uma categoria NSString chamada Utilities pode existir em determinado *namespace* de Objective-C. Isso pode se mostrar complicado, porque o *namespace* de Objective-C é compartilhado entre o código do programa e todas as bibliotecas, frameworks e plug-ins. Esse detalhe é especialmente importante para programadores de Objective-C que escrevem protetores de tela, painéis de preferência e outros plug-ins, pois seu código será injetado em código de aplicativos ou de frameworks que não estão sob seu controle.

Protocolos e delegação

Um *protocolo* é uma lista de métodos compartilhada entre classes. Os métodos listados no protocolo não têm implementações correspondentes; eles se destinam a ser implementados por outra pessoa (como você). Um protocolo oferece uma maneira de definir um conjunto de métodos que, de alguma forma, são relacionados a um nome especificado. Normalmente, os métodos são documentados para que você saiba como devem ser executados e para que possa implementá-los em suas próprias definições de classe, se desejar.

Um protocolo lista um conjunto de métodos, alguns dos quais podem ser implementados opcionalmente e outros que você é *obrigado* a implementar. Se você decide implementar todos os métodos obrigatórios de um protocolo em particular, diz-se que está *obedecendo* ou *adotando* esse protocolo. Você pode definir um protocolo no qual todos os métodos são opcionais ou um protocolo em que todos são obrigatórios.

É fácil definir um protocolo: basta usar a diretiva `@protocol` seguida do nome do protocolo, o qual fica por sua conta. Depois disso, você declara métodos exatamente como fez em sua seção de interface. Todas as declarações de método, até a diretiva `@end`, tornam-se parte do protocolo.

Quando você trabalhar com o framework Foundation verá que vários protocolos estão definidos. Um deles, chamado `NSCopying`, declara um método que você precisa implementar, caso sua classe deva suportar a cópia de objeto por meio do método `copy` (ou `copyWithZone:`). O Capítulo 18, "Copiando objetos", aborda o tema da cópia de objetos em detalhes.

Aqui está como o protocolo `NSCopying` é definido no arquivo de cabeçalho padrão de Foundation `NSObject.h`:

```
@protocol NSCopying
- (id)copyWithZone: (NSZone *)zone;
@end
```

Se você adotar o protocolo `NSCopying` em sua classe, deverá implementar um método chamado `copyWithZone:`. Você diz ao compilador que está adotando um protocolo por listar o nome do protocolo dentro de um par de sinais de menor e maior (<...>) na linha `@interface`. O nome do protocolo vem depois do nome da classe e de sua classe pai, como no seguinte:

```
@interface AddressBook: NSObject <NSCopying>
```

Isso diz que `AddressBook` é um objeto cujo pai é `NSObject` e declara que ele obedece ao protocolo `NSCopying`. Como o sistema já conhece o método (ou métodos) definido anteriormente para o protocolo (neste exemplo, ele sabe a partir do arquivo de cabeçalho `NSObject.h`), você não precisa declarar os métodos na seção de interface. No entanto, precisa defini-los em sua seção de implementação.

Nesse exemplo, na seção de implementação de `AddressBook`, o compilador espera ver o método `copyWithZone:` definido.

Se sua classe adota mais de um protocolo, basta listá-los dentro dos sinais de menor e maior, separados por vírgulas:

```
@interface AddressBook: NSObject <NSCopying, NSCoding>
```

Isso diz ao compilador que a classe `AddressBook` adota os protocolos `NSCopying` e `NSCoding`. Novamente, o compilador espera ver todos os métodos exigidos, listados para esses protocolos, implementados na seção de implementação de `AddressBook`.

Se você definir seu próprio protocolo, não precisa implementá-lo. No entanto, você está avisando aos outros programadores de que, se quiserem adotar o protocolo, eles terão de implementar os métodos exigidos. Esses métodos podem ser herdados de uma superclasse. Assim, se uma classe obedece ao protocolo `NSCopying`, suas subclasses também obedecerão (embora isso não signifique que os métodos sejam corretamente implementados para essa subclasse).

Você pode usar um protocolo para definir métodos que deseja que outras pessoas que fazem subclasses de sua classe implementem. Talvez você possa definir um protocolo `Drawing` para sua classe `GraphicObject`; nele, você poderia definir os métodos `paint`, `erase` e `outline`:

```
@protocol Drawing
-(void) paint;
-(void) erase;
@optional
-(void) outline;
@end
```

Como criador da classe `GraphicObject`, você não quer necessariamente implementar esses métodos de desenho. No entanto, quer especificar os métodos que alguém que faça subclasses da classe `GraphicObject` precisa implementar a fim de obedecer a um padrão para desenhar os objetos que está tentando criar.

Observe o uso da diretiva `@optional` aqui. Quaisquer métodos listados após essa diretiva são opcionais. Isto é, quem adotar o protocolo `Drawing` não terá de implementar o método `outline` para obedecer ao protocolo. (E, subsequentemente, você pode voltar à situação anterior da listagem dos métodos obrigatórios usando a diretiva `@required` dentro da definição do protocolo.)

> **Nota**
>
> Bem, seja como for, esse é o objetivo. O compilador permite a você dizer que obedece a um protocolo e só emite mensagens de alerta se você não implementa os métodos.

Assim, se você criar uma subclasse de `GraphicObject` chamada `Rectangle` e anunciar (isto é, *documentar*) que sua classe `Rectangle` obedece ao protocolo `Drawing`, os usuários da classe saberão que podem enviar mensagens `paint`, `erase` e (possivelmente) `outline` para instâncias dessa classe.

Observe que o protocolo não faz referência a nenhuma classe; ele é *sem classe*. Qualquer classe pode obedecer ao protocolo `Drawing` e não apenas as subclasses de `GraphicObject`.

Você pode verificar se um objeto obedece a um protocolo usando o método conformsToProtocol:. Por exemplo, se você tem um objeto chamado currentObject e quer ver se ele obedece ao protocolo Drawing para que possa enviar a ele mensagens de desenho, poderia escrever isto:

```
id currentObject;
...
if ([currentObject conformsToProtocol: @protocol (Drawing)] == YES)
{
    // Envia mensagens paint, erase e/ou outline de currentObject
    ...
}
```

A diretiva especial `@protocol`, conforme usada aqui, recebe um nome de protocolo e produz um objeto protocolo, que é o que o método `conformsToProtocol:` espera como argumento.

Para testar se `currentObject` implementou o método opcional `outline`, você poderia escrever isto:

```
if ([currentObject respondsToSelector: @selector (outline)] == YES)
    [currentObject outline];
```

Você pode contar com a ajuda do compilador para verificar a conformidade de suas variáveis em relação ao protocolo, incluindo o nome do protocolo dentro de sinais de menor e maior após o nome do tipo, como segue:

```
id <Drawing> currentObject;
```

Isso diz ao compilador que `currentObject` vai referenciar objetos que obedecem ao protocolo `Drawing`. Se você atribuir a `currentObject` um objeto tipado estaticamente que não obedece ao protocolo `Drawing` (digamos que você tenha uma classe `Square` que não obedeça), o compilador emitirá uma mensagem de alerta como a seguinte:

```
warning: class 'Square' does not implement the 'Drawing' protocol
```

Essa é uma verificação do compilador; portanto, atribuir uma variável `id` a `currentObject` não geraria essa mensagem, pois o compilador não tem como saber se o objeto armazenado dentro de uma variável `id` obedece ao protocolo `Drawing`.

Se a variável vai conter um objeto que obedece a mais de um protocolo, você pode listar mais de um protocolo como mostrado nesta linha:

```
id <NSCopying, NSCoding> myDocument;
```

Ao definir um protocolo, você pode estender a definição de outro já existente. Esta declaração de protocolo diz que o protocolo `Drawing3D` também adota o protocolo `Drawing`:

```
@protocol Drawing3D <Drawing>
```

Assim, qualquer classe que adote o protocolo `Drawing3D` deve implementar os métodos listados para esse protocolo e também os métodos do protocolo `Drawing`.

Por fim, uma categoria também pode adotar um protocolo, como segue:

```
@interface Fraction (Stuff) <NSCopying, NSCoding>
```

Aqui, `Fraction` tem uma categoria, `Stuff` (certo, não é a melhor escolha de nomes!), que adota os protocolos `NSCopying` e `NSCoding`.

Assim como os nomes de classe, os nomes de protocolo devem ser únicos.

Delegação

Você também pode considerar um protocolo como uma definição de *interface* entre duas classes. É como se a classe que define o protocolo estivesse *delegando* o trabalho definido pelos métodos do protocolo para a classe que os implementa. Desse modo, a classe pode ser definida de forma mais geral, com as ações específicas executadas pela classe delegada em resposta a certos eventos ou para definir parâmetros específicos. Cocoa e iOS dependem bastante desse conceito de delegação. Por exemplo, para inserir uma tabela na tela do iPhone, você usará a classe `UITableView`. Mas essa classe não sabe o título da tabela, quantas seções ou linhas ela contém ou o que colocar em cada linha (célula) da tabela. Assim, ela delega essa responsabilidade a você, definindo um protocolo chamado `UITableViewDataSource`. Quando precisa de informações, por exemplo, quantas linhas existem em cada seção da tabela, ela chama o método apropriado que você definiu em sua classe, de acordo com o protocolo. A classe `UITableView` também define outro protocolo, chamado `UITableViewDelegate`. Os métodos desse protocolo definem, dentre outras coisas, o que fazer quando uma determinada linha de uma tabela é selecionada. Essa classe não sabe que ação executar; portanto, ela delega essa responsabilidade a você.

Protocolos informais

Você poderá encontrar a noção de protocolo *informal* em suas leituras. Na verdade, essa é uma categoria que lista um grupo de métodos, mas não os implementa. Todo mundo (ou quase todo mundo) herda do mesmo objeto raiz, de modo que as categorias informais são frequentemente definidas para a classe raiz. Às vezes, os protocolos informais também são referidos como protocolos *abstratos*.

Se você examinar o arquivo de cabeçalho `<NSScriptWhoseTests.h>`, poderá encontrar algumas declarações de método como as seguintes:

```
@interface NSObject (NSComparisonMethods)
- (BOOL)isEqualTo:(id)object;
- (BOOL)isLessThanOrEqualTo:(id)object;
- (BOOL)isLessThan:(id)object;
- (BOOL)isGreaterThanOrEqualTo:(id)object;
- (BOOL)isGreaterThan:(id)object;
- (BOOL)isNotEqualTo:(id)object;
- (BOOL)doesContain:(id)object;
- (BOOL)isLike:(NSString *)object;
- (BOOL)isCaseInsensitiveLike:(NSString *)object;
@end
```

Isso define uma categoria chamada `NSComparisonMethods` para a classe `NSObject`. Esse protocolo informal lista um grupo de métodos (aqui, são listados nove) que podem ser implementados como parte desse protocolo. Na realidade, um protocolo informal não é mais do que um agrupamento de métodos sob um nome. Isso pode ajudar um pouco do ponto de vista da documentação e modularização de métodos.

A classe que declara o protocolo informal não implementa os métodos na classe em si e uma subclasse que opte por implementar os métodos precisa redeclará-los em sua seção de interface e também implementar um ou mais deles. Ao contrário dos protocolos formais, o compilador não dá nenhuma ajuda com protocolos informais; não existe o conceito de obediência ou teste pelo compilador.

Se um objeto adota um protocolo formal, deve obedecer a todas as mensagens exigidas no protocolo. Isso pode ser imposto em tempo de execução e em tempo de compilação. Se um objeto adota um protocolo informal, talvez não precise adotar todos os métodos, dependendo do protocolo. A obediência a um protocolo informal pode ser imposta em tempo de execução (via `respondsToSelector:`), mas não em tempo de compilação.

> **Nota**
>
> A diretiva `@optional` descrita anteriormente, que foi adicionada à linguagem Objective-C 2.0, destina-se a substituir o uso de protocolos informais. Você pode ver isso utilizado em várias das classes UIKit (UIKit faz parte do framework Cocoa Touch).

Objetos compostos

Você aprendeu várias maneiras de estender a definição de uma classe, por meio de técnicas como subclasses e usando categorias. Outra técnica envolve definir uma classe que consiste em um ou mais objetos de outras classes. Um objeto dessa nova classe é conhecido como objeto *composto*, pois é constituído de outros objetos.

Por exemplo, considere a classe `Square` definida no Capítulo 8, "Herança". Você definiu isso como uma subclasse de `Rectangle`, pois reconheceu que um quadrado (*square*) era apenas um retângulo com lados iguais. Quando você define uma subclasse, ela herda todas as variáveis de instância e métodos da classe pai. Em alguns casos, isso é indesejável – por exemplo, alguns dos métodos definidos na classe pai podem não ser adequados para uso pela subclasse. O método `setWidth:andHeight:` de `Rectangle` é herdado pela classe `Square`, mas na realidade não se aplica a um quadrado (mesmo que funcione corretamente). Além disso, quando você cria uma subclasse, deve garantir que todos os métodos herdados funcionem corretamente, pois os usuários da classe terão acesso a eles. Por fim, uma subclasse é dependente da classe pai. Alterações na classe pai poderiam involuntariamente fazer os métodos da subclasse parar de funcionar.

Como uma alternativa a fazer uma subclasse, você pode definir uma nova classe que contenha como uma de suas variáveis de instância um objeto da classe que deseja estender. Então, você precisará definir na nova classe apenas os métodos apropriados para essa classe. Voltando ao exemplo de `Square`, aqui está uma maneira alternativa de definir um objeto `Square`:

```
@interface Square: NSObject
{
```

```
Rectangle *rect;
}
-(int) setSide: (int) s;
-(int) side;
-(int) area;
-(int) perimeter;
@end
```

A classe Square é definida aqui com quatro métodos. Ao contrário da versão da subclasse, que fornece acesso direto aos métodos de Rectangle (setWidth:, setHeight:, setWidth:andHeight:, width e height), esses métodos não estão nessa definição de Square. Isso faz sentido aqui, pois esses métodos não são adequados quando você lida com quadrados.

Se você define Square dessa maneira, ele se torna responsável por alocar a memória para o retângulo que contém. Por exemplo, sem anular métodos, a instrução

```
Square *mySquare = [[Square alloc] init];
```

aloca um novo objeto Square, mas não aloca um objeto Rectangle armazenado em sua variável de instância, rect.

Uma solução é anular init ou adicionar um novo método, como initWithSide:, para fazer a alocação. Esse método pode alocar a variável Rectangle rect e definir seu lado apropriadamente.

Ao definir métodos em sua classe Square, você ainda pode tirar proveito dos métodos de Rectangle. Por exemplo, aqui está como poderia implementar o método area:

```
-(int) area
{
return [rect area];
}
```

A implementação dos métodos restantes fica como exercício para você (veja o Exercício 5, a seguir).

Exercícios

1. Estenda a categoria MathOps do Programa 11.1 para incluir também um método invert, o qual retorna um objeto Fraction que é uma inversão do destinatário.

2. Adicione uma categoria chamada Comparison na classe Fraction. Nessa categoria, adicione dois métodos, de acordo com as seguintes declarações:
   ```
   -(BOOL) isEqualTo: (Fraction *) f;
   -(int) compare: (Fraction *) f;
   ```
   O primeiro método deve retornar YES se as duas frações forem idênticas e, caso contrário, deve retornar NO. Cuidado com a comparação de frações. (Por exemplo, comparar 3/4 com 6/8 deve retornar YES.)

O segundo método deve retornar -1 se o destinatário for menor do que a fração representada pelo argumento, 0 se os dois forem iguais e 1 se o destinatário for maior do que o argumento.

3. Estenda a classe Fraction adicionando métodos que obedeçam ao protocolo informal NSComparisonMethods, conforme listado anteriormente neste capítulo. Implemente os seis primeiros métodos desse protocolo (isEqualTo:, isLessThanOrEqualTo:, isLessThan:, isGreaterThanOrEqualTo:, isGreaterThan:, isNotEqualTo:) e teste-os.

4. As funções sin(), cos() e tan() fazem parte da biblioteca padrão C (assim como scanf ()). Essas funções são declaradas no arquivo de cabeçalho do sistema math.h, o qual é importado automaticamente para seu Programa quando você importa Foundation.h.

   Você pode usar essas funções para calcular respectivamente o seno, o cosseno ou a tangente de seus argumentos double, que são expressos em radianos. O resultado também é retornado como um valor de ponto flutuante de precisão dupla. Portanto, você pode usar esta linha para calcular o seno de d, com o ângulo d expresso em radianos:

   ```
   result = sin (d);
   ```

   Adicione uma categoria chamada Trig na classe Calculator definida no Capítulo 6, "Tomando decisões". Adicione métodos nessa categoria para calcular o seno, o cosseno e a tangente com base nas seguintes declarações:

   ```
   -(double) sin;
   -(double) cos;
   -(double) tan;
   ```

5. Dada a discussão sobre objetos compostos deste capítulo e as seguintes seções de interface e de implementação:

   ```
   @interface Square: NSObject
   -(Square *) initWithSide: (int) s;
   -(void) setSide: (int) s;
   -(int) side;
   -(int) area;
   -(int) perimeter;
   @end

   #import "Rectangle.h"
   @implementation Square
   {
       Rectangle *rect;
   }
   // Insira os métodos de Square aqui
   ...
   @end
   ```

   complete a seção de implementação de um objeto Square e um programa de teste para verificar seus métodos. Nota: lembre-se de anular init também, pois initWithSide: será seu inicializador designado.

12
O pré-processador

O pré-processador fornece as ferramentas que permitem criar programas mais fáceis de desenvolver, ler, modificar e portar para diferentes sistemas. Você também pode usar o pré-processador para, literalmente, personalizar a linguagem Objective-C de acordo com uma determinada aplicação de programação ou com seu próprio estilo de programação.

O pré-processador faz parte do processo de compilação de Objective-C que reconhece instruções especiais que podem estar espalhadas pelo programa. Conforme seu nome indica, o pré-processador processa essas instruções antes que ocorra a análise do programa Objective-C em si. As instruções de pré-processador são identificadas pela presença do símbolo #, o qual deve ser o primeiro caractere (que não um espaço) na linha. Conforme você vai ver, as instruções de pré-processador têm uma sintaxe que difere um pouco das instruções normais de Objective-C. Começaremos examinando a instrução #define.

A instrução #define

Um dos principais usos da instrução #define é na atribuição de nomes simbólicos para constantes do programa. A instrução de pré-processador

```
#define TRUE 1
```

define o nome TRUE e o torna equivalente ao valor 1. Subsequentemente, o nome TRUE pode ser usado em qualquer lugar no programa onde a constante 1 poderia ser usada. Quando esse nome aparece, o pré-processador substitui automaticamente no programa seu valor 1 definido. Por exemplo, você poderia ter a seguinte instrução em Objective-C que utiliza o nome definido TRUE:

```
gameOver = TRUE;
```

Essa instrução atribui o valor TRUE a gameOver. Você não precisa se preocupar com o valor que definiu para TRUE, mas como sabe que o definiu como 1, a instrução anterior teria o efeito de atribuir 1 a gameOver. A instrução de pré-processador

```
#define FALSE 0
```

define o nome `FALSE` e torna seu uso subsequente no programa equivalente a especificar o valor 0. Portanto, a instrução

```
gameOver = FALSE;
```

atribui o valor `FALSE` a `gameOver` e a instrução

```
if ( gameOver == FALSE )
   ...
```

compara o valor de `gameOver` com o valor definido `FALSE`.

Um nome definido *não* é uma variável. Portanto, você não pode atribuir um valor a ele, a não ser que o resultado da substituição do valor definido seja uma variável. Quando um nome definido é usado em um programa, o pré-processador substitui automaticamente no programa o que aparece à direita do nome definido na instrução `#define`. Isso é análogo a fazer uma busca e troca com um editor de texto; neste caso, o pré-processador substitui todas as ocorrências do nome definido pelo seu texto associado.

Observe que a instrução `#define` tem uma sintaxe especial: nenhum sinal de igualdade é usado para atribuir o valor 1 a `TRUE`. Além disso, *não* aparece um ponto e vírgula no final da instrução. Logo você vai entender por que existe essa sintaxe especial.

As instruções `#define` são frequentemente colocadas no início do programa, após as instruções `#import` ou `#include`. Isso não é obrigatório; elas podem aparecer em qualquer lugar no programa. No entanto, um nome deve ser definido antes de ser referenciado pelo programa. Os nomes definidos não se comportam como variáveis: não existe uma definição local. Após um nome ser definido, pode ser usado subsequentemente *em qualquer lugar* no programa. A maioria dos programadores coloca suas instruções define dentro de arquivos de cabeçalho para que possam ser usadas por mais de um arquivo-fonte.

Como outro exemplo do uso de um nome definido, suponha que você quisesse escrever dois métodos para descobrir a área e a circunferência de um objeto `Circle`. Como esses dois métodos precisam usar a constante π, que não é uma constante particularmente fácil de lembrar, poderia fazer sentido definir seu valor uma vez no início do programa e então usar esse valor quando fosse necessário em cada método.

Assim, você poderia incluir o seguinte em seu programa:

```
#define PI 3.141592654
```

Então, poderia usar isso em seus dois métodos `Circle` (isso presume que a classe `Circle` tem uma variável de instância chamada `radius`), como segue:

```
-(double) area
{
    return PI * radius * radius;
}

-(double) circumference
{
    return 2.0 * PI * radius;
}
```

(Note que reconhecemos que já existe um símbolo predefinido, chamado `M_PI`, que você pode usar quando precisar do valor de π.) Como a atribuição de uma constante a um nome simbólico, você não precisa lembrar do valor constante em particular sempre que quiser utilizá-lo em um programa. Além disso, se você precisasse alterar o valor da constante (caso descobrisse que estava usando o valor errado, por exemplo), teria de mudá-lo em apenas um lugar no programa: na instrução `#define`. Sem essa estratégia, você teria de procurar por todo o programa e alterar o valor da constante explicitamente sempre que ela fosse usada.

Talvez você tenha percebido que todas as instruções `define` mostradas até aqui (`TRUE`, `FALSE` e `PI`) foram escritas em letras maiúsculas. Isso é feito para distinguir um valor definido de uma variável visualmente. Alguns programadores adotam a convenção de usar letras maiúsculas em todos os nomes definidos, para que seja fácil determinar quando um nome representa uma variável ou um objeto, um nome de classe ou um nome definido. Outra convenção comum é prefixar a definição com a letra *k*. Nesse caso, os caracteres do nome que segue não aparecem em maiúsculas. `kMaximumValues` e `kSignificantDigits` são exemplos de dois nomes definidos que obedecem a essa convenção.

Usar um nome definido para um valor constante ajuda a tornar os programas mais facilmente extensíveis. Por exemplo, quando você aprender a trabalhar com arrays, em vez de codificar o tamanho do array que deseja alocar, pode definir um valor como segue:

```
#define MAXIMUM_DATA_VALUES 1000
```

Então, você pode basear todas as referências ao tamanho do array (como a alocação do array na memória) e índices válidos nesse array, nesse valor definido.

Além disso, se o programa fosse escrito de forma a usar `MAXIMUM_DATA_VALUES` em todos os casos onde o tamanho do array fosse usado, a definição anterior poderia ser a única instrução no programa que precisaria ser alterada, se posteriormente você precisasse mudar o tamanho do array.

Tipos de definições mais avançados

Uma definição de um nome pode incluir mais do que um valor constante simples. Ela pode incluir uma expressão ou, conforme você vai ver em breve, praticamente qualquer coisa!

Este tipo define o nome `TWO_PI` como o produto de `2.0` e `3.141592654`:

```
#define TWO_PI 2.0 * 3.141592654
```

Subsequentemente, você pode usar esse nome definido em um programa, em qualquer lugar onde a expressão `2.0 * 3.141592654` seja válida. Assim, você poderia substituir a instrução `return` do método `circumference` do exemplo anterior pela instrução a seguir:

```
return TWO_PI * radius;
```

Quando um nome definido é encontrado em um programa Objective-C, tudo que aparece à direita do nome na instrução `#define` é substituído literalmente pelo nome nesse ponto do programa. Assim, quando o pré-processador encontra o nome `TWO_PI` na instrução `return` mostrada anteriormente, ele substitui por esse nome o que aparece na instrução #define para o nome. Portanto, o pré-processador substitui literalmente `2.0 * 3.141592654` quando o nome definido `TWO_PI` ocorre no programa.

O fato de o pré-processador fazer a substituição de texto literal quando o nome definido ocorre, explica por que você normalmente não quer terminar sua instrução #define com um ponto e vírgula. Se você fizesse isso, o ponto e vírgula também seria substituído no programa quando o nome definido aparecesse. Se você tivesse definido `PI` como

```
#define PI 3.141592654;
```

e então escrevesse

```
return 2.0 * PI * r;
```

o pré-processador substituiria a ocorrência do nome definido `PI` por `3.141592654;`. Portanto, o compilador veria essa instrução como

```
return 2.0 * 3.141592654; * r;
```

depois que o pré-processador tivesse feito a substituição – o que resultaria em um erro de sintaxe. Lembre-se de não colocar um ponto e vírgula no final de suas instruções define, a não ser que esteja realmente seguro de que deseja um lá.

Uma definição de pré-processador não precisa ser uma expressão válida em Objective-C, desde que a expressão resultante seja válida quando for usada. Por exemplo, você poderia atribuir estas definições:

```
#define AND &&
#define OR ||
```

E então poderia escrever expressões como

```
if ( x > 0 AND x < 10 )
...
```

e

```
if ( y == 0 OR y == value )
...
```

Você poderia até incluir uma instrução #define para o teste de igualdade:

```
#define EQUALS ==
```

Então, poderia escrever a instrução a seguir:

```
if ( y EQUALS 0 OR y EQUALS value )
...
```

Isso elimina a real possibilidade de usar equivocadamente um único sinal de igual para o teste de igualdade.

Embora esses exemplos ilustrem o poder da instrução #define, você deve notar que normalmente é considerada uma prática de programação ruim redefinir a sintaxe da linguagem subjacente dessa maneira. E isso torna mais difícil para outra pessoa entender seu código.

Para tornar as coisas ainda mais interessantes, um valor definido pode ele próprio referenciar outro valor definido. Portanto, estas duas linhas #define são perfeitamente válidas:

```
#define PI      3.141592654
#define TWO_PI  2.0 * PI
```

O nome TWO_PI é definido em termos do nome PI definido anteriormente, eliminando assim a necessidade de escrever o valor 3.141592654 de novo.

Inverter a ordem das instruções define, como neste exemplo, também é válido:

```
#define TWO_PI  2.0 * PI
#define PI      3.141592654
```

A regra é que você pode referenciar outros valores definidos em suas definições, desde que tudo esteja definido no momento em que o nome definido for usado no programa.

Um bom uso de instruções #define frequentemente reduz a necessidade de comentários dentro do programa. Considere a instrução a seguir:

```
if ( year % 4 == 0 && year % 100 != 0 || year % 400 == 0 )
...
```

Essa expressão testa se a variável year (ano) é um ano bissexto (*leap year*). Agora, considere a instrução #define a seguir e a instrução if subsequente:

```
#define IS_LEAP_YEAR year % 4 == 0 && year % 100 != 0 \
   || year % 400 == 0
...
if ( IS_LEAP_YEAR )
...
```

Normalmente, o pré-processador presume que uma definição está contida em uma única linha do programa. Se for necessária uma segunda linha, o último caractere da linha deve ser uma barra invertida. Esse caractere sinaliza uma continuação para o pré-processador e usado de outra maneira é ignorado. O mesmo vale para mais de uma linha de continuação; cada linha a ser continuada deve terminar com um caractere de barra invertida.

A instrução if anterior é muito mais fácil de entender do que a mostrada imediatamente antes dela. Nenhum comentário é necessário, porque a instrução é autoexplicativa. Evidentemente, a definição restringe você a testar a variável year para ver se é um ano bissexto. Seria ótimo se você pudesse escrever uma definição para ver se qualquer ano seria bissexto e não apenas a variável year. Na verdade, você pode escrever uma definição para receber um ou mais argumentos, o que nos leva ao nosso próximo ponto de discussão.

IS_LEAP_YEAR pode ser definida para receber um argumento chamado y, como segue:

```
#define IS_LEAP_YEAR(y) y % 4 == 0 && y % 100 != 0 \
   || y % 400 == 0
```

Ao contrário de uma definição de método, você não define o tipo do argumento y aqui, pois está apenas fazendo uma substituição de texto literal; você não está chamando uma função. Note que ao definir um nome com argumentos, nenhum espaço é permitido entre o nome definido e o parêntese à esquerda da lista de argumentos.

Com a definição anterior, você pode escrever uma instrução como a seguinte:

```
if ( IS_LEAP_YEAR (year) )
   ...
```

Isso testa se o valor de year é um ano bissexto. Ou, então, você poderia escrever isto para testar se o valor de nextYear é um ano bissexto:

```
if ( IS_LEAP_YEAR (nextYear) )
   ...
```

Na instrução anterior, a definição de IS_LEAP_YEAR é diretamente substituída dentro da instrução if, com o argumento nextYear substituindo y quando ele aparece na definição. Assim, o compilador veria na verdade a seguinte instrução if:

```
if ( nextYear % 4 == 0 && nextYear % 100 != 0 || nextYear % 400 == 0 )
   ...
```

As definições são muitas vezes chamadas de *macros*. Essa terminologia é mais frequentemente aplicada para definições que recebem um ou mais argumentos.

Esta macro, chamada SQUARE, simplesmente eleva seu argumento ao quadrado:

```
#define SQUARE(x) x * x
```

Embora a definição de macro para SQUARE seja simples, você deve evitar uma interessante armadilha quando definir macros. Conforme descrevemos, a instrução

```
y = SQUARE (v);
```

atribui o valor de v^2 a y. Pense no que aconteceria no caso da instrução a seguir:

```
y = SQUARE (v + 1);
```

Essa instrução *não* atribui o valor de $(v + 1)^2$ a y, como seria de se esperar. Como o pré-processador faz uma substituição de texto literal do argumento na definição de macro, a expressão anterior é avaliada como segue:

```
y = v + 1 * v + 1;
```

Isso obviamente não produz os resultados esperados. Para tratar dessa situação de maneira correta, são necessários parênteses na definição da macro SQUARE:

```
#define SQUARE(x) ( (x) * (x) )
```

Mesmo que a definição anterior possa parecer estranha, lembre-se de que a expressão inteira, conforme dada para a macro SQUARE, é substituída literalmente quando x aparece na definição. Com sua nova definição de macro para SQUARE, a instrução

```
y = SQUARE (v + 1);
```

é, então, corretamente avaliada como

```
y = ( (v + 1) * (v + 1) );
```

A macro a seguir permite criar novas frações a partir de sua classe Fraction dinamicamente:

```
#define MakeFract(x,y) ([[Fraction alloc] initWith: x over: y])
```

Então, você pode escrever expressões como

```
myFract = MakeFract (1, 3);   // Faz a fração 1/3
```

O operador de expressão condicional pode ser particularmente útil na definição de macros. O seguinte operador define uma macro chamada MAX que obtém o máximo de dois valores:

```
#define MAX(a,b) ( ((a) > (b)) ? (a) : (b) )
```

Essa macro permite que, subsequentemente, você escreva instruções como esta:

```
limit = MAX (x + y, minValue);
```

Isso atribui a limit o máximo de x + y e minValue. Parênteses são colocados em torno da definição de MAX inteira para garantir que uma expressão como esta seja avaliada corretamente:

```
MAX (x, y) * 100
```

Parênteses são colocados individualmente em torno de cada argumento para garantir que expressões como a seguinte sejam avaliadas corretamente:

```
MAX (x & y, z)
```

& é o operador E bit a bit e tem precedência menor do que o operador > usado na macro. Sem os parênteses na definição de macro, o operador > seria avaliado antes do E bit a bit, produzindo um resultado incorreto.

A macro a seguir testa se um caractere é uma letra minúscula:

```
#define IS_LOWER_CASE(x) ( ((x) >= 'a') && ((x) <= 'z') )
```

Portanto, isso permite a você escrever expressões como esta:

```
if ( IS_LOWER_CASE (c) )
    ...
```

Você pode até usar essa macro em outra definição de macro para converter um caractere de minúscula para maiúscula, deixando qualquer caractere que não seja uma minúscula intacto:

```
#define TO_UPPER(x) ( IS_LOWER_CASE (x) ? (x) - 'a' + 'A': (x) )
```

Novamente, aqui você está lidando com um conjunto de caracteres ASCII padrão. Quando você aprender sobre objetos string de Foundation, na parte dois, vai ver como faz uma conversão de caixa que funcionará também para o conjunto de caracteres internacional (Unicode).

A instrução `#import`

Quando você já tiver programado em Objective-C por algum tempo, vai perceber que está desenvolvendo seu próprio conjunto de macros, as quais desejará usar em cada um de seus programas. Mas, em vez de digitar essas macros em cada novo programa que você escrever, o pré-processador permite reunir todas as suas definições em um arquivo separado e, então, incluí-los em seu programa usando a instrução #import. Esses arquivos – semelhantes àqueles que você encontrou anteriormente, mas não escreveu – em geral terminam com os caracteres .h e são chamados arquivos de *cabeçalho* ou *include*.

Suponha que você esteja escrevendo uma série de programas para fazer diversas conversões métricas. Talvez você queira configurar algumas instruções #define para as várias constantes necessárias para fazer suas conversões:

```
#define INCHES_PER_CENTIMETER   0.394
#define CENTIMETERS_PER_INCH    (1 / INCHES_PER_CENTIMETER)

#define QUARTS_PER_LITER        1.057
#define LITERS_PER_QUART        (1 / QUARTS_PER_LITER)

#define OUNCES_PER_GRAM         0.035
#define GRAMS_PER_OUNCE         (1 / OUNCES_PER_GRAM)
    ...
```

Suponha que você insira as definições anteriores em um arquivo separado no sistema, chamado `metric.h`. Qualquer programa que, subsequentemente, precise usar alguma das definições contidas no arquivo `metric.h` pode fazer isso apenas acionando esta diretiva de pré-processador:

```
#import "metric.h"
```

Essa instrução deve aparecer antes que qualquer uma das instruções #define contidas em `metric.h` sejam referenciadas e normalmente é colocada no início do arquivo-fonte. O pré-processador procura o arquivo especificado no sistema e efetivamente copia o conteúdo do arquivo no programa, no ponto preciso em que a instrução #import aparece. Assim, as instruções dentro do arquivo são tratadas exatamente como se tivessem sido digitadas diretamente nesse ponto do programa.

As aspas duplas em torno do nome do arquivo de cabeçalho instruem o pré-processador a procurar o arquivo especificado em um ou mais diretórios de arquivo (normalmente, primeiro no diretório que contém o arquivo-fonte, mas os lugares reais em que o pré-processador procura podem ser especificados no Xcode).

Colocar, em vez disso, o nome de arquivo dentro dos caracteres < e >, como em

```
#import <Foundation/Foundation.h>
```

faz o pré-processador procurar o arquivo include somente no diretório (ou diretórios) de arquivo de cabeçalho especial "system"; o diretório atual não será pesquisado. Novamente, com o Xcode, você pode especificar os diretórios a serem pesquisados.

Uma das melhores coisas a respeito do recurso de importação de arquivos é que isso permite centralizar suas definições, garantindo assim que todos os programas façam referência ao mesmo valor. Além disso, os erros descobertos em um dos valores contidos no arquivo include só precisam ser corrigidos nesse ponto, eliminando assim a necessidade de corrigir cada programa que utilize o valor. Qualquer programa que referenciasse o valor incorreto teria simplesmente de ser recompilado e não precisaria ser editado.

Compilação condicional

O pré-processador de Objective-C oferece um recurso conhecido como *compilação condicional*. A compilação condicional é frequentemente usada para criar um programa que pode ser compilado para executar em diferentes sistemas de computador. Muitas vezes também é usada para ativar ou desativar várias instruções do programa, como instruções de depuração que imprimem valores de variáveis ou rastreiam o fluxo da execução do programa.

As instruções `#ifdef, #endif, #else` e `#ifndef`

Infelizmente, às vezes um programa precisa contar com parâmetros dependentes do sistema que precisam ser especificados de formas diferentes em diferentes aparelhos (por exemplo, um iPhone *versus* um iPad) ou em uma versão específica do sistema operacional (por exemplo, Leopard *versus* Snow Leopard).

Se você tem um programa grande com muitas dessas dependências em relação a determinado hardware ou software do sistema de computador (isso deve ser minimizado o máximo possível), pode acabar com muitos valores que precisariam ser alterados para funcionar no outro ambiente.

Você pode ajudar a reduzir o problema de ter de alterar esses valores e incorporar no programa os valores dessas definições para cada máquina diferente, usando os recursos de compilação condicional do pré-processador. Como um exemplo simples, as instruções a seguir têm o efeito de definir `kImageFile` como `@"barnHD.png"` se o símbolo `IPAD` for previamente definido, e como `@"barn.png"` se não for:

```
#ifdef IPAD
#  define kImageFile @"barnHD.png"
#else
#  define kImageFile @"barn.png"
#endif
```

Como você pode ver aqui, é permitido colocar um ou mais espaços após o sinal # que inicia uma instrução de pré-processador.

As instruções `#ifdef`, `#else` e `#endif` se comportam como seria de se esperar. Se o símbolo especificado na linha `#ifdef` já estivesse definido – por meio de uma instrução `#define` ou da linha de comando quando o programa fosse compilado –, o compilador processaria as linhas seguintes até um `#else`, `#elif` ou `#endif`; caso contrário, elas seriam ignoradas.

Para definir o símbolo `IPAD` no pré-processador, a instrução

```
#define IPAD 1
```

ou mesmo apenas

```
#define IPAD
```

é suficiente. Como você pode ver, nenhum texto precisa aparecer após o nome definido para satisfazer o teste `#ifdef`. O compilador também permite definir um nome para o pré-processador quando o programa é compilado, usando uma opção especial para o comando do compilador. A linha de comando

```
clang -fobjc-arc -D IPAD program.m
```

define o nome `IPAD` para o pré-processador, fazendo todas as instruções `#ifdef IPAD` dentro de `program.m` serem avaliadas como VERDADEIRO (note que você deve digitar `-D IPAD` antes do nome do programa na linha de comando). Essa técnica permite que você defina nomes sem editar o programa-fonte.

No Xcode, você adiciona novos nomes definidos e especifica seus valores selecionando Build Settings, All, Apple LLVM compiler 3.0 – Preprocessing, Preprocessor Macros. Na Figura 12.1 você pode ver uma captura de tela dos símbolos `IPAD` e `DEBUG` (definidos como 1) configurados no Xcode 4.

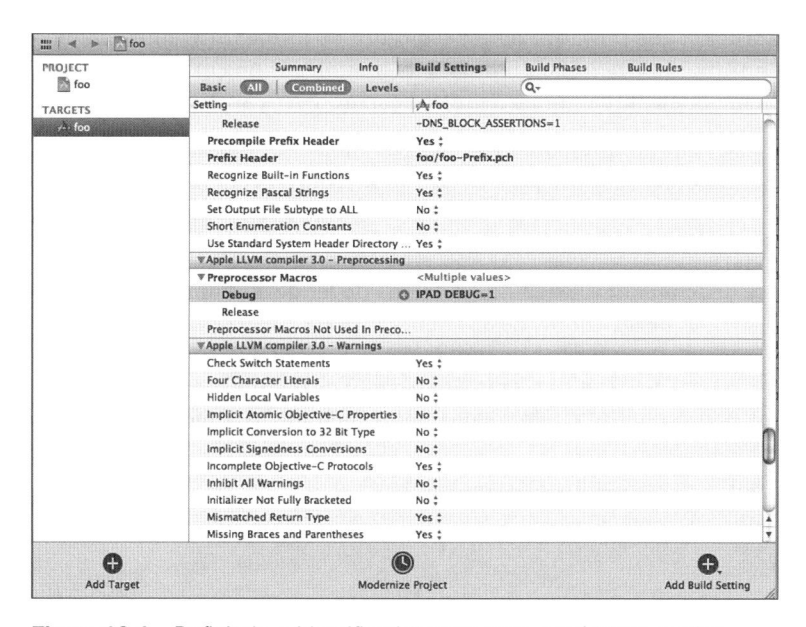

Figura 12.1 Definindo o identificador `IPAD` para o pré-processador.

A instrução `#ifndef` segue a mesma linha de `#ifdef`. Essa instrução é usada de modo semelhante, exceto que faz as linhas subsequentes serem processadas se o símbolo indicado *não* estiver definido.

Conforme já mencionado, a compilação condicional é útil ao se depurar programas. Poderia haver muitas chamadas de `NSLog` incorporadas em seu programa, usadas para exibir resultados intermediários e rastrear o fluxo de execução. Você pode ativar essas instruções compilando-as condicionalmente no programa se um nome em particular, como `DEBUG`, estiver definido. Por exemplo, você poderia usar uma sequência de instruções como a seguinte para exibir o valor de algumas variáveis somente se o programa tivesse compilado com o nome `DEBUG` definido:

```
#ifdef DEBUG
   NSLog (@"User name = %s, id = %i", userName, userId);
#endif
```

Poderia haver muitas dessas instruções de depuração por todo o programa. Quando o programa está sendo depurado, pode ser compilado com `DEBUG` definido, a fim de se ter todas as instruções de depuração compiladas. Quando o programa estiver funcionando corretamente, pode ser recompilado sem `DEBUG` definido. Isso tem a vantagem adicional de reduzir o tamanho do programa, pois nenhuma de suas instruções de depuração é compilada.

As instruções de pré-processador `#if` e `#elif`

A instrução de pré-processador `#if` oferece uma maneira mais geral de controlar a compilação condicional. A instrução `#if` pode ser usada para testar se uma expressão constante é avaliada como diferente de zero. Se o resultado da expressão é diferente de zero, as linhas subsequentes até um `#else`, `#elif` ou `#endif` são processadas; caso contrário, são puladas.

Como um exemplo de uso, as linhas a seguir aparecem no arquivo de cabeçalho `NSString.h` da estrutura Foundation:

```
#if MAC_OS_X_VERSION_MIN_REQUIRED < MAC_OS_X_VERSION_10_5
#define NSMaximumStringLength    (INT_MAX-1)
#endif
```

O valor da variável definida `MAC_OS_X_VERSION_MIN_REQUIRED` é testado em relação à variável definida `MAC_OS_X_VERSION_10_5`. Se a primeira é menor do que a última, a instrução `#define` seguinte é processada; caso contrário, é pulada. Dessa forma, o comprimento máximo de uma string é definido como o tamanho máximo de um inteiro menos 1, se o programa está sendo compilado no Mac OS X 10.5 ou versões posteriores.

O operador especial

```
defined (name)
```

também pode ser usado em instruções `#if`. Este conjunto de instruções de pré-processador faz a mesma coisa:

```
#if defined (DEBUG)
    ...
```

```
#endif
```

and

```
#ifdef DEBUG
   ...
#endif
```

As instruções a seguir aparecem no arquivo de cabeçalho NSObjcRuntime.h com o objetivo de definir NS_INLINE (se não foi definido anteriormente) com base no compilador em particular em que está sendo usado:

```
#if !defined(NS_INLINE)
   #if defined(__GNUC__)
      #define NS_INLINE static __inline__ __attribute__((always_inline))
      #elif defined(__MWERKS__) || defined(__cplusplus)
      #define NS_INLINE static inline
      #elif defined(_MSC_VER)
      #define NS_INLINE static __inline
      #elif defined(__WIN32__)
      #define NS_INLINE static __inline__
      #endif
#endif
```

Outro uso comum de `#if` é em sequências de código como esta:

```
#if defined (DEBUG) && DEBUG
...
#endif
```

Isso faz com que as instruções após `#if` e até `#endif` sejam processadas somente se DEBUG estiver definido e tiver um valor diferente de zero.

Como expressões podem ser usadas e como 0 é sempre falso, os programadores (inclusive eu mesmo) frequentemente deixam um bloco de código como comentário, ocultando-o dentro de um par `#if 0 ... #endif` de instruções de pré-processador.

A instrução `#undef`

Às vezes é necessário fazer um nome definido se tornar indefinido. Isso é feito com a instrução `#undef`. Para retirar a definição de um nome em particular, você escreve o seguinte:

```
#undef name
```

Portanto, esta instrução retira a definição de IPAD:

```
#undef IPAD
```

As instruções `#ifdef IPAD` ou `#if defined (IPAD)` subsequentes são avaliadas como FALSO.

Isso conclui nossa discussão sobre o pré-processador.

Exercícios

1. Localize os arquivos de cabeçalho do sistema `limits.h` e `float.h` em sua máquina. Examine os arquivos para ver o que há neles. Se esses arquivos incluem outros arquivos de cabeçalho, certifique-se de localizá-los também, para examinar seu conteúdo.

2. Defina uma macro chamada `MIN` que forneça o mínimo de dois valores. Em seguida, escreva um programa para testar a definição da macro.

3. Defina uma macro chamada `MAX3` que forneça o máximo de três valores. Escreva um programa para testar a definição.

4. Escreva uma macro chamada `IS_UPPER_CASE` que forneça um valor diferente de zero se um caractere for uma letra maiúscula.

5. Escreva uma macro chamada `IS_ALPHABETIC` que forneça um valor diferente de zero se um caractere for alfabético. Faça a macro usar a macro `IS_LOWER_CASE` definida no texto do capítulo e a macro `IS_UPPER_CASE` definida no Exercício 4.

6. Escreva uma macro chamada `IS_DIGIT` que forneça um valor diferente de zero se um caractere for um algarismo de 0 a 9. Use essa macro na definição de outra, chamada `IS_SPECIAL`, que forneça um resultado diferente de zero se encontrar um caractere especial (isto é, não alfabético nem algarismo). Certifique-se de usar a macro `IS_ALPHABETIC` desenvolvida no Exercício 5.

7. Escreva uma macro chamada `ABSOLUTE_VALUE` que calcule o valor absoluto de seu argumento. Certifique-se de que a macro avalie corretamente uma expressão como esta:

```
ABSOLUTE_VALUE (x + delta)
```

13
Recursos subjacentes da linguagem C

Este capítulo descreve recursos da linguagem Objective-C que você não precisa necessariamente conhecer para programar em Objective-C. Na verdade, a maioria deles vem da linguagem de programação C. No caso de recursos como funções, estruturas, ponteiros, uniões e arrays, é melhor aprender apenas o estritamente necessário. Como C é uma linguagem procedural, alguns dos recursos são contrários à programação orientada a objetos. Eles também podem interferir em algumas das estratégias implementadas pelo framework Foundation, como a metodologia de alocação de memória ou o trabalho com strings de caracteres contendo caracteres de vários bytes.

> **Nota**
>
> Existem maneiras de trabalhar com caracteres de vários bytes em nível de C, mas a estrutura Foundation oferece uma solução muito mais elegante, com sua classe `NSString`.

Entretanto, algumas aplicações podem exigir o uso de uma estratégia de nível mais baixo, talvez visando à otimização. Se você estiver trabalhando com arrays de dados grandes, por exemplo, talvez queira usar as estruturas de dados internas da linguagem C, em vez dos objetos array da Foundation (que serão descritos no Capítulo 15, "Números, strings e coleções"). As funções também são úteis se forem utilizadas corretamente para agrupar operações repetitivas e para tornar um programa modular.

Dê uma rápida olhada neste capítulo para ter uma visão geral da matéria e volte a ele depois de ter terminado de ler a parte dois, "O framework Foundation". Ou, então, você pode pulá-lo completamente e ir direto para a parte dois. Se você acabar dando suporte para código de outra pessoa ou começar a examinar detidamente alguns dos arquivos de cabeçalho da estrutura Foundation, vai encontrar algumas das construções abordadas neste capítulo. Vários dos tipos de dados da Foundation, como `NSRange`, `NSPoint` e `NSRect`, exigem um entendimento rudimentar de estruturas, as quais estão descritas aqui. Nesses casos, você pode voltar a este capítulo e ler a seção apropriada para aprender os conceitos.

Arrays

A linguagem Objective-C permite que o usuário defina um conjunto de itens de dados ordenados conhecido como array. Esta seção descreve como se faz para definir e manipular arrays. Seções posteriores ilustrarão como os arrays funcionam em conjunto com funções, estruturas, strings de caracteres e ponteiros.

Suponha que você quisesse ler um conjunto de notas no computador e, então, efetuar algumas operações com elas, como classificá-las em ordem ascendente, calcular a média ou encontrar a mediana. No processo de classificação de um conjunto de notas, não é possível efetuar uma operação assim até que você tenha inserido cada nota.

Em Objective-C, é possível definir uma variável chamada `grades` que representa não um único valor de nota, mas todo um conjunto de notas. Então, você pode referenciar cada elemento do conjunto usando um número chamado *índice* ou *subscrito*. Enquanto na matemática uma variável com subscrito, x_i, se refere ao *i*-ésimo elemento *x* de um conjunto, em Objective-C, a notação equivalente é esta:

`x[i]`

Assim, a expressão

`grades[5]`

(leia-se "grades sub 5") se refere ao elemento número 5 no array chamado `grades`. Em Objective-C, os elementos de array começam com o número 0, assim

`grades[0]`

se refere na verdade ao primeiro elemento do array.

Você pode usar um elemento de array individual em qualquer lugar onde pode utilizar uma variável normal. Por exemplo, você pode atribuir um valor de array a outra variável com uma instrução como esta:

`g = grades[50];`

Essa instrução atribui o valor contido em `grades[50]` a g. Mais geralmente, se i é declarada como uma variável inteira, a instrução

`g = grades[i];`

atribui a g o valor contido no elemento número i do array `grades`.

Um valor pode ser armazenado em um elemento de um array simplesmente especificando-se o elemento do array no lado esquerdo de um sinal de igual. Na instrução

`grades[99] = 95;`

o valor 95 é armazenado no elemento número 99 do array `grades`.

Você pode ordenar facilmente os elementos do array modificando o valor de uma variável que seja usada como subscrito no array. Portanto, o loop `for`

`for ( i = 0; i < 100; ++i )`

```
    sum += grades[i];
```
ordena os primeiros 100 elementos do array `grades` (elementos 0-99) e adiciona o valor de cada nota (grade) em `sum`. Quando o loop `for` termina, a variável `sum` contém o total dos 100 primeiros valores do array `grades` (supondo que `sum` foi definida como 0 antes de entrar no loop).

Assim como acontece com outros tipos de variáveis, você deve declarar os arrays antes de poder usá-los. Declarar um array envolve declarar o tipo de elemento que estará contido nele, como `int`, `float` ou um objeto, assim como o número máximo de elementos que serão armazenados no array.

A definição

```
Fraction *fracts [100];
```

define `fracts` como um array contendo 100 frações. Você pode fazer referências válidas a esse array usando subscritos 0-99.

A expressão

```
fracts[2] = [fracts[0] add: fracts[1]];
```

chama o método `add:` de `Fraction` para somar as duas primeiras frações do array `fracts` e armazenar o resultado na terceira posição do array.

O Programa 13.1 gera uma tabela com os 15 primeiros números de Fibonacci. Tente prever sua saída. Que relação existe entre cada número na tabela?

Programa 13.1

```
// Programa para gerar os 15 primeiros números de Fibonacci
#import <Foundation/Foundation.h>

int main (int argc, char * argv[])
{
   @autoreleasepool {
      int Fibonacci[15], i;

      Fibonacci[0] = 0;  /* por definição */
      Fibonacci[1] = 1;  /* idem */

      for ( i = 2; i < 15; ++i )
         Fibonacci[i] = Fibonacci[i-2] + Fibonacci[i-1];

      for ( i = 0; i < 15; ++i )
         NSLog (@"%i", Fibonacci[i]);
   }
   return 0;
}
```

Programa 13.1   Saída

```
0
1
1
```

```
2
3
5
8
13
21
34
55
89
144
233
377
```

Os dois primeiros números de Fibonacci, que chamamos de *F0* e *F1*, são definidos como 0 e 1 respectivamente. Daí em diante, cada número de Fibonacci sucessivo *Fi* é definido como sendo a soma dos dois números de Fibonacci precedentes *Fi-2* e *Fi-1*. Assim, *F2* é calculado pela soma dos valores de *F0* e *F1*. No programa anterior, isso corresponde diretamente a calcular `Fibonacci[2]` somando os valores `Fibonacci[0]` e `Fibonacci[1]`. Esse cálculo é feito dentro do loop `for`, o qual calcula os valores de *F2–F14* (ou, equivalentemente, `Fibonacci[2]` a `Fibonacci[14]`).

Inicializando elementos de array

Assim como é possível atribuir valores iniciais às variáveis quando elas são declaradas, você pode atribuir valores iniciais aos elementos de um array. Isso é feito simplesmente listando os valores iniciais do array, começando pelo primeiro elemento. Os valores da lista são separados por vírgulas e a lista inteira é colocada dentro de um par de chaves.

A instrução

```
int integers[5] = { 0, 1, 2, 3, 4 };
```

estabelece o valor de `integers[0]` como 0, `integers[1]` como 1, `integers[2]` como 2, e assim por diante.

Os arrays de caracteres são inicializados de maneira semelhante; assim, a instrução

```
char letters[5] = { 'a', 'b', 'c', 'd', 'e' };
```

define o array de caracteres `letters` e inicializa os cinco elementos com os caracteres `'a'`, `'b'`, `'c'`, `'d'` e `'e'` respectivamente.

Não é necessário inicializar um array inteiro completamente. Se forem especificados alguns valores iniciais, apenas um número igual de elementos será inicializado; os valores restantes do array serão definidos como zero. Assim, a declaração

```
float sample_data[500] = { 100.0, 300.0, 500.5 };
```

inicializa os três primeiros valores de `sample_data` como `100.0`, `300.0` e `500.5` e define os 497 elementos restantes como `0`.

Colocando um número de elemento dentro de um par de colchetes, você pode inicializar elementos específicos do array em qualquer ordem. Por exemplo,

```
int x = 1233;
int a[] = { [9] = x + 1, [2] = 3, [1] = 2, [0] = 1 };
```

define um array chamado `a` com 10 elementos (baseado no índice mais alto no array) e inicializa o último elemento com o valor de x + 1 (`1234`). Além disso, inicializa os três primeiros elementos como `1`, `2` e `3` respectivamente.

Arrays de caracteres

O Programa 13.2 ilustra como você pode usar um array de caracteres. No entanto, um ponto merece ser discutido. Você consegue identificá-lo?

Programa 13.2

```
#import <Foundation/Foundation.h>

int main (int argc, char *argv[])
{
    @autoreleasepool {
        char word[] = { 'H', 'e', 'l', 'l', 'o', '!' };
        int i;

        for ( i = 0; i < 6; ++i )
            NSLog (@"%c", word[i]);
    }
    return 0;
}
```

Programa 13.2 Saída

```
H
e
l
l
o
!
```

Nesse caso, o tamanho do array é determinado automaticamente, com base no número de elementos de inicialização. Como o Programa 13.2 tem seis valores iniciais listados para o array `word`, a linguagem Objective-C o dimensiona implicitamente com seis elementos.

Essa estratégia funciona bem, desde que você inicialize cada elemento do array no ponto em que o array for definido. Se esse não for o caso, você deve dimensionar o array explicitamente.

Se você colocar um caractere de terminação nulo (`'\0'`) no final de um array de caracteres, criará o que é frequentemente chamado de string *de caracteres*. Se você substituísse a inicialização de word no Programa 13.2 por esta linha

```
char word[] = { 'H', 'e', 'l', 'l', 'o', '!', '\0' };
```

poderia ter, subsequentemente, exibido a string com uma chamada de NSLog, como segue:

```
NSLog (@"%s", word);
```

Isso funciona porque os caracteres de formatação %s dizem a NSLog para que continue a exibir caracteres até atingir um caractere de terminação nulo. Esse é o caractere que você coloca no final de seu array word.

Arrays multidimensionais

Os tipos de arrays vistos até aqui são todos arrays lineares – isto é, todos lidam com apenas uma dimensão. A linguagem permite definir arrays de qualquer dimensão. Esta seção examina os arrays bidimensionais.

Uma das aplicações mais naturais para um array bidimensional surge no caso de uma matriz. Considere a matriz 4 x 5 mostrada aqui:

10	5	–3	17	82
9	0	0	8	–7
32	20	1	0	14
0	0	8	7	6

Na matemática, um elemento de uma matriz normalmente é referido usando-se um duplo subscrito. Se a matriz anterior se chamasse M, a notação $M_{i,j}$ se referiria ao elemento na i-ésima linha, j-ésima coluna, onde *i* variaria de 1 a 4 e *j* variaria de 1 a 5. A notação $M_{3,2}$ se referiria ao valor 20, que é encontrado na terceira linha, segunda coluna da matriz. De modo semelhante, $M_{4,5}$ se referiria ao elemento contido na quarta linha, quinta coluna (o valor 6).

Em Objective-C, uma notação análoga é usada ao se referir a elementos de um array bidimensional. No entanto, como Objective-C gosta de iniciar a numeração das coisas em 0, a primeira linha da matriz é na verdade a linha 0 e a primeira coluna da matriz é a coluna 0. Então, a matriz anterior teria designações de linha e coluna conforme mostrado no diagrama a seguir:

Linha (i)	Coluna (j)				
	0	1	2	3	4
0	10	5	–3	17	82
1	9	0	0	8	–7
2	32	20	1	0	14
3	0	0	8	7	6

Enquanto na matemática é usada a notação $M_{i,j}$, em Objective-C, a notação equivalente é a seguinte:

M[i][j]

Lembre-se de que o primeiro número do índice se refere ao número da linha, enquanto o segundo número do índice faz referência à coluna. Portanto, a instrução

sum = M[0][2] + M[2][4];

soma o valor contido na linha 0, coluna 2 (que é -3) ao valor contido na linha 2, coluna 4 (que é 14) e atribui o resultado 11 à variável sum.

Os arrays bidimensionais são declarados da mesma maneira que os arrays unidimensionais; assim,

int M[4][5];

declara o M como um array bidimensional consistindo em 4 linhas e 5 colunas, para um total de 20 elementos. Cada posição no array é definida para conter um valor inteiro.

Os arrays bidimensionais podem ser inicializados de maneira semelhante aos seus equivalentes unidimensionais. Ao se listar os elementos para inicialização, os valores são listados por linha. Pares de chaves são usados para separar a lista de inicializadores de uma linha da seguinte. Portanto, para definir e inicializar o array M com os elementos listados na tabela anterior, você pode usar uma instrução como a seguinte:

```
int M[4][5] = {
            { 10, 5, -3, 17, 82 },
            { 9, 0, 0, 8, -7 },
            { 32, 20, 1, 0, 14 },
            { 0, 0, 8, 7, 6 }
    };
```

Preste bastante atenção à sintaxe da instrução anterior. Note que são exigidas vírgulas após cada chave que fecha uma linha, exceto no caso da última. Na verdade, o uso dos pares de chaves internos é opcional. Se eles não forem fornecidos, a inicialização ocorrerá por linha. Portanto, a instrução anterior também poderia ser escrita como segue:

```
int M[4][5] = { 10, 5, -3, 17, 82, 9, 0, 0, 8, -7, 32,
                20, 1, 0, 14, 0, 0, 8, 7, 6 };
```

Assim como nos arrays unidimensionais, não é necessário inicializar o array inteiro. Uma instrução como a seguinte inicializa somente os três primeiros elementos de cada linha da matriz com os valores indicados:

```
int M[4][5] = {
      { 10, 5, -3 },
      { 9, 0, 0 },
      { 32, 20, 1 },
      { 0, 0, 8 }
};
```

Aos valores restantes é atribuído 0. Note que, nesse caso, os pares de chaves internos são obrigatórios para forçar a inicialização correta. Sem eles, seriam inicializadas as duas primeiras linhas e os dois primeiros elementos da terceira linha. (Verifique por si mesmo que esse seria o caso.)

Funções

A rotina NSLog é um exemplo de uma função que tem sido utilizada em todos os programas até agora. Na verdade, todos os programas também têm usado uma função chamada main. Vamos voltar ao primeiro programa que você escreveu (Programa 2.1), o qual exibia "Programming is fun." no terminal:

```
#import <Foundation/Foundation.h>

int main (int argc, char * argv[])
{
   @autoreleasepool {
      NSLog (@"Programming is fun.");
   }
   return 0;
}
```

Esta função, chamada printMessage, produz a mesma saída:

```
void printMessage (void)
{
   NSLog (@"Programming is fun.");
}
```

A primeira linha de uma definição de função diz ao compilador quatro coisas a respeito da função:

- Quem pode chamá-la
- O tipo de valor que ela retorna
- Seu nome
- O número e o tipo de argumentos que recebe

A primeira linha da definição da função `printMessage` diz ao compilador que `printMessage` é o nome da função e que ela não retorna valor algum (o primeiro uso da palavra-chave `void`). Ao contrário dos métodos, você não coloca o tipo de retorno dentro de um conjunto de parênteses. Na verdade, se fizer isso, receberá uma mensagem de erro do compilador.

Após dizer ao compilador que `printMessage` não retorna nenhum valor, o segundo uso da palavra-chave `void` diz que a função não recebe argumentos.

Lembre-se de que `main` é um nome reconhecido de forma especial no sistema Objective-C, o qual sempre indica onde o programa começa a executar. Sempre deve haver um `main`. Assim, você pode adicionar uma função `main` no código anterior para ter um programa completo, como mostrado no Programa 13.3.

Programa 13.3

```
#import <Foundation/Foundation.h>

void printMessage (void)
{
   NSLog (@"Programming is fun.");
}

int main (int argc, char * argv[])
{
   @autoreleasepool {
      printMessage ();
   }
   return 0;
}
```

Programa 13.3 Saída

```
Programming is fun.
```

O Programa 13.3 consiste em duas funções: `printMessage` e `main`. Conforme mencionado anteriormente, a ideia de chamar uma função não é nova. Como `printMessage` não recebe argumentos, você a chama simplesmente listando seu nome, seguido por um par de parênteses de abertura e fechamento.

Argumentos e variáveis locais

No Capítulo 5, "Loops de programa", você desenvolveu programas para calcular números triangulares. Aqui você define uma função para gerar um número triangular e a chama, de modo muito apropriado, `calculateTriangularNumber`. Como argumento para a função, você especifica o número triangular a ser calculado. Então, a função calcula o número desejado e exibe os resultados. O Programa 13.4 mostra a função para cumprir a tarefa e uma rotina `main` para testá-la.

Programa 13.4

```
#import <Foundation/Foundation.h>

// Função para calcular o n-ésimo número triangular

void calculateTriangularNumber (int n)
{
   int i, triangularNumber = 0;

   for ( i = 1; i <= n; ++i )
      triangularNumber += i;

   NSLog (@"Triangular number %i is %i", n, triangularNumber);
}

int main (int argc, char * argv[])
{
   @autoreleasepool {
      calculateTriangularNumber (10);
      calculateTriangularNumber (20);
      calculateTriangularNumber (50);
   }
   return 0;
}
```

Programa 13.4 Saída

```
Triangular number 10 is 55
Triangular number 20 is 210
Triangular number 50 is 1275
```

A primeira linha da função `calculateTriangularNumber` é esta:

`void calculateTriangularNumber (int n)`

Ela diz ao compilador que `calculateTriangularNumber` é uma função que não retorna valor algum (a palavra-chave `void`) e que recebe um único argumento chamado n, de tipo `int`. Note novamente que não se pode colocar o tipo do argumento entre parênteses, como você está acostumado a fazer ao escrever métodos.

A chave de abertura indica o início da definição da função. Como você quer calcular o *n*-ésimo número triangular, precisa definir uma variável para armazenar o valor do número triangular quando estiver sendo calculado. Você também precisa de uma variável para atuar como índice em seu loop. As variáveis TriangularNumber e i são definidas para esses propósitos e declaradas como sendo de tipo `int`. Essas variáveis são definidas e inicializadas da mesma maneira que você definiu e inicializou suas variáveis dentro da rotina `main` nos programas anteriores.

Nas funções, as variáveis locais se comportam como nos métodos: se for dado um valor inicial para uma variável dentro de uma função, esse valor inicial será atribuído à variável sempre que a função for chamada. E, se estiver usando ARC (Automatic Reference Counting), note que, por padrão, as variáveis de objeto locais também são inicializadas com zero sempre que uma função (ou método) é chamada.

As variáveis definidas dentro de uma função (assim como nos métodos) são conhecidas como *variáveis locais automáticas*, pois são "criadas" automaticamente sempre que a função é chamada e seus valores são locais à função.

As *variáveis locais estáticas* são declaradas com a palavra-chave `static`, mantêm seus valores nas chamadas de função e têm como padrão valores iniciais 0.

O valor de uma variável local só pode ser acessado pela função na qual a variável está definida. Seu valor não pode ser acessado diretamente fora da função.

Voltando ao nosso exemplo de programa, depois que as variáveis locais foram definidas, a função calcula o número triangular e exibe os resultados no terminal. Então, a chave de fechamento define o fim da função.

Dentro da rotina `main`, o valor 10 é passado como argumento na primeira chamada de `calculateTriangularNumber`. Em seguida, a execução é transferida diretamente para a função, onde o valor 10 se torna o valor do parâmetro formal n dentro da função. Então, a função calcula o valor do 10º número triangular e exibe o resultado.

Na próxima vez que `calculateTriangularNumber` é chamada, é passado o argumento 20. Em um processo semelhante ao descrito anteriormente, esse valor se torna o valor de n dentro da função. Então, a função calcula o valor do 20º número triangular e exibe a resposta.

Retornando resultados de função

Assim como os métodos, uma função pode retornar um valor. O tipo de valor retornado com a instrução `return` deve ser coerente com o tipo de retorno declarado para a função. Uma declaração de função que começa com

```
float kmh_to_mph (float km_speed)
```

inicia a definição de uma função `kmh_to_mph`, a qual recebe um argumento float chamado `km_speed` e retorna um valor de ponto flutuante. Da mesma forma,

```
int gcd (int u, int v)
```

define uma função chamada `gcd` com argumentos inteiros u e v, e retorna um valor inteiro.

Vamos reescrever o algoritmo do máximo divisor comum usado no Programa 5.7, em forma de função. Os dois argumentos da função são os dois números cujo máximo divisor comum (`gcd`) você deseja calcular (veja o Programa 13.5).

Programa 13.5

```objc
#import <Foundation/Foundation.h>

// Esta função calcula o máximo divisor comum de dois
// valores inteiros não negativos e retorna o resultado

int gcd (int u, int v)
{
   int temp;

   while ( v != 0 )
   {
      temp = u % v;
      u = v;
      v = temp;
   }

   return u;
}

main ()
{
   @autoreleasepool {
      int result;

      result = gcd (150, 35);
      NSLog (@"The gcd of 150 and 35 is %i", result);

      result = gcd (1026, 405);
      NSLog (@"The gcd of 1026 and 405 is %i", result);

      NSLog (@"The gcd of 83 and 240 is %i", gcd (83, 240));
   }
   return 0;
}
```

Programa 13.5 Saída

```
The gcd of 150 and 35 is 5
The gcd of 1026 and 405 is 27
The gcd of 83 and 240 is 1
```

A função gcd é definida de forma a receber dois argumentos inteiros. A função se refere a esses argumentos por meio de seus nomes de parâmetro formais: u e v. Após declarar a variável temp como sendo de tipo int, o programa exibe os valores dos argumentos u e v, junto com uma mensagem apropriada, no terminal. Então, a função calcula e retorna o máximo divisor comum dos dois inteiros.

A instrução

```
result = gcd (150, 35);
```

diz para chamar a função `gcd` com os argumentos 150 e 35, e armazenar o valor retornado por essa função na variável `result`.

Se a declaração de tipo de retorno de uma função é omitida, o compilador presume que a função retornará um inteiro (se é que vai retornar um valor). Muitos programadores tiram proveito desse fato e omitem a declaração de tipo de retorno de funções que retornam inteiros. No entanto, você deve evitar esse mau hábito de programação. O compilador o avisará que o tipo de retorno será `int` por padrão, o que é uma indicação de que você está fazendo algo errado!

O tipo de retorno padrão para funções difere daquele para métodos. Lembre-se de que, se não for especificado nenhum tipo de retorno para um método, o compilador presumirá que ele retorna um valor de tipo `id`. Novamente, você sempre deve declarar o tipo de retorno de um método, em vez de contar com esse fato.

Declarando tipos de retorno e tipos de argumento

Conforme mencionado anteriormente, o compilador de Objective-C presume que uma função retorna um valor de tipo `int` por padrão. Mais especificamente, quando é feita uma chamada para uma função, o compilador presume que a função retorna um valor de tipo `int`, a não ser que uma das duas opções a seguir tenha ocorrido:

- A função foi definida no programa antes da chamada de função ser encontrada.
- O valor retornado pela função foi declarado antes da chamada de função ser encontrada. Declarar os tipos de retorno e de argumento de uma função é conhecido como declaração de *protótipo*.

A declaração de função não é usada apenas para declarar o tipo de retorno da função, mas também para dizer ao compilador quantos argumentos a função recebe e quais são seus tipos. Isso é análogo a declarar métodos dentro da seção `@interface` ao se definir uma nova classe.

Para declarar `absoluteValue` como uma função que retorna um valor de tipo `float` e que recebe um único argumento, também de tipo `float`, você poderia usar a seguinte declaração de protótipo:

```
float absoluteValue (float);
```

Como você pode ver, é preciso especificar apenas o tipo do argumento dentro dos parênteses e não seu nome. Opcionalmente, você pode especificar um nome "fictício" após o tipo, se quiser:

```
float absoluteValue (float x);
```

Esse nome não precisa ser o mesmo usado na definição da função – de qualquer modo, o compilador o ignora.

Uma maneira à prova de erros de escrever uma declaração de protótipo é simplesmente fazer uma cópia da primeira linha da definição real da função. Lembre-se de colocar um ponto e vírgula no final.

Se a função recebe um número de argumentos variável (como no caso de `NSLog` e `scanf`), o compilador precisa ser informado. A declaração

```
void NSLog (NSString *format, ...);
```

diz ao compilador que `NSLog` recebe um objeto `NSString` como primeiro argumento e é seguido por qualquer número de argumentos adicionais (o uso de ...). `NSLog` é declarada no arquivo especial `Foundation/Foundation.h`[1], o que é um motivo pelo qual você tem colocado a seguinte linha no início de cada um de seus programas:

```
#import <Foundation/Foundation.h>
```

Sem essa linha, o compilador pode presumir que `NSLog` recebe um número fixo de argumentos, o que pode resultar na geração de código incorreto.

O compilador só converterá automaticamente seus argumentos numéricos para os tipos apropriados quando uma função for chamada, se você tiver colocado a definição da função ou tiver declarado a função e seus tipos de argumento antes da chamada.

Considere alguns lembretes e sugestões sobre funções:

- Por padrão, o compilador presume que uma função retorna um `int`.
- Ao definir uma função que retorna um `int`, defina-a como tal.
- Ao definir uma função que não retorna um valor, defina-a como `void`.
- O compilador só converterá seus argumentos de acordo com aqueles que a função espera, se você tiver definido ou declarado a função anteriormente.

Por segurança, declare todas as funções em seu programa, mesmo que sejam definidas antes de serem chamadas. (Talvez você decida posteriormente movê-las para outro lugar em seu arquivo ou mesmo para outro arquivo.) Uma boa estratégia é colocar suas declarações de função dentro de um arquivo de cabeçalho e, então, apenas importar esse arquivo para seus módulos.

As funções são *externas* por padrão. Isto é, o escopo padrão de uma função é que ela pode ser chamada por quaisquer funções ou métodos contidos em quaisquer arquivos que estejam ligados à função. Você pode limitar o escopo de uma função tornando-a estática. Isso é feito colocando a palavra-chave `static` na frente da declaração de função, como mostrado aqui:

```
static int gcd (int u, int v)
{
    ...
}
```

---

[1] Tecnicamente falando, é definida no arquivo `NSObjCRuntime.h`, que é importado de dentro do arquivo `Foundation.h`.

Uma função estática pode ser chamada somente por outras funções ou métodos que apareçam no mesmo arquivo que contém a definição da função.

Funções, métodos e arrays

Para passar um único elemento de array para uma função ou método, você especifica o elemento como argumento da maneira normal. Assim, se você tivesse uma função squareRoot para calcular raízes quadradas e quisesse extrair a raiz quadrada de averages[i] e atribuir o resultado a uma variável chamada sq_root_result, uma instrução como esta funcionaria:

```
sq_root_result = squareRoot (averages[i]);
```

Passar um array inteiro para uma função ou método é algo totalmente diferente. Para passar um array, você precisa listar somente o nome do array, sem quaisquer subscritos, dentro da chamada da função ou do método. Por exemplo, supondo que grade_scores tenha sido declarado como um array contendo 100 elementos, a expressão

```
minimum (grade_scores)
```

passa todos os 100 elementos contidos no array grade_scores para a função chamada minimum. Naturalmente, a função minimum deve estar esperando que um array inteiro seja passado como argumento e deve fazer a declaração de parâmetro formal apropriada.

Esta função encontra o mínimo valor inteiro em um array contendo um número especificado de elementos:

```
// Função para encontrar o mínimo em um array

int minimum (int values[], int numElements)
{
   int minValue, i;

   minValue = values[0];

   for ( i = 1; i < numElements; ++i )
      if ( values[i] < minValue )
         minValue = values[i];

   return (minValue);
}
```

A função minimum é definida de forma a receber dois argumentos: primeiro, o array cujo mínimo você quer e, segundo, o número de elementos no array. Os colchetes de abertura e fechamento que vêm imediatamente após values no cabeçalho da função informam ao compilador de Objective-C que values é um array de inteiros. O compilador não se importa com o tamanho disso.

O parâmetro formal numElements serve como limite superior dentro da instrução for. Assim, a instrução for percorre o array, de values[1] até o último elemento do array, que é values[numElements - 1].

Se uma função ou método altera o valor de um elemento do array, essa alteração é feita no array original que foi passado para a função ou método. Ela permanece em vigor mesmo após a função ou método ter completado a execução.

O motivo para um array se comportar diferentemente de uma variável simples ou de um elemento de array – cujo valor uma função ou método não pode alterar – merece uma pequena explicação. Dissemos que, quando uma função ou método é chamado, os valores passados como argumentos são copiados nos parâmetros formais correspondentes. Essa instrução ainda é válida. No entanto, ao se tratar com arrays, o conteúdo inteiro do array não é copiado no array do parâmetro formal. Em vez disso, é passado um ponteiro indicando onde o array está localizado na memória do computador. Assim, quaisquer alterações feitas no array do parâmetro formal são feitas realmente no array original e não em uma cópia dele. Portanto, quando a função ou método retorna, essas alterações permanecem em vigor.

Blocos

Os blocos são uma extensão recente na linguagem C. Eles não fazem parte da definição C ANSI padrão e foram adicionados na linguagem pela Apple, Inc. Os blocos são muito parecidos e atuam quase da mesma forma que as funções. É preciso se acostumar com a sintaxe. Você pode passar argumentos para os blocos, exatamente como acontece com as funções. Você também pode retornar um valor de um bloco. Ao contrário de uma função, um bloco pode ser definido dentro de uma função ou método e acessar quaisquer variáveis definidas fora do bloco, mas que estejam dentro de seu escopo. Em geral, essas variáveis podem ser acessadas, mas seus valores não podem ser alterados. Existe um modificador __block especial (dois caracteres de sublinhado precedem a palavra block) que permite alterar o valor de uma variável dentro do bloco, e em breve você vai ver como utilizá-lo.

Os blocos podem ser passados como argumentos para funções e métodos. Na parte dois, "A estrutura Foundation", você vai aprender sobre alguns dos métodos que esperam ver um bloco passado como argumento. Uma das vantagens dos blocos é que eles podem ser remetidos pelo sistema para execução por outros processadores ou por outras threads dentro de seu aplicativo.

Vamos começar com um exemplo simples. Lembre-se de que a primeira função que escrevemos neste capítulo chamava-se `printMessage`:

```
void printMessage (void)
{
    NSLog (@"Programming is fun.");
}
```

Aqui está um bloco que realiza a mesma tarefa:

```
^(void)
{
    NSLog (@"Programming is fun.");
}
```

Um bloco é identificado por um caractere de acento circunflexo (^) inicial. Isso é seguido pela lista de argumentos, entre parênteses, que o bloco recebe. Em nosso caso, o bloco não recebe argumentos; portanto, escrevemos void, exatamente como fizemos na definição da função.

Você pode atribuir esse bloco a uma variável chamada printMessage, desde que a variável seja declarada corretamente (e é aí que a sintaxe fica complicada):

```
void (^printMessage)(void) =
   ^(void){
      NSLog (@"Programming is fun.");
   };
```

À esquerda do sinal de igual, especificamos que printMessage é um ponteiro para um bloco que não recebe argumentos e não retorna valor algum. Note que a instrução de atribuição é terminada por um ponto e vírgula.

A execução de um bloco referenciado por uma variável é realizada da mesma maneira como uma função é chamada:

```
printMessage ();
```

O Programa 13.6 reúne tudo isso em um exemplo.

Programa 13.6

```
#import <Foundation/Foundation.h>

int main (int argc, char * argv[])
{
   @autoreleasepool {
      void (^printMessage)(void) =
         ^(void) {
            NSLog (@"Programming is fun.");
         };
      printMessage ();
   }
   return 0;
}
```

Programa 13.6   Saída

```
Programming is fun.
```

O Programa 13.7 é o Programa 13.4 reescrito de forma a usar um bloco em vez de uma função. Um bloco pode ser definido global ou localmente. Neste caso, definimos nosso bloco fora de main, fazendo com que seja externo e tenha escopo global.

Programa 13.7

```
#import <Foundation/Foundation.h>

// Bloco para calcular o n-ésimo número triangular
```

```
    void (^calculateTriangularNumber) (int) =
       ^(int n) {
          int i, triangularNumber = 0;

          for ( i = 1; i <= n; ++i )
             triangularNumber += i;

          NSLog (@"Triangular number %i is %i", n, triangularNumber);
       };

    int main (int argc, char * argv[])
    {
       @autoreleasepool {
          calculateTriangularNumber (10);
          calculateTriangularNumber (20);
          calculateTriangularNumber (50);
       }
       return 0;
    }
```

Programa 13.7 Saída

```
Triangular number 10 is 55
Triangular number 20 is 210
Triangular number 50 is 1275
```

Compare a sintaxe da função no Programa 13.4 com o bloco definido no Programa 13.7. A variável de ponteiro de bloco calculateTriangularNumber é definida de forma a receber um argumento int e a não retornar valor algum.

Conforme mencionado no início desta seção, um bloco pode retornar um valor. Aqui está a função gcd do Programa 13.5, reescrita em forma de bloco:

```
int (^gcd) (int, int) =
   ^(int u, int v){
      int temp;

      while ( v != 0 )
      {
         temp = u % v;
         u = v;
         v = temp;
      }

      return u;
   };
```

Um bloco pode acessar variáveis dentro do escopo no qual está definido. O valor dessas variáveis é o valor que elas têm *no momento em que o bloco é definido*, conforme ilustrado no Programa 13.8.

Programa 13.8

```
#import <Foundation/Foundation.h>

int main (int argc, char * argv[])
{
    @autoreleasepool {
        int foo = 10;

        void (^printFoo)(void) =
            ^(void) {
                NSLog (@"foo = %i", foo);
            };

        foo = 15;

        printFoo ();
    }
    return 0;
}
```

Programa 13.8 Saída

```
foo = 10
```

O bloco `printFoo` pode acessar o valor da variável local `foo`. Note que o valor exibido é 10 e não 15. Isso acontece porque é exibido o valor que ela tinha no momento em que o bloco foi definido e não no momento em que foi executado.

Por padrão, não é possível modificar o valor de uma variável definida fora de um bloco. Portanto, se você tentar alterar o valor de `foo` dentro do bloco (veja o Programa 13.9), receberá esta mensagem de erro do compilador: Assignment of read-only variable 'foo.'

Programa 13.9

```
#import <Foundation/Foundation.h>

int main (int argc, char * argv[])
{
    @autoreleasepool {
        int foo = 10;

        void (^printFoo)(void) =
            ^(void) {
                NSLog (@"foo = %i", foo);
                foo = 20; // ** ESTA LINHA GERA UM ERRO DE COMPILADOR
            };

        foo = 15;

        printFoo ();
```

```
        NSLog (@"foo = %i", foo);
    }
    return 0;
}
```

Se você inserir o modificador _ _ block antes da definição da variável local foo no Programa 13.9, de modo que fique como segue:

```
_ _ block int foo = 10;
```

e executar o programa, obterá estas duas linhas de saída:

```
foo = 15
foo = 20
```

A primeira linha mostra que o valor de foo agora é seu valor no momento em que o bloco é chamado. A segunda linha confirma que o bloco conseguiu alterar o valor de foo para 20.

Isso conclui nossa introdução sobre blocos. No Capítulo 15, você vai encontrar mais exemplos de como eles são utilizados.

Estruturas

A linguagem Objective-C fornece outra ferramenta, além dos arrays, para agrupar elementos. Você também pode usar *estruturas*, as quais formam a base das discussões desta seção.

Suponha que você quisesse armazenar uma data – digamos, 18/7/11 – dentro de um programa, talvez para ser usada no cabeçalho da saída de algum programa ou mesmo para propósitos computacionais. Um método natural para armazenar a data é simplesmente atribuir o mês a uma variável inteira chamada month (mês, em inglês), o dia em uma variável inteira day (dia, em inglês) e o ano em uma variável inteira year (ano, em inglês). Assim, as instruções

```
int month = 7, day = 18, year = 2011;
```

funcionariam perfeitamente bem. Essa é uma estratégia bastante aceitável. Mas e se seu programa também precisasse armazenar várias datas? Seria muito melhor agrupar de alguma forma esses conjuntos de três variáveis.

Você pode definir uma estrutura chamada date na linguagem Objective-C, consistindo em três componentes, representando o mês, o dia e o ano. A sintaxe dessa definição é muito simples:

```
struct date
{
   int month;
   int day;
   int year;
};
```

A estrutura date que acabamos de definir contém três membros inteiros, chamados month, day e year. Basicamente, a definição de date define um novo tipo na linguagem, pois, subsequentemente, variáveis podem ser declaradas como sendo de tipo struct date, como na definição a seguir:

```
struct date today;
```

Você também pode definir uma variável chamada purchaseDate como sendo do mesmo tipo, com uma definição separada:

```
struct date purchaseDate;
```

Ou, então, pode simplesmente incluir as duas definições na mesma linha:

```
struct date today, purchaseDate;
```

Ao contrário das variáveis de tipo int, float ou char, é necessária uma sintaxe especial ao se tratar com variáveis de estrutura. Um membro de uma estrutura é acessado especificando-se o nome de variável, seguido de um ponto-final e, então, do nome do membro. Por exemplo, para definir o valor de day na variável today como 21, você escreveria isto:

```
today.day = 21;
```

Note que não são permitidos espaços entre o nome da variável, o ponto-final e o nome do membro.

Agora, espere um minuto! Esse não é o mesmo operador que usamos para acessar uma propriedade em um objeto? Lembre-se de que poderíamos escrever a instrução

```
myRect.width = 12;
```

para chamar o método setter do objeto Rectangle (denominado setWidth:), passando a ele o valor de argumento 12. Não surge nenhuma confusão aqui: o compilador determina se há uma estrutura ou um objeto à esquerda do operador ponto e trata da situação corretamente.

Voltando ao exemplo struct date, para definir year em today como 2011, você pode usar esta expressão:

```
today.year = 2011;
```

Finalmente, para testar o valor de month para ver se é igual a 12, você pode usar uma instrução como esta:

```
if ( today.month == 12 )
    next_month = 1;
```

O Programa 13.10 incorpora as discussões anteriores em um programa real.

Programa 13.10

```objectivec
#import <Foundation/Foundation.h>

int main (int argc, char * argv[])
{
    @autoreleasepool {
        
        struct date
        {
            int month;
            int day;
            int year;
        };
        
        struct date today;
        
        today.month = 9;
        today.day = 25;
        today.year = 2011;
        
        NSLog (@"Today's date is %i/%i/%.2i.", today.month,
                today.day, today.year % 100);
    }
    return 0;
}
```

Programa 13.10 Saída

```
Today's date is 9/25/11.
```

A primeira instrução dentro de main define a estrutura chamada date de forma a consistir em três membros inteiros, chamados month, day e year. Na segunda instrução, a variável today é declarada como sendo de tipo struct date. Assim, a primeira instrução simplesmente define como é uma estrutura date para o compilador de Objective-C e não acarreta nenhuma reserva de armazenamento dentro do computador. A segunda instrução declara uma variável como sendo de tipo struct date e, portanto, reserva memória para armazenar os três membros inteiros da variável de estrutura today.

Após as atribuições, uma chamada de NSLog apropriada exibe os valores contidos na estrutura. O resto de today.year dividido por 100 é calculado, antes de ser passado para a função NSLog, de modo que apenas 11 aparece para o ano. Os caracteres de formatação %.2i na chamada de NSLog especificam a exibição de no mínimo dois caracteres, forçando assim o aparecimento do zero à esquerda para o ano.

Quando se trata da avaliação de expressões, os membros de estrutura seguem as mesmas regras das variáveis normais na linguagem Objective-C. A divisão de um membro de estrutura inteiro por outro inteiro é efetuada como uma divisão inteira, como mostrado aqui:

```
century = today.year / 100 + 1;
```

Suponha que você queira escrever um programa simples que aceite a data de hoje como entrada e exiba a data de amanhã para o usuário. À primeira vista, essa parece ser uma tarefa muito simples. Você pode pedir ao usuário para que digite a data de hoje e, então, calcular a data de amanhã com uma série de instruções, como segue:

```
tomorrow.month = today.month;
tomorrow.day = today.day + 1;
tomorrow.year = today.year;
```

Evidentemente, as instruções anteriores funcionariam bem para a maioria das datas, mas os dois casos a seguir não seriam tratados de maneira correta:

- Se a data de hoje caísse no final de um mês
- Se a data de hoje caísse no final de um ano (isto é, se a data de hoje fosse 31 de dezembro)

Uma maneira de determinar facilmente se a data de hoje cai no final de um mês é definir um array de inteiros que corresponda ao número de dias em cada mês. Então, uma busca por um mês em particular dentro do array forneceria o número de dias nesse mês.

Inicializando estruturas

A inicialização de estruturas é semelhante à inicialização de arrays; os elementos são simplesmente listados dentro de um par de chaves, com uma vírgula separando cada elemento.

Para inicializar a variável de estrutura `date today` como 2 de julho de 2011, com notação inglesa, você pode usar esta instrução:

```
struct date today = { 7, 2, 2011 };
```

Como na inicialização de um array, podem ser listados menos valores do que a estrutura contém. Assim, a instrução

```
struct date today = { 7 };
```

define `today.month` como 7, mas não fornece nenhum valor inicial para `today.day` ou `today.year`. Nesse caso, seus valores iniciais padrão são indefinidos.

Membros específicos podem ser designados para inicialização em qualquer ordem, com a notação

```
.membro = valor
```

na lista de inicialização, como em

```
struct date today = { .month = 7, .day = 2, .year = 2011 };
```

e

```
struct date today = { .year = 2011 };
```

A última instrução apenas define o ano (*year*) na estrutura como 2011. Como você sabe, os outros dois membros ficam indefinidos.

Estruturas dentro de estruturas

Objective-C oferece uma enorme flexibilidade na definição de estruturas. Por exemplo, você pode definir uma estrutura contendo, ela própria, outras estruturas como um ou mais de seus membros, ou pode definir estruturas que contêm arrays.

Você aprendeu sobre a instrução `typedef` no Capítulo 10, "Mais sobre variáveis e tipos de dados". Em seus programas iOS, você precisará trabalhar com retângulos frequentemente. Os retângulos definem o tamanho e a localização de uma janela na tela de um iPhone ou de um iPad, por exemplo. Eles também definem a localização e o tamanho de subjanelas (ou o que são chamadas de subvisualizações). Existem três tipos de dados básicos utilizados e definidos com `typedef`:

1. `CGPoint`, que descreve um ponto (x,y)
2. `CGSize`, que descreve uma largura e uma altura
3. `CGRect`, que é um retângulo que contém uma origem (um `CGPoint`) e um tamanho (um `CGSize`)

Aqui estão as definições de `typedef` do arquivo de cabeçalho `CGGeometry.h` da Apple:

```
/* Pontos. */

struct CGPoint {
   CGFloat x;
   CGFloat y;
};
typedef struct CGPoint CGPoint;

/* Tamanhos. */

struct CGSize {
   CGFloat width;
   CGFloat height;
};
typedef struct CGSize CGSize;
```

```
/* Retângulos. */

struct CGRect {
   CGPoint origin;
   CGSize size;
};
typedef struct CGRect CGRect;
```

Os `typedef` proporcionam uma maneira conveniente de declarar variáveis sem ter de usar a palavra-chave `struct`. `CGFloat` é apenas um `typedef` para um tipo de dados básico float. Assim, se você quisesse declarar uma variável `CGPoint` e definir seu membro x como 100 e seu membro y como 200, respectivamente, poderia escrever esta sequência de código:

```
CGPoint startPt;

startPt.x = 100;
startPt.y = 200;
```

Lembre-se de que `startPt` é uma estrutura e não um objeto. (Uma boa indicação do que frequentemente é a falta de um asterisco na frente do nome de variável.) A Apple também fornece funções de conveniência para criar estruturas `CGRect`, `CGSize` e `CGRect`. Por exemplo,

```
CGPoint startPt = CGPointMake (100.0, 200.0);
```

Também existem as funções `CGSizeMake` e `CGRectMake`, que executam as tarefas indicadas pelos seus nomes.

Assim, suponha que você queira criar um novo retângulo e definir seu tamanho como 200 x 100. Você poderia especificar o tamanho, como segue:

```
CGSize rectSize;

rectSize.width = 200;
rectSize.height = 100;
```

ou poderia usar a função `CGSizeMake` desta forma:

```
CGSize rectSize = CGSizeMake (200.0, 100.0);
```

Agora, iremos em frente e criaremos um retângulo com o tamanho e a origem indicados:

```
CGRect theFrame;

theFrame.origin = startPt;
theFrame.size = rectSize;
```

(Não mostraremos o uso da função `CGRectMake` aqui.)

Suponha que, posteriormente, você queira obter a largura do retângulo (talvez ela tenha mudado?). Você poderia obtê-la escrevendo esta expressão:

```
theFrame.size.width
```

E para mudar a largura para 175, você poderia escrever isto:

```
theFrame.size.width = 175;
```

Por fim, para definir a origem do retângulo como (0,0), estas instruções resolveriam:

```
theFrame.origin.x = 0.0;
theFrame.origin.y = 0.0;
```

Esses são apenas alguns exemplos de trabalho com essas estruturas. Conforme mencionado, você provavelmente as utilizará com frequência em seus aplicativos.

Detalhes adicionais sobre as estruturas

Devemos mencionar que existe certa flexibilidade na definição de uma estrutura. Primeiro, você pode declarar uma variável como sendo de um tipo de estrutura em particular ao mesmo tempo em que a estrutura é definida. Isso é feito simplesmente incluindo os nomes de variável antes do ponto e vírgula de terminação da definição da estrutura. Por exemplo, a instrução a seguir define a estrutura date e também declara as variáveis todaysDate e purchaseDate como sendo desse tipo:

```
struct date
{
    int month;
    int day;
    int year;
} todaysDate, purchaseDate;
```

Você também pode atribuir valores iniciais às variáveis da maneira normal. Portanto, a seguinte instrução define a estrutura date e a variável todaysDate com os valores iniciais indicados:

```
struct date
{
    int month;
    int day;
    int year;
} todaysDate = { 9, 25, 2011 };
```

Se todas as variáveis de um tipo de estrutura em particular são definidas quando a estrutura é definida, você pode omitir o nome da estrutura. Assim, a instrução a seguir define um array chamado dates consistindo em 100 elementos:

```
struct
{
    int month;
    int day;
    int year;
} dates[100];
```

Cada elemento é uma estrutura contendo três membros inteiros: month, day e year. Como você não forneceu um nome para a estrutura, a única maneira de subsequentemente declarar variáveis do mesmo tipo é definir a estrutura outra vez, explicitamente.

Não se esqueça da programação orientada a objetos!

Agora você já sabe definir uma estrutura para armazenar uma data e escreveu várias rotinas para manipular essa estrutura de datas. Mas o que dizer em relação à programação orientada a objetos? Você não deveria, em vez disso, ter feito uma classe chamada Date e, então, desenvolvido métodos para trabalhar com um objeto Date? Essa não seria uma estratégia melhor? Bem, sim. Esperamos que isso tenha se fixado em sua mente quando discutimos o armazenamento de datas em seu programa.

Certamente, se você precisa trabalhar com muitas datas em seus programas, definir uma classe e métodos para trabalhar com datas é uma estratégia melhor. De fato, o framework Foundation tem duas classes, chamadas NSDate e NSCalendarDate, definidas para esses propósitos. Deixamos como exercício para você implementar uma classe Date para tratar com datas como objetos, em vez de estruturas.

Ponteiros

Os *ponteiros* permitem representar estruturas de dados complexas, alterar valores passados como argumentos para funções e métodos, e tratar com arrays de forma mais concisa e eficiente. No final deste capítulo, também indicaremos como eles são importantes para a implementação de objetos na linguagem Objective-C.

Apresentamos o conceito de ponteiro no Capítulo 8, "Herança", quando falamos sobre as classes Point e Rectangle, e dissemos que pode haver várias referências para o mesmo objeto.

Para entender como os ponteiros funcionam, você precisa entender primeiro o conceito de *indireção* ou caminho indireto. Testemunhamos esse conceito em nossa vida diária. Por exemplo, suponha que eu precise comprar um novo cartucho de toner para minha impressora. Na empresa onde trabalho, o departamento de compras trata de todas as aquisições. Assim, eu ligo para Jim nesse departamento e peço que ele solicite o novo cartucho para mim. Então, Jim liga para a loja de suprimentos de informática para pedir o cartucho. Para obter meu novo cartucho, eu adoto uma estratégia indireta, pois não o peço diretamente para a loja.

Essa mesma noção de via indireta, ou indireção, aplica-se ao funcionamento dos ponteiros em Objective-C. Um ponteiro fornece uma maneira indireta de acessar o valor de um item de dados em particular. E assim como existem razões pelas quais faz sentido dirigir-se ao departamento de compras para pedir novos cartuchos (eu não preciso saber em qual loja específica os cartuchos estão sendo pedidos, por exemplo), existem bons motivos pelos quais às vezes faz sentido usar ponteiros em Objective-C.

Mas chega de conversa; é hora de ver como os ponteiros realmente funcionam. Suponha que você tenha definido uma variável chamada count, como segue:

```
int count = 10;
```

Você pode definir outra variável, chamada `intPtr`, que permita acessar indiretamente o valor de `count`, com a seguinte declaração:

```
int *intPtr;
```

O asterisco define para o sistema Objective-C que a variável `intPtr` é de tipo ponteiro para `int`. Isso significa que o programa usará `intPtr` para acessar indiretamente o valor de uma ou mais variáveis inteiras.

Você viu como usamos o operador `&` nas chamadas de `scanf` de programas anteriores. Esse operador unário, conhecido como operador de *endereço*, produz um ponteiro para uma variável em Objective-C. Assim, se x é uma variável de um tipo em particular, a expressão `&x` é um ponteiro para essa variável. Se quiser, você pode atribuir a expressão `&x` a qualquer variável de ponteiro que tenha sido declarada como sendo um ponteiro do mesmo tipo de x.

Portanto, com as definições de `count` e `intPtr` dadas, você pode escrever uma instrução como

```
intPtr = &count;
```

para estabelecer a referência indireta entre `intPtr` e `count`. O operador de endereço atribui à variável `intPtr` não o valor de `count`, mas um ponteiro para a variável `count`. A Figura 13.1 ilustra a ligação estabelecida entre `intPtr` e `count`. A seta ilustra a ideia de que `intPtr` não contém diretamente o valor de `count`, mas um ponteiro para a variável `count`.

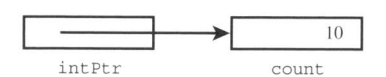

Figura 13.1 Ponteiro para um inteiro.

Para referenciar o conteúdo de `count` por meio da variável de ponteiro `intPtr`, você usa o operador de indireção, que é o asterisco (*). Se x fosse definida como sendo de tipo `int`, a instrução

```
x = *intPtr;
```

atribuiria o valor indiretamente referenciado por meio de `intPtr` à variável x. Como `intPtr` foi definida anteriormente para apontar para `count`, essa instrução teria o efeito de atribuir o valor contido na variável `count` (que é 10) à variável x.

O Programa 13.11 incorpora as instruções anteriores e ilustra os dois operadores de ponteiro fundamentais: o operador de endereço (`&`) e o operador de indireção (`*`).

Programa 13.11

```
// Programa para ilustrar ponteiros

#import <Foundation/Foundation.h>

int main (int argc, char * argv[])
{
   @autoreleasepool {
      int count = 10, x;
      int *intPtr;

      intPtr = &count;
      x = *intPtr;

      NSLog (@"count = %i, x = %i", count, x);
   }
   return 0;
}
```

Programa 13.11 Saída

```
count = 10, x = 10
```

As variáveis `count` e `x` são declaradas como variáveis inteiras da maneira normal. Na linha seguinte, a variável `intPtr` é declarada como sendo de tipo "ponteiro para `int`". Note que você pode combinar as duas linhas de declarações em uma única linha:

```
int count = 10, x, *intPtr;
```

Em seguida, o operador de endereço é aplicado à variável `count`, o que tem o efeito de criar um ponteiro para essa variável, que o programa então atribui à variável `intPtr`.

A execução da próxima instrução do programa

```
x = *intPtr;
```

se passa como segue: o operador de indireção diz ao sistema Objective-C para que trate da variável `intPtr` como contendo um ponteiro para outro item de dados. Então, esse ponteiro é usado para acessar o item de dados desejado, cujo tipo é especificado pela declaração da variável de ponteiro. Como você disse ao compilador, quando declarou a variável, que `intPtr` aponta para inteiros, o compilador sabe que o valor referenciado pela expressão `*intPtr` é um inteiro. Além disso, como você apontou `intPtr` para a variável inteira `count` na instrução anterior do programa, essa expressão acessa indiretamente o valor de `count`.

O Programa 13.12 ilustra algumas propriedades interessantes das variáveis de ponteiro. Esse programa usa um ponteiro para um caractere.

Programa 13.12

```
#import <Foundation/Foundation.h>

int main (int argc, char * argv[])
{
   @autoreleasepool {
      char c = 'Q';
      char *charPtr = &c;

      NSLog (@"%c %c", c, *charPtr);

      c = '/';
      NSLog (@"%c %c", c, *charPtr);

      *charPtr = '(';
      NSLog (@"%c %c", c, *charPtr);
   }
   return 0;
}
```

Programa 13.12 Saída

```
Q Q
/ /
( (
```

A variável de caractere c é definida e inicializada com o caractere 'Q'. Na linha seguinte do programa, a variável charPtr é definida como sendo de tipo "ponteiro para char", significando que o valor armazenado dentro dessa variável deve ser tratado como uma referência indireta (ponteiro) para um caractere. Observe que é possível atribuir um valor inicial a essa variável da maneira normal. O valor atribuído a charPtr no programa é um ponteiro para a variável c, o qual é obtido pela aplicação do operador de endereço na variável c. (Note que essa inicialização teria gerado um erro do compilador se c fosse definida depois dessa instrução, pois uma variável sempre deve ser declarada antes que seu valor possa ser referenciado em uma expressão.)

A declaração da variável charPtr e a atribuição de seu valor inicial poderiam ser expressos de forma equivalente em duas instruções separadas, como segue

```
char *charPtr;
charPtr = &c;
```

(e não pelas instruções

```
char *charPtr;
*charPtr = &c;
```

como se poderia concluir, a partir da declaração de apenas uma linha).

Lembre-se de que em Objective-C o valor de um ponteiro não tem significado até que ele aponte para algo.

A primeira chamada de `NSLog` simplesmente exibe o conteúdo da variável c e o conteúdo da variável referenciada por `charPtr`. Como você apontou `charPtr` para a variável c, o valor exibido é o conteúdo de c, conforme confirma a primeira linha da saída do programa.

Na linha seguinte do programa, o caractere `'/'` é atribuído à variável de caractere c. Como `charPtr` ainda aponta para a variável c, exibir o valor de `*charPtr` na chamada de `NSLog` subsequente exibe corretamente esse novo valor de c no terminal. Esse é um conceito importante. A não ser que o valor de `charPtr` mude, a expressão `*charPtr` sempre acessa o valor de c. Portanto, quando o valor de c muda, o valor de `*charPtr` também muda.

A discussão anterior pode ajudá-lo a entender como funciona a instrução que aparece em seguida no programa. Mencionamos que, a não ser que `charPtr` fosse alterada, a expressão `*charPtr` sempre referenciaria o valor de c. Portanto, na expressão

```
*charPtr = '(';
```

o caractere de parêntese à esquerda está sendo atribuído a c. Mais formalmente, o caractere `'('` é atribuído à variável para a qual `charPtr` aponta. Você sabe que essa variável é c porque colocou um ponteiro para c em `charPtr` no início do programa.

Os conceitos anteriores são fundamentais para se entender o funcionamento dos ponteiros. Revise-os neste ponto, caso ainda pareçam um pouco obscuros.

Ponteiros e estruturas

Você viu como definir um ponteiro para apontar para um tipo de dados básico, como `int` ou `char`. Mas você também pode fazer um ponteiro apontar para uma estrutura. Anteriormente neste capítulo, você definiu sua estrutura `date` como segue:

```
struct date
{
   int month;
   int day;
   int year;
};
```

Assim como você definiu variáveis para serem de tipo `struct date`, como em

```
struct date todaysDate;
```

pode definir uma variável para ser um ponteiro para uma variável `struct date`:

```
struct date *datePtr;
```

Então, você pode usar a variável `datePtr`, conforme acabou de ser definida, da maneira esperada. Por exemplo, você pode defini-la de modo a apontar para todaysDate com a seguinte instrução de atribuição:

```
datePtr = &todaysDate;
```

Depois dessa atribuição, você pode acessar indiretamente qualquer um dos membros da estrutura date para o qual datePtr aponta, da seguinte maneira:

```
(*datePtr).day = 21;
```

Essa instrução atribui 21 ao dia (*day*) da estrutura date apontado por datePtr. Os parênteses são obrigatórios, pois o ponto-final (.) do operador de membro da estrutura tem precedência mais alta do que o asterisco do operador de indireção (*).

Para testar o valor de month armazenado na estrutura date para o qual datePtr aponta, você pode usar uma instrução como esta:

```
if ( (*datePtr).month == 12 )
   ...
```

Ponteiros para estruturas são utilizados com tanta frequência que a linguagem tem um operador especial. O operador de ponteiro de estrutura ->, que é um hífen seguido do sinal de maior, permite que expressões que de outra forma seriam escritas como

```
(*x).y
```

sejam expressas mais claramente como

```
x->y
```

Assim, você pode escrever convenientemente a instrução if anterior como segue:

```
if ( datePtr->month == 12 )
   ...
```

Reescrevemos o Programa 13.10, o primeiro programa para ilustrar estruturas, usando o conceito de ponteiros de estrutura. O Programa 13.13 apresenta esse programa.

Programa 13.13

```
// Programa para ilustrar ponteiros de estrutura

#import <Foundation/Foundation.h>

int main (int argc, char * argv[])
{
   @autoreleasepool {

      struct date
      {
         int month;
         int day;
         int year;
      };

      struct date today, *datePtr;
```

```
        datePtr = &today;
        datePtr->month = 9;
        datePtr->day = 25;
        datePtr->year = 2011;

        NSLog (@"Today's date is %i/%i/%.2i.",
                datePtr->month, datePtr->day, datePtr->year % 100);
    }
    return 0;
}
```

Programa 13.13   Saída

```
Today's date is 9/25/11.
```

Ponteiros, métodos e funções

Você pode passar um ponteiro como argumento para um método ou função da maneira normal e pode fazer uma função ou método retornar um ponteiro como resultado. Quando se pensa a respeito, é isso que seus métodos alloc e init vêm fazendo desde o começo – retornando ponteiros. Abordaremos isso com mais detalhes no final deste capítulo.

Agora, considere o Programa 13.14.

Programa 13.14

```
// Ponteiros como argumentos para funções
#import <Foundation/Foundation.h>

void exchange (int *pint1, int *pint2)
{
   int temp;

   temp = *pint1;
   *pint1 = *pint2;
   *pint2 = temp;
}

int main (int argc, char * argv[])
{
   @autoreleasepool {
        void exchange (int *pint1, int *pint2);
        int i1 = -5, i2 = 66, *p1 = &i1, *p2 = &i2;

        NSLog (@"i1 = %i, i2 = %i", i1, i2);
        exchange (p1, p2);
        NSLog (@"i1 = %i, i2 = %i", i1, i2);

        exchange (&i1, &i2);
        NSLog (@"i1 = %i, i2 = %i", i1, i2);
```

```
    }
    return 0;
}
```

Programa 13.14 Saída

```
i1 = -5, i2 = 66
i1 = 66, i2 = -5
i1 = -5, i2 = 66
```

O objetivo da função `exchange` é permutar os dois valores inteiros para os quais seus dois argumentos apontam. A variável local inteira `temp` é usada para conter um dos valores inteiros enquanto a troca é feita. Seu valor é definido como igual ao inteiro para o qual `pint1` aponta. Então, o inteiro para o qual `pint2` aponta é copiado no inteiro para o qual `pint1` aponta e o valor de `temp` é armazenado no inteiro para o qual `pint2` aponta, fazendo assim a troca completa.

A rotina `main` define os inteiros `i1` e `i2` com os valores -5 e 66, respectivamente. Então, dois ponteiros inteiros, `p1` e `p2`, são definidos e configurados para apontar para `i1` e `i2`, respectivamente. Em seguida, o programa exibe os valores de `i1` e `i2` e chama a função `exchange`, passando os dois ponteiros (`p1` e `p2`) como argumentos. A função `exchange` troca o valor contido no inteiro para o qual `p1` aponta com o valor contido no inteiro para o qual `p2` aponta. Como `p1` aponta para `i1` e `p2` para `i2`, a função troca os valores de `i1` e `i2`. A saída da segunda chamada de `NSLog` confirma que a troca funcionou corretamente.

A segunda chamada de `exchange` é um ponto mais interessante. Desta vez, os argumentos passados para a função são ponteiros para `i1` e `i2` que são fabricados imediatamente pela aplicação do operador de endereço a essas duas variáveis. Como a expressão `&i1` produz um ponteiro para a variável inteira `i1`, isso está de acordo com o tipo de argumento que sua função espera para o primeiro argumento (um ponteiro para um inteiro). O mesmo se aplica para o segundo argumento. Como você pode ver a partir da saída do programa, a função exchange fez seu trabalho e trocou os valores de `i1` e `i2` por seus valores originais.

Estude o Programa 13.14 em detalhes. Ele ilustra, com um pequeno exemplo, os principais conceitos ao se lidar com ponteiros em Objective-C.

Ponteiros e arrays

Se você tem um array de 100 inteiros chamado `values`, pode definir um ponteiro chamado `valuesPtr`, o qual pode usar para acessar os inteiros contidos nesse array, com a instrução a seguir:

```
int *valuesPtr;
```

Ao definir um ponteiro que será usado para apontar para os elementos de um array, você não designa o ponteiro como tipo "ponteiro para array"; em vez disso, designa o ponteiro como apontando para o tipo de elemento contido no array.

Se você tivesse um array de objetos Fraction chamado fracts, poderia analogamente definir um ponteiro a ser usado para apontar para os elementos de fracts com a instrução a seguir:

```
Fraction **fractsPtr;
```

Para que valuesPtr aponte para o primeiro elemento no array values, basta escrever isto:

```
valuesPtr = values;
```

O operador de endereço não é usado nesse caso, porque o compilador de Objective-C trata a ocorrência de um nome de array sem subscrito como um ponteiro para o primeiro elemento do array. Portanto, simplesmente especificar values sem um subscrito produz um ponteiro para o primeiro elemento de values.

Um modo equivalente de produzir um ponteiro para o início de values é aplicar o operador de endereço no primeiro elemento do array. Portanto, a instrução

```
valuesPtr = &values[0];
```
tem o mesmo objetivo de colocar um ponteiro para o primeiro elemento de values na variável de ponteiro valuesPtr.

Para exibir o objeto Fraction do array fracts para o qual fractsPtr aponta, você escreveria esta instrução:

```
[*fractsPtr print];
```

O real poder do uso de ponteiros para arrays entra em cena quando você quer percorrer os elementos de um array. Se valuesPtr estiver definido conforme mencionado anteriormente e for configurado para apontar para o primeiro elemento de values, você pode usar a expressão

```
*valuesPtr
```

para acessar o primeiro inteiro do array values – isto é, values[0]. Para referenciar values[3] por meio da variável valuesPtr, você pode somar 3 a valuesPtr e, então, aplicar o operador de indireção:

```
*(valuesPtr + 3)
```

Em geral, você pode usar a expressão

```
*(valuesPtr + i)
```

para acessar o valor contido em values[i].

Assim, para definir values[10] como 27, você escreve a seguinte expressão:

```
values[10] = 27;
```

Ou, então, usando valuesPtr, escreve isto:

```
*(valuesPtr + 10) = 27;
```

Para que `valuesPtr` aponte para o segundo elemento do array `values`, você aplica o operador de endereço em `values[1]` e atribui o resultado a `valuesPtr`:

```
valuesPtr = &values[1];
```

Se `valuesPtr` aponta para `values[0]`, você pode configurá-la de modo a apontar para `values[1]` simplesmente somando 1 ao valor de `valuesPtr`:

```
valuesPtr += 1;
```

Essa é uma expressão perfeitamente válida em Objective-C e pode ser usada para ponteiros para qualquer tipo de dados.

Em geral, se a é um array de elementos de tipo x, px é de tipo "ponteiro para x", e i e n são constantes inteiras de variáveis, a instrução

```
px = a;
```

configura px de modo a apontar para o primeiro elemento de a e, subsequentemente, a expressão

```
*(px + i)
```

referencia o valor contido em a[i] Além disso, a instrução

```
px += n;
```

configura px de modo a apontar para mais n elementos no array, independentemente do tipo de elemento que o array contenha.

Suponha que `fractsPtr` aponta para uma fração armazenada em um array de frações. Suponha ainda que você queira somá-la à fração contida no próximo elemento do array e atribuir o resultado ao objeto `Fraction result`. Isso poderia ser feito escrevendo o seguinte:

```
result = [*fractsPtr add: *(fractsPtr + 1)];
```

Os operadores de incremento e decremento (++ e --) são particularmente úteis ao se tratar com ponteiros. Aplicar o operador de incremento a um ponteiro tem o mesmo efeito de somar 1 ao ponteiro, enquanto aplicar o operador de decremento tem o mesmo efeito de subtrair 1 do ponteiro (aqui, 1 significa uma unidade, ou o tamanho do item de dados para o qual o ponteiro é declarado para apontar). Assim, se `textPtr` fosse definido como um ponteiro `char` e fosse configurado para apontar para o início de um array de `chars` chamado `text`, a instrução

```
++textPtr;
```

configuraria `textPtr` para apontar para o próximo caractere em `text`, que seria `text[1]`. De maneira similar, a instrução

```
--textPtr;
```

definiria `textPtr` de modo a apontar para o caractere anterior em `text` (supondo, é claro, que `textPtr` não estivesse apontando para o início de `text` antes que essa instrução fosse executada).

É perfeitamente válido comparar duas variáveis de ponteiro em Objective-C. Isso é particularmente útil ao se comparar dois ponteiros no mesmo array. Por exemplo, você poderia testar o ponteiro `valuesPtr` para saber se ele aponta para depois do final de um array contendo 100 elementos, comparando-o com um ponteiro para o último elemento do array. Assim, a expressão

`valuesPtr > &values[99]`

seria VERDADEIRA (não zero) se `valuesPtr` estivesse apontando para depois do último elemento no array `values` e seria FALSA (zero), caso contrário. A partir de nossas discussões anteriores, você pode substituir a expressão anterior por sua equivalente:

`valuesPtr > values + 99`

Isso é possível porque `values` usado sem subscrito é um ponteiro para o início do array `values`. (Lembre-se de que é o mesmo que escrever `&values[0]`.)

O Programa 13.15 ilustra os ponteiros para arrays. A função `arraySum` calcula a soma dos elementos contidos em um array de inteiros.

Programa 13.15

```
// Função para somar os elementos de um array de inteiros

#import <Foundation/Foundation.h>

int arraySum (int array[], int n)
{
   int sum = 0, *ptr;
   int *arrayEnd = array + n;

   for ( ptr = array; ptr < arrayEnd; ++ptr )
      sum += *ptr;

   return (sum);
}

int main (int argc, char * argv[])
{
   @autoreleasepool {
      int arraySum (int array[], int n);
      int values[10] = { 3, 7, -9, 3, 6, -1, 7, 9, 1, -5 };

      NSLog (@"The sum is %i", arraySum (values, 10));
   }
   return 0;
}
```

Programa 13.15 Saída

```
The sum is 21
```

Dentro da função `arraySum`, o ponteiro inteiro `arrayEnd` é definido e configurado de modo a apontar para imediatamente após o último elemento de `array`. Então, um loop `for` é configurado para percorrer os elementos de `array`; em seguida, o valor de `ptr` é configurado de modo a apontar para o início de `array` ao entrar no loop. A cada passagem pelo loop, o elemento de `array` para o qual `ptr` aponta é adicionado em `sum`. Então, o loop `for` incrementa o valor de `ptr` para configurá-lo de forma a apontar para o próximo elemento em `array`. Quando `ptr` aponta para depois do final de `array`, o loop `for` termina e o valor de `sum` é retornado para o chamador.

É um array ou um ponteiro?

Para passar um array para uma função, você simplesmente especifica o nome do array, como fez anteriormente na chamada da função `arraySum`. Mas também mencionamos nesta seção que, para produzir um ponteiro para um array, você só precisa especificar o nome do array. Isso significa que na chamada da função `arraySum`, foi passado para ela um ponteiro para o array `values`. É isso precisamente o que acontece e explica por que você pode alterar os elementos de um array dentro de uma função.

Mas se um ponteiro para o array é passado para a função, por que o parâmetro formal dentro da função não é declarado como sendo um ponteiro? Em outras palavras, na declaração de `array` na função `arraySum`, por que não é usada esta declaração?

```
int *array;
```

Todas as referências para um array dentro de uma função não deveriam ser feitas usando variáveis de ponteiro?

Para respondermos a essas perguntas, devemos primeiro reiterar o que já dissemos a respeito de ponteiros e arrays. Mencionamos que, se `valuesPtr` aponta para o mesmo tipo de elemento contido em um array chamado `values`, a expressão `*(valuesPtr + i)` é equivalente à expressão `values[i]`, supondo que `valuesPtr` tenha sido configurada de forma a apontar para o início de `values`. O que se segue disso é que você também pode usar a expressão `*(values + i)` para referenciar o i-ésimo elemento do array `values` – e, em geral, se x é um array de qualquer tipo, a expressão `x[i]` sempre pode ser expressa de forma equivalente em Objective-C como `*(x + i)`.

Como você pode ver, os ponteiros e os arrays são intimamente relacionados em Objective-C, o que é o motivo pelo qual é possível declarar `array` como sendo de tipo "array de `int`s" dentro da função `arraySum` ou como sendo de tipo "ponteiro para `int`". As duas declarações funcionam corretamente no programa anterior – teste e veja.

Se você vai usar números de índice para referenciar os elementos de um array, declare o parâmetro formal correspondente como sendo um array. Isso reflete mais corretamente o uso da função do array. Da mesma forma, se for usar o argumento como ponteiro para o array, declare-o como sendo de tipo ponteiro.

Ponteiros para strings de caracteres

Uma das aplicações mais comuns do uso de um ponteiro para um array é como ponteiro para uma string de caracteres. Os motivos são a conveniência da notação e a eficiência. Para mostrar como você pode usar ponteiros para strings de caracteres facilmente, vamos escrever uma função chamada `copyString` para copiar uma string em outro. Se você fosse escrever essa função usando seus métodos de indexação de array normais, poderia codificá-la como segue:

```
void copyString (char to[], char from[])
{
   int i;

   for ( i = 0; from[i] != '\ 0'; ++i )
      to[i] = from[i];

   to[i] = '\ 0';
}
```

O loop `for` termina antes que o caractere nulo seja copiado no array `to`, explicando assim a necessidade da última instrução na função.

Se você escrever `copyString` usando ponteiros, não precisa mais da variável de índice `i`. O Programa 13.16 mostra uma versão com ponteiro.

Programa 13.16

```
#import <Foundation/Foundation.h>
void copyString (char *to, char *from)
{
     for (; *from != '\ 0'; ++from, ++to )
        *to = *from;

     *to = '\ 0';

}
int main (int argc, char * argv[])
{
   @autoreleasepool {
      void copyString (char *to, char *from);
      char string1[] = "A string to be copied.";
      char string2[50];

      copyString (string2, string1);
      NSLog (@"%s", string2);

      copyString (string2, "So is this.");
      NSLog (@"%s", string2);
   }
   return 0;
}
```

Programa 13.16 Saída

```
A string to be copied.
So is this.
```

A função `copyString` define os dois parâmetros formais, `to` e `from`, como ponteiros de caractere e não como arrays de caracteres, como foi feito na versão anterior de `copyString`. Isso reflete como a função usará essas duas variáveis.

Em seguida, entra-se em um loop `for` (sem condições iniciais) a fim de copiar a string para o qual `from` aponta na string para o qual `to` aponta. A cada passagem pelo loop, os ponteiros `from` e `to` são incrementados por 1. Isso configura o ponteiro `from` de modo a apontar para o próximo caractere que deve ser copiado da string de origem e configura o ponteiro `to` de forma a apontar para o local na string de destino onde o próximo caractere deve ser armazenado.

Quando o ponteiro `from` aponta para o caractere nulo, o loop `for` termina. Então, a função coloca o caractere nulo no final da string de destino.

Na rotina `main`, a função `copyString` é chamada duas vezes – a primeira para copiar o conteúdo de `string1` em `string2` e a segunda para copiar o conteúdo da string de caracteres constante "So is this." em `string2`.[2]

Strings de caracteres constantes e ponteiros

O fato de a chamada

```
copyString (string2, "So is this.");
```

funcionar no programa anterior significa que, quando uma string de caracteres constante é passada como argumento para uma função, na realidade ela é passada para um ponteiro. Isso é verdade não apenas nesse caso, mas também pode ser generalizado, dizendo-se que, quando uma string de caracteres constante é usada em Objective-C, é produzido um ponteiro para essa string de caracteres.

Esse ponto pode parecer um pouco confuso agora, mas, conforme brevemente registrado no Capítulo 4, as strings de caracteres constantes que mencionamos aqui são chamadas de strings estilo C. Elas não são objetos. Como você sabe, um objeto string de caracteres constante é criado colocando um sinal @ na frente da string, como em @"This is okay.". Você não pode substituir um pelo outro.

Assim, se `textPtr` é declarado como sendo um ponteiro de caractere, como em

```
char *textPtr;
```

então, a instrução

---

[2] Observe o uso das strings "A string to be copied." e "So is this." no programa. Esses não são objetos string, mas strings de caracteres estilo C, conforme distinguido pelo fato de não haver um caractere @ precedendo a string. Os dois tipos não podem ser trocados. Se uma função espera um array de `char` como argumento, você pode passar a ela um array de tipo `char` ou uma string de caracteres estilo C literal, mas não um objeto string de caracteres.

```
textPtr = "A character string.";
```

atribui a `textPtr` um ponteiro para a string de caracteres constante `"A character string."`. Tome o cuidado de fazer a distinção entre ponteiros de caractere e arrays de caracteres, pois o tipo de atribuição mostrada anteriormente não é válida com um array de caracteres. Por exemplo, se, em vez disso, text fosse definido como um array de `chars`, com uma instrução como

```
char text[80];
```

você não poderia escrever uma instrução como esta:

```
text = "This is not valid.";
```

A única vez que Objective-C permite que você escape de fazer esse tipo de atribuição para um array de caracteres é na sua inicialização:

```
char text[80] = "This is okay.";
```

Inicializar o array `text` dessa maneira não tem o efeito de armazenar um ponteiro para a string de caracteres `"This is okay"`. dentro de `text`. Em vez disso, os próprios caracteres são seguidos por um caractere de terminação nulo dentro dos elementos correspondentes do array `text`.

Se `text` fosse um ponteiro de caractere, inicializar `text` com a instrução

```
char *text = "This is okay.";
```

atribuiria a ele um ponteiro para a string de caracteres `"This is okay"`.

Os operadores de incremento e decremento revisitados

Até este ponto, quando você usava o operador de incremento ou de decremento, esse era o único operador que aparecia na expressão. Quando você escreve a expressão ++x, sabe que isso soma 1 ao valor da variável x. E, conforme acabou de ver, se x é um ponteiro para um array, isso configura x de modo que aponte para o próximo elemento do array.

Você pode usar os operadores de incremento e decremento em expressões onde também aparecem outros operadores. Nesses casos, torna-se importante saber mais precisamente como esses operadores funcionam.

Quando você usou os operadores de incremento e decremento, sempre os colocou antes das variáveis que estavam sendo incrementadas ou decrementadas. Assim, para incrementar uma variável i, você simplesmente escrevia o seguinte:

```
++i;
```

Você também pode colocar o operador de incremento após a variável, como segue:

```
i++;
```

As duas expressões são válidas e ambas obtêm o mesmo resultado – incrementar o valor de i. No primeiro caso, onde ++ é colocado antes de seu operando, a operação de incremento é mais precisamente identificada como *pré-incremento*. No segundo caso, onde ++ é colocado após seu operando, a operação é identificada como *pós-incremento*.

A mesma discussão se aplica ao operador de decremento. Assim, a instrução

```
--i;
```

tecnicamente realiza um pré-decremento de i, enquanto a instrução

```
i--;
```

realiza um pós-decremento de i. Ambas têm o mesmo resultado líquido de subtrair 1 do valor de i.

Quando os operadores de incremento e decremento são usados em expressões mais complexas, a distinção entre a natureza pré e pós desses operadores é percebida.

Suponha que você tenha dois inteiros, chamados i e j. Se você configura o valor de i como 0 e, então, escreve a instrução

```
j = ++i;
```

o valor atribuído a j é 1 (e não 0, como você poderia esperar). No caso do operador de pré-incremento, a variável é incrementada antes que seu valor seja usado em uma expressão. Portanto, na expressão anterior, o valor de i é primeiro incrementado de 0 para 1 e depois seu valor é atribuído a j, como se, em vez disso, as duas instruções a seguir tivessem sido escritas:

```
++i;
j = i;
```

Se você usa o operador de pós-incremento na instrução

```
j = i++;
```

i é incrementado depois que seu valor é atribuído a j. Assim, se i fosse 0 antes que a instrução anterior fosse executada, 0 seria atribuído a j e, então, i seria incrementado por 1, como se, em vez disso, estas instruções fossem usadas:

```
j = i;
++i;
```

Como outro exemplo, se i é igual a 1, a instrução

```
x = a[--i];
```

tem o efeito de atribuir o valor de a[0] a x, pois a variável i é decrementada antes que seu valor seja usado como índice em a. A instrução

```
x = a[i--];
```

usada, em vez disso, atribui o valor de a[1] a x, pois i seria decrementado após seu valor ser usado como índice em a.

Como um terceiro exemplo da distinção entre os operadores de pré e pós-incremento e pré e pós-decremento, a chamada de função

```
NSLog (@"%i", ++i);
```

incrementa `i` e depois envia seu valor para a função `NSLog`, enquanto a chamada

```
NSLog (@"%i", i++);
```

incrementa `i` após seu valor ter sido enviado para a função. Assim, se `i` fosse igual a `100`, a primeira chamada de `NSLog` exibiria `101` no terminal, enquanto a segunda chamada de `NSLog` exibiria `100`. Em um ou outro caso, o valor de `i` seria igual a `101` após a instrução ser executada.

Como um último exemplo sobre esse assunto, antes de apresentarmos um programa, se `textPtr` é um ponteiro de caractere, a expressão

```
*(++textPtr)
```

primeiro incrementa `textPtr` e depois busca o caractere para o qual ela aponta, enquanto a expressão

```
*(textPtr++)
```

busca o caractere para o qual `textPtr` aponta, antes que seu valor seja incrementado. Em um ou outro caso, os parênteses não são obrigatórios, pois os operadores `*` e `++` têm precedência igual, mas associam da direita para a esquerda.

Vamos voltar à função `copyString` do Programa 13.16 e reescrevê-la para incorporar as operações de incremento diretamente na instrução de atribuição.

Como os ponteiros `to` e `from` são incrementados a cada vez, após a instrução de atribuição dentro do loop `for` ser executada, eles devem ser incorporados na instrução de atribuição como operações de pós-incremento. O loop `for` do Programa 13.16 revisado se torna então este:

```
for (; *from != '\0'; )
    *to++ = *from++;
```

A execução da instrução de atribuição dentro do loop ocorreria como segue. O caractere para o qual `from` aponta seria recuperado e, então, `from` seria incrementado para apontar para o próximo caractere na string de origem. O caractere referenciado seria armazenado dentro do local para o qual `to` aponta; em seguida, `to` seria incrementado de forma a apontar para o próximo local na string de destino.

Parece que dificilmente a instrução `for` vale a pena, pois não tem expressão inicial nem expressão de loop. Na verdade, a lógica é mais bem servida quando expressa na forma de um loop `while`, como foi feito no Programa 13.17, o qual apresenta a nova versão da função `copyString`. O loop `while` usa o fato de que o caractere nulo é igual ao valor `0`, conforme os programadores de Objective-C experientes comumente fazem.

Programa 13.17

```
// Função para copiar uma string em outra
//       versão de ponteiro 2

#import <Foundation/Foundation.h>
void copyString (char *to, char *from)
{
    while ( *from )
        *to++ = *from++;
    *to = '\ 0';
}

int main (int argc, char * argv[])
{
   @autoreleasepool {
      void copyString (char *to, char *from);
      char string1[] = "A string to be copied.";
      char string2[50];

      copyString (string2, string1);
      NSLog (@"%s", string2);

      copyString (string2, "So is this.");
      NSLog (@"%s", string2);
   }
   return 0;
}
```

Programa 13.17 Saída

```
A string to be copied.
So is this.
```

Operações em ponteiros

Conforme você viu neste capítulo, é possível adicionar ou subtrair valores inteiros de ponteiros. Além disso, é possível comparar dois ponteiros para ver se são iguais ou se um ponteiro é menor ou maior do que outro. A única outra operação permitida em ponteiros é a subtração de dois ponteiros do mesmo tipo. O resultado da subtração de dois ponteiros em Objective-C é o número de elementos contidos entre eles. Assim, se a aponta para um array de elementos de qualquer tipo e b aponta para outro elemento em algum lugar mais adiante no mesmo array, a expressão b - a representa o número de elementos entre esses dois ponteiros. Por exemplo, se p aponta para algum elemento em um array x, a instrução

```
n = p - x;
```

atribui à variável n (presumida aqui como sendo uma variável inteira) o número de índice do elemento dentro de x para o qual p aponta. Portanto, se p estivesse apontando para o 100º elemento em x por causa de uma instrução como

```
p = &x[99];
```

o valor de n depois de efetuada a subtração anterior seria 99.

Ponteiros para funções

De natureza um pouco mais avançada, mas apresentada aqui para sermos completos, é a noção de ponteiro para uma função. Ao se trabalhar com ponteiros para funções, o compilador de Objective-C precisa saber não apenas que a variável de ponteiro aponta para uma função, mas também o tipo de valor retornado por essa função, além do número e dos tipos de seus argumentos. Para declarar uma variável fnPtr como sendo de tipo "ponteiro para função que retorna um valor int e não recebe argumentos", você escreve esta declaração:

```
int (*fnPtr) (void);
```

Os parênteses em torno de *fnPtr são obrigatórios; caso contrário, o compilador de Objective-C tratará a instrução anterior como a declaração de uma função chamada fnPtr que retorna um ponteiro para um int (porque o operador de chamada de função () tem precedência mais alta do que o operador de indireção de ponteiro *).

Para fazer seu ponteiro de função apontar para uma função específica, basta atribuir a ele o nome da função. Portanto, se lookup fosse uma função que retornasse um valor int e não recebesse argumentos, a instrução

```
fnPtr = lookup;
```

armazenaria um ponteiro para essa função dentro da variável de ponteiro de função fnPtr. Escrever um nome de função sem um conjunto de parênteses subsequente é tratado de maneira análoga a escrever um nome de array sem subscrito. O compilador de Objective-C produz um ponteiro para a função especificada, automaticamente. Um & é permitido na frente do nome da função, mas não é obrigatório.

Se a função lookup não fosse definida anteriormente no programa, você precisaria declarar a função antes que a atribuição anterior fosse feita. Uma instrução como

```
int lookup (void);
```

seria necessária, antes que um ponteiro para essa função pudesse ser atribuído à variável fnPtr.

Você pode chamar a função referenciada indiretamente por meio de uma variável de ponteiro aplicando o operador de chamada de função ao ponteiro, listando os argumentos da função dentro dos parênteses. Por exemplo

```
entry = fnPtr ();
```

chama a função para a qual `fnPtr` aponta, armazenando o valor retornado na variável `entry`.

Uma aplicação comum de ponteiros para funções é passá-los como argumentos para outras funções. A Standard Library usa isso na função `qsort`, a qual realiza um *quick sort* (ordenação rápida) em um array de elementos de dados. Essa função recebe como um de seus argumentos um ponteiro para uma função que é chamada quando `qsort` precisa comparar dois elementos do array que está sendo ordenado. Dessa maneira, `qsort` pode ser usada para ordenar arrays de qualquer tipo, pois a comparação de quaisquer dois elementos do array é feita por uma função fornecida pelo usuário e não pela função `qsort` em si.

No framework Foundation, alguns métodos recebem um ponteiro de função como argumento. Por exemplo, o método `sortUsingFunction:context:` é definido na classe `NSMutableArray` e chama a função especificada quando dois elementos de um array a ser ordenado precisam ser comparados.

Outra aplicação comum para ponteiros de função é na criação de tabelas de *despacho*. Você não pode armazenar as próprias funções dentro dos elementos de um array. No entanto, pode armazenar ponteiros de função dentro de um array. Assim, é possível criar tabelas que contêm ponteiros para as funções a serem chamadas. Por exemplo, você poderia criar uma tabela para processar diferentes comandos que um usuário digitará. Cada entrada na tabela poderia conter o nome do comando e um ponteiro para uma função a ser chamada para processar um comando específico. Agora, quando o usuário digitasse um comando, você poderia procurá-lo dentro da tabela e ativar a função correspondente para tratar dele.

Ponteiros e endereços de memória

Antes de finalizarmos esta discussão sobre ponteiros em Objective-C, devemos chamar a atenção para os detalhes de como eles são realmente implementados. A memória de um computador pode ser conceituada como um conjunto sequencial de células de armazenamento. Cada célula da memória do computador tem um número associado, chamado de *endereço*. Normalmente, o primeiro endereço da memória de um computador tem o número 0. Na maioria dos sistemas de computador, uma *célula* ocupa 1 byte.

O computador usa a memória para armazenar as instruções de seu programa e para armazenar os valores das variáveis associadas a um programa. Assim, se você declara uma variável chamada `count` como sendo de tipo `int`, o sistema atribui posições na memória para conter o valor de `count` enquanto o programa está em execução. Por exemplo, essa posição poderia ser o endereço $1000FF_{16}$ dentro da memória do computador.

Felizmente, você não precisa se preocupar com os endereços de memória em particular atribuídos às variáveis; o sistema os trata automaticamente. No entanto, o conhecimento de que cada variável está associada a um endereço de memória exclusivo o ajudará a entender o funcionamento dos ponteiros.

Quando você aplica o operador de endereço a uma variável em Objective-C, o valor gerado é o endereço real dessa variável dentro da memória do computador. (Obviamente, é daí que o operador de endereço recebe seu nome.) Portanto, a instrução

```
intPtr = &count;
```

atribui a `intPtr` o endereço na memória do computador que foi atribuído à variável `count`. Assim, se `count` estivesse localizada no endereço $1000FF_{16}$, essa instrução atribuiria o valor `0x1000FF` a `intPtr`.

Aplicar o operador de indireção a uma variável de ponteiro, como na expressão

```
*intPtr
```

tem o efeito de tratar o valor contido na variável de ponteiro como um endereço de memória. Então, o valor armazenado nesse endereço de memória é buscado e interpretado de acordo com o tipo declarado para a variável de ponteiro. Assim, se `intPtr` fosse de tipo ponteiro para `int`, o sistema interpretaria o valor armazenado no endereço de memória dado por `*intPtr` como um inteiro.

Eles não são objetos!

Agora você sabe definir arrays, estruturas, strings de caracteres e uniões e também como manipulá-los em seu programa. Lembre-se de uma coisa fundamental: *eles não são objetos*. Assim, você não pode enviar mensagens para eles. Também não pode usá-los para tirar o máximo proveito de coisas como a estratégia de alocação de memória fornecida pelo framework Foundation. Esse é um dos motivos pelos quais o estimulei a pular este capítulo e voltar a ele posteriormente. Em geral, é melhor aprender a usar as classes da estrutura Foundation que definem arrays e strings como objetos do que utilizar os que vêm incorporados na linguagem. Recorra aos tipos definidos neste capítulo apenas se for realmente necessário – e esperamos que você não recorra!

Outros recursos da linguagem

Alguns recursos da linguagem não se encaixam bem em nenhum dos outros capítulos; portanto, nós os incluímos aqui.

Literais compostas

Uma *literal composta* é um nome de tipo colocado entre parênteses, seguido por uma lista de inicialização. Ela cria um valor sem nome do tipo especificado, com escopo limitado ao bloco no qual é criada ou escopo global, se for definida fora de qualquer bloco. Neste último caso, todos os inicializadores devem ser expressões constantes.

Considere um exemplo:

```
(struct date) { .month = 7, .day = 2, .year = 2011}
```

Essa expressão produz uma estrutura de tipo `struct date` com os valores iniciais especificados. Você pode atribuir isso a outra estrutura `struct date`, como segue:

```
theDate = (struct date) { .month = 7, .day = 2, .year = 2011};
```

Ou, então, pode passar para uma função ou método que espere um argumento `struct date`, como segue:

```
setStartDate ((struct date) { .month = 7, .day = 2, .year = 2011} );
```

Além disso, você pode definir tipos que não são estruturas. Por exemplo, se `intPtr` é de tipo `int *`, a instrução

```
intPtr = (int [100]) { [0] = 1, [50] = 50, [99] = 99 };
```

(que pode aparecer em qualquer lugar no programa) faz `intptr` apontar para um array de 100 inteiros, cujos 3 elementos são inicializados conforme especificado.

Se o tamanho do array não é especificado, a lista inicializadora o determina.

A instrução `goto`

Executar uma instrução `goto` causa um desvio direto em um ponto especificado no programa. Para identificar onde no programa o desvio deve ser feito, é necessário um rótulo. Um *rótulo* é um nome formado com as mesmas regras dos nomes de variável; ele deve ser imediatamente seguido por dois-pontos. O rótulo é colocado imediatamente antes da instrução para a qual o desvio vai ser feito e deve aparecer na mesma função ou método que a instrução `goto`.

Por exemplo, a instrução

```
goto out_of_data;
```

faz o programa desviar imediatamente para a instrução precedida pelo rótulo `out_of_data;`. Esse rótulo pode estar localizado em qualquer lugar na função ou método, antes ou depois da instrução `goto`, e pode ser usado como mostrado aqui:

```
out_of_data: NSLog (@"Unexpected end of data.");
    ...
```

Os programadores preguiçosos frequentemente abusam da instrução `goto` para desviar para outras partes de seus códigos. A instrução `goto` interrompe o fluxo sequencial normal de um programa. Como resultado, os programas são mais difíceis de seguir. Usar muitas instruções `goto` em um programa pode torná-lo impossível de decifrar. Por isso, as instruções `goto` não são consideradas como parte do bom estilo de programação.

A instrução nula

Objective-C permite colocar um ponto e vírgula solitário em qualquer lugar onde uma instrução de programa normal pode aparecer. O efeito dessa instrução, conhecida como *instrução nula*, é o de não fazer nada. Isso poderia parecer inútil, mas os programadores frequentemente fazem isso em instruções `while`, `for` e `do`. Por exemplo, o objetivo da instrução a seguir é armazenar todos os caracteres lidos da *entrada padrão* (seu terminal, por padrão) no array de caracteres para o qual `text` aponta, até que seja encontrado um caractere de nova linha. Essa instrução utiliza a rotina de biblioteca `getchar`, a qual lê e retorna um caractere por vez da entrada padrão:

```
while ( (*text++ = getchar ()) != '' )
    ;
```

Todas as operações são efetuadas dentro da parte das condições de loop da instrução `while`. A instrução nula é necessária porque o compilador entende a instrução que vem após a expressão de loop como corpo do loop. Sem a instrução nula, o compilador trataria qualquer instrução que viesse a seguir no programa como corpo do loop.

O operador vírgula

Na base do sistema hierárquico da precedência, por assim dizer, está o operador vírgula. No Capítulo 5, "Loops de programa", mencionamos que dentro de uma instrução `for` você pode incluir mais de uma expressão em qualquer um dos campos, separando cada expressão com uma vírgula. Por exemplo, a instrução `for` que começa com

```
for ( i = 0, j = 100; i != 10; ++i, j -= 10 )
    ...
```

inicializa o valor de `i` com `0` e de `j` com `100` antes de o loop começar e incrementa o valor de `i` e subtrai `10` do valor de `j` depois que o corpo do loop é executado.

Como todos os operadores em Objective-C produzem um valor, o valor do operador vírgula é o da expressão à direita.

O operador `sizeof`

Embora você nunca deva fazer suposições a respeito do tamanho de um tipo de dados em seu programa, às vezes é necessário conhecer essa informação. Isso poderia acontecer ao fazer alocação de memória dinâmica, usando rotinas de biblioteca como `malloc`, ou ao gravar ou arquivar dados. Objective-C fornece um operador chamado `sizeof` que pode ser usado para determinar o tamanho de um tipo de dados ou objeto. O operador `sizeof` retorna o tamanho em bytes do item especificado. O argumento do operador `sizeof` pode ser uma variável, um nome de array, o nome de um tipo de dados básico, um objeto, o nome de um tipo de dados derivado ou uma expressão. Por exemplo, escrever

```
sizeof (int)
```

fornece o número de bytes necessários para armazenar um inteiro. Em meu MacBook Air, isso produz o valor `4` (ou 32 bits). Se `x` fosse declarado como um array de 100 valores `int`, a expressão

```
sizeof (x)
```

forneceria a quantidade de armazenamento exigida para armazenar os 100 inteiros de `x`.

Dado que `myFract` é um objeto `Fraction` que contém duas variáveis de instância `int` (`numerator` e `denominator`), a expressão

```
sizeof (myFract)
```

produz o valor 4 em qualquer sistema que represente ponteiros usando 4 bytes. De fato, esse é o valor que `sizeof` gera para qualquer objeto, pois aqui você está solicitando o tamanho do ponteiro para os dados do objeto. Para obter o tamanho da estrutura de dados real para armazenar uma instância de um objeto `Fraction`, em vez disso, você escreve o seguinte:

```
sizeof (*myFract)
```

Em meu MacBook Air, isso fornece o valor 12. Ou seja, 4 bytes para o `numerador` e para o `denominador`, mais outros 4 bytes para o membro herdado `isa`, mencionado na seção "Como as coisas funcionam", no final deste capítulo.

A expressão

```
sizeof (struct data_entry)
```

tem como seu valor a quantidade necessária para armazenar uma estrutura `data_entry`. Se `data` for definido como um array de elementos `struct data_entry`, a expressão

```
sizeof (data) / sizeof (struct data_entry)
```

fornecerá o número de elementos contidos em `data` (`data` deve ser um array definido anteriormente e não um parâmetro formal ou um array referenciado externamente). A expressão

```
sizeof (data) / sizeof (data[0])
```

produz o mesmo resultado.

Quando possível, use o operador `sizeof` para não ter de calcular e codificar tamanhos em seus programas.

Argumentos de linha de comando

Frequentemente, é desenvolvido um programa que exige que o usuário insira um pequeno volume de informações no terminal. A informação pode consistir em um valor indicando o número triangular que você deseja calcular ou uma palavra que deseja pesquisar em um dicionário.

Em vez de fazer o programa solicitar esse tipo de informação do usuário, você pode fornecê-la para o programa no momento de sua execução. Os *argumentos de linha de comando* fornecem essa capacidade.

Mencionamos que a única característica diferenciada da função `main` é que seu nome é especial; ele especifica onde a execução do programa deve começar. De fato, o sistema de runtime chama a função `main` no início da execução do programa, exatamente como você chamaria uma função dentro de seu próprio programa. Quando a execução de `main` termina, o controle volta para o sistema de runtime, o qual então sabe que seu programa terminou.

Quando o sistema de runtime chama `main`, são passados dois argumentos para a função. O primeiro, chamado `argc` por convenção (de *arg*ument *c*ount – contagem de argumentos), é um valor inteiro que especifica o número de argumentos digitados na linha de comando. O segundo argumento de `main` é um array de ponteiros de caractere, chamado `argv` por convenção (de *arg*ument *v*ector – vetor de argumentos). Além disso, esse array contém `argc + 1` ponteiros de caractere. A primeira entrada nesse array é um ponteiro para o nome do programa que está sendo executado ou um ponteiro para uma string nula, caso o nome do programa não esteja disponível em seu sistema. As entradas subsequentes do array apontam para os valores especificados na mesma linha que o comando que iniciou a execução do programa. O último ponteiro no array `argv`, `argv[argc]`, é definido como nulo.

Para acessar os argumentos de linha de comando, a função `main` deve ser declarada adequadamente como recebendo dois argumentos. A declaração convencional que utilizamos em todos os programas deste livro basta:

```
int main (int argc, char * argv[])
{
   ...
}
```

Lembre-se de que a declaração de `argv` define um array que contém elementos de tipo "ponteiro para `char`". Como um uso prático de argumentos de linha de comando, suponha que você desenvolveu um programa que procura uma palavra em um dicionário e imprime seu significado. Você pode usar argumentos de linha de comando para que a palavra cujo significado deseja encontrar possa ser especificada ao mesmo tempo em que o programa é executado, como no comando a seguir:

```
lookup aerie
```

Isso elimina a necessidade de o programa pedir para que o usuário digite uma palavra, pois ela é digitada na linha de comando.

Se o comando anterior fosse executado, o sistema passaria automaticamente para a função `main` um ponteiro para a string de caracteres `"aerie"` em `argv[1]`. Lembre-se de que `argv[0]` conteria um ponteiro para o nome do programa, o qual, neste caso, seria `"lookup"`.

A rotina `main` poderia ser como mostrada aqui:

```
#include <Foundation/Foundation.h>

int main (int argc, char * argv[])
{
   struct entry dictionary[100] =
      { { "aardvark",   "a burrowing African mammal" },
        { "abyss",      "a bottomless pit" },
        { "acumen",     "mentally sharp; keen" },
        { "addle",      "to become confused" },
        { "aerie",      "a high nest" },
        { "affix",      "to append; attach" },
        { "agar",       "a jelly made from seaweed" },
        { "ahoy",       "a nautical call of greeting" },
        { "aigrette",   "an ornamental cluster of feathers" },
        { "ajar", "partially opened" } };
```

```
      int entries = 10;
      int entryNumber;
      int lookup (struct entry dictionary [], char search[],
              int entries);
      if ( argc != 2 )
      {
         NSLog (@"No word typed on the command line.");
         return (1);
}

      entryNumber = lookup (dictionary, argv[1], entries);

      if ( entryNumber != -1 )
         NSLog (@"%s", dictionary[entryNumber].definition);
      else
         NSLog (@"Sorry, %s is not in my dictionary.", argv[1]);

      return (0);
}
```

A rotina `main` faz um teste para certificar-se de que uma palavra foi digitada após o nome do programa quando o programa foi executado. Se não foi ou se foi digitada mais de uma palavra, o valor de `argc` não é igual a 2. Nesse caso, o programa escreve uma mensagem de erro na saída padrão e termina, retornando o status de saída 1.

Se `argc` é igual a 2, a função `lookup` é chamada para localizar a palavra para a qual `argv[1]` aponta no dicionário. Se a palavra é encontrada, sua definição é exibida.

Lembre-se de que os argumentos de linha de comando são sempre armazenados como strings de caracteres. Assim, a execução do programa `power` com os argumentos de linha de comando 2 e 16, como em

`power 2 16`

armazena um ponteiro para a string de caracteres `"2"` dentro de `argv[1]` e um ponteiro para a string `"16"` dentro de `argv[2]`. Se o programa deve interpretar argumentos como números (como suspeitamos ser o caso no programa `power`), o próprio programa deve convertê-los. Várias rotinas estão disponíveis na biblioteca de programa para fazer essas conversões: `sscanf`, `atof`, `atoi`, `strtod` e `strtol`. Na parte dois, você vai aprender a usar uma classe chamada `NSProcessInfo` para acessar os argumentos de linha de comando como objetos string, em vez de strings C.

Como as coisas funcionam

Seríamos negligentes se terminássemos este capítulo sem primeiro ligar algumas coisas. Como a linguagem Objective-C tem por base a linguagem C, algumas conexões entre as duas devem ser mencionadas. Você pode ignorar esses detalhes de implementação ou utilizá-los para entender um pouco mais como as coisas funcionam, da mesma maneira que aprender sobre ponteiros como endereços de memória pode ajudá-lo a entender melhor os ponteiros. Não entraremos em muitos detalhes aqui; exporemos apenas quatro fatos sobre a relação entre Objective-C e C.

Fato 1: as variáveis de instância são armazenadas em estruturas

Quando você define uma nova classe e suas variáveis de instância, na realidade essas variáveis de instância são armazenadas dentro de uma estrutura. É assim que você pode manipular objetos; na verdade, eles são estruturas cujos membros são as variáveis de instância. Assim, as variáveis de instância herdadas, mais aquelas que você adicionou em sua classe, compreendem uma única estrutura. Quando você aloca um novo objeto usando alloc, é reservado espaço suficiente para conter uma dessas estruturas.

Um dos membros herdados (ele vem do objeto raiz) da estrutura é um membro protegido, chamado isa, que identifica a classe à qual o objeto pertence. Como ele faz parte da estrutura (e, portanto, do objeto), é levado junto com o objeto. Desse modo, o sistema de runtime sempre pode identificar a classe de um objeto (mesmo que você o atribua a uma variável de objeto id genérica) simplesmente examinando seu membro isa.

Você pode acessar diretamente os membros da estrutura de um objeto tornando-os @public (veja a discussão no Capítulo 10). Se você fizesse isso com os membros numerator e denominator de sua classe Fraction, por exemplo, poderia escrever expressões como

```
myFract->numerator
```

em seu programa para acessar diretamente o membro numerator do objeto Fraction myFract. Mas de modo algum aconselhamos fazer isso. Conforme mencionamos no Capítulo 10, isso vai contra o conceito de encapsulamento de dados.

Fato 2: uma variável de objeto é, na verdade, um ponteiro

Quando você define uma variável de objeto como Fraction, tal qual em

```
Fraction *myFract;
```

na verdade, está definindo uma variável de ponteiro chamada myFract. Essa variável é definida de forma a apontar para algo de tipo Fraction, que é o nome de sua classe. Quando você aloca uma nova instância de um objeto Fraction com

```
myFract = [Fraction alloc];
```

está alocando espaço para armazenar um novo objeto Fraction na memória (isto é, espaço para uma estrutura) e, então, armazenando o ponteiro para essa estrutura que é retornada dentro da variável de ponteiro myFract.

Quando você atribui uma variável de objeto a outra, como em

```
myFract2 = myFract1;
```

está simplesmente copiando ponteiros. As duas variáveis acabam apontando para a mesma estrutura armazenada em algum lugar na memória. Portanto, fazer uma alteração em um dos membros referenciados (isto é, apontados para) por `myFract2` altera a mesma variável de instância (isto é, membro da estrutura) referenciada por `myFract1`.

Fato 3: métodos são funções, e expressões de mensagem são chamadas de função

Os métodos, na verdade, são funções. Quando você chama um método, chama uma função associada à classe do destinatário. Os argumentos passados para a função são o destinatário (`self`) e os argumentos do método. Assim, todas as regras sobre passagem de argumentos para funções, valores de retorno e variáveis automáticas e estáticas são as mesmas, se você estiver falando sobre uma função ou um método. O compilador de Objective-C cria um nome exclusivo para cada função, usando uma combinação do nome da classe e do nome do método.

Fato 4: o tipo `id` é um tipo de ponteiro genérico

Como os objetos são referenciados por meio de ponteiros, os quais são apenas endereços de memória, você pode atribuí-los livremente entre variáveis `id`. Consequentemente, um método que retorna um tipo `id` retorna apenas um ponteiro para algum objeto na memória. Então, você pode atribuir esse valor a qualquer variável de objeto. Como o objeto carrega seu membro `isa` para onde quer que vá, sua classe sempre pode ser identificada, mesmo que você o armazene em uma variável de objeto genérica de tipo `id`.

Exercícios

1. Escreva uma função que calcule a média de um array de 10 valores em ponto flutuante e retorne o resultado.

2. O método reduce de sua classe `Fraction` encontra o máximo divisor comum do numerador e do denominador para reduzir a fração. Modifique esse método de modo que, em vez disso, ele use a função `gcd` do Programa 13.5. Onde você acha que deve colocar a definição da função? Existem vantagens em tornar a função estática? Qual estratégia você acha que é melhor, usar uma função `gcd` ou incorporar o código diretamente no método, como fez anteriormente? Por quê?

3. Um algoritmo conhecido como crivo de Eratóstenes pode gerar números primos. O algoritmo desse procedimento é apresentado aqui. Escreva um programa que implemente esse algoritmo. Faça-o encontrar todos os números primos até n = 150. O que você pode dizer sobre esse algoritmo em comparação àqueles que usou no texto para calcular números primos?

    Passo 1: defina um array de inteiros P. Configure todos os elementos P_i a 0, $2 <= i <= n$.

    Passo 2: configure i como 2.

    Passo 3: se $i > n$, o algoritmo termina.

Passo 4: se Pi é 0, i é primo.

Passo 5: para todos os valores inteiros positivos de j, tal que ixj<=n, configure P$i$xj como 1.

Passo 6: some 1 a i e vá para o passo 3.

4. Escreva uma função para adicionar todos os objetos Fractions passados a ela em um array e retornar o resultado como um objeto Fraction.

5. Escreva uma definição typedef para um struct date chamado Date que permita fazer declarações como

   ```
   Date todaysDate;
   ```

   em seu programa.

6. Conforme mencionado no texto, definir uma classe Date, em vez de uma estrutura date, é mais coerente com a noção de programação orientada a objetos. Defina tal classe, com métodos setter e getter apropriados. Adicione também um método chamado dateUpdate para retornar o dia seguinte ao seu argumento.

   Você vê alguma vantagem em definir um objeto Date como uma classe, em vez de como uma estrutura? Você vê alguma desvantagem?

7. Dadas as seguintes definições
   ```
   char *message = "Programming in Objective-C is fun";
   char message2[] = "You said it";
   int x = 100;
   ```
   determine se cada chamada de NSLog dos conjuntos a seguir é válida e produz a mesma saída das outras chamadas do conjunto.
   ```
   /*** conjunto 1 ***/
   NSLog (@"Programming in Objective-C is fun");
   NSLog (@"%s", "Programming in Objective-C is fun");
   NSLog (@"%s", message);

   /*** conjunto 2 ***/
   NSLog (@"You said it");
   NSLog (@"%s", message2);
   NSLog (@"%s", &message2[0]);

   /*** conjunto 3 ***/
   NSLog (@"said it");
   NSLog (@"%s", message2 + 4);
   NSLog (@"%s", &message2[4]);
   ```

8. Escreva um programa que imprima todos os seus argumentos de linha de comando, um por linha, no terminal. Observe o efeito de colocar entre aspas os argumentos que contêm caracteres de espaço.

9. Quais das instruções a seguir produz a saída This is a test? Explique.

```
NSLog (@"This is a test");
NSLog ("This is a test");

NSLog (@"%s", "This is a test");
NSLog (@"%s", @"This is a test");

NSLog ("%s", "This is a test");
NSLog ("%s", @"This is a test");

NSLog (@"%@", @"This is a test");
NSLog (@"%@", "This is a test");
```

10. Reescreva a função exchange do Programa 13.14 como um bloco e teste-a.

14
Introdução ao framework Foundation

Framework é um conjunto de classes, métodos, funções e documentação, agrupados logicamente para facilitar o desenvolvimento de programas. No OS X, estão disponíveis mais de 90 frameworks para desenvolvimento de aplicativos, para que você possa trabalhar facilmente com a estrutura do Address Book do Mac, gravar CDs, reproduzir DVDs, passar filmes com QuickTime, tocar músicas, etc.

O framework que fornece a base ou fundamentação para todo seu desenvolvimento de programas é chamado Foundation. Esse framework, o assunto da segunda parte deste livro, permite trabalhar com objetos básicos, como números e strings, e com coleções de objetos, como arrays, dicionários e conjuntos. Outros recursos possibilitam trabalhar com datas e horas, usar gerenciamento de memória automatizado, trabalhar com o sistema de arquivos subjacente, armazenar (ou *arquivar*) objetos e trabalhar com estruturas de dados geométricas, como pontos e retângulos.

O framework Application Kit contém uma ampla coleção de classes e métodos para desenvolver aplicativos gráficos interativos. Isso proporciona a capacidade de trabalhar facilmente com texto, menus, barras de ferramentas, tabelas, documentos, com a área de transferência (*pasteboard*) e janelas. No OS X, o termo *Cocoa* se refere aos frameworks Foundation, Application Kit e a um terceiro framework conhecido como Core Data. O termo *Cocoa Touch* se refere aos frameworks Foundation, Core Data e UIKit. A parte três, "Cocoa, Cocoa Touch e o SDK do iOS", fornece mais alguns detalhes sobre esse assunto.

Documentação de Foundation

Você deve tirar proveito da documentação do framework Foundation que está armazenada em seu sistema (se tiver optado por baixar cópias locais) e que também está disponível online, no site da Apple. A maior parte da documentação existe na forma de arquivos HTML para se ver com um navegador ou como arquivos Acrobat PDF. Essa documentação contém uma descrição de todas as classes da Foundation e todos os métodos e funções implementados. Mantenho o URL da documentação de Foundation como favorito em meu navegador, para pesquisar facilmente informações sobre uma classe da Foundation.

Se você estiver usando Xcode para desenvolver seus programas, então tem fácil acesso à documentação de várias maneiras diferentes. Você pode chegar à janela de documentação principal Xcode Help a partir do menu Help. Essa janela permite pesquisar e acessar facilmente a documentação armazenada de forma local em seu computador ou a que está disponível online. A Figura 14.1 mostra os resultados da busca pela string "NSString" na janela Xcode Help.

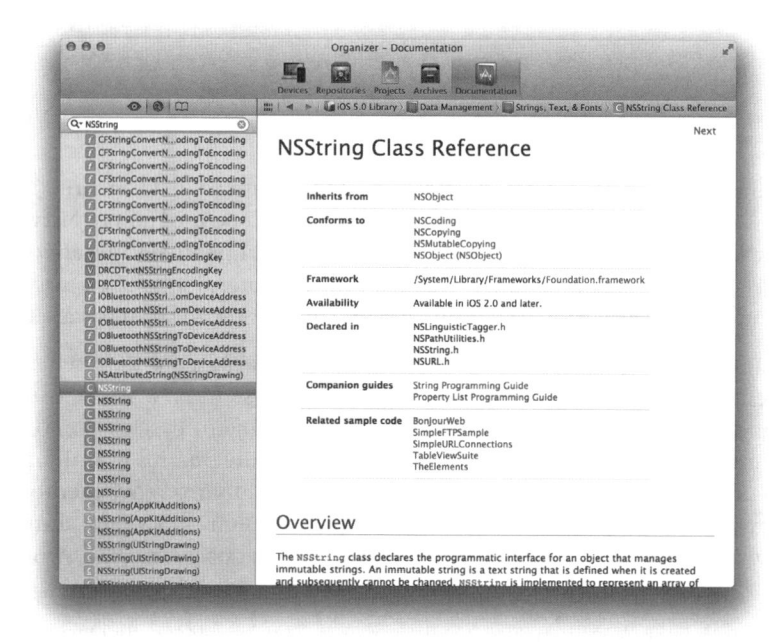

Figura 14.1 Utilizando Xcode para referenciar a documentação.

Se estiver editando um arquivo no Xcode e quiser ter acesso imediato à documentação de um arquivo de cabeçalho, método ou classe em particular, você pode simplesmente colocar o cursor do mouse sobre a classe, método ou variável que deseja procurar, manter a tecla Option pressionada e clicar. Isso fornece um resumo rápido do que foi selecionado. A Figura 14.2 mostra o painel que aparece quando o cursor está localizado no texto NSString e você pressiona a tecla Option enquanto clica com o mouse.

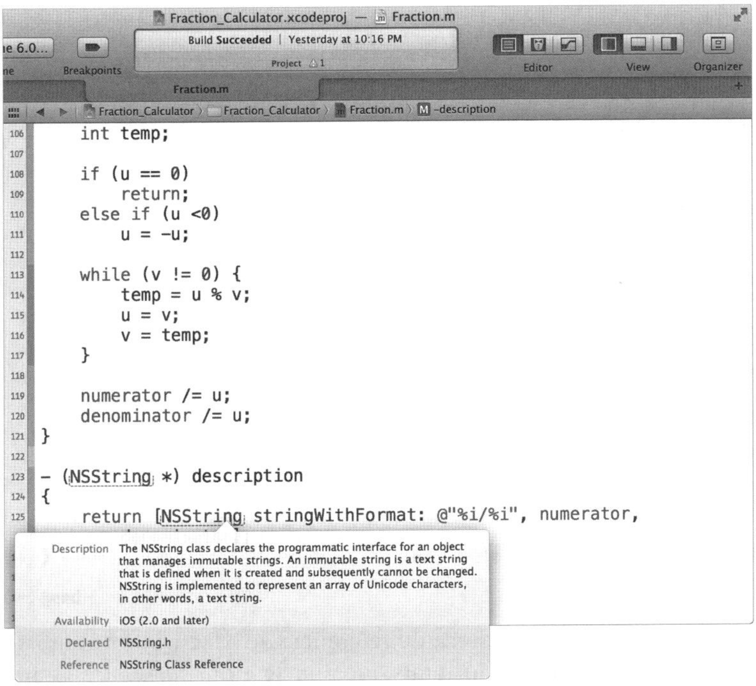

Figura 14.2 Referência rápida para `NSString`.

Você pode obter acesso direto ao arquivo de cabeçalho `NSString.h` ou à referência da classe clicando no link apropriado no painel de ajuda. Essa é uma ferramenta realmente excelente e conveniente que você deve se acostumar a usar!

O painel Quick Help pode ser ativado de modo que sempre apareça e seja atualizado automaticamente quando você digitar ou selecionar itens em seu programa. Basta selecionar View, Utilities, Quick Help para abrir um layout de janelas, como o mostrado na Figura 14.3, com o menu Quick Help aparecendo no painel da direita por padrão.

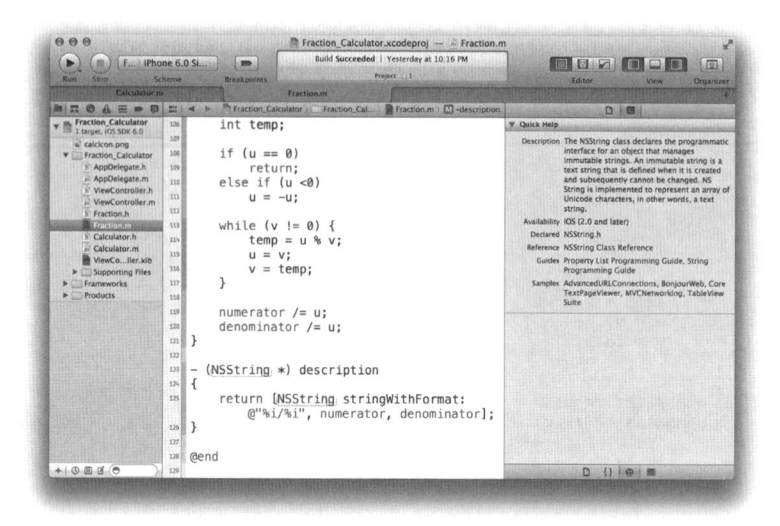

Figura 14.3 Menu Quick Help exibido no painel de visualização.

Você pode acessar a biblioteca de referência do Mac OS X online, no endereço http://developer.apple.com/library/mac/navigation/index.html, e navegar até a referência apropriada.

Nesse endereço, você também encontrará uma ampla variedade de documentos abordando problemas de programação específicos, como gerenciamento de memória, strings e arquivos.

A não ser que você se inscreva para receber atualizações automáticas de sua documentação com o Xcode (veja em Xcode, Preferences, Downloads, Documentation), a documentação online pode ser mais atual do que a que está armazenada em seu disco.

Isso conclui nossa breve introdução ao framework Foundation. Agora é hora de aprender sobre algumas de suas classes e como você pode utilizá-las em seus aplicativos.

15
Números, strings e coleções

Este capítulo descreve como trabalhar com alguns dos objetos básicos fornecidos no framework Foundation. Eles incluem números, strings e coleções, os quais se referem à capacidade de trabalhar com grupos de objetos na forma de arrays, dicionários e conjuntos.

O framework Foundation contém uma grande quantidade de classes, métodos e funções para usar. Aproximadamente 125 arquivos de cabeçalho estão disponíveis no OS X. Como conveniência, você pode simplesmente usar a seguinte instrução import:

```
#import <Foundation/Foundation.h>
```

Como o arquivo Foundation.h importa quase todos os outros arquivos de cabeçalho de Foundation, você não precisa se preocupar se está importando o arquivo de cabeçalho correto. O Xcode insere esse arquivo de cabeçalho em seu programa automaticamente, conforme você viu em cada exemplo neste livro.

Usar essa instrução pode aumentar significativamente o tempo de suas compilações. No entanto, você pode evitar esse tempo extra usando cabeçalhos *previamente compilados* (arquivos previamente processados pelo compilador). Por padrão, todos os projetos do Xcode tiram proveito de cabeçalhos previamente compilados.

Objetos de números

Todos os tipos de dados numéricos com que lidamos até agora, como inteiros, floats e longs, são tipos de dados básicos na linguagem Objective-C – isto é, eles não são objetos. Por exemplo, você não pode enviar mensagens para eles. Às vezes, contudo, você precisa trabalhar com esses valores como objetos. Por exemplo, o objeto Foundation NSArray permite definir um array no qual valores podem ser armazenados. Esses valores têm de ser objetos; portanto, você não pode armazenar diretamente nenhum dos tipos de dados básicos nesses arrays. Em vez disso, para armazenar qualquer um dos tipos de dados numéricos básicos (incluindo o tipo de dados char), você pode usar a classe NSNumber para criar objetos desses tipos de dados (veja o Programa 15.1).

Programa 15.1

```objectivec
// Trabalhando com números

#import <Foundation/Foundation.h>

int main (int argc, char * argv[])
{
   @autoreleasepool {
      NSNumber      *myNumber, *floatNumber, *intNumber;
      NSInteger     myInt;

      // valor inteiro

      intNumber = [NSNumber numberWithInteger: 100];
      myInt = [intNumber integerValue];
      NSLog (@"%li", (long) myInt);

      // valor long

      myNumber = [NSNumber numberWithLong: 0xabcdef];
      NSLog (@"%lx", [myNumber longValue]);

      // valor char

      myNumber = [NSNumber numberWithChar: 'X'];
      NSLog (@"%c", [myNumber charValue]);

      // valor float

      floatNumber = [NSNumber numberWithFloat: 100.00];
      NSLog (@"%g", [floatNumber floatValue]);

      // double

      myNumber = [NSNumber numberWithDouble: 12345e+15];
      NSLog (@"%lg", [myNumber doubleValue]);

      // Acesso errado aqui

      NSLog (@"%li", (long) [myNumber integerValue]);

      // Testa a igualdade de dois números

      if ([intNumber isEqualToNumber: floatNumber] == YES)
         NSLog (@"Numbers are equal");
      else
         NSLog (@"Numbers are not equal");

      // Testa se um número é <, == ou > segundo número
```

```
        if ([intNumber compare: myNumber] == NSOrderedAscending)
            NSLog (@"First number is less than second");
    }
return 0;
}
```

Programa 15.1 Saída

```
100
abcdef
X
100
1.2345e+19
-9223372036854775808
0
Numbers are equal
First number is less than second
```

A classe NSNumber contém muitos métodos que permitem criar objetos NSNumber com valores iniciais. Por exemplo, a linha

```
intNumber = [NSNumber numberWithInteger: 100];
```

cria um objeto a partir de um inteiro cujo valor é 100.

O valor recuperado de um objeto NSNumber deve ser coerente com o tipo de valor armazenado nele. Assim, na instrução seguinte do programa,

```
myInt = [intNumber integerValue]
```

recupera o valor inteiro armazenado dentro de intNumber e o armazena na variável NSInteger myInt. Note que NSInteger não é um objeto, mas um typedef de um tipo de dados básico. Foi usado typedef para transformá-lo em construções long de 64 bits ou em construções int de 32 bits. Existe um typedef semelhante para NSUInteger, para trabalhar com inteiros sem sinal em seu programa.

Na chamada de NSLog, convertemos o NSInteger myInt em um long e usamos os caracteres de formatação %li para garantir que o valor fosse passado e exibido corretamente, mesmo que o programa fosse compilado para uma arquitetura de 32 bits.

Para cada tipo de dados básico existe um método de classe que aloca um objeto NSNumber e o define com um valor especificado. Esses métodos começam com numberWith, seguido pelo tipo, como em numberWithLong:, numberWithFloat:, etc. Além disso, métodos de instância podem ser usados para atribuir a um objeto NSNumber anteriormente alocado (com alloc) um valor especificado. Todos eles começam com initWith, como em initWithLong: e initWithFloat:.

A Tabela 15.1 lista os métodos de classe e de instância para definir valores de objetos NSNumber e os métodos de instância correspondentes para recuperar seus valores.

> **Nota**
>
> Nas versões de Xcode anteriores a 4.2, importava mais qual versão do método era utilizada. O método de classe criava um objeto *de liberação automática*, enquanto as versões alocadas (com alloc) criavam objetos cuja memória você era responsável por liberar ao terminar de usá-los (no iOS). A introdução do ARC (Automatic Reference Counting) em Objective-C significa que não há mais um forte motivo para usar uma forma de método em detrimento da outra, pois agora o gerenciamento de memória é tratado automaticamente.

Tabela 5.1 Métodos de criação e recuperação de NSNumber

Método de classe de criação e inicialização	Método de instância de inicialização	Método de instância de recuperação
numberWithChar:	initWithChar:	charValue
numberWithUnsignedChar:	initWithUnsignedChar:	unsignedCharValue
numberWithShort:	initWithShort:	shortValue
numberWithUnsignedShort:	initWithUnsignedShort:	unsignedShortValue
numberWithInteger:	initWithInteger:	integerValue
numberWithUnsignedInteger:	initWithUnsignedInteger:	unsignedIntegerValue
numberWithInt:	initWithInt:	intValue
numberWithUnsignedInt:	initWithUnsignedInt:	unsignedIntValue
numberWithLong:	initWithLong:	longValue
numberWithUnsignedLong:	initWithUnsignedLong:	unsignedLongValue
numberWithLongLong:	initWithLongLong:	longlongValue
numberWithUnsignedLongLong:	initWithUnsignedLongLong:	unsignedLongLongValue
numberWithFloat:	initWithFloat:	floatValue
numberWithDouble:	initWithDouble:	doubleValue
numberWithBool:	initWithBool:	boolValue

Voltando ao Programa 15.1, em seguida o programa usa os métodos de classe para criar objetos NSNumber long, char, float e double. Observe o que acontece quando você cria um objeto double com a linha

```
myNumber = [NSNumber numberWithDouble: 12345e+15];
```

e depois tenta (incorretamente) recuperar e exibir seu valor com a seguinte linha:

```
NSLog (@"%li", (long) [myNumber integerValue]);
```

Mostramos a saída como -9223372036854775808, mas você poderá obter um resultado diferente, pois o acesso não é válido.

Além disso, não recebe nenhuma mensagem de erro do sistema. Em geral, fica por sua conta garantir que, se armazenar um valor em um objeto NSNumber, deve recuperá-lo de maneira coerente.

Dentro da instrução if, a expressão de mensagem

```
[intNumber isEqualToNumber: floatNumber]
```

usa o método isEqualToNumber: para comparar numericamente dois objetos NSNumber. O programa testa o valor BOOL retornado para ver se os dois números são iguais.

Você pode usar o método compare: para testar se um valor numérico é numericamente menor, igual ou maior do que outro. A expressão de mensagem

```
[intNumber compare: myNumber]
```

retorna o valor NSOrderedAscending se o valor numérico armazenado em intNumber for menor do que o valor numérico contido em myNumber, retorna o valor NSOrderedSame se os dois números forem iguais e o valor NSOrderedDescending se o primeiro número for maior do que o segundo. Esses valores estão definidos no arquivo de cabeçalho NSObject.h, o qual é incluído quando você importa Foundation.h.

Note que você *não pode alterar o valor de um objeto* NSNumber *criado anteriormente*. Por exemplo, isto não funciona:

```
NSNumber *myNumber = [[NSNumber alloc] initWithInt: 50];
...
[myNumber initWithInt: 1000];
```

Esta última instrução fará seu programa falhar quando for executado. Todos os objetos de número devem ser recentemente criados, significando que você precisa chamar um dos métodos listados na primeira coluna da Tabela 15.1, na classe NSNumber, ou um dos métodos listados na segunda coluna, usando o resultado do método alloc, como mostrado na primeira linha do exemplo anterior.

Apenas para garantir que você entenda a distinção no uso de numberWithInt: *versus* numberWithInteger:, basta seguir estas regras:

1. Se você criar um inteiro usando numberWithInt:, deve recuperar seu valor usando intValue, e pode exibir o valor usando %i como caracteres de formatação.

2. Se você criar um inteiro usando numberWithInteger:, deve recuperar seu valor usando integerValue e deve convertê-lo em um long se for exibido ou usado para formatar uma string com um método como stringWithFormat:. Em tais casos, os caracteres de formatação a serem usados seriam %li.

Uma discussão semelhante se aplica ao uso de numberWithUnsignedInt: *versus* numberWithUnsignedInteger:.

Uma extensão recente da linguagem Objective-C permite criar objetos de número dentro de seu programa usando a notação *@expressão*. Dê uma olhada no Programa 15.2 para ver como pode utilizar essa sintaxe.

Programa 15.2

```
// Trabalhando com objetos de número literais

#import <Foundation/Foundation.h>

int main (int argc, char * argv[])
{
   @autoreleasepool {
      NSNumber          *myNumber, *floatNumber, *intNumber;
      NSInteger         myInt;

      // inteiro

      intNumber = @100;
      myInt = [intNumber integerValue];
      NSLog (@"%li", (long) myInt);

      // valor long

      myNumber = @0xabcdefL;
         NSLog (@"%lx", [myNumber longValue]);

      myNumber = @'X';
      NSLog (@"%c", [myNumber charValue]);

      // valor float

      floatNumber = @100.0f;
      NSLog (@"%g", [floatNumber floatValue]);
   }

   return 0;
}
```

Programa 15.2   Saída

```
100
abcdef
X
100
```

O Programa 15.2 mostra objetos de número criados a partir de objetos simples, mas você também poderia escrever uma expressão como a seguinte:

```
NSNumber *center = @((start + end) / 2.0);
```

Você vai encontrar objetos `NSNumber` novamente em outros programas deste capítulo. Talvez você queira examinar a documentação da classe `NSDecimalNumber` antes de passar para a próxima seção. Essa classe é uma subclasse de `NSNumber` e fornece métodos para efetuar operações aritméticas com números em nível de objeto.

Objetos string

Você já encontrou objetos string em seus programas. Quando incluiu uma sequência de strings de caracteres dentro de um par de aspas duplas, como em

```
@"Programming is fun"
```

você criou um objeto string de caracteres em Objective-C. O framework Foundation suporta uma classe chamada `NSString` para se trabalhar com objetos string de caracteres. Enquanto as strings estilo C consistem em caracteres `char`, os objetos `NSString` consistem em caracteres `unichar`. Um caractere `unichar` é um caractere de vários bytes, de acordo com o padrão Unicode. Isso permite que você trabalhe com conjuntos de caractere que podem conter literalmente milhões de caracteres. Felizmente, não é preciso se preocupar com a representação interna dos caracteres em suas strings, pois a classe `NSString` trata disso para você automaticamente[1]. Usando os métodos dessa classe, você pode desenvolver mais facilmente aplicativos que podem ser *localizados* – isto é, feitos para trabalhar em diferentes idiomas em todo o mundo.

Como você sabe, um objeto string de caracteres constante é criado na Objective-C colocando o caractere `@` na frente da string de caracteres entre aspas duplas. Assim, a expressão

```
@"Programming is fun"
```

cria um objeto string de caracteres constante. Em particular, essa é uma string de caracteres constante pertencente à classe `NSConstantString`. `NSConstantString` é uma subclasse da classe de objeto string `NSString`.

Mais sobre a função `NSLog`

O Programa 15.3, a seguir, mostra como se define um objeto `NSString` e se atribui um valor inicial a ele. Mostra também como se usa os caracteres de formatação `%@` para exibir um objeto `NSString`.

---

[1] Atualmente, os caracteres `unichar` ocupam 16 bits, mas o padrão Unicode permite caracteres maiores do que isso. Assim, no futuro, os caracteres `unichar` poderão ser maiores do que 16 bits. O ideal é nunca fazer suposições sobre o tamanho de um caractere Unicode.

Programa 15.3

```
#import <Foundation/Foundation.h>

int main (int argc, char * argv[])
{
   @autoreleasepool {
      NSString *str = @"Programming is fun";

      NSLog (@"%@", str);
   }
   return 0;
}
```

Programa 15.3 Saída

```
Programming is fun
```

Na linha

```
NSString *str = @"Programming is fun";
```

o objeto string constante `Programming is fun` é atribuído à variável NSString str. Então, seu valor é exibido com NSLog.

Os caracteres de formatação NSLog %@ podem ser usados para exibir não somente objetos NSString, mas também outros objetos. Por exemplo, dado o seguinte

```
NSNumber *intNumber = 100;
```

a chamada de NSLog

```
NSLog (@"%@", intNumber);
```

produz a seguinte saída:

```
100
```

O método description

Você também pode usar os caracteres de formatação %@ para exibir todo o conteúdo de arrays, dicionários e conjuntos. Na verdade, você também pode usá-los para exibir objetos de suas próprias classes, desde que anule o método description herdado por sua classe. Se você não anular o método, NSLog simplesmente exibirá o nome da classe a que o objeto pertence e o endereço do objeto na memória. Essa é a implementação padrão para o método description herdado da classe NSObject.

A seguir está um exemplo de método description que você poderia adicionar na seção de implementação de sua classe Fraction para fazê-la formatar um objeto Fraction. Isso usa o método stringWithFormat: de NSString; um método semelhante a `NSLog`, mas, ao contrário da função, o objetivo desse método é retornar como resultado a string formatada, em vez de escrevê-lo no console:

```
-(NSString *) description
{
   return [NSString stringWithFormat: @"%i/%i", numerator, denominator];
}
```

> **Nota**
>
> Métodos como `stringWithFormat:` permitem que seja fornecido um número variável de argumentos (neste caso, a string de formatação e os dados a serem formatados). Tais argumentos são fornecidos para o método como uma lista de valores separados por vírgulas.

Com esse método definido em sua classe Fraction (instruções e com dois objetos Fraction f1 e f2 configurados apropriadamente), você poderia então escrever instruções como as seguintes em seu programa:

```
sum = [f1 add: f2];
NSLog (@"The sum of %@ and %@ is %@", f1, f2, sum);
```

O que resulta em uma única linha de saída, como segue:

```
The sum of 1/2 and 1/4 is 3/4
```

Adicionar seu próprio método `description` em suas classes é uma boa ferramenta de depuração – isso permite exibir seus objetos de maneira significativa.

Objetos mutáveis *versus* imutáveis

Quando você cria um objeto string escrevendo uma expressão como

```
@"Programming is fun"
```

cria um objeto cujo conteúdo não pode ser alterado. Isso é referido como objeto *imutável*. A classe `NSString` lida com strings imutáveis. Frequentemente, você vai querer lidar com strings cujos caracteres podem ser alterados. Por exemplo, talvez você queira excluir alguns caracteres de uma string ou fazer uma operação de busca e troca em uma string. Esses tipos de strings são tratados por meio da classe `NSMutableString`.

O Programa 15.4 mostra maneiras básicas de trabalhar com strings de caracteres imutáveis em seus programas.

Programa 15.4

```
// Operações básicas com strings

#import <Foundation/Foundation.h>
```

```objectivec
int main (int argc, char * argv[])
{
   @autoreleasepool {
      NSString *str1 = @"This is string A";
      NSString *str2 = @"This is string B";
      NSString *res;
      NSComparisonResult compareResult;

      // Conta o número de caracteres

      NSLog (@"Length of str1: %lu", [str1 length]);

      // Copia uma string em outra

      res = [NSString stringWithString: str1];
      NSLog (@"copy: %@", res);

      // Copia uma string no final de outra

      str2 = [str1 stringByAppendingString: str2];
      NSLog (@"Concatentation: %@", str2);
      // Testa se dois strings são iguais

      if ([str1 isEqualToString: res] == YES)
         NSLog (@"str1 == res");
      else
         NSLog (@"str1 != res");

      // Testa se uma string é <, == ou > que outra

      compareResult = [str1 compare: str2];

      if (compareResult == NSOrderedAscending)
         NSLog (@"str1 < str2");
      else if (compareResult == NSOrderedSame)
         NSLog (@"str1 == str2");
      else // deve ser NSOrderedDescending
         NSLog (@"str1 > str2");

      // Converte uma string em maiúsculas

      res = [str1 uppercaseString];
      NSLog (@"Uppercase conversion: %s", [res UTF8String]);

      // Converte uma string em minúsculas

      res = [str1 lowercaseString];
      NSLog (@"Lowercase conversion: %@", res);
```

```
        NSLog (@"Original string: %@", str1);
    }
    return 0;
}
```

Programa 15.4 Saída

```
Length of str1: 16
Copy: This is string A
Concatentation: This is string AThis is string B
str1 == res
str1 < str2
Uppercase conversion: THIS IS STRING A
Lowercase conversion: this is string a
Original string: This is string A
```

Primeiro, o Programa 15.4 declara três objetos `NSString` imutáveis: `str1`, `str2` e `res`. Os dois primeiros são inicializados como objetos string de caracteres constantes. A declaração

```
NSComparisonResult compareResult;
```

declara `compareResult` para conter o resultado da comparação de strings que será realizada posteriormente no programa.

Você pode usar o método `length` para contar o número de caracteres em uma string. Ele retorna um valor inteiro sem sinal de tipo `NSUInteger`. A saída confirma que a string

```
@"This is string A"
```

contém 16 caracteres. A instrução

```
res = [NSString stringWithString: str1];
```

mostra como se cria uma nova string de caracteres com o conteúdo de outra. O objeto `NSString` resultante é atribuído a `res` e, então, é exibido para confirmar os resultados. Aqui é feita uma cópia real do conteúdo da string, e não apenas outra referência para a mesma string na memória. Isso significa que `str1` e `res` se referem a dois objetos string distintos, o que é diferente de apenas realizar uma atribuição simples, como segue:

```
res = str1;
```

Conforme discutido anteriormente, essa instrução apenas cria outra referência para o mesmo objeto na memória.

O método `stringByAppendingString:` pode unir duas strings de caracteres. Assim, a expressão

```
[str1 stringByAppendingString: str2]
```

cria um novo objeto string consistindo nos caracteres `str1` seguidos de `str2`, retornando o resultado. Os objetos string originais, `str1` e `str2`, não são afetados por essa operação. (Não podem ser, pois ambos são objetos string imutáveis.)

O método `isEqualToString:` é usado em seguida no programa para testar se duas strings de caracteres são iguais – isto é, se elas contêm os mesmos caracteres. Você pode usar o método `compare:` se precisar determinar a ordem das duas strings de caracteres (por exemplo, se quiser ordenar um array deles). Semelhante ao método `compare:` que você usou anteriormente para comparar dois objetos `NSNumber`, o resultado da comparação é `NSOrderedAscending` se a primeira string é lexicamente menor do que a segunda, `NSOrderedSame` se as duas strings são iguais e `NSOrderedDescending` se a primeira string é lexicamente maior do que a segunda. Se não quiser fazer uma comparação considerando letras maiúsculas e minúsculas, use o método `caseInsensitiveCompare:`, em vez de `compare:`, para comparar duas strings. Nesse caso, os dois objetos string `@"Gregory"` e `@"gregory"` são comparados como iguais com `caseInsensitiveCompare`.

Os dois últimos métodos `NSString` usados no Programa 15.4 são `uppercaseString` e `lowercaseString`; eles convertem strings em maiúsculas e minúsculas, respectivamente. Mais uma vez, a conversão não afeta as strings originais, conforme a última linha da saída confirma.

Certifique-se de entender que `str1` e `str2` são declarados como objetos string imutáveis, o que significa que os caracteres nos objetos string que referenciam não podem ser alterados. No entanto, as referências `str1` e `str2` *podem ser alteradas*. Isto é, essas duas variáveis podem ser novamente atribuídas para referenciar diferentes objetos string imutáveis. Esse é um ponto muito importante. Vamos ver isso de novo com algumas figuras. A Figura 15.1 mostra as variáveis `res` e `str1` imediatamente após serem declaradas e inicializadas. A variável `res` não recebe qualquer valor inicial, de modo que seu conteúdo aparece vazio. Já `str1` aponta para o objeto string de caracteres constante `@"This is string A"`, que está armazenado em algum lugar na memória.

```
          NSString   *str1 = @"This is string A";
str1  [        •        ]────────────────▶ @"This is string A";

          NSString *res;
res   [                 ]
```

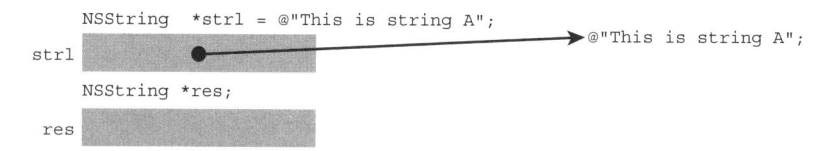

Figura 15.1 Declaração e inicialização de objeto string imutável.

Quando enviamos a mensagem `uppercaseString` para `str1` no Programa 15.3, obtemos uma nova string criada a partir do caractere `str1`, com todos os caracteres minúsculos nesse objeto string substituídos por caracteres maiúsculos, como ilustrado na Figura 15.2.

```
          NSString  *str1 = @"This is string A";
str1  ■■■■■■■■■■■■■■■■●■■■■■■■■■■■■■■■■■■■■■■■■■→ @"This is string A";


          res = [str1 uppercaseString];
res   ■■■■■■■■■■■■■■■■●■■■■■■■■■■■■■■■■■■■■■■■■■→ THIS IS STRING A
```

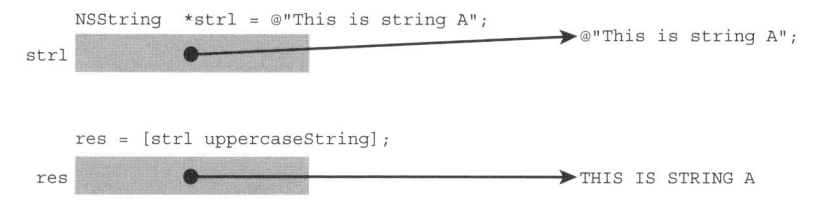

Figura 15.2 Enviando a mensagem `uppercaseString` para um objeto string.

Note que `str1` ainda aponta para o objeto string original e que um novo objeto string foi criado.

Enviar a mensagem `lowercaseString` para `str1` funciona da mesma maneira: é criado um novo objeto string consistindo em todos os caracteres maiúsculos de `str1` convertidos para minúsculos. Então, a referência para esse objeto string recentemente criado é armazenada na variável `res`. Isso está ilustrado na Figura 15.3. Note que não há mais uma referência para a string em maiúsculas criada na etapa anterior. Você não precisa se preocupar com isso; o gerenciamento de memória do sistema faz a limpeza automaticamente.

```
          NSString  *str1 = @"This is string A";
str1  ■■■■■■■■■■■■■■■■●■■■■■■■■■■■■■■■■■■■■■■■■■→ @"This is string A";
                                                   THIS IS STRING A


          res = [str1 lowercaseString];
res   ■■■■■■■■■■■■■■■■●■■■■■■■■■■■■■■■■■■■■■■■■■→ this is string a
```

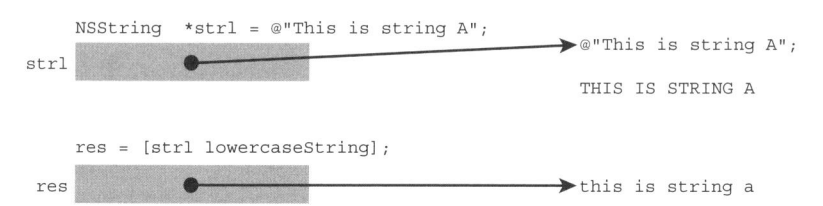

Figura 15.3 Enviando a mensagem `lowercaseString` para um objeto string.

O Programa 15.5 ilustra mais métodos para lidar com strings. Esses métodos permitem extrair substrings de uma string e pesquisar uma string em busca da ocorrência de outro.

Alguns métodos exigem que você identifique uma substring especificando um intervalo. Um *intervalo* consiste em um número de índice inicial, mais uma contagem de caracteres. Os números de índice começam com zero; portanto, os três primeiros caracteres em uma string são especificados pelos pares de números { 0, 3}. Alguns métodos da classe NSString (e também de outras classes da estrutura Foundation) usam o tipo de dados especial NSRange para criar uma especificação de intervalo. Trata-se na verdade de uma definição de typedef para uma estrutura que tem dois membros, location e length, cada um definido como sendo de tipo NSUinteger. O Programa 15.5 utiliza esse tipo de dados.

> **Nota**
>
> Você pode ler sobre estruturas no Capítulo 13, "Recursos subjacentes da linguagem C". No entanto, é provável que obtenha informações suficientes para trabalhar com elas a partir da discussão a seguir.

Programa 15.5

```objc
// Operações básicas com strings - continuação

#import <Foundation/Foundation.h>

int main (int argc, char * argv[])
{
   @autoreleasepool {
      NSString *str1 = @"This is string A";
      NSString *res;
      NSRange   subRange;

      // Extrai os 3 primeiros caracteres da string

      res = [str1 substringToIndex: 3];
      NSLog (@"First 3 chars of str1: %@", res);

      // Extrai caracteres até o final da string, começando no índice 5

      res = [str1 substringFromIndex: 5];
      NSLog (@"Chars from index 5 of str1: %@", res);

      // Extrai caracteres do índice 8 a 13 (6 caracteres)

      res = [[str1 substringFromIndex: 8] substringToIndex: 6];
      NSLog (@"Chars from index 8 through 13: %@", res);

      // Uma maneira mais fácil de fazer a mesma coisa

      res = [str1 substringWithRange: NSMakeRange (8, 6)];
      NSLog (@"Chars from index 8 through 13: %@", res);

      // Localiza uma string dentro de outra

      subRange = [str1 rangeOfString: @"string A"];
      NSLog (@"String is at index %lu, length is %lu",
         subRange.location, subRange.length);

      subRange = [str1 rangeOfString: @"string B"];

      if (subRange.location == NSNotFound)
         NSLog (@"String not found");
      else
         NSLog (@"String is at index %lu, length is %lu",
            subRange.location, subRange.length);
   }
   return 0;
}
```

Programa 15.5 Saída

```
First 3 chars of str1: Thi
Chars from index 5 of str1: is string A
Chars from index 8 through 13: string
Chars from index 8 through 13: string
String is at index 8, length is 8
String not found
```

O método `substringToIndex:` cria uma substring a partir dos caracteres iniciais de uma string até, mas não incluindo, o número de índice especificado. Como a indexação começa com zero, o argumento 3 extrai os caracteres 0, 1 e 2 da string e retorna o objeto string resultante. Para qualquer um dos métodos de string que recebem um número de índice como um de seus argumentos, você obterá a mensagem de erro "Range or index out of bounds" ("Alcance ou índice fora dos limites") se fornecer um número de índice inválido na string.

O método `substringFromIndex:` retorna uma substring do destinatário a partir do caractere do índice especificado até o final da string.

A expressão

`res = [[str1 substringFromIndex: 8] substringToIndex: 6];`

mostra como os dois métodos podem ser combinados para extrair uma substring de caracteres de dentro de uma string. O método `substringFromIndex:` é usado primeiro para extrair caracteres do número de índice 8 até o final da string; depois, `substringToIndex:` é aplicado no resultado para obter os seis primeiros caracteres. O resultado líquido é uma substring que representa o intervalo de caracteres { 8, 6 } da string original.

O método `substringWithRange:` faz em um só passo o que acabamos de fazer em dois: ele recebe um intervalo e retorna um caractere no intervalo especificado. A função especial

`NSMakeRange (8, 6)`

cria um intervalo a partir de seu argumento e retorna o resultado. Isso é dado como argumento para o método `substringWithRange:`.

Para localizar uma string dentro de outra, você pode usar o método `rangeOfString:`. Se a string especificada for encontrada dentro do destinatário, o intervalo retornado especificará precisamente onde ele foi encontrado na string. No entanto, se a string não for encontrada, o intervalo retornado terá seu membro `location` definido como `NSNotFound`.

Assim, a instrução

`subRange = [str1 rangeOfString: @"string A"];`

atribui a estrutura `NSRange` retornada pelo método à variável `NSRange subRange`. Certifique-se de lembrar que `subRange` não é uma variável de objeto, mas uma variável de *estrutura*. (A declaração de subRange no programa também não contém um asterisco; o que frequentemente é um bom indício de que você não está lidando com um objeto. Uma notável exceção é o tipo id.) Você pode recuperar seus membros usando o operador ponto de membro de estrutura (.). Assim, a expressão subRange.location fornece o valor do membro location da estrutura e subRange.length fornece o membro length. Esses valores são passados para a função NSLog a fim de serem exibidos.

Strings mutáveis

Você pode usar a classe NSMutableString para criar objetos string cujos caracteres podem ser alterados. Como essa classe é uma subclasse de NSString, você também pode usar todos os métodos de NSString.

Quando falamos de objetos string mutáveis *versus* imutáveis, estamos falando sobre alterar os caracteres reais dentro da string. Tanto um objeto string mutável quanto um imutável sempre podem ser definidos como um objeto string completamente diferente durante a execução do programa. Isso foi enfatizado na discussão do Programa 15.4. Assim, por exemplo, considere o seguinte:

```
str1 = @"This is a string";
...
str1 = [str1 substringFromIndex: 5];
```

Nesse caso, str1 é primeiro definido como um objeto string de caracteres constante. Posteriormente no programa, é definido como uma substring. Sendo assim, str1 poderia ser declarado como um objeto string mutável ou imutável. Certifique-se de entender esse ponto.

O Programa 15.6 mostra algumas maneiras de trabalhar com strings mutáveis em seus programas.

Programa 15.6

```
// Operações básicas com strings - strings mutáveis

#import <Foundation/Foundation.h>

int main (int argc, char * argv[])
{
   @autoreleasepool {
      NSString *str1 = @"This is string A";
      NSString *search, *replace;
      NSMutableString *mstr;
      NSRange substr;

      // Cria uma string mutável a partir de uma não mutável

      mstr = [NSMutableString stringWithString: str1];
      NSLog (@"%@", mstr);
```

```objc
// Insere caracteres

[mstr insertString: @" mutable" atIndex: 7];
NSLog (@"%@", mstr);

// Concatenação eficiente, se inserir no final

[mstr insertString: @" and string B" atIndex: [mstr length]];
NSLog (@"%@", mstr);

// Ou pode usar appendString diretamente

[mstr appendString: @" and string C"];
NSLog (@"%@", mstr);

// Exclui substring com base no intervalo

[mstr deleteCharactersInRange: NSMakeRange (16, 13)];
NSLog (@"%@", mstr);

// Encontra primeiro o intervalo e depois o utiliza para a exclusão

substr = [mstr rangeOfString: @"string B and "];

if (substr.location != NSNotFound) {
   [mstr deleteCharactersInRange: substr];
   NSLog (@"%@", mstr);
}

// Define a string mutável diretamente

[mstr setString: @"This is string A"];
NSLog (@"%@", mstr);

// Agora, vamos substituir um intervalo de caracteres por outro

[mstr replaceCharactersInRange: NSMakeRange(8, 8)
   withString: @"a mutable string"];
NSLog (@"%@", mstr);

// Busca e troca

search = @"This is";
replace = @"An example of";

substr = [mstr rangeOfString: search];

if (substr.location != NSNotFound) {
   [mstr replaceCharactersInRange: substr
                    withString: replace];
   NSLog (@"%@", mstr);
}
```

```
        // Busca e troca todas as ocorrências

        search = @"a";
        replace = @"X";

        substr = [mstr rangeOfString: search];

        while (substr.location != NSNotFound) {
           [mstr replaceCharactersInRange: substr
                        withString: replace];
           substr = [mstr rangeOfString: search];
        }

        NSLog (@"%@", mstr);

    }
    return 0;
}
```

Programa 15.6 Saída

```
This is string A
This is mutable string A
This is mutable string A and string B
This is mutable string A and string B and string C
This is mutable string B and string C
This is mutable string C
This is string A
This is a mutable string
An example of a mutable string
An exXmple of X mutXble string
```

A declaração

`NSMutableString *mstr;`

declara mstr como uma variável que contém um objeto string de caracteres cujo conteúdo pode mudar durante a execução do programa. A linha

`mstr = [NSMutableString stringWithString: str1];`

define mstr como o objeto string cujo conteúdo é uma cópia dos caracteres em str1, ou "This is string A". Quando o método stringWithString: é enviado para a classe NSMutableString, um objeto string mutável é retornado. Quando é enviado para a classe NSString, como no Programa 15.6, você obtém um objeto string imutável.

O método insertString:atIndex: insere a string de caracteres especificada no destinatário, a partir do número de índice especificado. Neste caso, você insere a string @" mutable" na string, começando no número de índice 7, ou na frente do oitavo caractere da string. Ao contrário dos métodos de objeto string imutável, nenhum valor é retornado aqui, pois o destinatário é modificado; você pode fazer isso porque se trata de um objeto string mutável.

A segunda chamada de `insertString:atIndex:` utiliza o método `length` para inserir uma string de caracteres no final de outra. O método `appendString:` torna essa tarefa um pouco mais simples.

Usando o método `deleteCharactersInRange:`, você pode remover um número especificado de caracteres de uma string. O intervalo {16, 13}, quando aplicado na string

```
This is mutable string A and string B and string C
```

exclui os 13 caracteres `"string A and "`, começando com o número de índice 16 (ou o 17º caractere na string), como mostrado na Figura 15.4.

```
          This is mutable string A and string B and string C
              ↑              ↑              ↑
Índice nº     0              16             28
                             └──────┬──────┘
                                13 caracteres
```

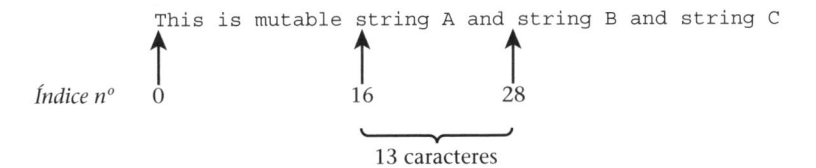

Figura 15.4 Indexação em uma string.

O método `rangeOfString:` é usado nas linhas seguintes no Programa 15.6 para mostrar como uma string pode ser primeiro localizada e depois excluída. Depois de primeiro verificar se a string `@"string B and"` existe em `mstr`, o método `deleteCharactersInRange:` é usado para excluir os caracteres, utilizando como argumento o intervalo retornado do método `rangeOfString:`.

Você pode usar o método `setString:` para definir diretamente o conteúdo de um objeto string mutável. Após usar esse método para definir `mstr` com a string `@"This is string A"`, o método `replaceCharactersInRange:withString:` substitui alguns dos caracteres da string por outra string. Os tamanhos das strings não precisam ser iguais; você pode substituir uma string por outra de tamanho igual ou diferente. Assim, na instrução

```
[mstr replaceCharactersInRange: NSMakeRange(8, 8)
                    withString: @"a mutable string"];
```

os 8 caracteres `"string A"` são substituídos pelos 16 caracteres `"a mutable string"`.

As linhas restantes no exemplo de programa mostram como efetuar operações de busca e troca. No primeiro caso, você localiza a string `@"This is"` dentro da string `mstr`, o qual foi configurada como `@"This is a mutable string"`. Essa string é encontrada dentro da string de busca e é substituída pela string `@"An example` of". O resultado líquido é que `mstr` é alterado para a string `@"An example of a mutable string"`.

Em seguida, o programa configura um loop para ilustrar como implementar uma operação de localizar e substituir tudo. A string de busca é definida como `@"a"`, a string de troca é definida como `@"a"` e a string substituta é definida como `@"X"`.

Note que, se a string substituta também contém a string de busca (por exemplo, considere substituir a string `"a"` pela string `"aX"`), você acaba com um loop infinito.

Segundo, se a string substituta é vazia (isto é, se não contém caracteres), você efetivamente exclui todas as ocorrências da string de busca. Um objeto string de caracteres constante vazio é especificado por um par de aspas adjacentes sem espaços intervenientes:

```
replace = @"";
```

Evidentemente, se você quisesse excluir apenas uma ocorrência de uma string, poderia usar o método `deleteCharactersInRange:`, conforme já foi visto.

Por fim, a classe `NSMutableString` também contém um método chamado `replaceOccurrencesOfString:withString:options:range:` que você pode usar para localizar e substituir tudo em uma string. Na verdade, você poderia ter substituído o loop `while` do Programa 15.6 por esta instrução:

```
[mstr replaceOccurrencesOfString: search
                     withString: replace
                        options: nil
                          range: NSMakeRange (0, [mstr length])];
```

Isso produz o mesmo resultado e evita a possibilidade de um loop infinito, pois o método impede que tal coisa aconteça.

A classe `NSString` contém mais de 100 métodos que podem trabalhar com objetos string. A Tabela 15.2 resume alguns dos mais comumente utilizados e a Tabela 15.3 lista alguns dos métodos adicionais fornecidos pela classe `NSMutableString`. Outros métodos de `NSString` (como para trabalhar com nomes de caminho e ler o conteúdo de um arquivo em uma string) são apresentados nos demais capítulos deste livro. Você deve examinar a documentação da classe `NSString` para ter uma ideia melhor da ampla variedade de métodos que estão à disposição.

Tabela 15.2 Métodos comuns de `NSString`

Método	Descrição
`+(id) stringWithContentsOfFile:` *caminho* `encoding:` *cod* `error:` *err*	Cria uma nova string e atribui o *caminho* de um arquivo especificado por *caminho* usando codificação de caracteres *cod*, retornando erro em *err* se não for nil
`+(id) stringWithContentsOfURL:` *url* `encoding:` *cod* `error:` *err*	Cria uma nova string e atribui *url* usando codificação de caractere *cod*, retornando erro em *err* se não for nil
`+(id) string`	Cria uma nova string vazia
`+(id) stringWithString:` *nsstring*	Cria uma nova string, configura-a como *nsstring*
`+(NSString *) stringWithFormat:` *formato, arg1, arg2, arg3 ...*	Cria uma nova string de acordo com o *formato* especificado e os argumentos *arg1, arg2, arg3 ...*
`-(id) initWithString:` *nsstring*	Atribui uma string recentemente alocada a *nsstring*
`-(id) initWithContentsOfFile:` *caminho* `encoding:` *cod* `error:` *err*	Atribui uma string ao conteúdo de um arquivo especificado por *caminho*
`-(id) initWithContentsOfURL:` *url* `encoding:` *cod* `error:` *err*	Atribui uma string ao conteúdo de *url* (`NSURL *`) *url* usando codificação de caractere *cod*, retornando erro em *err* se não for nil
`-(NSUInteger) length`	Retorna o número de caracteres na string
`-(unichar) characterAtIndex:` *i*	Retorna o caractere Unicode em índice *i*
`-(NSString *) substringFromIndex:` *i*	Retorna uma substring do caractere em *i* até o final
`-(NSString *) substringWithRange:` *intervalo*	Retorna uma substring com base em um intervalo especificado
`-(NSString *) substringToIndex:` *i*	Retorna uma substring do início da string até o caractere no índice *i*
`-(NSComparator *) caseInsensitiveCompare:` *nsstring*	Compara duas strings, ignorando maiúsculas/minúsculas
`-(NSComparator *) compare:` *nsstring*	Compara duas strings
`-(BOOL) hasPrefix:` *nsstring*	Testa se uma string começa com *nsstring*
`-(BOOL) hasSuffix:` *nsstring*	Testa se uma string termina com *nsstring*
`-(BOOL) isEqualToString:` *nsstring*	Testa se duas strings são iguais

(continua)

Tabela 15.2 Métodos comuns de `NSString` (Continuação)

Método	Descrição
`-(NSString *) capitalizedString`	Retorna uma string com a primeira letra de cada palavra em maiúscula (e as letras restantes de cada palavra convertidas em minúsculas)
`-(NSString *) lowercaseString`	Retorna uma string convertida em minúsculas
`-(NSString *) uppercaseString`	Retorna uma string convertida em maiúsculas
`-(const char *) UTF8String`	Retorna uma string convertida em uma string de caracteres UTF-8 estilo C
`-(double) doubleValue`	Retorna uma representação de ponto flutuante de dupla precisão da string
`-(float) floatValue`	Retorna uma representação de ponto flutuante da string
`-(NSInteger) integerValue`	Retorna uma representação `NSInteger` da string
`-(int) intValue`	Retorna a representação inteira da string

Nas tabelas 15.2 e 15.3, `url` é um objeto `NSURL`, `caminho` é um objeto `NSString` especificando o caminho para um arquivo, `nsstring` é um objeto `NSString`, `i` é um valor `NSUInteger` representando um número de caractere válido em uma string, `cod` é um objeto `NSStringEncoding` que especifica a codificação de caractere, `err` é um objeto `NSError` que descreve um erro, caso ocorra, `tamanho` e `opçs` são valores `NSUInteger` e `intervalo` é uma estrutura `NSRange` indicando um intervalo válido de caracteres dentro de uma string.

Os métodos da Tabela 15.3 criam ou modificam objetos `NSMutableString`.

Os objetos `NSString` são usados extensivamente ao longo deste texto. Se você precisar analisar strings em tokens, pode dar uma olhada na classe `NSScanner` da estrutura Foundation.

Tabela 15.3 Métodos comuns de `NSMutableString`

Método	Descrição
`+(id) stringWithCapacity:` *tamanho*	Cria uma string contendo inicialmente *tamanho* caracteres
`-(id) initWithCapacity:` *tamanho*	Inicializa uma string com uma capacidade inicial de *tamanho* caracteres
`-(void) setString:` *nsstring*	Configura uma string com *nsstring*
`-(void) appendString:` *nsstring*	Anexa *nsstring* no final do destinatário
`-(void) deleteCharactersInRange:` *intervalo*	Exclui caracteres em um *intervalo* especificado

(continua)

Tabela 15.3 Métodos comuns de `NSMutableString`

Método	Descrição
`-(void) insertString: nsstring atIndex: i`	Insere *nsstring* no destinatário, começando no índice *i*
`-(void) replaceCharactersInRange: intervalo withString: nsstring`	Substitui por *nsstring* os caracteres de um *intervalo* especificado
`-(void) replaceOccurrencesOfString: nsstring withString: nsstring2 options: opçs range: intervalo`	Substitui todas as ocorrências de *nsstring* por *nsstring2* dentro de um *intervalo* especificado e de acordo com as opções *opçs*. As opções podem incluir uma combinação da aplicação da função OU bit a bit em `NSBackwardsSearch` (a pesquisa começa no final do intervalo), `NSAnchoredSearch` (*nsstring* deve corresponder apenas a partir do início do intervalo), `NSLiteralSearch` (faz uma comparação caractere por caractere) e `NSCaseInsensitiveSearch`

Objetos array

Um array da estrutura Foundation é uma coleção ordenada de objetos. Mais frequentemente, os elementos de um array são de um tipo em particular, mas isso não é obrigatório. Assim como existem strings mutáveis e imutáveis, existem arrays mutáveis e imutáveis. Os arrays *imutáveis* são tratados pela classe `NSArray`, enquanto os *mutáveis* são tratados por `NSMutableArray`. Esta última é uma subclasse da primeira, o que significa que ela herda seus métodos.

O Programa 15.7 configura um array para armazenar os nomes dos meses (em inglês) do ano e então os imprime.

Programa 15.7

```
#import <Foundation/Foundation.h>

int main (int argc, char * argv[])
{
   int i;
   @autoreleasepool {
      // Cria um array para conter os nomes dos meses

      NSArray *monthNames = [NSArray      arrayWithObjects:
         @"January", @"February", @"March", @"April",
         @"May", @"June", @"July", @"August", @"September",
         @"October", @"November", @"December", nil ];

      // Agora, lista todos os elementos do array

      NSLog (@"Month Name");
      NSLog (@"===== ====");
```

```
        for (i = 0; i < 12; ++i)
            NSLog (@" %2i %@", i + 1, [monthNames objectAtIndex: i]);
    }
    return 0;
}
```

Programa 15.7 Saída

```
Month   Name
=====   ====
   1    January
   2    February
   3    March
   4    April
   5    May
   6    June
   7    July
   8    August
   9    September
  10    October
  11    November
  12    December
```

Você pode utilizar o método de classe `arrayWithObjects:` para criar um array com uma lista de objetos como seus elementos. Nesse caso, os objetos são listados em ordem e são separados por vírgulas. Essa é uma sintaxe especial utilizada pelos métodos que podem receber um número variável de argumentos. Para marcar o final da lista, `nil` deve ser especificado como o último valor dela; ele não é realmente armazenado no array.

No Programa 15.7, `monthNames` é definido com os 12 valores de string especificados pelos argumentos de `arrayWithObjects:`.

Os elementos são identificados em um array pelos seus números de índice. Semelhante aos objetos `NSString`, a indexação começa com zero. Assim, um array contendo 12 elementos tem números de índice válidos 0 –11. Para recuperar um elemento de um array usando seu número de índice, você usa o método `objectAtIndex:`.

O programa simplesmente executa um loop `for` para extrair cada elemento do array, usando o método `objectAtIndex:`. Cada elemento recuperado é exibido com `NSLog`.

Objective-C permite definir facilmente um `NSArray` com objetos constantes como elementos, usando a sintaxe a seguir:

`@[elem1, elem2, ... elemn]`

Nesse caso, você não coloca `nil` no final da lista de elementos.

Objective-C permite fazer referência aos elementos do array com esta sintaxe:

array[*index*]

O que é equivalente a escrever a seguinte expressão:

[array objectAtIndex: *index*]

Você também pode armazenar uma referência para um objeto dentro de um array, usando esta sintaxe:

array[*index*] = *object*

o que é o mesmo que escrever isto:

[array setObject: *object* forIndex: *index*]

O Programa 15.8 é uma reescrita do Programa 15.7 ilustrando a sintaxe alternativa para definir arrays e referenciar elementos.

Programa 15.8

```
#import <Foundation/Foundation.h>

int main (int argc, char * argv[])
{
   int i;
   @autoreleasepool {
      // Cria um array para conter os nomes dos meses

      NSArray *monthNames = @[@"January", @"February", @"March",
         @"April", @"May", @"June", @"July", @"August", @"September",
         @"October", @"November", @"December"];

      // Agora, lista todos os elementos do array

      NSLog (@"Month        Name");
      NSLog (@"=====        ====");

      for (i = 0; i < 12; ++i)
         NSLog (@" %2i        %@", i + 1, monthNames[i]);
   }
   return 0;
}
```

O Programa 15.9 simplesmente cria um array de 10 objetos de número, cujos valores variam de 0 a 9. Os valores são recuperados para exibição com um loop for simples e, então, o array inteiro é exibido novamente, usando apenas os caracteres de formatação %@ na string de formatação NSLog. Posteriormente neste capítulo, você vai aprender outra técnica, conhecida como *enumeração rápida*, que também pode ser usada para percorrer os elementos de seu array.

Programa 15.9

```
#import <Foundation/Foundation.h>

int main (int argc, char * argv[])
{
   @autoreleasepool {
      NSMutableArray *numbers = [NSMutableArray array];
      int           i;

      // Cria um array com os números 0-9

      for (i = 0; i < 10; ++i )
         numbers[i] = @(i);

      // Percorre o array e exibe os valores

      for (i = 0; i < 10; ++i )
         NSLog (@"%@", numbers[i]);;

      // Veja como NSLog pode exibir isso com um caractere de formatação %@

      NSLog (@"====== Using a single NSLog");
      NSLog (@"%@", numbers);
   }
   return 0;
}
```

Programa 15.9 Saída

```
2010-11-12 15:25:42.701 prog15.7[6379:903] 0
2010-11-12 15:25:42.704 prog15.7[6379:903] 1
2010-11-12 15:25:42.704 prog15.7[6379:903] 2
2010-11-12 15:25:42.704 prog15.7[6379:903] 3
2010-11-12 15:25:42.705 prog15.7[6379:903] 4
2010-11-12 15:25:42.705 prog15.7[6379:903] 5
2010-11-12 15:25:42.705 prog15.7[6379:903] 6
2010-11-12 15:25:42.706 prog15.7[6379:903] 7
2010-11-12 15:25:42.706 prog15.7[6379:903] 8
2010-11-12 15:25:42.706 prog15.7[6379:903] 9
2010-11-12 15:25:42.707 prog15.7[6379:903] ====== Using a single NSLog
2010-11-12 15:25:42.707 prog15.7[6379:903] (
    0,
    1,
    2,
    3,
    4,
    5,
```

```
        6,
        7,
        8,
        9
)
```

(Aqui, deixamos toda a saída de `NSLog` apenas para distinguirmos a diferença na aparência entre o primeiro e o segundo conjuntos de saída.)

O método `NSMutableArray array` simplesmente cria um objeto array mutável vazio. O número de elementos no array não é especificado e o array pode crescer o quanto você quiser.

Lembre-se de que você não pode armazenar um tipo de dados básico, tal qual um inteiro, em uma coleção como um array. Então, fizemos um objeto `NSNumber` com cada um dos valores de `i`, que variavam de 0 a 9.

Se quiser adicionar um objeto no final de um array, você pode usar o método `addObject:`. Assim, no Programa 15.9, poderíamos ter escrito

```
[numbers addObject: @(i)];
```

para adicionar cada objeto `NSNumber` criado, por sua vez, no final do array `numbers`.

Em seguida, o programa entra em um loop `for` para exibir cada um dos objetos de número armazenado no array.

Por fim, no Programa 15.9, você vê como um único `%@` pode ser usado na string de formatação de `NSLog` para exibir o array `numbers` inteiro de uma vez.

> **Nota**
>
> Como `NSLog` sabe exibir os objetos armazenados no array? Para cada elemento do array, `NSLog` usa o método `description` da classe a que o elemento pertence. Se for o método padrão herdado de `NSObject`, você obtém apenas a classe e o endereço do objeto, conforme mencionado anteriormente. Neste caso, contudo, você obtém uma saída significativa – indicando que um método `description` personalizado foi implementado na classe `NSNumber`.

As classes da estrutura Foundation para trabalhar com arrays fornecem muitas conveniências. No entanto, no caso de manipulação de arrays grandes de números com algoritmos complexos, aprender a realizar essa tarefa usando as construções de array de nível mais baixo fornecidas pela linguagem C subjacente pode ser mais eficiente, tanto em termos de utilização de memória como de velocidade de execução. Consulte a seção "Arrays", no Capítulo 13, para obter mais informações.

Fazendo uma agenda de endereços

Vamos ver um exemplo que começa a combinar muito do que você aprendeu até este ponto, criando uma agenda de endereços[2]. Sua agenda conterá fichas de endereço. Para simplificar, as fichas (*cards*) conterão somente o nome de uma pessoa e o endereço de email. Estender esse conceito para outras informações, como endereço e número de telefone, é simples, mas deixaremos como exercício para você no final deste capítulo.

As duas classes que criamos, `AddressBook` e `AddressCard`, e a relação entre as duas, estão ilustradas na Figura 15.5.

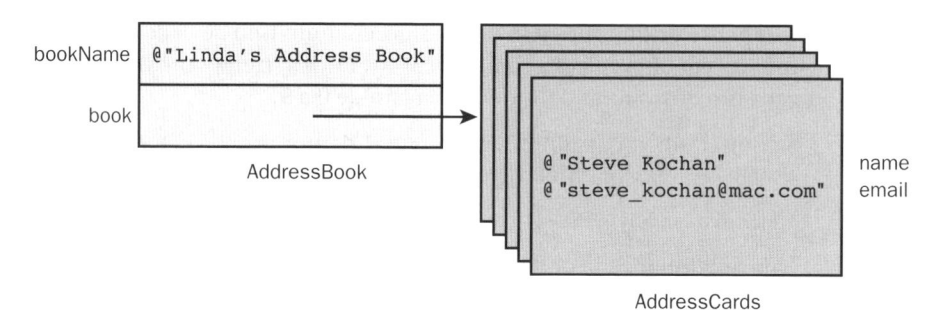

```
bookName   @"Linda's Address Book"
    book

           AddressBook                @ "Steve Kochan"              name
                                      @ "steve_kochan@mac.com"      email

                                                  AddressCards
```

Figura 15.5 Um `AddressBook` contendo alguns `AddressCard`.

Criando uma ficha de endereço

Começaremos definindo a classe `AddressCard`. Você quer criar uma nova ficha de endereço, definir seus campos de nome e email, recuperar esses campos e imprimir a ficha. Em um ambiente gráfico, você poderia usar alguns métodos úteis para desenhar sua ficha (*card*) na tela do computador ou na janela do equipamento iOS. Mas aqui você vai ficar com uma interface Console simples para exibir suas fichas de endereço.

O Programa 15.10 mostra o arquivo de interface de sua nova classe `AddressCard`. Não vamos sintetizar os métodos de acesso ainda; escrevê-los você mesmo oferece lições valiosas.

Programa 15.10 **Arquivo de interface** `AddressCard.h`

```
#import <Foundation/Foundation.h>

@interface AddressCard: NSObject

-(void) setName: (NSString *) theName;
-(void) setEmail: (NSString *) theEmail;
```

---

[2] O OS X e o iOS trazem o framework Address Book, que oferece recursos extremamente poderosos para se trabalhar com agendas de endereço.

```
-(NSString *) name;
-(NSString *) email;

-(void) print;

@end
```

Isso é simples, assim como o arquivo de implementação do Programa 15.10.

Programa 15.10 **Arquivo de implementação** `AddressCard.m`

```
#import "AddressCard.h"

@implementation AddressCard
{
   NSString *name;
   NSString *email;
}

-(void) setName: (NSString *) theName
{
   name = [NSString stringWithString: theName];
}

-(void) setEmail: (NSString *) theEmail
{
   email = [NSString stringWithString: theEmail];
}

-(NSString *) name
{
   return name;
}

-(NSString *) email
{
   return email;
}

-(void) print
{
   NSLog (@"====================================");
   NSLog (@"|                                  |");
   NSLog (@"| %-31s |", [name UTF8String]);
   NSLog (@"| %-31s |", [email UTF8String]);
   NSLog (@"|                                  |");
   NSLog (@"|                                  |");
   NSLog (@"|                                  |");
   NSLog (@"|            o         o           |");
   NSLog (@"====================================");

}
@end
```

Você poderia fazer os métodos `setName:` e `setEmail:` armazenarem os objetos diretamente em suas respectivas variáveis de instância com definições de método como estas:

```
-(void) setName: (NSString *) theName
{
    name = theName;
}
-(void) setEmail: (NSString *) theEmail
{
    email = theEmail;
}
```

Mas o objeto `AddressCard` não possuiria seus objetos membro. Ele conteria apenas referências para os argumentos passados nos métodos. Falamos sobre o motivo para um objeto tomar posse com relação à classe `Rectangle` possuindo seu objeto origem, no Capítulo 8, "Herança".

O método `print` tenta apresentar ao usuário uma boa exibição de uma ficha de endereço, em um formato parecido com um cartão Rolodex. (Alguém se lembra deles?) Os caracteres `%-31s` em `NSLog` indicam a exibição de uma string UTF8 estilo C dentro de uma largura de campo de 31 caracteres, justificado à esquerda. Isso garante que as margens direitas de sua ficha de endereço fiquem alinhadas na saída. O que é usado neste exemplo estritamente por motivos estéticos.

Com a classe `AddressCard` em mãos, você pode escrever um programa de teste para criar uma ficha de endereço, definir seus valores e exibi-lo (veja o Programa 15.10).

Programa 15.10 Programa de teste

```
#import "AddressCard.h"

int main (int argc, char * argv[])
{
    @autoreleasepool {
        NSString *aName = @"Julia Kochan";
        NSString *aEmail = @"jewls337@axlc.com";
        AddressCard *card1 = [[AddressCard alloc] init];

        [card1 setName: aName];
        [card1 setEmail: aEmail];
        [card1 print];
    }
    return 0;
}
```

Programa 15.10 Saída

```
========================================
|                                      |
| Julia Kochan                         |
| jewls337@axlc.com                    |
|                                      |
|                                      |
|                                      |
|          o              o            |
========================================
```

Aqui estão novos métodos `setName:` e `setEmail:` que podem economizar algum trabalho:

```
-(void) setName: (NSString *) theName
{
   if (name != theName)
      name = [NSString stringWithString: theName];
}

-(void) setEmail: (NSString *) theEmail
{
   if (email != theEmail)
      email = [NSString stringWithString: theEmail];
}
```

O teste `if` está lá para o caso de alguém enviar para o setter o mesmo objeto que já está armazenado na variável de instância. Se o objeto que está sendo passado é o mesmo que está armazenado, não precisamos fazer absolutamente nada.

Métodos `AddressCard` sintetizados

Agora que já discutimos a maneira correta de escrever os métodos de acesso `setName:` e `setEmail:` e que você entende os princípios importantes, podemos voltar e deixar que o sistema gere os métodos de acesso. Considere a segunda versão do arquivo de interface `AddressCard`:

```
#import <Foundation/Foundation.h>

@interface AddressCard: NSObject

@property (copy, nonatomic) NSString *name, *email;

-(void) print;
@end
```

A linha

```
@property (copy, nonatomic) NSString *name, *email;
```

lista os *atributos* `copy` e `nonatomic` das propriedades. O atributo `copy` diz para fazer uma cópia da variável de instância em seu método setter, como você fez na versão que escreveu. A ação padrão é não fazer uma cópia, mas, em vez disso, realizar uma simples atribuição (que é o atributo `assign` padrão), uma estratégia incorreta neste caso, conforme discutimos recentemente.

O atributo `nonatomic` diz que você não precisa se preocupar com condições de competição (*race conditions*) que poderiam ocorrer com várias threads tentando acessar a variável de instância ao mesmo tempo. O Capítulo 18, "Copiando objetos", discutirá esse assunto com mais detalhes.

O Programa 15.11 é o novo arquivo de implementação `AddressCard` que especifica que os métodos de acesso devem ser sintetizados. (Note que removemos a declaração explícita de nossas variáveis de instância aqui, pois agora temos propriedades listadas para elas.)

Programa 15.11 **Arquivo de implementação** `AddressCard.m` **com métodos sintetizados**

```
#import "AddressCard.h"

@implementation AddressCard

@synthesize name, email;

-(void) print
{
    NSLog (@"====================================");
    NSLog (@"|                                  |");
    NSLog (@"|  %-31s |", [name UTF8String]);
    NSLog (@"|  %-31s |", [email UTF8String]);
    NSLog (@"|                                  |");
    NSLog (@"|                                  |");
    NSLog (@"|                                  |");
    NSLog (@"|        o           o             |");
    NSLog (@"====================================");
}
@end
```

Agora, vamos adicionar outro método em sua classe `AddressCard`. Talvez você queira definir os campos de nome e email de sua ficha com apenas uma chamada. Para fazer isso, adicione um novo método, `setName:andEmail:`.[3] O novo método é como segue:

```
-(void) setName: (NSString *) theName andEmail: (NSString *) theEmail
{
```

---

[3] Talvez você também queira um método de inicialização `initWithName:andEmail:`, mas não mostramos isso aqui.

```
    self.name = theName;
    self.email = theEmail;
}
```

Lembre-se de que escrever

`self.name = theName;`

é o mesmo que escrever

`[self setName: theName];`

e, portanto, usa o método setter da variável de instância. Compare isso a escrever

`name = theName;`

que, em vez disso, ignora o setter e atribui o valor do argumento diretamente à variável de instância.

Contando com os métodos setter sintetizados para definir as variáveis de instância apropriadas (em vez de defini-las diretamente dentro do próprio método), você adiciona um nível de abstração e, portanto, torna o programa um pouco mais independente de suas estruturas de dados internas. Você também pode tirar proveito dos atributos da propriedade sintetizada, que, neste caso, copiam em vez de atribuírem o valor na variável de instância.

O Programa 15.11 testa seu novo método.

Programa 15.11 Programa de teste

```
#import "AddressCard.h"

int main (int argc, char * argv[])
{
   @autoreleasepool {
      NSString *aName = @"Julia Kochan";
      NSString *aEmail = @"jewls337@axlc.com";
      NSString *bName = @"Tony Iannino";
      NSString *bEmail = @"tony.iannino@techfitness.com";

      AddressCard *card1 = [[AddressCard alloc] init];
      AddressCard *card2 = [[AddressCard alloc] init];

      [card1 setName: aName andEmail: aEmail];
      [card2 setName: bName andEmail: bEmail];

      [card1 print];
      [card2 print];
   }
   return 0;
}
```

Programa 15.11 Saída

```
====================================
|                                  |
| Julia Kochan                     |
| jewls337@axlc.com                |
|                                  |
|                                  |
|                                  |
|       o              o           |
====================================
====================================
|                                  |
| Tony Iannino                     |
| tony.iannino@techfitness.com     |
|                                  |
|                                  |
|                                  |
|       o              o           |
====================================
```

A classe AddressBook

Sua classe AddressCard parece estar funcionando. E se você quiser trabalhar com muitos objetos AddressCard? Faria sentido reuni-los, que é exatamente o que você vai fazer, definindo uma nova classe chamada AddressBook. A classe AddressBook armazenará o nome de uma agenda de endereços e uma coleção de objetos AddressCard, os quais você vai armazenar em um objeto array. Para começar, você quer criar uma nova agenda, adicionar novas fichas de endereço nela, descobrir quantas entradas existem e listar seu conteúdo. Posteriormente, você vai querer pesquisar a agenda de endereço, remover entradas, possivelmente editar as entradas existentes, classificá-las ou mesmo fazer uma cópia de seu conteúdo.

Vamos começar com um arquivo de interface simples (veja o Programa 15.12).

Programa 15.12 Arquivo de interface AddressBook.h

```objectivec
#import <Foundation/Foundation.h>
#import "AddressCard.h"

@interface AddressBook: NSObject

@property (nonatomic, copy) NSString *bookName;
@property (nonatomic, strong) NSMutableArray *book;

-(id) initWithName: (NSString *) name;
-(void) addCard: (AddressCard *) theCard;
-(NSUInteger) entries;
```

```
-(void) list;

@end
```

O atributo `strong` de uma propriedade diz para se fazer uma referência adicional ao objeto quando o método setter for utilizado. Isso influencia o tempo de vida do objeto. O Capítulo 17, "Gerenciamento de memória e Automatic Reference Counting", descreve-o com mais detalhes.

O método `initWithName:` configura o array inicial para conter as fichas de endereço e armazenar o nome da agenda, enquanto o método `addCard:` adiciona um objeto `AddressCard` na agenda. O método `entries` informa o número de fichas de endereço em sua agenda e o método `list` fornece uma listagem concisa de todo o seu conteúdo. O Programa 15.12 mostra o arquivo de implementação de sua classe `AddressBook`.

Programa 15.12 **Arquivo de implementação** `AddressBook.m`

```
#import "AddressBook.h"

@implementation AddressBook

@synthesize bookName, book;

// configura o nome do AddressBook e uma agenda vazia

-(id) initWithName: (NSString *) name
{
   self = [super init];

   if (self) {
      bookName = [NSString stringWithString: name];
      book = [NSMutableArray array];
   }

      return self;
}

-(id) init
{
   return [self initWithName: @"NoName"];
}

-(void) addCard: (AddressCard *) theCard
{
   [book addObject: theCard];
}

-(NSUInteger) entries
```

```
{
   return [book count];
}

-(void) list
{
      NSLog (@"======== Contents of: %@ =========", bookName);

      for ( AddressCard *theCard in book )
         NSLog (@"%-20s    %-32s", [theCard.name UTF8String],
                    [theCard.email UTF8String]);

      NSLog (@"=================================================");
}
@end
```

O método `initWithName:` primeiro chama o método `init` da superclasse para fazer sua inicialização. Em seguida, faz uma cópia da string passada como argumento para o método e o armazena na variável de instância `bookName`. Isso é seguido pela criação de um objeto `NSMutableArray` vazio, que atribuímos a `book`.

Você definiu `initWithName:` para retornar um objeto `id`, em vez de um `AddressBook`. Se for feita uma subclasse de `AddressBook`, o destinatário da mensagem `initWithName:` (e, portanto, do valor de retorno) não será um objeto `AddressBook`; seu tipo será o da subclasse. Por isso, você define o tipo de retorno como um tipo de objeto genérico.

Anulamos o método `init` aqui para garantir que, se alguém executar `alloc` seguido de `init`, ainda configure a agenda de endereços normalmente, embora com o nome padrão "NoName". Assim, aqui, o método `initWithName:` é nosso inicializador designado e queremos garantir que `init` o utilize.

O método `addCard:` recebe como argumento o objeto `AddressCard` dado e o adiciona na agenda de endereços.

O método `count` fornece o número de elementos em um array. O método `entries` usa isso para retornar o número de fichas de endereço armazenadas na agenda.

Enumeração rápida

O loop `for` do método `list` mostra uma construção que você ainda não viu:

```
for ( AddressCard *theCard in book )
    NSLog (@"%-20s    %-32s", [theCard.name UTF8String],
                [theCard.email UTF8String]);
```

Isso usa uma técnica conhecida como *enumeração rápida* para percorrer cada elemento do array `book`. A sintaxe é bem simples: você define uma variável que conterá cada elemento do array, um após o outro (`AddressCard *theCard`). Depois disso, coloca-se a palavra-chave `in` e, então, lista-se o nome do array.

Quando o loop `for` é executado, ele atribui o primeiro elemento do array à variável especificada e, então, executa o corpo do loop. Em seguida, ele atribui o segundo elemento do array à variável e executa o corpo do loop novamente. Isso continua em sequência até que todos os elementos do array tenham sido atribuídos à variável e o corpo do loop tenha sido executado para cada um desses elementos.

Note que, se `theCard` fosse definido anteriormente como um objeto `AddressCard`, o loop `for` ficaria assim:

```
for ( theCard in book )
         ...
```

O Programa 15.12 é um programa de teste para sua nova classe `AddressBook`.

Programa 15.12 Programa de teste

```objc
#import "AddressBook.h"

int main (int argc, char * argv[])
{
   @autoreleasepool {
      NSString *aName = @"Julia Kochan";
      NSString *aEmail = @"jewls337@axlc.com";
      NSString *bName = @"Tony Iannino";
      NSString *bEmail = @"tony.iannino@techfitness.com";
      NSString *cName = @"Stephen Kochan";
      NSString *cEmail = @"steve@classroomM.com";
      NSString *dName = @"Jamie Baker";
      NSString *dEmail = @"jbaker@classroomM.com";

      AddressCard *card1 = [[AddressCard alloc] init];
      AddressCard *card2 = [[AddressCard alloc] init];
      AddressCard *card3 = [[AddressCard alloc] init];
      AddressCard *card4 = [[AddressCard alloc] init];

      // Configura uma nova agenda de endereços

      AddressBook *myBook = [[AddressBook alloc]
                  initWithName: @"Linda's Address Book"];

      NSLog (@"Entries in address book after creation: %li",
            [myBook entries]);

      // Agora, atribua quatro fichas de endereço

      [card1 setName: aName andEmail: aEmail];
      [card2 setName: bName andEmail: bEmail];
      [card3 setName: cName andEmail: cEmail];
      [card4 setName: dName andEmail: dEmail];

      // Adiciona as fichas na agenda de endereços
```

```
        [myBook addCard: card1];
        [myBook addCard: card2];
        [myBook addCard: card3];
        [myBook addCard: card4];

        NSLog (@"Entries in address book after adding cards: %li",
             [myBook entries]);

        // Lista todas as entradas da agenda agora

        [myBook list];
    }
    return 0;
}
```

Programa 15.12 Saída

```
Entries in address book after creation: 0
Entries in address book after adding cards: 4


======== Contents of: Linda's Address Book =========
Julia Kochan           jewls337@axlc.com
Tony Iannino           tony.iannino@techfitness.com
Stephen Kochan         steve@classroomM.com
Jamie Baker            jbaker@classroomM.com
====================================================
```

O programa cria uma nova agenda de endereços chamada Linda's Address Book e então atribui quatro fichas de endereço. Em seguida, as quatro fichas são adicionadas na agenda com o método `addCard:` e o método `list` é usado para listar e verificar o conteúdo da agenda de endereços.

Procurando alguém na agenda de endereços

Quando você tem uma agenda de endereços grande, não quer listar todo o seu conteúdo sempre que desejar procurar alguém. Portanto, tem lógica adicionar um método para fazer isso automaticamente. Vamos chamar o método de `lookup:` e fazê-lo receber como argumento o nome a ser localizado. O método pesquisa a agenda de endereços em busca de uma correspondência (ignorando a caixa) e retorna a entrada coincidente, se encontrar. Se o nome não aparecer na agenda, você o faz retornar `nil`.

Aqui está nosso novo método `lookup::`

```
// pesquisa ficha de endereço por nome - presume uma coincidência exata

-(AddressCard *) lookup: (NSString *) theName
{
    for ( AddressCard *nextCard in book )
```

```
        if ( [nextCard.name caseInsensitiveCompare: theName] == NSOrderedSame )
            return nextCard;

    return nil;
}
```

Se você colocar a declaração desse método em seu arquivo de interface e a definição no arquivo de implementação, poderá escrever um programa de teste para experimentar seu novo método. O Programa 15.13 mostra tal programa, seguido imediatamente por sua saída.

Programa 15.13   Programa de teste

```
#import "AddressBook.h"

int main (int argc, char * argv[])
{

    @autoreleasepool {
        NSString *aName = @"Julia Kochan";
        NSString *aEmail = @"jewls337@axlc.com";
        NSString *bName = @"Tony Iannino";
        NSString *bEmail = @"tony.iannino@techfitness.com";
        NSString *cName = @"Stephen Kochan";
        NSString *cEmail = @"steve@classroomM.com";
        NSString *dName = @"Jamie Baker";
        NSString *dEmail = @"jbaker@classroomM.com";
        AddressCard    *card1 = [[AddressCard alloc] init];
        AddressCard    *card2 = [[AddressCard alloc] init];
        AddressCard    *card3 = [[AddressCard alloc] init];
        AddressCard    *card4 = [[AddressCard alloc] init];

        AddressBook *myBook = [[AddressBook alloc]
                                    initWithName: @"Linda's Address Book"];
        AddressCard *myCard;

        // Agora atribui quatro fichas de endereço

        [card1 setName: aName andEmail: aEmail];
        [card2 setName: bName andEmail: bEmail];
        [card3 setName: cName andEmail: cEmail];
        [card4 setName: dName andEmail: dEmail];

        // Adiciona algumas fichas na agenda de endereços

        [myBook addCard: card1];
        [myBook addCard: card2];
        [myBook addCard: card3];
        [myBook addCard: card4];

        // Procura uma pessoa pelo nome
```

```
      NSLog (@"Stephen Kochan");
      myCard = [myBook lookup: @"stephen kochan"];

      if (myCard != nil)
         [myCard print];
      else
         NSLog (@"Not found!");

      // Tenta outra pesquisa

      NSLog (@"Haibo Zhang");
      myCard = [myBook lookup: @"Haibo Zhang"];

      if (myCard != nil)
         [myCard print];
      else
         NSLog (@"Not found!");
   }
   return 0;
}
```

Programa 15.13 Saída

```
Lookup: Stephen Kochan
====================================
|                                  |
| Stephen Kochan                   |
| steve@classroomM.com             |
|                                  |
|                                  |
|                                  |
|          o          o            |
====================================

Lookup: Haibo Zhang
Not found!
```

Quando o método `lookup:` localizou Stephen Kochan na agenda de endereços (tirando proveito do fato de que foi feita uma correspondência sem diferenciar letras maiúsculas e minúsculas), retornou a ficha correspondente imediatamente, executando a instrução `return`, a qual termina o loop e envia de volta o valor de `nextCard`. Então, essa ficha coincidente foi enviada ao método `print` de `AddressCard` para exibição. No caso da segunda pesquisa, o nome Haibo Zhang não foi encontrado.

Esse método `lookup:` é muito primitivo, pois precisa encontrar uma correspondência exata do nome inteiro. Um método melhor faria correspondências parciais e seria capaz de tratar de várias coincidências. Por exemplo, a expressão de mensagem

```
[myBook lookup: @"steve"]
```

poderia corresponder às entradas de Steve Kochan, Fred Stevens e steven levy. Como podem existir várias correspondências, uma boa estratégia poderia ser criar um array contendo todas elas e retornar o array para o chamador do método (veja o exercício 2 no final deste capítulo), como segue:

```
matches = [myBook lookup: @"steve"];
```

Retirando alguém da agenda de endereços

Nenhum gerenciador de agenda de endereços que permita adicionar uma entrada está completo sem a capacidade de também remover uma entrada. Você pode fazer um método `removeCard:` para retirar um objeto `AddressCard` em particular da agenda de endereços. Outra possibilidade é criar um método `remove:` que removesse alguém com base no nome. (Veja o Exercício 6 no final deste capítulo.)

Como você fez algumas alterações em seu arquivo de interface, o Programa 15.14 o mostra novamente com o novo método `removeCard:`. Ele é seguido pela implementação de seu novo método.

Programa 15.14 **Arquivo de interface** `Addressbook.h`

```
#import "AddressCard.h"

@interface AddressBook: NSObject

@property (nonatomic, copy) NSString *bookName;
@property (nonatomic, strong) NSMutableArray *book;

-(id) initWithName: (NSString *) name;

-(void) addCard: (AddressCard *) theCard;
-(void) removeCard: (AddressCard *) theCard;

-(AddressCard *) lookup: (NSString *) theName;
-(int) entries;
-(void) list;

@end
```

Aqui está o novo método `removeCard::`

```
-(void) removeCard: (AddressCard *) theCard
{
   [book removeObjectIdenticalTo: theCard];
}
```

Para propósitos do que é considerado um objeto *idêntico*, estamos usando a ideia do mesmo objeto exato; isto é, um objeto com a mesma posição na memória.

Assim, o método `removeObjectIdenticalTo:` *não* considera como idênticas duas fichas de endereço que contenham a mesma informação, mas estejam localizadas em lugares diferentes na memória (o que poderia acontecer, se você fizesse uma cópia de um objeto `AddressCard`, por exemplo).

Consequentemente, o método `removeObjectIdenticalTo:` remove todos os objetos idênticos ao seu argumento. No entanto, isso só é problema se você tiver várias ocorrências do mesmo objeto em seus arrays.

Você pode tornar sua estratégia de igualar objetos mais sofisticada, usando o método `removeObject:` e então escrevendo seu próprio método `isEqual:` para testar se dois objetos são iguais. Se você usar `removeObject:`, o sistema chamará o método `isEqual:` para cada elemento do array automaticamente, fornecendo a ele os dois elementos para comparar. Nesse caso, como sua agenda de endereços contém objetos `AddressCard` como elementos, você teria de adicionar um método `isEqual:` *nessa* classe (você estaria anulando o método que a classe herda de `NSObject`). Então, o método poderia decidir por si mesmo como determinaria a igualdade. Faria sentido comparar os dois nomes e emails correspondentes. Se ambos fossem iguais, você poderia retornar YES do método; caso contrário, poderia retornar NO. Seu método poderia ser como segue:

```
-(BOOL) isEqual: (AddressCard *) theCard
{
    if ([name isEqualToString: theCard.name] == YES &&
        [email isEqualToString: theCard.email] == YES)
        return YES;
    else
        return NO;
}
```

Note que outros métodos de `NSArray`, como `containsObject:` e `indexOfObject:`, também contam com essa estratégia `isEqual:` para determinar se dois objetos são considerados iguais.

O Programa 15.14 testa o novo método `removeCard:`.

Programa 15.14 Programa de teste

```
#import "AddressBook.h"

int main (int argc, char * argv[])
{
   @autoreleasepool {
      NSString *aName = @"Julia Kochan";
      NSString *aEmail = @"jewls337@axlc.com";
      NSString *bName = @"Tony Iannino";
      NSString *bEmail = @"tony.iannino@techfitness.com";
      NSString *cName = @"Stephen Kochan";
      NSString *cEmail = @"steve@classroomM.com";
```

```
        NSString *dName = @"Jamie Baker";
        NSString *dEmail = @"jbaker@classroomM.com";

        AddressCard *card1 = [[AddressCard alloc] init];
        AddressCard *card2 = [[AddressCard alloc] init];
        AddressCard *card3 = [[AddressCard alloc] init];
        AddressCard *card4 = [[AddressCard alloc] init];

        AddressBook *myBook = [[AddressBook alloc]
                    initWithName: @"Linda's Address Book"];
        AddressCard *myCard;

        // Agora atribui quatro fichas de endereço

        [card1 setName: aName andEmail: aEmail];
        [card2 setName: bName andEmail: bEmail];
        [card3 setName: cName andEmail: cEmail];
        [card4 setName: dName andEmail: dEmail];

        // Adiciona algumas fichas na agenda de endereços

        [myBook addCard: card1];
        [myBook addCard: card2];
        [myBook addCard: card3];
        [myBook addCard: card4];

        // Procura uma pessoa pelo nome

        NSLog (@"Lookup: Stephen Kochan");
        myCard = [myBook lookup: @"Stephen Kochan"];

        if (myCard != nil)
           [myCard print];
        else
           NSLog (@"Not found!");

        // Agora remove a entrada da agenda de endereços

        [myBook removeCard: myCard];
        [myBook list]; // verifica se foi apagado
    }

    return 0;
}
```

Programa 15.14 Saída

```
Lookup: Stephen Kochan
======================================
|                                    |
| Stephen Kochan                     |
| steve@classroomM.com               |
|                                    |
|                                    |
|                                    |
|         O              O           |
======================================

======== Contents of: Linda's Address Book =========
Julia Kochan    jewls337@axlc.com
Tony Iannino    tony.iannino@techfitness.com
Jamie Baker     jbaker@classroomM.com
====================================================
```

Após procurar Stephen Kochan na agenda de endereços e verificar que ele está lá, você passa o objeto `AddressCard` resultante para seu novo método `removeCard:`, para ser removido. A listagem resultante da agenda de endereços confirma a remoção.

Classificando arrays

Se sua agenda de endereços contém muitas entradas, poderia ser conveniente colocá-las em ordem alfabética. Você pode fazer isso facilmente, adicionando um método `sort` em sua classe `AddressBook` e tirando proveito de um método `NSMutableArray` chamado `sortUsingSelector:`. O método `sortUsingSelector:` recebe como argumento um seletor que ele utiliza para comparar dois elementos. Os arrays podem conter qualquer tipo de objetos; portanto, a única maneira de implementar um método de classificação genérico é você decidir se os elementos do array estão em ordem. Para fazer isso, você precisa adicionar um método para comparar dois elementos no array[4]. O resultado retornado desse método deve ser de tipo `NSComparisonResult`. Ele deve retornar `NSOrderedAscending` se você quiser que o método de classificação coloque o primeiro elemento antes do segundo no array, `NSOrderedSame` se os dois elementos forem considerados iguais ou `NSOrderedDescending` se o primeiro elemento deve vir após o segundo no array classificado.

Primeiro, aqui está o novo método `sort` de sua classe `AddressBook`:

```
-(void) sort
{
    [book sortUsingSelector: @selector(compareNames:)];
}
```

---

[4] Um método chamado `sortUsingFunction:context:` permite usar uma função, em vez de um método, para fazer a comparação.

Conforme você aprendeu no Capítulo 9, "Polimorfismo, tipagem dinâmica e vinculação dinâmica", a expressão

```
@selector (compareNames:)
```

cria um seletor, que é de tipo SEL, a partir de um nome de método especificado; é isso que o método sortUsingSelector: usa para comparar dois elementos no array. Quando ele precisa fazer tal comparação, chama o método especificado, enviando a mensagem ao primeiro elemento do array (o destinatário) para ser comparado com seu argumento. O valor retornado deve ser de tipo NSComparisonResult, conforme descrito anteriormente.

Como os elementos de sua agenda de endereços são objetos AddressCard, o método de comparação deve ser adicionado à classe AddressCard. (Certifique-se de entender isso completamente.) Você deve voltar à sua classe AddressCard e adicionar um método compareNames:, como mostrado aqui:

```
// Compara os dois nomes das fichas de endereço especificadas

-(NSComparisonResult) compareNames: (id) element
{
return [name compare: [element name]];
}
```

Como você está fazendo uma comparação de string de dois nomes da agenda de endereços, pode usar o método NSString compare: para fazer esse trabalho.

Se você adicionar o método sort à classe AddressBook e o método compareNames: à classe AddressCard, poderá escrever um programa para testá-lo (veja o Programa 15.15).

Programa 15.15 Programa de teste

```
#import "AddressBook.h"

int main (int argc, char * argv[])
{

   @autoreleasepool {
      NSString *aName = @"Julia Kochan";
      NSString *aEmail = @"jewls337@axlc.com";
      NSString *bName = @"Tony Iannino";
      NSString *bEmail = @"tony.iannino@techfitness.com";
      NSString *cName = @"Stephen Kochan";
      NSString *cEmail = @"steve@classroomM.com";
      NSString *dName = @"Jamie Baker";
      NSString *dEmail = @"jbaker@classroomM.com";

      AddressCard *card1 = [[AddressCard alloc] init];
      AddressCard *card2 = [[AddressCard alloc] init];
```

```
            AddressCard *card3 = [[AddressCard alloc] init];
            AddressCard *card4 = [[AddressCard alloc] init];

            AddressBook *myBook = [AddressBook alloc];

            // Primeiro, atribui quatro fichas de endereço

            [card1 setName: aName andEmail: aEmail];
            [card2 setName: bName andEmail: bEmail];
            [card3 setName: cName andEmail: cEmail];
            [card4 setName: dName andEmail: dEmail];

            myBook = [myBook initWithName: @"Linda's Address Book"];

            // Adiciona algumas fichas na agenda de endereços

            [myBook addCard: card1];
            [myBook addCard: card2];
            [myBook addCard: card3];
            [myBook addCard: card4];

            // Lista a agenda não classificada

            [myBook list];

            // Classifica e lista novamente

            [myBook sort];
            [myBook list];
    }
    return 0;
}
```

Programa 15.15 Saída

```
======== Contents of: Linda's Address Book =========
Julia Kochan          jewls337@axlc.com
Tony Iannino          tony.iannino@techfitness.com
Stephen Kochan        steve@classroomM.com
Jamie Baker           jbaker@classroomM.com
====================================================
======== Contents of: Linda's Address Book =========
Jamie Baker           jbaker@classroomM.com
Julia Kochan          jewls337@axlc.com
Stephen Kochan        steve@classroomM.com
Tony Iannino          tony.iannino@techfitness.com
====================================================
```

Note que a classificação é crescente. No entanto, você pode fazer uma classificação decrescente facilmente, modificando o método `compareNames:` na classe `AddressCard` para inverter o sentido dos valores retornados.

Classificação usando blocos

Alguns métodos de classificação nas classes `NSArray` e `NSMutableArray` recebem blocos como argumentos para comparar elementos em um array, em vez de seletores.

O formato geral do método `NSArray` é este:

```
-(NSArray *) sortedArrayUsingComparator: (NSComparator) bloco
```

O do método `NSMutableArray`, que faz a classificação no local, é assim:

```
-(void) sortUsingComparator:(NSComparator) bloco
```

`NSComparator` é definido desta maneira como um `typedef` em um dos arquivos de cabeçalho do sistema:

```
typedef NSComparisonResult (^NSComparator)(id obj1, id obj2);
```

Traduzindo para o português, isso diz que `NSComparator` é um bloco que recebe dois objetos como argumentos e retorna um valor de tipo `NSComparisonResult`. Como utiliza blocos, esse método provavelmente será executado mais rapidamente na classificação de arrays grandes. Portanto, considere utilizá-lo em seus aplicativos por esse motivo.

Assim, o bloco recebe como argumentos os dois objetos para comparar e espera-se que ele retorne um indicador mostrando se o primeiro objeto deve ser considerado menor, igual ou maior do que o segundo. Isso é coerente com o método chamado pelas versões dos métodos de classificação de array que não utilizam blocos.

O bloco que fornecemos como argumento para o método `sortUsingComparator:` pode simplesmente chamar nosso método `compareNames:` para comparar os cartões de endereço, como segue:

```
-(void) sort
{
   [book sortUsingComparator:
       ^(id obj1, id obj2) {
            return [obj1 compareNames: obj2];
       } ];
}
```

Isso funciona bem, mas, quando se pensa a respeito, não oferece melhora alguma no desempenho, pois o bloco que especificamos chama o mesmo método `compareNames:` que é chamado pelo método `sortUsingSelector:`. Assim, uma estratégia melhor é fazer mais trabalho dentro do bloco; isso poderia ajudar a acelerar as coisas:

```
-(void) sort
{
   [book sortUsingComparator:
        ^(id obj1, id obj2) {
            return [[obj1 name] compare: [obj2 name]];
    } ];
}
```

Volte ao Programa 15.15 e substitua o método sort de AddressBook pelo que acabamos de desenvolver. Verifique se o programa ainda funciona e classifica sua agenda de endereços corretamente.

Um dos aspectos interessantes da versão com bloco do método sort é que você não precisa adicionar um método de comparação na classe cujos objetos estão sendo comparados. Essa seria a classe AddressCard, que é, conforme você lembrará, onde colocamos o método compareNames: utilizado pela versão anterior do método sort.

Outra vantagem interessante é que, se você decidir mudar a maneira de comparar suas fichas de endereço, pode fazer isso diretamente em seu método sort, significando que não precisa fazer a alteração na classe AddressCard.

Estão disponíveis mais de 50 métodos para se trabalhar com objetos array. As tabelas 15.4 e 15.5 listam alguns dos métodos mais comumente usados para trabalhar com arrays imutáveis e mutáveis, respectivamente. Como NSMutableArray é uma subclasse de NSArray, a primeira herda os métodos da última.

Nas tabelas 15.4 e 15.5, *obj*, *obj1* e *obj2* são quaisquer objetos; *i* é um inteiro NSUInteger representando um número de índice válido para o array; *seletor* é um objeto seletor de tipo SEL e *tamanho* é um inteiro NSUInteger.

Tabela 15.4 Métodos comuns de NSArray

Método	Descrição
+(id) arrayWithObjects: *obj1*, *obj2*, ... nil	Cria um novo array com *obj1*, *obj2*, ... como seus elementos
-(BOOL) containsObject: *obj*	Determina se o array contém *obj* (usa o método isEqual:)
-(NSUInteger) count	Indica o número de elementos no array
-(NSUInteger) indexOfObject: *obj*	Especifica o número de índice do primeiro elemento que contém *obj* (usa o método isEqual:)

(continua)

Tabela 15.4 Métodos comuns de `NSArray`

Método	Descrição
`-(NSUInteger) indexOfObjectPassing-Test: (BOOL(^)(id obj, NSUInteger ind, BOOL *parar)) bloco`	Passa cada objeto `obj` (com número de índice `ind`) para o `bloco`, o qual deve retornar `YES` se `obj` passar no teste, `NO` se não passar. Define a variável apontada por `parar` como `YES` para terminar o processamento
`-(id) lastObject`	Retorna o último objeto do array
`-(id) objectAtIndex: i`	Indica o objeto armazenado no elemento `i`
`-(void) makeObjectsPerform Selector: (SEL) seletor`	Envia a mensagem indicada por `seletor` para cada elemento do array
`-(void) enumerateObjectsUsingBlock: (void (^)(id obj, NSUInteger ind, BOOL *parar)) bloco`	Executa o bloco para cada elemento do array, passando o objeto array `obj` e seu número de índice `ind`. O processamento continua até que todos os elementos tenham sido enumerados ou a variável apontada por `parar` seja configurada como `YES`
`-(NSArray *) sortedArrayUsingSelector: (SEL) seletor`	Classifica o array de acordo com o método de comparação especificado por `seletor`
`-(NSArray *) sortedArrayUsingComparator: (NSComparator) bloco`	Classifica o array de acordo com a comparação feita pelo `bloco`
`-(BOOL) writeToFile: caminho atomically: (BOOL) flag`	Escreve o array no arquivo especificado, criando um arquivo temporário primeiro, se `flag` for `YES`

Tabela 15.5 Métodos comuns de `NSMutableArray`

Método	Descrição
`+(id) array`	Cria um array vazio
`+(id) arrayWithCapacity: tamanho`	Cria um array com um `tamanho` inicial especificado
`-(id) initWithCapacity: tamanho`	Inicializa um array recentemente alocado com um `tamanho` inicial especificado
`-(void) addObject: obj`	Adiciona `obj` no final do array
`-(void) insertObject: obj atIndex: i`	Insere `obj` no elemento `i` do array

(continua)

Tabela 15.5 Métodos comuns de `NSMutableArray` (Continuação)

Método	Descrição
`-(void) replaceObjectAtIndex: i withObject: obj`	Substitui o elemento *i* do array por *obj*
`-(void) removeObject: obj`	Remove do array todas as ocorrências de *obj*
`-(void) removeObjectAtIndex: i`	Remove o elemento *i* do array, movendo os elementos *i*+1 para baixo, até o final do array
`-(void) sortUsingSelector: (SEL) seletor`	Classifica o array com base no método de comparação indicado por *seletor*
`-(void) sortUsingComparator: (NSComparator) bloco`	Classifica o array de acordo com a comparação feita pelo *bloco*

A classe `NSValue`

Como você viu, assim como um array, uma coleção da estrutura Foundation só pode armazenar objetos. Portanto, você não pode armazenar um tipo de dados básico como `int` dentro dela. Para contornar esse problema, você faz arrays de objetos `NSNumber`, em vez de arrays de objetos `int`.

Você vai querer armazenar outros tipos dentro de coleções, quando começar a desenvolver aplicativos iOS. Esses tipos são estruturas, que são tipos de dados derivados da linguagem C, e não objetos. Por exemplo, você vai usar uma estrutura `CGPoint` (um nome transformado com `typedef`) para definir uma coordenada (x, y) em seu aplicativo. É assim que você especifica a origem de um retângulo, por exemplo. Na verdade, um retângulo é um tipo `CGRect` e ele próprio é uma estrutura contendo outras duas estruturas: uma `CGPoint` definindo a origem do retângulo e uma estrutura `CGSize` definindo sua largura e altura.

O objetivo desta discussão é você notar que essas são estruturas que talvez queira armazenar em uma coleção. Você não pode fazer isso diretamente. A classe `NSValue` vem em auxílio, permitindo converter uma dessas estruturas em um objeto, o qual então permite armazená-la dentro de uma coleção. O processo de pegar um tipo de dados como uma estrutura e convertê-lo em um objeto às vezes é referido como *empacotamento*. Conforme você poderia esperar, o processo inverso de pegar um objeto e extrair seu tipo de dados subjacente é frequentemente referido como *desempacotamento*.

A Tabela 15.6 mostra alguns dos métodos empacotadores para converter tipos de dados C em objetos e os métodos inversos correspondentes para desempacotar o objeto. Para mais informações, veja a documentação da classe `NSValue`.

Tabela 15.6 Alguns métodos empacotadores e desempacotadores de `NSValue`

Tipo de dados transformados com typedef	Descrição	Método empacotador	Método desempacotador
`CGPoint`	Ponto com um valor x e y	`valueWithPoint:`	`pointValue`
`CGSize`	Tamanho com uma largura e uma altura	`valueWith-Size:`	`sizeValue`
`CGRect`	Retângulo com uma origem e um tamanho	`valuewith-Rect:`	`rectValue`
`NSRange`	Intervalo que descreve local e tamanho	`valueWith-Range:`	`rangeValue`

Aqui está um trecho de código que pega uma estrutura `CGPoint` e a adiciona em um array mutável chamado `touchPoints`:

```
CGPoint     myPoint;
NSValue     *pointObj;
NSMutableArray *touchPoints = [NSMutableArray array];
    ...
myPoint.x = 100;      // define o ponto como (100, 200)
myPoint.y = 200;
    ...
pointObj = [NSValue valueWithPoint: myPoint]; // transforma-o em
                                              // objeto
[touchPoints addObject: pointObj];
```

Certifique-se de perceber a necessidade de fazer isso. Como `myPoint` é uma estrutura, você não pode armazená-la diretamente dentro do array `touchPoints`. Assim, precisa primeiro convertê-la em um objeto. Usamos o método `valueWith-Point:` para fazer isso.

Se, subsequentemente, você quiser obter o último ponto de seu array `touchPoints` e convertê-lo de volta em uma estrutura `CGPoint`, esta linha pode ajudar:

```
myPoint = [[touchPoints lastObject] pointValue];
```

Objetos dicionário

Um *dicionário* é uma coleção de dados consistindo em pares chave-objeto. Assim como você procuraria a definição de uma palavra em um dicionário, o valor (objeto) de um dicionário de Objective-C é obtido por sua chave. As chaves de um dicionário devem ser exclusivas e podem ser de qualquer tipo de objeto, embora normalmente sejam strings. O valor associado à chave também pode ser de qualquer tipo de objeto, mas não pode ser `nil`.

Os dicionários podem ser mutáveis ou imutáveis; os mutáveis podem ter entradas adicionadas e removidas dinamicamente. Eles podem ser pesquisados com base em uma chave em particular e seu conteúdo pode ser enumerado. O Programa 15.16 configura um dicionário mutável para ser usado como glossário de termos de Objective-C e preenche as três primeiras entradas.

Programa 15.16

```
#import <Foundation/Foundation.h>

int main (int argc, char * argv[])
{
    @autoreleasepool {
        NSMutableDictionary *glossary = [NSMutableDictionary dictionary];

        // Armazena três entradas no glossário

        [glossary setObject:
            @"A class defined so other classes can inherit from it"
                forKey: @"abstract class" ];
        [glossary setObject:
            @"To implement all the methods defined in a protocol"
                forKey: @"adopt"];
        [glossary setObject: @"Storing an object for later use"
                forKey: @"archiving"];

        // Recupera e as exibe

        NSLog (@"abstract class:
            %@", [glossary objectForKey: @"abstract class"]);
        NSLog (@"adopt: %@", [glossary objectForKey: @"adopt"]);
        NSLog (@"archiving: %@", [glossary objectForKey: @"archiving"]);
    }
    return 0;
}
```

Programa 15.16 Saída

```
abstract class: A class defined so other classes can inherit from it
adopt: To implement all the methods defined in a protocol
archiving: Storing an object for later use
```

A expressão

```
[NSMutableDictionary dictionary]
```

cria um dicionário mutável vazio. Você pode adicionar pares chave-valor no dicionário usando o método setObject:forKey:. Após o dicionário ser construído, você pode recuperar o valor de determinada chave utilizando o método objectForKey:. O Programa 15.16 mostra como as três entradas do glossário foram recuperadas e exibidas. Em uma aplicação mais prática, o usuário digita a palavra a ser definida e o programa procura sua definição no glossário.

Note que foram feitas algumas adições recentes na sintaxe de Objective-C para se trabalhar com dicionários. Escrever a expressão

```
dict[key]
```

é o mesmo que escrever

```
[dict objectForKey: key]
```

E para armazenar um par chave/objeto em um dicionário, você pode usar a expressão

```
dict[key] = object
```

em vez de escrever

```
[dict setObject: object forKey: key]
```

O Programa 15.17 é uma reescrita do Programa 15.16 mostrando a sintaxe alternativa para adicionar e recuperar entradas de um dicionário.

Programa 15.17

```
#import <Foundation/Foundation.h>

int main (int argc, char * argv[])
{
   @autoreleasepool {
      NSMutableDictionary *glossary = [NSMutableDictionary dictionary];

      // Armazena três entrada no glossário

      glossary[@"abstract class"] =
            @"A class defined so other classes can inherit from it";
      glossary[@"adopt"] =
            @"To implement all the methods defined in a protocol";
      glossary[@"archiving"] = @"Storing an object for later use";

      // Recupera e as exibe

      NSLog (@"abstract class: %@", glossary[@"abstract class"]);
      NSLog (@"adopt: %@", glossary[@"adopt"]);
      NSLog (@"archiving: %@", glossary[@"archiving"]);
   }
   return 0;
}
```

Enumerando um dicionário

O Programa 15.18 ilustra como um dicionário pode ser definido com pares chave-valor iniciais, usando o método `dictionaryWithObjectsAndKeys:`. Um dicionário imutável é criado e o programa também mostra como um loop de enumeração rápida pode ser usado para recuperar cada elemento de um dicionário, uma chave por vez. Ao contrário dos objetos array, os objetos dicionário não são ordenados; portanto, o primeiro par chave-objeto colocado em um dicionário pode não ser a primeira chave extraída quando o dicionário for enumerado.

Programa 15.18

```
#import <Foundation/Foundation.h>

int main (int argc, char * argv[])
{
   @autoreleasepool {
      NSDictionary *glossary =
         [NSDictionary dictionaryWithObjectsAndKeys:
            @"A class defined so other classes can inherit from it",
            @"abstract class",
            @"To implement all the methods defined in a protocol",
            @"adopt",
            @"Storing an object for later use",
            @"archiving",
            nil
         ];

         // Imprime todos os pares chave-valor do dicionário

         for ( NSString *key in glossary )
            NSLog (@"%@: %@", key, [glossary objectForKey: key]);

   }
   return 0;
}
```

Programa 15.18   Saída

```
abstract class: A class defined so other classes can inherit from it
adopt: To implement all the methods defined in a protocol
archiving: Storing an object for later use
```

O argumento de `dictionaryWithObjectsAndKeys:` é uma lista de pares objeto-chave (sim, nessa ordem), cada um separado por uma vírgula. A lista deve ser terminada com o objeto especial `nil`.

Depois que o programa cria o dicionário, ele configura um loop para enumerar seu conteúdo. Conforme mencionado, as chaves são recuperadas do dicionário uma após a outra, sem uma ordem específica.

Você também pode usar a sintaxe especial

`@{ chave1: objeto1, chave2: objeto2, …, chaven: objeton }`

para criar um dicionário imutável inicializado com os pares chave/objeto listados. Assim, o dicionário criado no Programa 15.18 poderia ser escrito como segue:

```
NSDictionary *glossary = @{
   @"abstract class":
           @"A class defined so other classes can inherit from it",
   @"adopt"  : @"To implement all the methods defined in a protocol",
   @"archiving": @"Storing an object for later use"
};
```

Se você quiser exibir o conteúdo de um dicionário em ordem alfabética, pode recuperar todas as chaves do dicionário, classificá-las e, então, recuperar em ordem todos os valores do dicionário para cada uma dessas chaves classificadas. Você pode usar primeiro o método `allKeys` de `NSDIctionary` para extrair todas as chaves do dicionário em um array e, então, classificar esse array. Em seguida, você pode enumerar o array de chaves classificadas e recuperar os valores correspondentes do dicionário. Por exemplo, suponha que você tenha um dicionário chamado `states` contendo como chaves os nomes dos estados dos Estados Unidos e suas capitais correspondentes como objetos. O trecho de código a seguir exibe o nome de cada estado em ordem alfabética, junto com sua capital correspondente:

```
NSArray *keys = [states allKeys];

keys = [keys sortedArrayUsingComparator:
         ^(id obj1, id obj2) {
             return [obj1 compare: obj2];
         } ];

for (NSString *aState in keys)
   NSLog (@"State: %@ Capital: %@", aState, [states objectForKey: aState]);
```

Mostramos apenas algumas das operações básicas com dicionários aqui. As tabelas 15.7 e 15.8 resumem alguns dos métodos mais comumente usados para se trabalhar com dicionários imutáveis e mutáveis, respectivamente. Como `NSMutableDictionary` é um subconjunto de `NSDictionary`, ele herda seus métodos.

Nas tabelas 15.7 e 15.8, *chave*, *chave1*, *chave2*, *obj*, *obj1* e *obj2* são quaisquer objetos, e *tamanho* é um inteiro `NSUInteger` sem sinal.

Tabela 15.7 Métodos comuns de `NSDictionary`

Método	Descrição
+(id) dictionaryWithObjectsAndKeys: *obj1, chave1, obj2, chave2, ..., nil*	Cria um dicionário com pares chave-objeto *{chave1, obj1}, {chave2, obj2}, ...*
-(id) initWithObjectsAndKeys: *obj1, chave1, obj2, chave2, ..., nil*	Inicializa um dicionário recentemente alocado com pares chave-objeto *{chave1, obj1}, {chave2, obj2}, ...*
-(NSArray *) allKeys	Retorna um array contendo todas as chaves do dicionário
-(NSUInteger) count	Retorna o número de entradas no dicionário
-(NSEnumerator *) keyEnumerator	Retorna um objeto `NSEnumerator` para todas as chaves do dicionário
-(NSArray *) keysSortedByValueUsingSelector: (SEL) *seletor*	Retorna um array de chaves do dicionário cujos valores correspondentes são classificados de acordo com o método de comparação *seletor*
-(NSEnumerator *) objectEnumerator	Retorna um objeto `NSEnumerator` para todos os valores do dicionário
-(id) objectForKey: *chave*	Retorna o objeto da *chave* especificada

Tabela 15.8 Métodos comuns de `NSMutableDictionary`

Método	Descrição
+(id) dictionaryWithCapacity: *tamanho*	Cria um dicionário mutável com um *tamanho* inicial especificado
-(id) initWithCapacity: *tamanho*	Inicializa um dicionário recentemente alocado, de modo a ser de um *tamanho* inicial especificado
-(void) removeAllObjects	Remove todas as entradas do dicionário
-(void) removeObjectForKey:*chave*	Remove do dicionário a entrada da *chave* especificada
-(void) setObject: *obj* forKey: *chave*	Adiciona *obj* ao dicionário para a *chave* e substitui o valor se *chave* já existe

Objetos conjunto

Um *conjunto* é uma coleção de objetos únicos e pode ser mutável ou imutável. As operações incluem pesquisar, adicionar e remover membros (conjuntos mutáveis); comparar dois conjuntos; e encontrar a interseção e a união de dois conjuntos.

Nesta seção, veremos rapidamente três classes de conjuntos: NSSet, NSMutableSet e NSIndexSet. Mencionaremos também a classe NSCountedSet de passagem, para que você saiba quando vai precisar ou querer utilizar esse conjunto.

O Programa 15.19 mostra algumas operações básicas em conjuntos. Suponha, por exemplo, que você queira exibir o conteúdo de seus conjuntos várias vezes durante a execução do programa. Portanto, você decide criar um novo método chamado print. Você adiciona o método print na classe NSSet criando uma nova categoria chamada Printing. NSMutableSet é uma subclasse de NSSet, de modo que os conjuntos mutáveis também podem usar o novo método print.

Programa 15.19

```objc
#import <Foundation/Foundation.h>

// Adiciona um método print em NSSet com a categoria Printing

@interface NSSet (Printing)
-(void) print;
@end

@implementation NSSet (Printing)
-(void) print {
   printf ("{ ");

   for (NSNumber *element in self)
      printf (" %li ", (long) [element integerValue]);

   printf ("} \n");
}
@end

int main (int argc, char * argv[])
{
   @autoreleasepool {

      NSMutableSet *set1 = [NSMutableSet setWithObjects:
           @1, @3, @5, @10, nil];
      NSSet *set2 = [NSSet setWithObjects:
           @-5, @100, @3, @5, nil];
      NSSet *set3 = [NSSet setWithObjects:
           @12, @200, @3, nil];

      NSLog (@"set1: ");
      [set1 print];
```

```objectivec
            NSLog (@"set2: ");
            [set2 print];

            // Teste de igualdade
            if ([set1 isEqualToSet: set2] == YES)
               NSLog (@"set1 equals set2");
            else
               NSLog (@"set1 is not equal to set2");

            // Teste de participação como membro

            if ([set1 containsObject: @10] == YES)
               NSLog (@"set1 contains 10");
            else
               NSLog (@"set1 does not contain 10");

            if ([set2 containsObject: @10] == YES)
               NSLog (@"set2 contains 10");
            else
               NSLog (@"set2 does not contain 10");

            // adiciona e remove objetos do conjunto mutável set1

            [set1 addObject: @4];
            [set1 removeObject: @10];
            NSLog (@"set1 after adding 4 and removing 10: ");
            [set1 print];

            // obtém a interseção de dois conjuntos

            [set1 intersectSet: set2];
            NSLog (@"set1 intersect set2: ");
            [set1 print];

            // união de dois conjuntos

            [set1 unionSet:set3];
            NSLog (@"set1 union set3: ");
            [set1 print];

      }
      return 0;
}
```

Programa 15.19 Saída

```
set1:
{ 3 10 1 5 }
set2:
{ 100 3 -5 5 }
set1 is not equal to set2
set1 contains 10
```

```
set2 does not contain 10
set1 after adding 4 and removing 10:
{ 3 1 5 4 }
set1 intersect set2:
{ 3 5 }
set1 union set3:
{ 12 3 5 200 }
```

O método `print` usa a técnica de enumeração rápida descrita anteriormente para recuperar cada elemento do conjunto. Evidentemente, seu método `print` não é tão geral, pois só funciona com conjuntos que contêm membros inteiros. Mas é um bom lembrete aqui de como adicionar métodos em uma classe por meio de uma categoria[5]. (Note que a rotina `printf` da biblioteca C é usada no método `print` para exibir os elementos de cada conjunto em uma única linha.)

`setWithObjects:` cria um novo conjunto a partir de uma lista de objetos terminada com `nil`. Após criar três conjuntos, o programa exibe os dois primeiros usando seu novo método `print`. Então, o método `isEqualToSet:` testa se `set1` é igual a `set2`. Não é.

O método `containsObject:` verifica primeiro se o inteiro 10 está em `set1` e depois se está em `set2`. Os valores booleanos retornados pelo método confirmam que ele está no primeiro conjunto e não no segundo.

Em seguida, o programa usa os métodos `addObject:` e `removeObject:` para adicionar e remover 4 e 10 de `set1`, respectivamente. A exibição do conteúdo do conjunto confirma o sucesso das operações.

Você pode usar os métodos `intersect:` e `union:` para calcular a interseção e a união de dois conjuntos. Nos dois casos, o resultado da operação substitui o destinatário da mensagem.

O framework Foundation também fornece uma classe chamada `NSCountedSet`. Esses conjuntos podem representar mais de uma ocorrência do mesmo objeto; contudo, em vez do objeto aparecer várias vezes no conjunto, é mantida uma contagem do número de vezes. Assim, na primeira vez que um objeto é adicionado no conjunto, sua contagem é 1. Subsequentemente, adicionar o objeto no conjunto incrementa a contagem, enquanto remover o objeto do conjunto decrementa a contagem. Se ela chegar a zero, o próprio objeto é removido do conjunto. O método `countForObject:` recupera a contagem de um objeto especificado em um conjunto.

Uma aplicação para um conjunto contado poderia ser um aplicativo contador de palavras. Sempre que uma palavra é encontrada em algum texto, ela pode ser

---

[5] Um método mais geral poderia chamar o método `description` de cada objeto para exibir cada membro do conjunto. Isso permitiria que conjuntos contendo quaisquer tipos de objetos fossem exibidos em um formato legível. Observe também que você pode exibir o conteúdo de qualquer coleção com uma única chamada de `NSLog`, usando os caracteres de formatação de "imprimir objeto" `"%@"`.

adicionada no conjunto contado. Quando a varredura do texto estiver completa, cada palavra pode ser recuperada do conjunto, junto com sua contagem, a qual indica o número de vezes que a palavra apareceu no texto.

Acabamos de mostrar algumas operações básicas com conjuntos. As tabelas 15.9 e 15.10 resumem os métodos comumente usados para se trabalhar com conjuntos imutáveis e mutáveis, respectivamente. Como `NSMutableSet` é uma subclasse de `NSSet`, ela herda seus métodos.

Nas tabelas 15.9 e 15.10, *obj*, *obj1* e *obj2* são quaisquer objetos; *nsset* é um objeto `NSSet` ou `NSMutableSet`; e *tamanho* é um inteiro `NSUInteger`.

Tabela 15.9 Métodos comuns de `NSSet`

Método	Descrição
`+(id) setWithObjects:` *obj1*, *obj2*, ..., nil	Cria um novo conjunto a partir da lista de objetos
`-(id) anyObject`	Retorna qualquer objeto do conjunto
`-(id) initWithObjects:` *obj1*, *obj2*, ..., nil	Inicializa um conjunto recentemente alocado com uma lista de objetos
`-(NSUInteger) count`	Retorna o número de membros no conjunto
`-(BOOL) containsObject:` *obj*	Determina se o conjunto contém *obj*
`-(BOOL) member:` *obj*	Determina se o conjunto contém *obj* (usando o método `isEqual:`)
`-(NSEnumerator *) objectEnumerator`	Retorna um objeto `NSEnumerator` para todos os objetos do conjunto
`-(BOOL) isSubsetOfSet:` *nsset*	Determina se cada membro do destinatário está presente em *nsset*
`-(BOOL) intersectsSet:` *nsset*	Determina se pelo menos um membro do destinatário aparece em *nsset*
`-(BOOL) isEqualToSet:` *nsset*	Determina se os dois conjuntos são iguais

Tabela 15.10 Métodos comuns de `NSMutableSet`

Método	Descrição
`+(id) setWithCapacity: tamanho`	Cria um novo conjunto com uma capacidade de armazenamento inicial
`-(id) initWithCapacity: tamanho`	Define a capacidade inicial de um conjunto recentemente alocado com `tamanho` membros
`-(void) addObject: obj`	Adiciona `obj` no conjunto
`-(void) removeObject: obj`	Remove `obj` do conjunto
`-(void) removeAllObjects`	Remove todos os membros do destinatário
`-(void) unionSet: nsset`	Adiciona cada membro de `nsset` no destinatário
`-(void) minusSet: nsset`	Remove todos os membros de `nsset` do destinatário
`-(void) intersectSet: nsset`	Remove todos os membros do destinatário que também não estão em `nsset`

NSIndexSet

Vamos ver outro tipo de conjunto: `NSIndexSet`. Essa classe é usada para armazenar índices ordenados em alguma outra estrutura de dados, normalmente um array. Você pode usar essa classe, por exemplo, para gerar eficientemente uma lista de números de índice a partir de um array de objetos, onde cada objeto satisfaz alguns critérios especificados. Observe que não existe nenhuma versão mutável da classe `NSIndexSet`.

Por exemplo, o método `NSArray indexOfObjectPassingTest:` recebe um bloco como argumento. Os blocos são executados para cada elemento do array, passando o elemento do array, o número de índice e um *ponteiro* para uma variável `BOOL`. O código do bloco presumidamente testará o elemento em relação a alguns critérios e retornará `YES`, se o elemento do array os satisfizer, e `NO`, caso contrário. Você pode interromper o processamento a qualquer momento, configurando o valor da referência do ponteiro `BOOL` como `YES`. (Consulte o Capítulo 13 para ver uma discussão sobre ponteiros.)

Se o método `indexOfObjectPassingTest:` encontra uma coincidência (significando que `YES` foi retornado de seu bloco uma vez), ele retorna o menor índice correspondente do conjunto. Caso contrário, se nenhuma coincidência é encontrada, ele retorna `NSNotFound`.

Aqui está uma versão modificada do método `lookup:` de nossa classe `AddressBook`:

```
-(AddressCard *) lookup: (NSString *) theName
{
   NSUInteger result = [book indexOfObjectPassingTest:
   ^ (id obj, NSUInteger idx, BOOL *stop)
      {
         if ([[obj name] caseInsensitiveCompare: theName] ==
            NSOrderedSame) {
           return YES;
         }
         else
           return NO;      // continua procurando
      } ];

      // Verifica se encontramos uma correspondência

      if (result != NSNotFound) // deve haver apenas um elemento
          return book [result];
      else
          return nil;
}
```

Se você estiver procurando mais de uma correspondência em um array, pode usar o método `indexesOfObjectsPassingTest:`. Esse método retorna um `NSIndexSet` contendo os índices de todos os elementos do array que satisfizeram os critérios. Este usa um novo método para encontrar e retornar os números de índice de todas as fichas de endereço correspondentes:

```
-(NSIndexSet *) lookupAll: (NSString *) theName
{
   NSIndexSet *result = [book indexesOfObjectsPassingTest:
   ^(id obj, NSUInteger idx, BOOL *stop)
      {
          if ([[obj name] caseInsensitiveCompare: theName] ==
               NSOrderedSame)
            return YES; // encontrou uma correspondência, continua
          else
            return NO; // continua procurando
      } ];

   // Retorna o resultado

   return result;
}
```

Fica como exercício para você alterar o método `lookupAll:` para retornar um array de fichas de endereço correspondentes. (Dica: depois que o método `indexesOfObjectsPassingTest:` terminar, enumere cada índice do conjunto de índices e adicione o elemento correspondente em um array que você retornará. Melhor ainda, veja o método `objectsAtIndexes:` de `NSArray`.)

A Tabela 15.11 descreve alguns métodos representativos de NSIndexSet. Na tabela, *ind* é um inteiro NSUInteger. Incentivamos você a pesquisar essa classe em sua documentação e a aprender mais sobre ela.

Tabela 15.11 Alguns métodos de NSIndexSet

Método	Descrição
+(NSIndexSet) indexSet	Cria um conjunto de índices vazio
-(BOOL) containIndex: *ind*	Retorna YES se o conjunto de índices contém o índice *ind*, caso contrário, retorna NO
-(NSUinteger) count	Retorna os números de índices no conjunto indexado
-(NSUinteger) firstIndex	Retorna o primeiro índice do conjunto ou NSNotFound, se o conjunto estiver vazio
-(NSUinteger) indexLessThanIndex: *ind*	Retorna o índice mais próximo do conjunto menor do que *ind* ou NSNotFound, se nenhum for menor do que *ind* (veja também indexLessThanOrEqualToIndex:, indexGreaterThanIndex: e indexGreaterThanOrEqualIndex:)
-(NSUinteger) lastIndex	Fornece o último índice do conjunto ou NSNotFound, se o conjunto estiver vazio
-(NSIndexSet *) indexesPassingTest: (BOOL) (^) (NSUinteger *ind*, BOOL *parar*) *bloco*	O bloco é aplicado a cada elemento do conjunto. Retorna YES para ter *ind* adicionado no NSIndexSet resultante, caso contrário, retorna NO. Define a variável apontada por *parar* como YES para terminar o processamento

Exercícios

1. Procure a classe NSDate em sua documentação. Então, adicione em NSDate uma nova categoria chamada ElapsedDays. Nessa nova categoria, adicione um método baseado na seguinte declaração:

    -(unsigned long) elapsedDays: (NSDate *) theDate;

    Faça o novo método retornar o número de dias decorridos entre o destinatário e o argumento do método. Escreva um programa para testar seu novo método.

2. Modifique o método `lookup:` desenvolvido neste capítulo para a classe `AddressBook`, de modo que possam ser feitas correspondências parciais de um nome. A expressão de mensagem `[myBook lookup: @"steve"]` deve corresponder a uma entrada que contenha a string `steve` em qualquer lugar dentro do nome.

3. Usando o resultado do exercício 2, modifique o método `lookup:` para pesquisar a agenda de endereços em busca de todas as correspondências. Faça o método retornar um array de todas as fichas de endereço correspondentes ou `nil`, se não houver nenhum. (Note que o exemplo apresentado no final deste capítulo retorna um resultado `NSIndexSet`, mas queremos um array de `AddressCards` aqui.)

4. Adicione novos campos de sua escolha na classe `AddressCard`. Algumas sugestões são separar o campo de nome em campos de nome e sobrenome, e adicionar campos de endereço (talvez com campos separados para estado, cidade, CEP e país) e de número de telefone. Escreva métodos setter e getter apropriados e certifique-se de que os métodos `print` e `list` exibam os campos corretamente.

5. Depois de fazer o exercício 4, modifique o método `lookup:` do exercício 3 para fazer uma pesquisa em todos os campos de uma ficha de endereço. Você consegue imaginar uma maneira de projetar suas classes `AddressCard` e `AddressBook`, de modo que esta última não precise saber de todos os campos armazenados na primeira?

6. Adicione o método `removeName:` à classe `AddressBook` para retirar alguém da agenda de endereços, dada esta declaração para o método:

   `-(BOOL) removeName: (NSString *) theName;`

   Use o método `lookup:` desenvolvido no exercício 2. Se o nome não for encontrado ou se existirem várias entradas, faça o método retornar `NO`. Se a pessoa for removida com sucesso, faça-o retornar `YES`.

7. Usando a classe `Fraction` definida na parte um, "A linguagem Objective-C", configure um array de frações com alguns valores arbitrários. Adicione um método description para sua classe `Fraction`, conforme descrito no texto. Em seguida, use três técnicas diferentes para exibir os valores de suas frações: 1) um loop `for` normal, 2) enumeração rápida e, por fim, 3) usando apenas `%@`.

8. Usando a classe `Fraction` definida na parte um, configure um array mutável de frações com valores arbitrários. Em seguida, classifique o array usando o método `sortUsingSelector:` da classe `NSMutableArray`. Adicione uma categoria `Comparison` na classe `Fraction` e implemente seu método de comparação nessa categoria.

9. Defina três classes novas, chamadas `Song`, `Playlist` e `MusicCollection`. Um objeto `Song` conterá informações sobre uma música em particular, como seu título, artista, álbum e tempo de reprodução. Um objeto `Playlist` conterá o nome da lista de reprodução (*playlist*) e uma coleção de músicas. Um objeto `MusicCollection` conterá uma coleção de listas de reprodução, incluindo

uma lista mestra especial chamada `library`, a qual contém todas as músicas da coleção. Defina essas três classes e escreva métodos para fazer o seguinte:

Criar um objeto `Song` e definir suas informações.

Criar um objeto `Playlist` e adicionar e remover músicas de uma lista de reprodução. Uma música nova deve ser adicionada na lista de reprodução mestra, caso ainda não esteja lá. Certifique-se de que, se uma música for removida da lista de reprodução mestra, ela também seja removida de todas as listas de reprodução da coleção de músicas.

Criar um objeto `MusicCollection` e adicionar e remover listas de reprodução da coleção.

Procurar e exibir as informações sobre qualquer música, qualquer lista de reprodução ou sobre a coleção de músicas inteira.

Certifique-se de que nenhuma de suas classes produza vazamento de memória!

Nota

Este pode ser o exercício mais instrutivo de todo o texto, mas não é fácil! A Figura 15.6 mostra como poderia ser um exemplo de `MusicCollection` chamado `myMusic`. Ele tem três listas de reprodução, o que inclui a lista de reprodução principal `library`. A biblioteca (*library*) contém cinco músicas (*songs*). `playlist1` tem duas músicas e `playlist2` tem uma. Aqui estão algumas dicas: faça bom uso da classe `NSMutableArray` e armazene apenas referências (e não cópias) de suas músicas em cada nova lista de reprodução. (Use o método `addObject:` para fazer isso.)

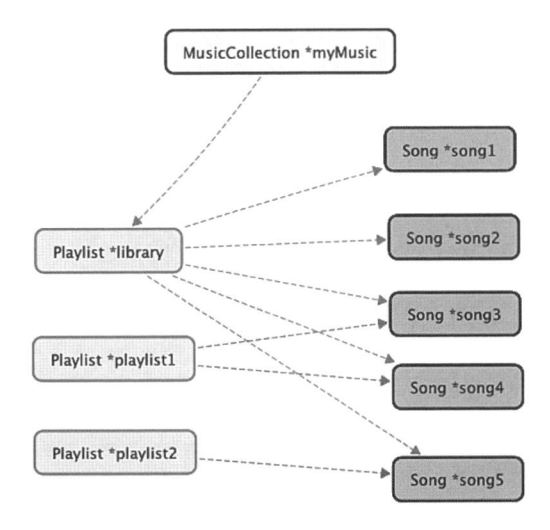

Figura 15.6 Exemplo de estruturas de dados de coleção de músicas.

10. Escreva um programa que pegue um `NSArray` de objetos `NSNumber` (onde cada `NSNumber` representa um inteiro) e produza um gráfico de frequência que liste cada inteiro e quantas vezes ele ocorre no array. Use um objeto `NSCountedSet` para construir suas contagens de frequência.

11. Quando o método `addCard:` é usado para adicionar uma ficha de endereço à agenda de endereços, quem tem essa ficha? Alguma informação da ficha pode ser pode ser alterada posteriormente e afetar a ficha armazenada na agenda de endereços? Você consegue imaginar uma maneira mais segura de implementar o método `addCard:`?

16
Trabalhando com arquivos

O framework Foundation permite acessar o sistema de arquivos para se efetuar operações básicas em arquivos e diretórios. Isso é fornecido por NSFileManager, cujos métodos permitem:

- Criar um novo arquivo
- Ler um arquivo já existente
- Escrever dados em um arquivo
- Mudar o nome de um arquivo
- Remover (excluir) um arquivo
- Testar a existência de um arquivo
- Determinar o tamanho de um arquivo e também outros atributos
- Fazer uma cópia de um arquivo
- Testar dois arquivos para ver se seus conteúdos são iguais

Muitas dessas operações também podem ser efetuadas em diretórios. Por exemplo, você pode criar um diretório, ler seu conteúdo ou excluí-lo. Outro recurso é a capacidade de *vincular* arquivos. Isto é, a capacidade de fazer o mesmo arquivo existir com dois nomes diferentes, talvez até em diretórios diferentes.

Para abrir um arquivo e efetuar várias operações de leitura e escrita nele, você usa os métodos fornecidos por NSFileHandle. Os métodos dessa classe permitem

- Abrir um arquivo para leitura, escrita ou atualização (leitura e escrita)
- Buscar uma posição especificada dentro de um arquivo
- Ler ou escrever um número especificado de bytes em um arquivo

Os métodos fornecidos por NSFileHandle também podem ser aplicados a dispositivos ou soquetes. No entanto, neste capítulo, vamos nos concentrar somente no tratamento de arquivos normais.

A classe `NSURL` permite que você trabalhe com URLs em seus aplicativos. Vamos ver essa classe com um exemplo simples que mostra como é possível ler dados da Internet.

A classe `NSBundle` fornece métodos que permitem trabalhar com seu *pacote de aplicativo*. Isso inclui a capacidade de pesquisar o pacote em busca de recursos específicos; por exemplo, todas as imagens JPEG. Vamos falar sobre essa classe superficialmente, no final do capítulo.

Gerenciando arquivos e diretórios: `NSFileManager`

Um arquivo ou diretório é identificado exclusivamente para `NSFileManager` por meio de um *nome de caminho* para o arquivo. Um nome de caminho é um objeto `NSString` que pode ser relativo ou completo. Um nome de caminho *relativo* é relativo ao diretório atual. Assim, o nome de arquivo `copy1.m` significaria o arquivo `copy1.m` no diretório atual. Caracteres de barra normal separam uma lista de diretórios em um caminho. O nome de arquivo `ch16/copy1.m` também é relativo, identificando o arquivo `copy1.m` armazenado no diretório `ch16`, o qual está contido no diretório atual.

Os nomes de caminho completos, também conhecidos como nomes de caminho *absolutos*, começam com /. Na verdade, a barra normal é um diretório, chamado de *diretório raiz*. Em meu Mac, o nome de caminho completo para meu diretório de base é `/Users/stevekochan`. Esse nome de caminho especifica três diretórios: / (o diretório raiz), `Users` e `stevekochan`.

O caractere de til (~) especial é usado como abreviação para o diretório de base de um usuário. Portanto, `~linda` seria uma abreviação do diretório de base de `linda`, que poderia ser o caminho `/Users/linda`. Um caractere de til sozinho indica o diretório de base do usuário atual, significando que o nome de caminho `~/copy1.m` faria referência ao arquivo `copy1.m` armazenado no diretório de base do usuário atual. Outros caracteres de nome de caminho estilo UNIX especiais, como . para o diretório atual e .. para o diretório pai, devem ser removidos dos nomes de caminho antes de serem usados por qualquer um dos métodos de tratamento de arquivo da estrutura Foundation. Estão disponíveis diversos utilitários de caminho que podem ser usados para isso, os quais serão discutidos posteriormente neste capítulo.

Tente não codificar nomes de caminho em seus programas. Conforme vamos ver neste capítulo, estão disponíveis métodos e funções que permitem obter o nome de caminho para o diretório atual, para o diretório de base de um usuário e para um diretório que pode ser usado para criar arquivos temporários. Você deve utilizá-los o máximo possível. Ainda neste capítulo, vamos ver que a estrutura Foundation tem uma função para obter uma lista de diretórios especiais, como o diretório `Documents` de um usuário. Essa função é útil para desenvolver aplicativos OS X e iOS.

A Tabela 16.1 resume alguns métodos básicos de `NSFileManager` para trabalhar com arquivos. Nessa tabela, *caminho*, *caminho1*, *caminho2*, *de* e *para* são todos objetos `NSString`; atrb é um objeto `NSDictionary`; e `err` é um ponteiro para um objeto `NSError` que você pode fornecer para obter mais informações sobre um erro em particular. Se você especificar `NULL` para `err`, a ação padrão será executada, a qual, para métodos que retornam um valor `BOOL`, é retornar `YES` se a operação for bem-sucedida e `NO` se falhar. Não vamos abordar o uso desse objeto neste capítulo.

Tabela 16.1 Métodos de arquivo comuns de `NSFileManager`

Método	Descrição
-(NSData *) contentsAtPath: *caminho*	Lê dados de um arquivo
-(BOOL) createFileAtPath: *caminho* contents: (NSData *) *dados* attributes: *atrb*	Escreve dados em um arquivo
-(BOOL) removeItemAtPath: *caminho* error: *err*	Remove um arquivo
-(BOOL) moveItemAtPath: *de* toPath: *para* error: *err*	Muda o nome ou move um arquivo (*para* não pode existir)
-(BOOL) copyItemAtPath: *de* toPath: *para* error: *err*	Copia um arquivo (*para* não pode existir)
-(BOOL) contentsEqualAtPath: *caminho1* andPath: *caminho2*	Compara o conteúdo de dois arquivos
-(BOOL) fileExistsAtPath: *caminho*	Testa a existência do arquivo
-(BOOL) isReadableFileAtPath: *caminho*	Testa se o arquivo existe e pode ser lido
-(BOOL) isWritableFileAtPath: *caminho*	Testa se o arquivo existe e pode ser escrito
-(NSDictionary *) attributesOfItemAtPath: *caminho* error: *err*	Obtém atributos do arquivo
-(BOOL) setAttributesOfItemAtPath: *atrb* error: *err*	Altera atributos do arquivo

Cada um dos métodos de arquivo é chamado em um objeto `NSFileManager` que é criado pelo envio de uma mensagem `defaultManager` para a classe, como segue:

```
NSFileManager *fm;
    ...
fm = [NSFileManager defaultManager];
```

Por exemplo, para excluir um arquivo chamado `todolist` do diretório atual, você primeiro criaria o objeto `NSFileManager` como mostrado anteriormente e depois chamaria o método `removeItemAtPath:`, como segue:

```
[fm removeItemAtPath: @"todolist" error: NULL];
```

Você pode testar o resultado retornado para garantir que a remoção do arquivo foi bem-sucedida:

```
if ([fm removeItemAtPath: @"todolist" error: NULL] == NO) {
   NSLog (@"Couldn't remove file todolist");
   return 1;
}
```

O dicionário de atributos permite especificar, dentre outras coisas, as permissões para um arquivo que você esteja criando, ou obter ou alterar informações de um arquivo já existente. Para a criação de um arquivo, se você especifica `nil` para esse parâmetro, as permissões padrão são configuradas para o arquivo. O método `attributesOfItemAtPath:traverseLink:` retorna um dicionário contendo os atributos do arquivo especificado. O parâmetro `traverseLink:` é `YES` ou `NO` para vínculos simbólicos. Se o arquivo é um vínculo simbólico e é especificado `YES`, são retornados os atributos do arquivo vinculado; se é especificado `NO`, são retornados os atributos do próprio vínculo.

Para arquivos já existentes, o dicionário de atributos inclui informações como o proprietário do arquivo, seu tamanho, sua data de criação, etc. Cada atributo do dicionário pode ser extraído com base em sua chave, as quais são definidas em `<Foundation/NSFileManager.h>`. Por exemplo, `NSFileSize` é a chave para o tamanho de um arquivo.

O Programa 16.1 mostra algumas operações básicas com arquivos. Esse exemplo presume que você tem um arquivo chamado `testfile` em seu diretório atual, com as três linhas de texto a seguir:

```
This is a test file with some data in it.
Here's another line of data.
And a third.
```

Programa 16.1

```
// Operações de arquivo básicas
// Presume a existência de um arquivo chamado "testfile"
// no diretório atual

#import <Foundation/Foundation.h>

int main (int argc, const char * argv[]) {
    @autoreleasepool {
        NSString          *fName = @"testfile";
        NSFileManager     *fm;
        NSDictionary      *attr;

        // Precisa criar uma instância do gerenciador de arquivos

        fm = [NSFileManager defaultManager];

        // Permite garantir primeiro que nosso arquivo de teste exista

        if ([fm fileExistsAtPath: fName] == NO) {
            NSLog(@"File doesn't exist!");
            return 1;
        }
```

```objc
    //agora, vamos fazer uma cópia

    if ([fm copyItemAtPath: fName toPath: @"newfile" error: NULL] == NO) {
        NSLog(@"File Copy failed!");
        return 2;
    }

        // Agora, vamos testar para ver se os dois arquivos são iguais

    if ([fm contentsEqualAtPath: fName andPath: @"newfile"] == NO) {
        NSLog(@"Files are Not Equal!");
        return 3;
    }

    // Agora, vamos mudar o nome da cópia

    if ([fm moveItemAtPath: @"newfile" toPath: @"newfile2"
            error: NULL] == NO){
        NSLog(@"File rename Failed");
        return 4;
    }

    // obtém o tamanho de newfile2

    if ((attr = [fm attributesOfItemAtPath: @"newfile2" error: NULL])
        == nil) {
        NSLog(@"Couldn't get file attributes!");
        return 5;
    }

    NSLog(@"File size is %llu bytes",
        [[attr objectForKey: NSFileSize] unsignedLongLongValue]);

    // E, finalmente, vamos excluir o arquivo original

    if ([fm removeItemAtPath: fName error: NULL] == NO) {
        NSLog(@"file removal failed");
        return 6;
    }

    NSLog(@"All operations were successful");

    // Exibe o conteúdo do arquivo recentemente criado

    NSLog(@"%@", [NSString stringWithContentsOfFile:
        @"newfile2" encoding:NSUTF8StringEncoding error:NULL]);
    }
    return 0;
}
```

Programa 16.1 Saída

```
File size is 84 bytes
All operations were successful!

This is a test file with some data in it.
Here's another line of data.
And a third.
```

Primeiro, o programa testa se `testfile` existe. Se existir, ele faz uma cópia e então testa a igualdade dos dois arquivos. Os usuários de UNIX experientes devem notar que não é possível mover ou copiar um arquivo em um diretório simplesmente especificando o diretório de destino para os métodos `copyItemAtPath:toPath:error:` e `moveItemAtPath:toPath:error:`; o nome de arquivo dentro desse diretório deve ser especificado explicitamente.

> **Nota**
>
> Você pode criar `testfile` com o Xcode, selecionando File, New, New File. No painel esquerdo que aparece, realce Other e, em seguida, selecione Empty no painel direito. Digite **testfile** como nome do arquivo e certifique-se de criá-lo no mesmo diretório de seu arquivo executável. Se tiver dificuldade para localizar o diretório, use o método `currentDirectoryPath:`, conforme descrito posteriormente nesta seção. Ou, então, você pode usar um nome de caminho completo para o arquivo, como em /Users/steve/testfile (substituindo steve por seu nome de usuário).

O método `moveItemAtPath:toPath:` pode ser usado para mover um arquivo de um diretório para outro. (Também pode ser usado para mover diretórios inteiros.) Se os dois caminhos fazem referência a arquivos no mesmo diretório (como em nosso exemplo), o efeito é simplesmente mudar o nome do arquivo. Assim, no Programa 16.1, você usa esse método para mudar o nome do arquivo `newfile` para `newfile2`.

Conforme mencionado na Tabela 16.1, ao se efetuar operações de cópia, mudança de nome ou movimentação, o arquivo de destino não pode existir. Se já existir, a operação falhará.

O tamanho de `newfile2` é determinado pelo uso do método `attributesOfItemAtPath:error:`. É feito um teste para garantir que seja retornado um dicionário não `nil` e, então, o método `NSDictionary objectForKey:` é usado para se obter o tamanho do arquivo do dicionário com a chave `NSFileSize`. Em seguida, o valor inteiro do dicionário é exibido.

O programa usa o método `removeItemAtPath:error:` para remover seu arquivo `testfile` original.

Por fim, o método `stringWithContentsOfFile:encoding:error:` de `NSString` é usado para ler o conteúdo do arquivo `newfile2` em um objeto `string`, o qual então é passado como argumento para `NSLog` a fim de ser exibido. O argumento `encoding` especifica como os dados de caractere do arquivo são representados. As escolhas para usar esse argumento são definidas no arquivo de cabeçalho

`NSString.h`. `NSUTF8StringEncoding` pode ser usado para especificar um arquivo contendo caracteres ASCII UTF8 normais.

No Programa 16.1, é testado o sucesso de cada uma das operações de arquivo. Se alguma falhar, um erro é registrado usando `NSLog` e o programa termina, retornando um status de saída diferente de zero. Cada valor diferente de zero, que por convenção indica falha de programa, é único com base no tipo de erro. Se você escreve ferramentas de linha de comando, essa é uma técnica útil, pois outro programa pode testar o valor de retorno, como, por exemplo, dentro de um script de shell.

Trabalhando com a classe `NSData`

Ao trabalhar com arquivos, muitas vezes você precisa ler dados em uma área de armazenamento temporário, em geral chamada de *buffer*. Ao se coletar dados para saída subsequente em um arquivo, uma área de armazenamento também é usada frequentemente. A classe `NSData` da estrutura Foundation oferece uma maneira fácil de definir um buffer, ler o conteúdo do arquivo nele ou escrever o conteúdo de um buffer em um arquivo. E apenas para o caso de você estar se perguntando, para um aplicativo de 32 bits, um buffer `NSDATA` pode armazenar até 2GB. Para um aplicativo de 64 bits, ele pode conter até 8EB (exabytes) ou 8 bilhões de gigabytes de dados!

Como seria de se esperar, você pode definir áreas de armazenamento imutáveis (`NSData`) ou mutáveis (`NSMutableData`). Apresentaremos métodos dessa classe neste e nos próximos capítulos.

O Programa 16.2 mostra como você pode ler facilmente o conteúdo de um arquivo em um buffer na memória.

O programa lê o conteúdo de seu arquivo `newfile2` e o escreve em um novo arquivo chamado `newfile3`. De certa forma, ele implementa uma operação de cópia de arquivo, embora não de maneira simples como o método `copyItemAtPath:toPath:error:`.

Programa 16.2

```
// Faz uma cópia de um arquivo
#import <Foundation/Foundation.h>

int main (int argc, char * argv[])
{
   @autoreleasepool {
      NSFileManager        *fm;
      NSData               *fileData;

      fm = [NSFileManager defaultManager];

      // Lê o arquivo newfile2

      fileData = [fm contentsAtPath: @"newfile2"];

      if (fileData == nil) {
```

```
            NSLog (@"File read failed!");
            return 1;
   }

   // Escreve os dados em newfile3

   if ([fm createFileAtPath: @"newfile3" contents: fileData
              attributes: nil] == NO) {
              NSLog (@"Couldn't create the copy!");
              return 2;
   }

   NSLog (@"File copy was successful!");
   }
   return 0;
}
```

Programa 16.2 Saída

```
File copy was successful!
```

O método `contentsAtPath:` simplesmente pega um nome de caminho e lê o conteúdo do arquivo especificado em uma área de armazenamento que ele cria, retornando como resultado o objeto área de armazenamento ou `nil`, caso a leitura falhe (por exemplo, se o arquivo não existe ou não pode ser lido por você).

O método `createFileAtPath:contents:attributes:` cria um arquivo com os atributos especificados (ou usa o padrão, se `nil` for fornecido para o argumento `attributes`). Então, o conteúdo do objeto `NSData` especificado é escrito no arquivo. Em nosso exemplo, essa área de dados possui o conteúdo do arquivo lido anteriormente.

Trabalhando com diretórios

A Tabela 16.2 resume alguns dos métodos fornecidos por `NSFileManager` para trabalhar com diretórios. Muitos desses métodos são iguais aos dos arquivos normais, conforme listado na Tabela 16.1.

Tabela 16.2 Métodos de diretório comuns de `NSFileManager`

Métodos	Descrição
`-(NSString *) currentDirectoryPath`	Obtém o diretório atual
`-(BOOL) changeCurrentDirectoryPath:` *caminho*	Altera o diretório atual
`-(BOOL) copyItemAtPath:` *de* `toPath:` *para* `error:` *err*	Copia uma estrutura de diretório (*para* não pode existir anteriormente)

(continua)

Tabela 16.2 Métodos de diretório comuns de `NSFileManager`

Métodos	Descrição
`-(BOOL) createDirectoryAtPath:` *caminho* `withIntermediateDirectories: (BOOL)` *flag* `attributes:` *atrb*	Cria um novo diretório
`-(BOOL) fileExistsAtPath:` *caminho* `isDirectory: (BOOL *)` *flag*	Testa se o arquivo existe e é um diretório (o resultado YES/NO é armazenado em flag)
`-(NSArray *) contentsOfDirectoryAtPath:` *caminho* `error:` *err*	Lista o conteúdo do diretório
`-(NSDirectoryEnumerator *) enumeratorAtPath:` *caminho*	Enumera o conteúdo do diretório
`-(BOOL) removeItemAtPath:` *caminho* `error:` *err*	Exclui um diretório vazio
`-(BOOL) moveItemAtPath:` *de* `toPath:` *para* `error:` *err*	Muda o nome ou move um diretório (*para* não pode existir anteriormente)

O Programa 16.3 mostra operações básicas com diretórios.

Programa 16.3

```objc
// Algumas operações de diretório básicas

#import <Foundation/Foundation.h>

int main (int argc, char * argv[])
{
    @autoreleasepool {
        NSString        *dirName = @"testdir";
        NSString        *path;
        NSFileManager   *fm;

        // Precisa criar uma instância do gerenciador de arquivos

        fm = [NSFileManager defaultManager];

        // Obtém o diretório atual

        path = [fm currentDirectoryPath];
        NSLog (@"Current directory path is %@", path);

        // Cria um novo diretório

        if ([fm createDirectoryAtPath: dirName withIntermediateDirectories: YES
                attributes: nil error: NULL] == NO) {
            NSLog (@"Couldn't create directory!");
            return 1;
        }
```

```
        // Muda o nome do novo diretório

        if ([fm moveItemAtPath: dirName toPath: @"newdir" error: NULL] == NO) {
            NSLog (@"Directory rename failed!");
            return 2;
        }

        // Muda o diretório para o novo diretório

        if ([fm changeCurrentDirectoryPath: @"newdir"] == NO) {
            NSLog (@"Change directory failed!");
            return 3;
        }

        // Agora, obtém e exibe o diretório de trabalho atual

        path = [fm currentDirectoryPath];
        NSLog (@"Current directory path is %@", path);

        NSLog (@"All operations were successful!");
    }
    return 0;
}
```

Programa 16.3 Saída

```
Current directory path is /Users/stevekochan/progs/ch16
Current directory path is /Users/stevekochan/progs/ch16/newdir
All operations were successful!
```

O Programa 16.3 é relativamente autoexplicativo. Primeiro, o caminho do diretório atual é obtido para propósitos informativos.

> **Nota**
>
> A saída mostra que, quando executei o programa usando Terminal, recebi meu diretório atual. Se executo esse programa com Xcode, obtenho isto como meu diretório atual: /Users/steve_kochan/Library/Developer/Xcode/DerivedData/prog2--cnoljvycenoopiddzwoyraybqlza/Build/Products/Debug. O caminho de seu diretório atual será diferente do meu e do que é mostrado na saída. Em um equipamento iOS, seu programa é executado no que é conhecido como *sandbox* (caixa de areia), onde ele tem acesso restrito aos arquivos. Se você executar esse programa em um equipamento assim, vai ver que o diretório atual será listado como /. Essa é a pasta raiz do aplicativo que está executando em sua sandbox e não a raiz do sistema de arquivos inteiro do equipamento iOS.

Em seguida, um novo diretório chamado testdir é criado no diretório atual. Então, o programa usa o método moveItemAtPath:toPath:error: **para mudar** o nome do novo diretório de `testdir` para `newdir`. Lembre-se de que esse método também pode ser usado para mover uma estrutura de diretório inteira (o que significa incluir seu conteúdo) de um lugar para outro no sistema de arquivos.

Após mudar o nome do novo diretório, o programa o transforma no diretório atual, usando o método `changeCurrentDirectoryPath:`. Então, o caminho do diretório atual é exibido para confirmar que a alteração foi bem-sucedida.

Enumerando o conteúdo de um diretório

Às vezes, você precisa obter uma listagem do conteúdo de um diretório. Esse processo de enumeração pode ser realizado com o método `enumeratorAtPath:` ou com o método `contentsOfDirectoryAtPath:error`. No primeiro caso, cada arquivo do diretório especificado é enumerado um por vez e, por padrão, se um desses arquivos for um diretório, seu conteúdo também é enumerado recursivamente. Durante esse processo, você pode evitar essa recursividade dinamicamente, enviando uma mensagem `skipDescendants` para um objeto enumeração a fim de que seu conteúdo não seja enumerado.

No caso de `contentsOfDirectoryAtPath:error:`, o conteúdo do diretório especificado é enumerado e a lista de arquivos é retornada em um array pelo método. Se qualquer um dos arquivos contidos em um diretório for um diretório, seu conteúdo não será enumerado recursivamente por esse método.

O Programa 16.4 mostra como você pode usar um ou outro método em seus programas.

Programa 16.4

```
// Enumera o conteúdo de um diretório

#import <Foundation/Foundation.h>

int main (int argc, char * argv[])
{
    @autoreleasepool {
        NSString            *path;
        NSFileManager       *fm;
        NSDirectoryEnumerator *dirEnum;
        NSArray             *dirArray;

        // Precisa criar uma instância do gerenciador de arquivos

        fm = [NSFileManager defaultManager];

        // Obtém o caminho do diretório de trabalho atual

        path = [fm currentDirectoryPath];

        // Enumera o diretório
```

```
        dirEnum = [fm enumeratorAtPath: path];

        NSLog (@"Contents of %@", path);

        while ((path = [dirEnum nextObject]) != nil)
           NSLog (@"%@", path);

        // Outra maneira de enumerar um diretório
        dirArray = [fm contentsOfDirectoryAtPath:
              [fm currentDirectoryPath] error: NULL];
        NSLog (@"Contents using contentsOfDirectoryAtPath:error:");

        for ( path in dirArray )
           NSLog (@"%@", path);
   }
   return 0;
}
```

Programa 16.4 Saída

```
Contents of /Users/stevekochan/mysrc/ch16:
a.out
dir1.m
dir2.m
file1.m
newdir
newdir/file1.m
newdir/output
path1.m
testfile

Contents using contentsOfDirectoryAtPath:error:
a.out
dir1.m
dir2.m
file1.m
newdir
path1.m
testfile
```

> **Nota**
> Em seu sistema, sua saída será diferente da mostrada.

Vamos examinar mais detidamente a sequência de código a seguir:

```
dirEnum = [fm enumeratorAtPath: path];

NSLog (@"Contents of %", path);
while ((path = [dirEnum nextObject]) != nil)
```

```
NSLog (@"%@", path);
```

A enumeração de um diretório é iniciada enviando uma mensagem `enumeratorAtPath:` para um objeto gerenciador de arquivos (neste caso, `fm`). Um objeto `NSDirectortyEnumerator` é retornado pelo método `enumeratorAtPath:`, o qual é armazenado dentro de `dirEnum`. Agora, sempre que uma mensagem `nextObject` for enviada para esse objeto, será retornado um caminho para o próximo arquivo no diretório que está sendo enumerado. Quando não restarem mais arquivos para enumerar, será retornado `nil`.

Você pode ver a diferença entre as duas técnicas de enumeração na saída do Programa 16.4. O método `enumeratorAtPath:` lista o conteúdo do diretório `newdir`, enquanto `contentsOfDirectoryAtPath:error:` não o lista. Se `newdir` contivesse subdiretórios, eles também seriam enumerados por `enumeratorAtPath:`.

Conforme mencionado, durante a execução do loop `while` no Programa 16.4, você poderia ter evitado a enumeração de quaisquer subdiretórios fazendo a seguinte alteração no código:

```
while ((path = [dirEnum nextObject]) != nil) {
   NSLog (@"%@", path);

   [fm fileExistsAtPath: path isDirectory: &flag];

   if (flag == YES)
      [dirEnum skipDescendents];
}
```

Aqui, `flag` é uma variável `BOOL`. `fileExistsAtPath:` armazena `YES` em `flag` se o caminho especificado é um diretório; caso contrário, armazena `NO`.

Consequentemente, como um lembrete, você pode exibir o conteúdo de `dirArray` inteiro com esta única chamada de `NSLog`

```
NSLog (@"%@", dirArray);
```

em vez de usar enumeração rápida, como foi feito no programa.

Trabalhando com caminhos: `NSPathUtilities.h`

`NSPathUtilities.h` inclui funções e extensões de categoria em `NSString` para permitir a manipulação de nomes de caminho. Você deve usar isso quando possível, a fim de tornar seu programa mais independente da estrutura do sistema de arquivos e dos locais dos arquivos e diretórios em particular. O Programa 16.5 mostra como usar várias das funções e métodos fornecidos por `NSPathUtilities.h`.

Programa 16.5

```objc
// Algumas operações de caminho básicas

#import <Foundation/Foundation.h>

int main (int argc, char * argv[])
{
   @autoreleasepool {
      NSString         *fName = @"path.m";
      NSFileManager    *fm;
      NSString         *path, *tempdir, *extension, *homedir, *fullpath;

      NSArray          *components;

      fm = [NSFileManager defaultManager];

      // Obtém o diretório de trabalho temporário

      tempdir = NSTemporaryDirectory ();

      NSLog (@"Temporary Directory is %@", tempdir);

      // Extrai o diretório de base do diretório atual

      path = [fm currentDirectoryPath];
      NSLog (@"Base dir is %@", [path lastPathComponent]);

      // Cria um caminho completo para o arquivo fName no diretório atual

      fullpath = [path stringByAppendingPathComponent: fName];
      NSLog (@"fullpath to %@ is %@", fName, fullpath);

      // Obtém a extensão de nome de arquivo

      extension = [fullpath pathExtension];
      NSLog (@"extension for %@ is %@", fullpath, extension);

      // Obtém o diretório de base do usuário

      homedir = NSHomeDirectory ();
      NSLog (@"Your home directory is %@", homedir);

      // Divide um caminho em seus componentes

      components = [homedir pathComponents];
      for ( path in components )
         NSLog (@"%@", path);
   }
   return 0;
}
```

Programa 16.5 Saída

```
Temporary Directory is /var/folders/HT/HTyGLvSNHTuNb6NrMuo7QE+++TI/-Tmp-/
Base dir is examples
fullpath to path.m is /Users/stevekochan/progs/examples/path.m
extension for /Users/stevekochan/progs/examples/path.m is m
Your home directory is /Users/stevekochan
/
Users
stevekochan
```

> **Nota**
> Em seu sistema, sua saída será diferente da mostrada.

A função `NSTemporaryDirectory` retorna o nome de caminho de um diretório no sistema, o qual você pode usar para a criação de arquivos temporários. Se criar arquivos temporários nesse diretório, certifique-se de removê-los quando tiver terminado. Além disso, certifique-se de que seus nomes de arquivo sejam exclusivos, particularmente se mais de uma instância de seu aplicativo for executada ao mesmo tempo. (Veja o Exercício 5 no final deste capítulo.) Isso pode acontecer facilmente se mais de um usuário conectado em seu sistema estiver executando o mesmo aplicativo. Note que os arquivos temporários são apenas isso. Se você não removê-los quando terminar de usá-los, o sistema os removerá em algum ponto. Contudo, você não deve contar com isso e deve removê-los.

O método `lastPathComponent` extrai o último arquivo em um caminho. Isso é útil quando você tem um nome de caminho absoluto e quer apenas obter o nome de arquivo de base dele.

É útil usar `stringByAppendingPathComponent:` para anexar um nome de arquivo no final de um caminho. Se o nome de caminho especificado como destinatário não termina com uma barra normal, o método insere uma no nome de caminho para separá-lo do nome de arquivo anexado. Combinando o método `currentDirectoryPath` com o método `stringByAppendingPathComponent:`, você pode criar um nome de caminho completo para um arquivo no diretório atual. O Programa 16.5 mostra essa técnica.

O método `pathExtension` apresenta a extensão de arquivo para o nome de caminho fornecido. No exemplo, a extensão do arquivo `path.m` é m, que é retornada pelo método. Se o arquivo não tem extensão, o método simplesmente retorna uma string vazia.

A função `NSHomeDirectory` retorna o diretório de base do usuário atual. Você pode obter o diretório de base de qualquer usuário usando, em vez disso, a função `NSHomeDirectoryForUser`, fornecendo o nome do usuário como argumento.

O método `pathComponents` retorna um array contendo cada um dos componentes do caminho especificado. O Programa 16.5 percorre cada elemento do array retornado e exibe cada componente do caminho em uma linha separada na saída.

Métodos comuns para trabalhar com caminhos

A Tabela 16.3 resume muitos dos métodos comumente usados para trabalhar com caminhos. Nessa tabela, *componentes* é um objeto NSArray contendo objetos string para cada componente em um caminho; *caminho* é um objeto string especificando um caminho para um arquivo; e *ext* é um objeto string indicando uma extensão de caminho (por exemplo, @"mp4").

Tabela 16.3 Métodos utilitários de caminho comuns

Método	Descrição
+(NSString *) pathWithComponents: *componentes*	Constrói um caminho válido a partir dos elementos em *componentes*
-(NSArray *) pathComponents	Decompõe um caminho em seus componentes constituintes
-(NSString *) lastPathComponent	Extrai o último componente de um caminho
-(NSString *) pathExtension	Extrai a extensão do último componente de um caminho
-(NSString *) stringByAppendingPathComponent: *caminho*	Adiciona *caminho* no final de um caminho existente
-(NSString *) stringByAppendingPathExtension: *ext*	Adiciona a extensão especificada no último componente do caminho
-(NSString *) stringByDeletingLastPathComponent	Remove o último componente do caminho
-(NSString *) stringByDeletingPathExtension	Remove a extensão do último componente do caminho
-(NSString *) stringByExpandingTildeInPath	Expande os caracteres til do caminho no diretório de base do usuário (~) ou no diretório de base de um usuário especificado (~user)
-(NSString *) stringByResolvingSymlinksInPath	Tenta resolver vínculos simbólicos no caminho
-(NSString *) stringByStandardizingPath	Padroniza um caminho tentando resolver ~, .. (diretório pai), . (diretório atual) e vínculos simbólicos

A Tabela 16.4 apresenta as *funções* disponíveis para se obter informações sobre um usuário, seu diretório de base e um diretório para armazenar arquivos temporários.

Tabela 16.4 Funções utilitárias de caminho comuns

`NSString *NSUserName (void)`	Retorna o nome de login do usuário atual
`NSString *NSFullUserName (void)`	Retorna o nome de usuário completo do usuário atual
`NSString *NSHomeDirectory (void)`	Retorna o caminho para o diretório de base do usuário atual
`NSString *NSHomeDirectoryForUser (NSString *usuário)`	Retorna o diretório de base do *usuário*
`NSString *NSTemporaryDirectory (void)`	Retorna o caminho para um diretório que pode ser usado para criar um arquivo temporário

Talvez você também queira examinar a função `NSSearchPathForDirectoriesInDomains` da estrutura Foundation, que pode ser usada para localizar diretórios especiais no sistema ou em seu dispositivo, como os diretórios Application e Documents. Por exemplo, este define um método chamado `saveFilePath` que retorna um caminho para um arquivo chamado `saveFile` no diretório Documents. Você pode usar um método como esse se quiser salvar dados de seu aplicativo em um arquivo:

```
-(NSString *) saveFilePath
{
    NSArray *dirList = NSSearchPathForDirectoriesInDomains
                (NSDocumentDirectory, NSUserDomainMask, YES);
    NSString *docDir = dirList [0];

    return [docDir stringByAppendingPathComponent: @"saveFile"];
}
```

> **Nota**
>
> Você pode usar o diretório Documents para armazenar dados que perdurarão de uma execução para outra de seu aplicativo. Cada aplicativo iOS recebe seu próprio diretório Documents em que pode escrever dados. O primeiro argumento da função `NSSearchPathForDirectoriesInDomains` especifica o diretório cujo caminho você quer localizar. Outro diretório que você talvez queira usar em seu aplicativo é Caches. Esse diretório também pode ser usado para armazenar dados. A partir do iOS 5, a Apple está estimulando os desenvolvedores a armazenar dados persistentes na nuvem. Veja na Tabela 16.5 uma lista dos diretórios iOS comumente usados.

Tabela 16.5 Diretórios iOS comuns

Diretório	Objetivo
Documents (`NSDocumentDirectory`)	Diretório para escrever arquivos de dados específicos do aplicativo. Os arquivos escritos aqui em iOS podem ser compartilhados e acessados no iTunes. Os arquivos armazenados aqui têm backup feito na nuvem automaticamente
Library/Caches (`NSCachesDirectory`)	Diretório para escrever arquivos de suporte específicos do aplicativo, para persistir entre ativações do aplicativo. Os arquivos criados neste diretório não têm backup feito pelo iTunes
tmp (use `NSTemporaryDirecory()`)	Diretório para escrever arquivos temporários que podem ser removidos depois que seu aplicativo termina. Você deve remover os arquivos deste diretório, quando não forem mais necessários
Library/Preferences	Este diretório contém arquivos de preferência específicos do aplicativo. Os arquivos de preferência são criados, lidos e modificados usando a classe `NSUserDefaults`

O segundo argumento da função pode ser um de vários valores que especificam os diretórios a serem listados, como os do usuário (como mostrado no exemplo), os do sistema ou todos os diretórios. O último argumento especifica se caracteres ~ serão expandidos no caminho.

`NSSearchPathForDirectoriesInDomains` retorna um array de caminhos. O array conterá um único elemento se você estiver procurando o diretório do usuário e poderá conter mais de um elemento, de acordo com o valor especificado pelo segundo argumento.

> **Nota**
>
> Ao se escrever aplicativos iOS, o segundo argumento da função `NSSearchPathForDirectoriesInDomains` deve ser `NSUserDomainMask` e você deve esperar o retorno de um array contendo um único caminho.

Copiando arquivos e usando a classe `NSProcessInfo`

O Programa 16.6 ilustra uma ferramenta de linha de comando para implementar uma operação de cópia de arquivo simples. A utilização desse comando é como segue:

```
copy de-arquivo para-arquivo
```

Ao contrário do método `copyPath:toPath:handler:` da `NSFileManager`, sua ferramenta de linha de comando permite que *para-arquivo* seja um nome de diretório. Nesse caso, o arquivo é copiado no diretório *para-arquivo* com o nome *de-arquivo*. Também ao contrário do método, se *para-arquivo* já existe, permite-se que seu conteúdo seja sobrescrito. Isso dá mais de uma linha com o comando de cópia `cp` padrão do UNIX.

Você pode obter os nomes de arquivo a partir da linha de comando usando os argumentos `argc` e `argv` em `main`. Esses dois argumentos são preenchidos, respectivamente, com o número de tipos de argumentos na linha de comando (incluindo o nome do comando) e um ponteiro para um array de strings de caracteres estilo C.

Em vez de lidar com strings C, que é o que você faz quando trabalha com `argv`, use uma classe da estrutura Foundation chamada `NSProcessInfo`. `NSProcessInfo` contém métodos que permitem definir e recuperar vários tipos de informações sobre o aplicativo (isto é, o *processo*) que está sendo executado. A Tabela 16.6 resume esses métodos.

Tabela 16.6 Métodos de `NSProcessInfo`

Método	Descrição
`+(NSProcessInfo *) processInfo`	Retorna informações sobre o processo atual
`-(NSArray *) arguments`	Retorna os argumentos do processo atual como um array de objetos `NSString`
`-(NSDictionary *) enviroment`	Retorna um dicionário de pares variável/valor representando as variáveis de ambiente atuais (como `PATH` e `HOME`) e seus valores
`-(int) processIdentifier`	Retorna o identificador de processo, que é um número exclusivo atribuído pelo sistema operacional para identificar cada processo em execução
`-(NSString *) processName`	Retorna o nome do processo em execução
`-(NSString *) globallyUniqueString`	Retorna uma string exclusiva diferente cada vez que é chamado. Poderia ser usado para gerar nomes de arquivo temporários exclusivos (veja o Exercício 5)
`-(NSString *) hostName`	Retorna o nome do sistema host (em meu sistema OS X, retorna `Steve-Kochans-Computer.local`)

(continua)

Tabela 16.6 Métodos de `NSProcessInfo` (Continuação)

Método	Descrição
`-(NSUInteger) operatingSystem`	Retorna um número indicando o sistema operacional (em meu Mac, retorna o valor 5)
`-(NSString *) operatingSystemName`	Retorna o nome do sistema operacional (em meu Mac, retorna a constante `NSMACHOperatingSystem`, onde os valores de retorno possíveis são definidos em `NSProcessInfo.h`)
`-(NSString *) operatingSystemVersionString`	Retorna a versão atual do sistema operacional (em meu sistema OS X, retorna `Version 10.6.7 (Build 10J869)`).
`-(void) setProcessName: (NSString *)` *nome*	Configura o nome do processo atual como *nome*. Deve ser usado com cuidado, pois podem ser feitas algumas suposições sobre o nome de seu processo (por exemplo, pelas configurações padrão do usuário)

Programa 16.6

```
// Implementa um utilitário de cópia básico

#import <Foundation/Foundation.h>

int main (int argc, char * argv[])
{
   @autoreleasepool {
      NSFileManager       *fm;
      NSString            *source, *dest;
      BOOL                isDir;
      NSProcessInfo       *proc = [NSProcessInfo processInfo];
      NSArray             *args = [proc arguments];

      fm = [NSFileManager defaultManager];

      // Verifica se existem dois argumentos na linha de comando

      if ([args count] != 3) {
         NSLog (@"Usage: %@ src dest", [proc processName]);
         return 1;
      }

      source = args [1];
      dest = args [2];

      // Certifica-se de que o arquivo-fonte pode ser lido
```

```objc
        if ([fm isReadableFileAtPath: source] == NO) {
           NSLog (@"Can't read %@", source);
           return 2;
        }

        // Verifica se o arquivo de destino é um diretório
        // se for, adiciona a origem no final do destino

        [fm fileExistsAtPath: dest isDirectory: &isDir];

        if (isDir == YES)
           dest = [dest stringByAppendingPathComponent:
                      [source lastPathComponent]];

        // Remove o arquivo de destino se ele já existe

        [fm removeItemAtPath: dest error: NULL];

        // Tudo bem, é hora de fazer a cópia

        if ([fm copyItemPath: source toPath: dest error: NULL] == NO) {
           NSLog (@"Copy failed!");
           return 3;
        }

        NSLog (@"Copy of %@ to %@ succeeded!", source, dest);
    }
    return 0;
}
```

Programa 16.6 **Saída**

```
$ ls -l                 vê que arquivos temos
total 96
-rwxr-xr-x 1    stevekoc staff 19956 Jul 24 14:33 copy
-rw-r--r-- 1    stevekoc staff 1484  Jul 24 14:32 copy.m
-rw-r--r--1     stevekoc staff 1403  Jul 24 13:00 file1.m
drwxr-xr-x 2    stevekoc staff 68    Jul 24 14:40 newdir
-rw-r--r--1     stevekoc staff 1567  Jul 24 14:12 path1.m
-rw-r--r--1     stevekoc staff 84    Jul 24 13:22 testfile
$ copy                  tenta sem args
Usage: copy src dest
$ copy foo copy2
Can't read foo
$ copy copy.m backup.m
Copy of copy.m to backup.m succeeded!
$ diff copy.m backup.m       compara os arquivos
$ copy copy.m newdir         tenta copiar no diretório
Copy of copy.m to newdir/copy.m succeeeded!
$ ls -l newdir
total 8
-rw-r—r— 1 stevekoc staff 1484 Jul 24 14:44 copy.m
$
```

> **Nota**
>
> A saída mostrada será diferente em seu sistema, de acordo com os arquivos armazenados em seu diretório atual quando você executar esse programa.

O método `arguments` de `NSProcessInfo` retorna um array de objetos string. O primeiro elemento do array é o nome do processo e os elementos restantes contêm os argumentos digitados na linha de comando.

Primeiro, você verifica se dois argumentos foram digitados na linha de comando. Isso é feito testando o tamanho do array `args` que é retornado do método `arguments`. Se o teste for bem-sucedido, o programa extrai os nomes de arquivo de origem e destino do array `args`, atribuindo seus valores a `source` e a `dest`, respectivamente.

Em seguida, o programa verifica se o arquivo-fonte pode ser lido, emitindo uma mensagem de erro e terminando, se não puder.

A instrução

```
[fm fileExistsAtPath: dest isDirectory: &isDir];
```

verifica se o arquivo especificado por `dest` é um diretório. Conforme você viu anteriormente, a resposta (`YES` ou `NO`) é armazenada na variável `isDir`.

Se `dest` é um diretório, você quer anexar o último componente do caminho do nome de arquivo-fonte no final do nome do diretório. Para isso, você usa o método utilitário de caminho `stringByAppendingPathComponent:`. Assim, se o valor de `source` é a string `ch16/copy1.m` e o valor de `dest` é `/Users/stevekochan/progs` e este último é um diretório, você altera o valor de `dest` para `/Users/stevekochan/progs/copy1.m`.

O método `copyPath:ToPath:handler:` não permite que arquivos sejam sobrescritos. Assim, para evitar um erro, o programa tenta remover primeiro o arquivo de destino, usando o método `removeFileAtPath:handler:`. Na verdade, não importa se esse método é bem-sucedido, pois de qualquer modo ele falhará se o arquivo de destino não existir.

Ao chegar ao final do programa, você pode presumir que tudo correu bem e emitir uma mensagem sobre esse efeito.

Operações de arquivo básicas: `NSFileHandle`

Os métodos fornecidos por `NSFileHandle` permitem trabalhar mais intimamente com arquivos. No início deste capítulo, listamos algumas das coisas que você pode fazer com esses métodos.

De modo geral, siga estes três passos ao trabalhar com um arquivo:

1. Abra o arquivo e obtenha um objeto `NSFileHandle` para referenciar o arquivo nas operações de E/S subsequentes.
2. Efetue suas operações de E/S no arquivo aberto.
3. Feche o arquivo.

A Tabela 16.7 resume alguns métodos de `NSFileHandle` comumente usados. Nessa tabela, `fh` é um objeto `NSFileHandle`; *dados* é um objeto `NSData`; *caminho* é um objeto `NSString`; e *deslocamento* é `unsigned long long`.

Tabela 16.7 Métodos comuns de `NSFileHandle`

Método	Descrição
`+(NSFileHandle *) fileHandleForReadingAtPath:` *caminho*	Abre um arquivo para leitura
`+(NSFileHandle *) fileHandleForWritingAtPath:` *caminho*	Abre um arquivo para escrita
`+(NSFileHandle *) fileHandleForUpdatingAtPath:` *caminho*	Abre um arquivo para atualização (leitura e escrita)
`-(NSData *) availableData`	Retorna os dados disponíveis para leitura de um dispositivo ou canal
`-(NSData *) readDataToEndOfFile`	Lê os dados restantes, até o final do arquivo (`UINT_MAX`) bytes max
`-(NSData *) readDataOfLength: (NSUInteger)` *bytes*	Lê um número especificado de *bytes* do arquivo
`-(void) writeData:` *dados*	Escreve dados no arquivo
`-(unsigned long long) offsetInFile`	Obtém o deslocamento do arquivo atual
`-(void) seekToFileOffset:` *deslocamento*	Configura o deslocamento do arquivo atual
`-(unsigned long long) seekToEndOfFile`	Posiciona o deslocamento do arquivo atual no final do arquivo
`-(void) truncateFileAtOffset:` *deslocamento*	Configura o tamanho do arquivo como *deslocamento* bytes (preenche, se necessário)
`-(void) closeFile`	Fecha o arquivo

Não estão mostrados aqui os métodos para obter `NSFileHandles` da entrada padrão, da saída padrão, do erro padrão e do dispositivo nulo. Eles são da forma `fileHandleWithDevice`, onde `Device` pode ser `StandardInput`, `StandardOutput`, `StandardError` ou `NullDevice`.

Também não estão mostrados os métodos para ler e escrever dados em segundo plano (isto é, de forma assíncrona).

Note que a classe `NSFileHandle` não possibilita a criação de arquivos. Isso tem de ser feito com os métodos de `NSFileManager`, conforme já descrito. Assim, tanto `fileHandleForWritingAtPath:` quanto `fileHandleForUpdatingAtPath:` presumem que o arquivo já existe e retornam `nil`, se não existir. Nos dois casos, o deslocamento do arquivo é configurado no início dele, de modo que a escrita (ou leitura para o modo de atualização) começa no início do arquivo. Além disso, caso você esteja acostumado a programar com UNIX, note que abrir um arquivo para escrita não o trunca. Você mesmo tem de fazer isso, caso seja sua intenção.

O Programa 16.7 abre o arquivo `testfile` original que você criou no início deste capítulo, lê seu conteúdo e o copia em um arquivo chamado `testout`.

Programa 16.7

```objc
// Algumas operações básicas de tratamento de arquivo
// Presume a existência de um arquivo chamado "testfile"
// no diretório de trabalho atual

#import <Foundation/Foundation.h>
int main (int argc, char * argv[])
{
   @autoreleasepool {
      NSFileHandle   *inFile, *outFile;
      NSData         *buffer;

      // Abre o arquivo testfile para leitura

      inFile = [NSFileHandle fileHandleForReadingAtPath: @"testfile"];

      if (inFile == nil) {
         NSLog (@"Open of testfile for reading failed");
         return 1;
      }

      // Cria primeiro o arquivo de saída, se necessário

      [[NSFileManager defaultManager] createFileAtPath: @"testout"
         contents: nil attributes: nil];

      // Agora, abre outfile para escrita

      outFile = [NSFileHandle fileHandleForWritingAtPath: @"testout"];

      if (outFile == nil) {
         NSLog (@"Open of testout for writing failed");
         return 2;
      }

      // Trunca o arquivo de saída, pois ele pode conter dados

      [outFile truncateFileAtOffset: 0];

      // Lê os dados de inFile e os escreve em outFile

      buffer = [inFile readDataToEndOfFile];

      [outFile writeData: buffer];

      // Fecha os dois arquivos
```

```
        [inFile closeFile];
        [outFile closeFile];

        // Verifica o conteúdo do arquivo

        NSLog(@"%@", [NSString stringWithContentsOfFile: @"testout" encoding:
                    NSUTF8StringEncoding error: NULL]);
    }
    return 0;
}
```

Programa 16.7 Saída

```
This is a test file with some data in it.
Here's another line of data.
And a third.
```

O método `readDataToEndOfFile:` lê até `UINT_MAX` bytes de dados por vez, o que está definido em `<limits.h>` e é igual a $FFFFFFFF_{16}$. Isso será grande o suficiente para qualquer aplicativo que você tenha de escrever. Você também pode subdividir a operação para realizar leituras e escritas de tamanho menor. Você pode até definir um loop para transferir um buffer cheio de bytes entre os arquivos em dado momento, usando o método `readDataOfLength:`. O tamanho de seu buffer pode ser de 8.192 (8KB) ou 131.072 (128KB) bytes, por exemplo. Normalmente é usada uma potência de 2, pois o sistema operacional subjacente em geral efetua suas operações de E/S em trechos de dados com esses tamanhos. Talvez você queira testar valores diferentes em seu sistema para ver o que funciona melhor.

Se um método de leitura chega ao final do arquivo sem ler quaisquer dados, ele retorna um objeto `NSData` vazio (isto é, um buffer sem conter bytes). Você pode aplicar o método `length` no buffer e testar se ele é igual a zero para ver se no arquivo ainda existem dados a serem lidos.

Se você abrir um arquivo para atualização, seu deslocamento é configurado no início do arquivo. Você pode mudar esse deslocamento fazendo uma busca dentro de um arquivo e então executar suas operações de leitura ou escrita no arquivo. Assim, para buscar o 10º byte em um arquivo cujo identificador (*handle*) é `databaseHandle`, você pode escrever a seguinte expressão de mensagem:

`[databaseHandle seekToFileOffset: 10];`

O posicionamento relativo do arquivo é feito obtendo o deslocamento do arquivo atual e então somando ou subtraindo dele. Assim, para pular os próximos 128 bytes do arquivo, escreva o seguinte:

```
[databaseHandle seekToFileOffet:
        [databaseHandle offsetInFile] + 128];
```

E para retroceder o equivalente a cinco inteiros no arquivo, escreva isto:

```
[databaseHandle seekToFileOffet:
        [databaseHandle offsetInFile] - 5 * sizeof (int)];
```

O Programa 16.8 anexa o conteúdo de um arquivo em outro. Ele faz isso abrindo o segundo arquivo para escrita, buscando o final do arquivo e então escrevendo o conteúdo do primeiro arquivo no segundo.

Programa 16.8

```
// Anexa o arquivo "fileA" no final de "fileB"

#import <Foundation/Foundation.h>

int main (int argc, char * argv[])
{
   @autoreleasepool {
      NSFileHandle         *inFile, *outFile;
      NSData               *buffer;

      // Abre o arquivo fileA para leitura

      inFile = [NSFileHandle fileHandleForReadingAtPath: @"fileA"];

      if (inFile == nil) {
         NSLog (@"Open of fileA for reading failed");
         return 1;
      }

      // Abre o arquivo fileB para atualização

      outFile = [NSFileHandle fileHandleForWritingAtPath: @"fileB"];

      if (outFile == nil) {
         NSLog (@"Open of fileB for writing failed");
         return 2;
      }

      // Busca o final de outFile

      [outFile seekToEndOfFile];

      // Lê inFile e escreve seu conteúdo em outFile

      buffer = [inFile readDataToEndOfFile];
      [outFile writeData: buffer];

      // Fecha os dois arquivos

      [inFile closeFile];
      [outFile closeFile];

      // verifica seu conteúdo
```

```
        NSLog(@"%@", [NSString stringWithContentsOfFile: @"fileB"
            encoding: NSUTF8StringEncoding error: NULL]);
    }
    return 0;
}
```

Conteúdo de fileA antes da execução do Programa 16.8:

```
This is line 1 in the first file.
This is line 2 in the first file.
```

Conteúdo de fileB antes da execução do Programa 16.8:

```
This is line 1 in the second file.
This is line 2 in the second file.
```

Programa 16.8 Saída

```
Contents of fileB
This is line 1 in the second file.
This is line 2 in the second file.
This is line 1 in the first file.
This is line 2 in the first file.
```

Você pode ver, a partir da saída, que o conteúdo do primeiro arquivo foi anexado com sucesso no final do segundo arquivo. Coincidentemente, seekToEndOfFile retorna o deslocamento do arquivo atual após a busca ser realizada. Optamos por ignorar esse valor; você pode usar essa informação para obter o tamanho de um arquivo em seu programa, se precisar.

A classe NSURL

A classe NSURL oferece uma maneira fácil de trabalhar com endereços de URL em seu programa. Por exemplo, dado um endereço HTTP que é um caminho para um arquivo na Internet, você pode ler facilmente o conteúdo desse arquivo com algumas chamadas de método. Na estrutura Foundation, você vai encontrar muitos métodos que recebem objetos NSURL como argumentos. Basta lembrar que um objeto NSURL não é um objeto string como @"http:/www.apple.com", mas que é fácil criar um a partir de um objeto string, usando o método URLWithString:.

O Programa 16.9 mostra como o conteúdo HTML de um endereço da Web pode ser lido em um programa.

Programa 16.9

```
// Lê o conteúdo de um arquivo armazenado em um URL

#import <Foundation/Foundation.h>

int main (int argc, const char * argv[]) {
    @autoreleasepool {
```

```
        NSURL *myURL = [NSURL URLWithString: @"http://classroomM.com"];

        NSString *myHomePage = [NSString stringWithContentsOfURL: myURL
                 encoding: NSASCIIStringEncoding error: NULL];

        NSLog(@"%@", myHomePage);

    }
    return 0;
}
```

Programa 16.9 Saída parcial

```
<!DOCTYPE html PUBLIC "-//W3C//DTD XHTML 1.0 Transitional//EN"
"http://www.w3.org/TR/xhtml1/DTD/xhtml1-transitional.dtd">
<html xmlns="http://www.w3.org/1999/xhtml"><head>
<meta http-equiv="Content-Type" content="text/html;
charset=iso-8859-1" />
<meta http-equiv="Content-Style-Type" content="text/css" />
<meta name="google-site-verification" content=
"J75b1yb6mDQItzHDxWDph1bNC8rVuc0OzLj8gzlj9y8" />
<title>iPhone Online Course and iPhone Programming Training - Home</title>
    ...
```

Você pode ver como é fácil obter dados da Internet. E se tiver um dicionário armazenado como uma lista de propriedades em um endereço da Web, você pode ler isso também, usando o método `dictionaryWithContentsOfURL:`. Ou, então, se um array for armazenado como uma lista de propriedades, você usa, em vez disso, o método `arrayWithContentsOfURL:`. Talvez você também queira examinar o método `dataWithContentsOfURL:` para leitura de qualquer tipo de dados de um endereço da Web.

A classe `NSBundle`

Quando você cria um aplicativo, o sistema armazena todos os dados associados a esse aplicativo – o que inclui recursos como imagens, strings localizados, ícones, etc. – em um pacote conhecido como *pacote de aplicativo*. Para acessar esses recursos dentro de seu aplicativo, você precisa conhecer a classe `NSBundle`.

É fácil adicionar um recurso, como um arquivo de imagem ou de texto, em seu aplicativo: basta arrastar o arquivo para o painel esquerdo no Xcode. Quando solicitado, você normalmente vai querer copiar o recurso em sua pasta de projeto, para que seu projeto seja totalmente independente.

Aqui está uma instrução que retorna o caminho para um arquivo chamado `instructions.txt` armazenado em seu pacote de aplicativo:

```
NSString *txtFilePath = [[NSBundle mainBundle]
           pathForResource: @"instructions" ofType: @"txt"];
```

O método `mainBundle` fornece o diretório onde está localizado o pacote de aplicativo. Você pode usar esse método para aplicativos OS X ou iOS. O método `pathForResource:ofType:` localiza o arquivo especificado dentro desse diretório e retorna um caminho para esse arquivo. Subsequentemente, você pode ler o conteúdo desse arquivo em seu aplicativo com uma instrução como esta:

```
NSString *instructions = [NSString stringWithContentsOfFile: txtFilePath
    encoding: NSUTF8StringEncoding error: NULL];
```

Se quiser localizar todas as imagens JPEG com a extensão de arquivo .jpg no diretório de imagens de seu pacote de aplicativo, você pode usar o método `pathsForResourcesOfType:inDirectory:` como segue:

```
NSArray *birds = [[NSBundle mainBundle] pathsForResourcesOfType:@"jpg"
    inDirectory: @"birdImages"];
```

O método retorna um array de nomes de caminho. Se suas imagens JPEG não estiverem armazenadas em um subdiretório em seu aplicativo, você pode especificar `@""` como valor do parâmetro `inDirectory:`.

Existem mais métodos na classe `NSBundle` que você vai querer conhecer. Consulte os detalhes em sua documentação.

Exercícios

1. Modifique o Programa de cópia desenvolvido no Programa 16.6 de modo que possa aceitar mais de um arquivo-fonte para ser copiado em um diretório, como o comando `cp` padrão UNIX. Assim, o comando

    ```
    $ copy copy1.m file1.m file2.m progs
    ```

    deve copiar os três arquivos `copy1.m`, `file1.m` e `file2.m` no diretório progs. Certifique-se de que, quando mais de um arquivo-fonte for especificado, o último argumento seja de fato um diretório já existente.

2. Escreva uma ferramenta de linha de comando chamada `myfind` que receba dois argumentos. O primeiro é um diretório inicial para começar a busca e o segundo é um nome de arquivo a localizar. Assim, a linha de comando

    ```
    $ myfind /Users proposal.doc
    /Users/stevekochan/MyDocuments/proposals/proposal.doc
    $
    ```

    inicia a busca no sistema de arquivos a partir de /Users, para localizar o arquivo `proposal.doc`. Imprima um caminho completo para o arquivo, caso ele seja encontrado (como mostrado), ou uma mensagem apropriada, caso contrário.

3. Escreva sua própria versão das ferramentas `basename` e `dirname` padrão do UNIX.

4. Usando `NSProcessInfo`, escreva um programa para exibir todas as informações retornadas por cada um de seus métodos getter.

5. Dada a função `NSPathUtilities.h` `NSTemporaryDirectory` e o método `NSProcessInfo` `globallyUniqueString` descrito neste capítulo, adicione uma categoria chamada `TempFiles` em `NSString` e, nela, defina um método chamado `temporaryFileName` que retorne um nome de arquivo diferente e exclusivo a cada vez que for chamado.

6. Modifique o Programa 16.7 de modo que o arquivo seja lido e escrito `kBufSize` bytes por vez, onde `kBufSize` é definido no início de seu programa. Certifique-se de testar o programa em arquivos grandes (isto é, arquivos maiores do que `kBufSize` bytes).

7. Abra um arquivo, leia seu conteúdo 128 bytes por vez e escreva-o no terminal. Use o método `fileHandleWithStandardOutput` de `NSFileHandle` para obter um identificador (*handle*) para a saída do terminal.

8. Um dicionário está armazenado como uma lista de propriedades neste URL: http://bit.ly/aycNwd. Escreva um programa para ler e exibir o conteúdo desse dicionário. Quais dados o dicionário contém?

17

Gerenciamento de memória e Automatic Reference Counting

Lembra da classe `NSMutableArray`, que permite criar um array em que você pode adicionar e remover objetos? Suponha que no início da execução de seu programa você precise ler o conteúdo de um arquivo em um array. Suponha ainda que você queira chamar o novo array de `myData` e inicializar seu conteúdo a partir de um arquivo armazenado na forma de uma *lista de propriedades* (abordada com mais detalhes no Capítulo 19, "Arquivamento"). Você pode fazer isso com uma única chamada de método, usando o método `arrayWithContentsOfFile:` de `NSArray`, como segue:

```
NSSArray *myData = [NSArray arrayWithContentsOfFile: @"database1"];
```

Ela lê e analisa o arquivo e armazena os elementos resultantes em um array recentemente criado, retornando a referência ao array. Então, essa referência é armazenada na variável `myData`.

Suponha que, após processar os dados em `myData`, você queira ler os dados de outro arquivo e processar seu conteúdo de maneira semelhante; você executa a instrução a seguir:

```
myData = [NSArray arrayWithContentsOfFile: @"database2"];
```

Aqui, a variável `myData` é alterada de modo que agora faz referência a um array diferente, cujo conteúdo foi configurado a partir do segundo arquivo. Mas o que aconteceu com o primeiro array? Você não tem mais uma referência para ele. (A referência foi perdida quando você sobrescreveu `myData`.) E quanto a todos os elementos desse primeiro array? O que aconteceu com eles? E suponha que você precisasse repetir esse processo de leitura de dados de diferentes arquivos centenas ou talvez milhares de vezes. O que acontece com todos esses objetos array e seus elementos que não são mais referenciados e, portanto, não são mais necessários para o aplicativo? Esses objetos ainda podem estar em algum lugar na memória, mesmo que você não os esteja mais usando. Bem, sem algum tipo de processo de "limpeza", a memória continua cheia de objetos não referenciados, com o potencial de levar seu aplicativo ao ponto de quebra, onde literalmente não restaria nenhuma memória para trabalhar.

Este capítulo aborda a noção de gerenciamento de memória, embora em um nível bastante alto. Gerenciamento de memória diz respeito à limpeza (reciclagem) de memória não utilizada para que possa ser novamente usada. Se um objeto não está mais sendo usado, vamos reutilizar sua memória. Isso parece muito simples. Contudo, não é tão simples assim. Alguém precisa descobrir esse simples fato. Isto é, alguém – e esse alguém pode ser você, o computador ou ambos – precisa ser capaz de determinar de algum modo quando um objeto não está mais sendo utilizado e que, portanto, a memória ocupada por ele pode ser recuperada.

Foram desenvolvidas várias estratégias diferentes de gerenciamento de memória para ajudar nesses esforços. Duas delas são métodos automatizados; ou seja, o computador monitora os objetos e libera sua memória conforme for necessário. O terceiro método é uma estratégia mista; o sistema faz parte do trabalho, mas também exige que você, o programador, seja diligente e tome o cuidado de dizer ao sistema quando um objeto não está mais sendo usado.

Até o lançamento do Xcode 4.2, o gerenciamento de memória era assunto de grande consternação, pois exigia muito entendimento e prudência por parte do programador. Os programadores tinham de navegar cuidadosamente no mundo das contagens de referência, retenções, liberações e liberações automáticas para produzir aplicativos que utilizassem memória com sabedoria e não estivessem sujeitos à falha nos momentos mais inoportunos, frequentemente como resultado da tentativa de fazer referência a um objeto destruído inadvertidamente antes da hora.

Com o lançamento de um recurso conhecido como *Automatic Reference Counting*, ou ARC, no Xcode 4.2, os programadores não precisam mais pensar nos problemas de gerenciamento de memória; tudo isso é resolvido para você! Existem alguns casos especiais que você precisa conhecer (e respeitosamente o remetemos à documentação da Apple para ver os detalhes sobre eles). Mas, de modo geral, o ARC é uma dádiva para os desenvolvedores de iOS. A prova disso é que não precisamos mencionar o gerenciamento de memória até este capítulo. Nas edições anteriores deste livro, fiz todo o possível no texto inteiro para garantir que os leitores entendessem completamente e aplicassem com sabedoria as técnicas de gerenciamento de memória corretas.

Neste capítulo, você terá uma visão geral dos diferentes esquemas de gerenciamento de memória existentes para desenvolvedores de Cocoa e iOS. Também descreveremos brevemente o funcionamento do gerenciamento manual de memória . Isso para o caso de ser necessário você dar suporte para código mais antigo ou, por algum motivo, optar por não fazer uso dos recursos de gerenciamento de memória automáticos atualmente disponíveis.

Embora você não tenha mais que se preocupar com o tempo de vida de seus objetos (e com coisas como a liberação de sua memória, quando você terminar de usá-los), dependendo do tipo de aplicativo que esteja escrevendo, o uso inteligente de memória ainda é importante. Por exemplo, se estiver escrevendo um aplicativo de desenho interativo que cria muitos objetos durante a execução do programa, você deve tomar o cuidado para que seu programa não continue a consumir mais recursos de memória ao ser executado. Nesses casos, torna-se responsabilidade sua gerenciar esses recursos de forma inteligente e certificar-se de não alocar objetos desnecessariamente.

Três modelos de gerenciamento de memória básicos são suportados para desenvolvedores de Objective-C:

1. Coleta de lixo automática (automatic garbage collection)
2. Contagem manual de referência (manual reference counting) e autorelease pool
3. Automatic Reference Counting (ARC)

Garbage collection

A partir da Objective-C 2.0, tornou-se disponível uma forma de gerenciamento de memória conhecida como *garbage collection* (*coleta de lixo*). Com a coleta de lixo, o sistema determina automaticamente que objetos possuem quais outros objetos, liberando (ou fazendo a coleta de lixo) os objetos que não são mais referenciados quando é necessário espaço durante a execução do programa.

O ambiente de runtime do iOS não suporta coleta de lixo; logo, você não tem a opção de usá-la ao desenvolver programas para essa plataforma. E a partir do OS X 10.8 (Mountain Lion), a coleta de lixo está *desaprovada* (significando que em algum momento no futuro próximo ela não será mais suportada). Portanto, agora a Apple desestimula seu uso e aconselha a usar ARC em seu lugar.

Reference counting (manual)

Se você vai criar aplicativos sem usar coleta de lixo ou ARC, ou se precisa suportar código que não pode migrar para executar com ARC, então precisa saber como gerenciar a memória. Isto é, você precisa aprender a trabalhar com *reference counting* (*contagem de referência*).

O conceito geral é o seguinte: quando um objeto é criado, sua contagem de referência inicial é configurada como 1. Sempre que você precisa garantir que o objeto seja mantido, cria efetivamente uma referência para ele, incrementando sua contagem de referência por 1. Isso é feito pelo envio de uma mensagem `retain` para o objeto, como segue:

```
[myFraction retain];
```

Quando não precisa mais de um objeto, você decrementa sua contagem de referência por 1, enviando a ele uma mensagem `release`, como segue:

```
[myFraction release];
```

Quando a contagem de referência de um objeto chega a 0, o sistema sabe que o objeto não está mais sendo usado (porque, teoricamente, não está sendo mais referenciado em lugar algum no aplicativo); portanto, ele libera (*desaloca*) sua memória. Esse processo é iniciado pelo envio de uma mensagem `dealloc` ao objeto. Em muitos casos, você usa o método `dealloc` herdado de `NSObject`. No entanto, talvez seja preciso anular `dealloc` para liberar as variáveis de instância ou outros objetos que seu objeto possa ter alocado ou mantido. Por exemplo, se sua classe tem um objeto `NSArray` como uma de suas variáveis de instância e o array é alocado (com `alloc`), você é responsável por liberar esse array quando seu objeto for destruído. Isso é feito em `dealloc`.

O funcionamento bem-sucedido dessa estratégia de contagem manual de referência exige que você, o programador, seja diligente para garantir que as contagens de referência sejam adequadamente incrementadas e decrementadas durante a execução do programa. O sistema trata de parte disso para você, mas não de tudo.

Ao usar contagem manual de referência, você deve notar que alguns dos métodos da estrutura Foundation podem incrementar a contagem de referência de um objeto, como acontece quando um objeto é adicionado em um array com o método `addObject:` de `NSMutableArray` ou quando um modo de visualização é adicionado como um submodo de visualização com o método `addSubview:` de `UIView`. Do mesmo modo, os métodos podem decrementar a contagem de referência de um objeto. `removeObjectAtIndex:` e `removeFromSuperview` são dois desses métodos.

Depois que um objeto é destruído (isto é, sua contagem de referência seja decrementada até zero e `dealloc` seja chamado), outras referências a esse objeto se tornam inválidas. Se você tem uma referência assim, ela em geral é referida como referência de *ponteiro pendente*. Enviar uma mensagem a esse ponteiro pendente frequentemente causa comportamento inesperado, incluindo a falha de seu aplicativo. Às vezes, os programadores enviam uma mensagem `release` a um objeto que já foi desalocado, porque não monitoraram corretamente as manutenções e liberações do objeto. Isso é conhecido como *over-release de um objeto* e muitas vezes resulta em uma falha.

Referências de objeto e autorelease pool

Talvez você precise escrever um método que primeiro crie um objeto (digamos, com `alloc`) e depois retorne esse objeto como resultado da chamada do método. Aqui está o dilema: mesmo que o método tenha terminado de usar o objeto, ele não pode liberá-lo, pois precisa retornar seu valor. A classe `NSAutoreleasePool` foi criada para ajudar a resolver problemas como esses, monitorando os objetos a serem liberados em um momento posterior, em um objeto conhecido como autorelease pool. Esse momento posterior é quando o pool é *drenado*, o que é feito pelo envio da mensagem `drain` ao objeto autorelease pool.

Para adicionar um objeto na lista de objetos mantidos pelo autorelease pool, você envia a ele uma mensagem `autorelease`, como segue:

```
[result autorelease];
```

Ao lidar com programas que usam classes dos frameworks Foundation, UIKit ou AppKit, você deve criar um autorelease pool, pois as classes dessas estruturas podem criar e retornar objetos liberados automaticamente. Você faz isso em seu aplicativo usando a diretiva `@autoreleasepool`, como segue:

```
@autoreleasepool {
    instruções
}
```

Mesmo que você crie um novo projeto sem habilitar o ARC, o Xcode gera um arquivo modelo com essa diretiva no início de `main`.

Quando o final de um bloco `autorelease` é atingido, o sistema drena o pool.

Isso tem o efeito de enviar uma mensagem `release` para todo objeto ao qual foi enviada uma mensagem `autorelease` e, portanto, adicionado no pool. E, como você sabe, se alguns desses objetos tiverem suas contagens de referência decrementadas para zero, eles receberão uma mensagem `dealloc` e sua memória será liberada.

Note que o autorelease pool não contém os próprios objetos reais, mas somente uma referência aos objetos que devem ser liberados quando o pool for drenado.

Nem todos os objetos recentemente criados são adicionados no autorelease pool. Na verdade, qualquer objeto criado por um método cujo nome comece com as palavras `alloc`, `copy`, `mutableCopy` ou `new` não será liberado automaticamente. Nesse caso, diz-se que você *possui* esse objeto. Quando você possui um objeto, torna-se responsável por liberar a memória ocupada por ele, quando terminar de usá-lo. Isso é feito pelo envio de uma mensagem `release` para o objeto. Ou, então, você mesmo pode adicioná-lo no autorelease pool, enviando a ele uma mensagem `autorelease`.

É assim que a rotina `main` do Programa 3.3 ficaria se usássemos contagem manual de referência:

```
int main (int argc, char * argv[]) {
   @autorelease {
      Fraction *frac1 = [[Fraction alloc] init];
      Fraction *frac2 = [[Fraction alloc] init];

      // Configura a 1ª fração como 2/3
      [frac1 setNumerator: 2];
      [frac1 setDenominator: 3];

      // Configura a 2ª fração como 3/7
      [frac2 setNumerator: 3];
      [frac2 setDenominator: 7];

      // Exibe as frações

      NSLog (@"First fraction is:");
      [frac1 print];

      NSLog (@"Second fraction is:");
      [frac2 print];

      [frac1 release];
      [frac2 release];

   }

   return 0;
}
```

Observe que liberamos (com `release`) os dois objetos fração alocados (com `alloc`) no final de `main`. Mesmo que, de qualquer modo, toda a memória seja liberada quando seu aplicativo termina, o exemplo ilustra a ideia de você mesmo liberar objetos ao terminar de usá-los.

Vamos ver outra vez o método add: da classe Fraction utilizado no Programa 7.5:

```
-(Fraction *) add: (Fraction *) f
{
   // Para somar duas frações:
   // a/b + c/d = ((a*d) + (b*c)) / (b * d)
   // result armazenará o resultado da adição

   Fraction *result = [[Fraction alloc] init];
   result.numerator = numerator * f.denominator + denominator *
            f.numerator;
   result.denominator = denominator * f.denominator;

   [result reduce];
   return result;
}
```

Ao se usar gerenciamento manual de memória, esse método apresenta um problema. O objeto é alocado (com alloc) e retornado do método depois de efetuados os cálculos. Como o método precisa retornar esse objeto, não pode liberá-lo – isso o faria ser destruído imediatamente. Talvez, a melhor maneira de resolver esse problema seja liberar o objeto automaticamente para que seu valor possa ser retornado, com sua liberação adiada até que o autorelease pool seja drenado. Você pode tirar proveito do fato de que o método autorelease retorna seu destinatário e o incorporar em expressões como esta:

```
Fraction *result = [[[Fraction alloc] init] autorelease];
```

ou como esta:

```
return [result autorelease];
```

O loop de eventos e alocação de memória

Os aplicativos Cocoa e iOS são executados dentro do que é chamado loop *de execução* ou *de eventos*. Considere um evento como algo que normalmente ocorre pelo fato de você executar alguma ação (por exemplo, você pressionando um botão no iPhone) ou por uma ação implícita (por exemplo, algo chega pela rede). Para processar o novo evento, o sistema cria um novo autorelease pool e pode chamar algum método em seu aplicativo para processá-lo. Quando você termina de tratar o evento, retorna de seu método e o sistema espera que o próximo evento ocorra. Antes de fazer isso, contudo, o sistema drena o autorelease pool. Isso significa que quaisquer objetos liberados automaticamente que você tenha criado ao processar esse evento serão destruídos, a não ser que os tenha mantido, para que sobrevivessem à drenagem do pool. Ao usar contagem manual de referência, você precisa pensar sobre o autorelease pool e nos objetos que sobrevivem à drenagem ao final do loop de eventos.

Veja a seção de interface a seguir, proveniente de um aplicativo iOS. Aqui, definimos uma classe chamada MyView, contendo uma propriedade denominada data:

```
#import <UIKit/UIKit.h>
```

```
@interface myView: UIView
@property (nonatomic, retain) NSMutableArray *data;
@end
```

O atributo `retain` da propriedade `data` (reconhecida somente por código compilado sem ARC) diz que o método setter deve manter os objetos atribuídos à propriedade, liberando o valor antigo primeiro. Suponha que tenhamos sintetizado os métodos de acesso de nossa propriedade `data` na seção de implementação. Suponha ainda que tenhamos um método denominado `viewDidLoad` que é chamado pelo sistema quando nosso modo de visualização é carregado na memória. (Você vai aprender mais sobre isso quando estudar programação de aplicativos iOS. Por enquanto, esses detalhes não são importantes.)

Digamos que dentro de seu método `viewDidLoad` você queira alocar seu array `data`. Você insere a seguinte linha dentro desse método:

```
data = [NSMutableArray array];
```

Da mesma forma que descrevemos como os métodos da estrutura Foundation criavam objetos liberados de maneira automática por padrão, o método `array` cria um array liberado automaticamente, o qual você atribui diretamente a sua variável de instância `data`. O problema é que o array será destruído assim que o processamento do evento corrente terminar. É por isso que ele é criado em um autorelease pool que será drenado no final do loop de eventos. Para garantir a sobrevivência do array pelos loops de evento, você tem algumas alternativas. Aqui estão três linhas de código diferentes que poderiam ser usadas e que funcionariam:

```
data = [[NSMutableArray array] retain];    // sobrevive à drenagem do pool
```

ou

```
data = [[NSMutableArray alloc] init];    // não é liberado automaticamente
```

ou

```
self.data = [NSMutableArray array];    // usa o método setter
```

No último caso, como a propriedade `data` tem o atributo `retain`, o array liberado automaticamente será mantido. (Lembre-se de que atribuir a `self.data` fará com que o método setter seja usado.) Note que em todos os três casos, você deve anular `dealloc` para liberar seu array quando seu objeto `myView` for destruído:

```
-(void) dealloc {
   [data release];
   [super dealloc];
}
```

(A chamada de `super` permite a liberação de objetos herdados. Outro inconveniente do uso de gerenciamento manual de memória é a necessidade de lembrar-se de fazer [super dealloc] *durar* depois da liberação de seus próprios objetos). Em muitos casos, ao criar um novo objeto usando um método de estrutura, você pode escolher entre criar um objeto de liberação automática ou criar um objeto alocado (com `alloc`). Se seu aplicativo vai criar muitos objetos antes de o loop de eventos terminar e o pool ser drenado, talvez você queira usar a estratégia `alloc`.

Dessa maneira, você pode liberar seus objetos assim que terminar de usá-los, sem ter de esperar pelo fim do processamento de eventos.

Ao lidar com um ambiente de contagem manual de referência, além das propriedades receberem os atributos `atomic` (o padrão) ou `nonatomic`, elas também recebem os atributos `assign` (o padrão), `retain` ou `copy`.

Aqui está como se deve pensar sobre como os três últimos atributos mencionados são implementados ao se usar um método setter para definir o valor de uma propriedade, por exemplo:

```
self.property = newValue;
```

O atributo `assign` funciona como segue:

```
property = newValue;
```

O atributo `retain` funciona como segue:

```
if (property != newValue) {
   [property release];
   property = [newValue retain];
}
```

E o atributo `copy` funciona como segue:

```
if (property != newValue) {
   [property release];
   property = [newValue copy];
}
```

Resumo das regras de gerenciamento manual de memória

Aqui estão algumas regras para lembrar ao se trabalhar com um projeto compilado sem ARC ou coleta de lixo:

- Caso você precise manter um objeto para garantir que não seja destruído por alguém, deve preservá-lo com `retain`. Certifique-se de liberar o objeto (com `release`) quando terminar de usá-lo.

- O envio de uma mensagem de liberação não destrói necessariamente um objeto. O objeto é destruído quando a contagem de referências de um objeto é decrementada até 0. O sistema faz isso enviando a mensagem `dealloc` para o objeto a fim de liberar sua memória.

- Libere quaisquer objetos que você tenha mantido ou criado usando um método `copy`, `mutableCopy`, `alloc` ou `new`. Isso inclui propriedades que têm o atributo `retain` ou `copy`. Você pode anular `dealloc` para liberar suas variáveis de instância no momento em que seu objeto for destruído.

- O autorelease pool cuida da liberação automática de objetos quando o próprio pool é drenado. O sistema faz isso enviando uma mensagem `release` para cada objeto do pool a cada vez que for liberado automaticamente. A cada objeto do autorelease pool cuja contagem de referências chega a 0 é enviada uma mensagem `dealloc` para destruí-lo.

- Se você não precisa mais de um objeto dentro de um método, mas precisa retorná-lo, envie a ele uma mensagem `autorelease` a fim de marcá-lo para liberação posterior. A mensagem `autorelease` não afeta a contagem de referência do objeto.

- Quando seu aplicativo termina, toda a memória ocupada por seus objetos é liberada, estando ou não no autorelease pool.

- Quando você desenvolver aplicativos Cocoa ou iOS, os autorelease pools serão criados e drenados durante toda a execução do programa. (Isso acontecerá sempre que ocorrer um evento.) Nesses casos, se quiser garantir que um objeto liberado automaticamente sobreviva à desalocação automática quando o autorelease pool for drenado, você precisa mantê-lo. Todos os objetos que têm uma contagem de referências maior do que o número de mensagens autorelease enviadas, sobreviverão à liberação do pool.

Automatic Reference Counting

O ARC (contagem automática de referência) elimina todas as armadilhas em potencial associadas à contagem manual de referência. Nos bastidores, as contagens de referência ainda estão sendo mantidas e monitoradas. No entanto, o sistema determina quando deve manter um objeto e quando deve liberá-lo, automaticamente ou não. Você não precisa se preocupar com isso.

Você também não precisa se preocupar com o retorno de objetos alocados de métodos. O compilador descobre como a memória desse objeto deve ser gerenciada, gerando o código correto para liberá-lo automaticamente ou mantê-lo, conforme necessário.

Variáveis fortes

Por padrão, todas as variáveis de ponteiro de objeto são fortes. Isso significa que atribuir uma referência de objeto a tal variável faz com que o objeto seja mantido automaticamente. Além disso, a antiga referência de objeto será liberada antes que a atribuição seja feita. Por fim, as variáveis fortes são inicializadas como zero por padrão. E isso vale tanto para uma variável de instância quanto para uma variável local ou global.

Veja este código, que cria e configura dois objetos Fraction.

```
Fraction *f1 = [[Fraction alloc] init];
Fraction *f2 = [[Fraction alloc] init];

[f1 setTo: 1 over: 2];
[f2 setTo: 2 over: 3];
```

Agora, quando você escreve isto, usando gerenciamento manual de memória

```
f2 = f1;
```

o efeito é apenas copiar a referência ao objeto Fraction f1 em f2. Como resultado, o objeto Fraction referenciado por f2 seria perdido, pois seu valor é sobrescrito. Isso cria o que é conhecido como *vazamento de memória* (uma variável que não é mais referenciada e, portanto, não pode ser liberada).

Se você estiver usando ARC, f1 e f2 são ambas variáveis fortes. Assim, a atribuição anterior funcionaria como segue:

```
[f1 retain];   // mantém o novo valor
[f2 release];  // libera o valor antigo
f2 = f1;       // copia a referência
```

Evidentemente, você não vê isso acontecer, pois o compilador faz todo o trabalho. Você apenas escreve a instrução de atribuição e esquece o assunto.

Uma vez que todas as variáveis de objeto são fortes por padrão, você não precisa declará-las como tal. No entanto, você pode fazer isso explicitamente, usando a palavra-chave __strong para uma variável:

```
__strong Fraction *f1;
```

É importante notar que as propriedades *não* são fortes por padrão. Seu atributo padrão é unsafe_unretained (ou, de forma equivalente, assign). Você viu como declarar o atributo strong para uma propriedade:

```
@property (strong, nonatomic) NSMutableArray *birdNames;
```

O compilador garante que as propriedades fortes sobrevivam ao loop de eventos mantendo-as na atribuição. Essa ação não é executada para propriedades que são unsafe_unretained (também conhecidas como assign) ou fracas.

Variáveis fracas

Às vezes, você estabelece entre dois objetos uma relação em que cada um deles precisa referenciar o outro. (Isso poderia ser tão simples como dois objetos ou tão complexo como um encadeamento de objetos que criam um ciclo.) Por exemplo, os aplicativos iOS apresentam elementos gráficos na tela por meio de objetos conhecidos como *modos de visualização*. Os modos de visualização são mantidos em uma hierarquia. Assim, um modo de visualização poderia apresentar uma imagem e, dentro desse modo de visualização, talvez você quisesse exibir um título para a imagem. Você pode configurar isso, onde o modo de visualização de imagem é o modo de visualização principal e o título é um *submodo de visualização*. Quando o modo de visualização principal é mostrado, o submodo de visualização também é mostrado automaticamente. Você pode considerar o modo de visualização de imagem principal como pai e o modo de visualização de título como filho. O modo de visualização de imagem principal possui o submodo de visualização.

Ao se trabalhar com essa hierarquia de modo de visualização, o modo de visualização pai certamente vai querer manter uma referência para seu submodo de visualização. Mas isso também é útil ao se trabalhar com um submodo de visualização, para saber também quem é seu modo de visualização pai. Assim, o modo de visualização pai conterá uma referência para o submodo de visualização e este, por sua vez, conterá uma referência para o modo de visualização pai. Essa referência circular poderia criar problemas. Por exemplo, o que acontece quando destruímos o modo de visualização pai? A referência do submodo de visualização para o pai não seria mais válida. Na verdade, tentar referenciar esse modo de visualização pai inexistente poderia fazer o aplicativo falhar.

Quando dois objetos têm referências fortes entre si, você cria o que é conhecido como *ciclo de retenção*. O sistema não destruirá um objeto se ainda houver uma referência a ele. Assim, se dois objetos têm referências fortes entre si, nenhum dos dois pode ser destruído.

A maneira de resolver esse problema é criar outro tipo de variável de objeto que permita uma espécie de referência diferente, conhecida como referência *fraca*, entre dois objetos. Nesse caso, a referência fraca seria feita do filho para o pai. Por quê? Porque consideramos um objeto que *possui* outro (neste caso, o modo de visualização pai) como sendo a referência forte e o outro objeto como sendo a referência fraca.

Fazendo o modo de visualização pai manter uma referência forte para seu submodo de visualização e o submodo de visualização manter uma referência fraca para seu modo de visualização pai, nenhum ciclo de retenção é criado. Uma variável fraca não impede a desalocação do objeto a que faz referência.

Quando você declara uma variável fraca, algumas coisas acontecem; o sistema monitora a referência feita na atribuição dessa variável. E quando esse objeto referenciado é desalocado, a variável fraca é configurada automaticamente como `nil`. Isso impede que ocorram falhas pelo envio não intencional de uma mensagem para essa variável. Como a variável será configurada como `nil`, enviar uma mensagem para um objeto `nil` é inócuo, evitando assim uma falha.

Para declarar uma variável fraca, use a palavra-chave `__weak`:

`__weak UIView *parentView;`

ou então, use o atributo `weak` para uma propriedade:

`@property (weak, nonatomic) UIView *parentView;`

As variáveis fracas também são úteis ao se trabalhar com delegados. Fazendo a variável que contém a referência delegar uma variável fraca, você tem certeza de que a variável será zerada se o objeto delegado for desalocado. Novamente, isso pode evitar o tipo de falhas de sistema que causaram dores de cabeça em muitos programadores antes da invenção do ARC.

Note que as variáveis fracas não são suportadas no iOS 4 ou no Mac OS X 10.6. Nesses casos, você ainda pode usar o atributo de propriedade `unsafe_unretained` (ou `assign`) ou declarar sua variável como sendo `__unsafe_unretained`. No entanto, entenda que essas variáveis não são zeradas automaticamente quando o objeto referenciado é desalocado.

Blocos `@autoreleasepool`

Em cada exemplo deste livro até aqui, você viu como o compilador gera uma diretiva `@autoreleasepool` dentro de sua rotina `main`. Essa diretiva engloba um bloco de instruções que definem um contexto autoreleasepool. Os objetos criados nesse contexto e que são liberados automaticamente serão destruídos por padrão no final desse bloco autoreleasepool (a não ser que o compilador tenha garantido a sobrevivência após o final do bloco).

Se seu programa gera muitos objetos temporários (o que pode acontecer facilmente ao se executar código dentro de um loop), talvez você queira criar vários blocos autoreleasepool em seu programa. Por exemplo, o trecho de código a seguir ilustra como você pode definir blocos autoreleasepool para gerenciar objetos temporários criados por cada iteração do loop `for`:

```
for (i = 0; i < n; ++i) {
   @autoreleasepool {
      ... // muito trabalho com objetos temporários aqui
   }
}
```

Conforme mencionado anteriormente, os aplicativos Cocoa e iOS são executados dentro de um loop *de eventos*. Preparando-se para processar um novo evento, o sistema cria um novo contexto autoreleasepool e pode chamar algum método em seu aplicativo para tratar do evento. Quando acabar de tratar o evento, você retorna de seu método e o sistema espera que o próximo evento ocorra. No entanto, antes de se fazer isso, o contexto autoreleasepool termina, o que significa que os objetos liberados automaticamente podem então ser destruídos.

Note que esta discussão sobre autoreleasepool se aplica igualmente aos programas compilados com ou sem ARC.

Nomes de método e código compilado sem ARC

O ARC funciona com código que não foi compilado com ARC. Isso pode acontecer se você estiver vinculando-se a um framework mais antigo, por exemplo. Desde que o código sem ARC tenha obedecido às convenções de atribuição de nomes padrão do Cocoa, tudo estará bem. Isto é, quando o ARC vê uma chamada de método, ele verifica o nome do método. Se o nome começa com as palavras `alloc`, `new`, `copy`, `mutableCopy` ou `init`, ele presume que o método retorna a posse do objeto para o chamador do método.

Quando falamos sobre "palavras" aqui, nos referimos às palavras sendo escritas no que é conhecido como `camelCase`. É onde a primeira letra de cada nova palavra do nome é uma maiúscula. Assim, o compilador presume que métodos chamados `allocFraction`, `newAddressCard` e `initWithWidth:andHeight:` retornam a posse dos objetos, enquanto `newlyweds`, `copycat` e `initials` não retornam. Novamente, isso acontece de maneira automática com o ARC; portanto, você não precisa se preocupar, a não ser que esteja usando métodos que não seguem essas convenções de atribuição de nomes padrão. Nesses casos, existem maneiras de dizer explicitamente ao compilador se um método retorna a posse de um objeto, apesar de seu nome.

Note que o compilador fornecerá um erro se você tentar sintetizar propriedades cujos nomes começam com qualquer uma das palavras especiais mencionadas no primeiro parágrafo desta seção.

18
Copiando objetos

Este capítulo discutirá algumas sutilezas envolvidas na cópia de objetos. Apresentaremos o conceito de cópia rasa *versus* profunda e discutiremos como fazer cópias no framework Foundation.

O Capítulo 8, "Herança", discutiu o que acontece quando você atribui um objeto a outro com uma instrução de atribuição simples, como aqui:

```
origin = pt;
```

Nesse exemplo, origin e pt são ambos objetos XYPoint com duas variáveis de instância inteiras chamadas x e y.

Lembre-se de que o efeito da atribuição é simplesmente copiar o endereço do objeto pt em origin. No final da operação de atribuição, as duas variáveis apontam para a mesma posição na memória. Fazer alterações nas variáveis de instância com uma mensagem como

```
[origin setX: 100 andY: 200];
```

altera a coordenada x, y do objeto XYPoint referenciado pelas variáveis origin e pt, pois ambas fazem referência ao mesmo objeto na memória.

O mesmo se aplica aos objetos do framework Foundation: atribuir uma variável a outra simplesmente cria outra referência para o objeto. Assim, se dataArray e dataArray2 são ambos objetos NSMutableArray, as instruções a seguir removem o primeiro elemento do mesmo array a que as duas variáveis fazem referência:

```
dataArray2 = dataArray;
[dataArray2 removeObjectAtIndex: 0];
```

Os métodos `copy` e `mutableCopy`

As classes da estrutura Foundation implementam métodos conhecidos como copy e mutableCopy que podem ser usados para criar uma cópia de um objeto. Isso é feito pela implementação de um método em conformidade com o protocolo

<NSCopying> para fazer cópias. Se sua classe precisa diferenciar entre fazer cópias mutáveis e imutáveis de um objeto, você também deve implementar um método de acordo com o protocolo <NSMutableCopying>. Você vai aprender a fazer isso posteriormente nesta seção.

Voltando aos métodos de cópia das classes da estrutura Foundation, dados os dois objetos NSMutableArray dataArray2 e dataArray, conforme descrito na seção anterior, a instrução

```
dataArray2 = [dataArray mutableCopy];
```

cria uma nova cópia de dataArray na memória, duplicando todos os seus elementos. Subsequentemente, executar a instrução

```
[dataArray2 removeObjectAtIndex: 0];
```

removerá o primeiro elemento de dataArray2, mas não de dataArray. O Programa 18.1 ilustra isso.

Programa 18.1

```
#import <Foundation/Foundation.h>

int main (int argc, char * argv[])
{
   @autoreleasepool {
      NSMutableArray *dataArray = [NSMutableArray arrayWithObjects:
           @"one", @"two", @"three", @"four", nil];
      NSMutableArray    *dataArray2;

      // atribuição simples

      dataArray2 = dataArray;
      [dataArray2 removeObjectAtIndex: 0];

      NSLog (@"dataArray: ");
      for ( NSString *elem in dataArray )
         NSLog (@"     %@", elem);

      NSLog (@"dataArray2: ");

      for ( NSString *elem in dataArray2 )
         NSLog (@"     %@", elem);;

      // tenta uma cópia e, então, remove o primeiro elemento da cópia

      dataArray2 = [dataArray mutableCopy];
      [dataArray2 removeObjectAtIndex: 0];

      NSLog (@"dataArray: ");

      for ( NSString *elem in dataArray )
         NSLog (@"     %@", elem);
```

```
        NSLog (@"dataArray2: ");

        for ( NSString *elem in dataArray2 )
            NSLog (@"    %@", elem);

    }
    return 0;
}
```

Programa 18.1   Saída

```
dataArray:
   two
   three
   four
dataArray2:
   two
   three
   four
dataArray:
   two
   three
   four
dataArray2:
   three
   four
```

O programa define o objeto array mutável `dataArray` e configura seus elementos com os objetos string `@"one"`, `@"two"`, `@"three"` e `@"four"`. Conforme discutimos, a atribuição

`dataArray2 = dataArray;`

simplesmente cria outra referência para o mesmo objeto array na memória. Quando você remove o primeiro objeto de `dataArray2` e, subsequentemente, imprime os elementos dos dois objetos array, não é de surpreender que o primeiro elemento (o string `@"one"`) desapareça das duas referências de objeto array.

Em seguida, você cria uma cópia mutável de `dataArray` e atribui a cópia resultante a `dataArray2`. Isso cria dois arrays mutáveis distintos na memória, ambos contendo três elementos. Agora, quando você remove o primeiro elemento de `dataArray2`, isso não tem nenhum efeito no conteúdo de `dataArray`, conforme confirma a última saída de `dataArray`.

Note que fazer uma cópia mutável de um objeto não exige que o objeto que está sendo copiado seja mutável. O mesmo se aplica às cópias imutáveis: você pode fazer uma cópia imutável de um objeto mutável.

Cópia rasa *versus* profunda

O Programa 18.1 preenche os elementos de `dataArray` com strings imutáveis. (Lembre-se de que os objetos string constantes são imutáveis.) No Programa 18.2, você os preenche com strings mutáveis para que possa alterar uma das strings do array. Dê uma olhada no Programa 18.2 e veja se você entende sua saída.

Programa 18.2

```
#import <Foundation/Foundation.h>

int main (int argc, char * argv[])
{
    @autoreleasepool {
        NSMutableArray    *dataArray = [NSMutableArray arrayWithObjects:
            [NSMutableString stringWithString: @"one"],
            [NSMutableString stringWithString: @"two"],
            [NSMutableString stringWithString: @"three"],
            nil
        ];
        NSMutableArray    *dataArray2;
        NSMutableString   *mStr;

        NSLog (@"dataArray:   ");
        for ( NSString *elem in dataArray )
            NSLog (@"    %@", elem);

        // faz uma cópia e, então, altera um dos strings

        dataArray2 = [dataArray mutableCopy];

        mStr = dataArray[0];
        [mStr appendString: @"ONE"];

        NSLog (@"dataArray:   ");
        for ( NSString *elem in dataArray )
            NSLog (@"    %@", elem);

        NSLog (@"dataArray2:   ");
        for ( NSString *elem in dataArray2 )
            NSLog (@"    %@", elem);
    }
    return 0;
}
```

Programa 18.2 Saída

```
dataArray:
    one
    two
```

```
      three
dataArray:
   oneONE
   two
   three
dataArray2:
   oneONE
   two
   three
```

Você recuperou o primeiro elemento de `dataArray` com a instrução a seguir:

`mStr = dataArray[0];`

Em seguida, anexou nele a string `@"ONE"` com esta instrução:

`[mStr appendString: @"ONE"];`

Observe o valor do primeiro elemento do array original e de sua cópia: ambos foram modificados. Talvez você consiga entender por que o primeiro elemento de `dataArray` foi alterado, mas não por que sua cópia também foi alterada. Quando você obtém um elemento de uma coleção, obtém uma nova referência para esse elemento, mas não uma nova cópia. Assim, quando você escreve `dataArray[0]`, o objeto recuperado aponta para o mesmo objeto na memória que o primeiro elemento em `dataArray` aponta. Subsequentemente, modificar o objeto string `mStr` tem o efeito colateral de também alterar o primeiro elemento de `dataArray`, conforme você pode ver na saída.

Mas e quanto à cópia que você fez? Por que seu primeiro elemento também mudou? Isso tem a ver com o fato de que, por padrão, as cópias são *rasas*. Portanto, quando o array foi copiado com o método `mutableCopy`, foi alocado espaço para um novo objeto array na memória e os elementos individuais foram copiados no novo array. Mas copiar cada elemento do array, do original para um novo local, significou copiar apenas a referência de um elemento do array para outro. O resultado líquido foi que os elementos dos dois arrays referenciaram as mesmas strings na memória. Isso não é diferente de atribuir um objeto a outro, conforme abordado no início deste capítulo.

Para fazer cópias distintas de cada elemento do array, você precisa fazer uma cópia *profunda*. Isso significa fazer cópias do conteúdo de cada objeto do array e não apenas cópias das referências para os objetos (e pense no que significa um elemento de um array ser ele próprio um objeto array). Mas as cópias profundas não são feitas por padrão quando você usa os métodos `copy` ou `mutableCopy` com as classes da estrutura Foundation. No Capítulo 19, "Arquivamento", você aprenderá a usar os recursos de arquivamento da estrutura Foundation para criar uma cópia profunda de um objeto.

Quando você copia um array, um dicionário ou um conjunto, por exemplo, obtém uma nova cópia dessas coleções. No entanto, talvez você precise fazer suas próprias cópias de elementos individuais, se quiser fazer alterações em uma coleção, mas não em sua cópia. Por exemplo, se você quiser alterar o primeiro elemento de `dataArray2`, mas não de `dataArray`, no Programa 18.2, pode fazer uma nova string (usando um método como `stringWithString:`) e armazená-la na primeira posição de `dataArray2`, como segue:

```
mStr = [NSMutableString stringWithString: dataArray2[0]];
```

Então, você poderia fazer as alterações em `mStr` e adicioná-las no array usando o método `replaceObject:atIndex:withObject:`, como segue:

```
[mStr appendString @"ONE"];
[dataArray2 replaceObjectAtIndex: 0 withObject: mStr];
```

Esperamos que você perceba que, mesmo após substituir o objeto no `array`, `mStr` e o primeiro elemento de `dataArray2` se referem ao mesmo objeto na memória. Portanto, alterações subsequentes em `mStr` em seu programa também alterarão o primeiro elemento do array.

Implementando o protocolo `<NSCopying>`

Se você tentar usar o método `copy` em uma de suas próprias classes (por exemplo, em sua agenda de endereços), como segue

```
NewBook = [myBook mutableCopy];
```

receberá uma mensagem de erro como a seguinte:

```
*** -[AddressBook copyWithZone:]: selector not recognized
*** Uncaught exception:
*** -[AddressBook copyWithZone:]: selector not recognized
```

Conforme mencionado, para implementar cópia com suas próprias classes, você precisa implementar um ou dois métodos de acordo com o protocolo `<NSCopying>`.

Mostraremos agora como você pode adicionar um método `copy` em sua classe `Fraction`, a qual foi extensivamente usada na parte um, "A linguagem Objective-C". Note que as técnicas descritas aqui para estratégias de cópia funcionam bem para suas próprias classes. Se essas classes forem subclasses de qualquer uma das classes da estrutura Foundation, talvez seja preciso implementar uma estratégia de cópia mais sofisticada. Você terá de levar em conta o fato de que a superclasse já pode ter implementado sua própria estratégia de cópia.

Lembre-se de que sua classe `Fraction` contém duas variáveis de instância inteiras, chamadas `numerator` e `denominator`. Para fazer uma cópia de um desses objetos, você precisa alocar espaço para uma nova fração e, então, simplesmente copiar os valores dos dois inteiros na nova fração.

Quando você implementa o protocolo `<NSCopying>`, sua classe deve implementar o método `copyWithZone:` para responder a uma mensagem `copy`. (A mensagem `copy` apenas envia uma mensagem `copyWithZone:` para sua classe, com o argumento `nil`.) Se quiser fazer distinção entre cópias mutáveis e imutáveis, você precisará implementar o método `mutableCopyWithZone:` de acordo com o protocolo

<NSMutableCopying>. Se você implementar os dois métodos, copyWithZone: deve retornar uma cópia imutável e mutableCopyWithZone: deve retornar uma cópia mutável. Fazer uma cópia mutável de um objeto não exige que o objeto que está sendo copiado também seja mutável (e vice-versa); é perfeitamente razoável querer fazer uma cópia mutável de um objeto imutável (considere um objeto string, por exemplo).

Aqui está como deve ser a diretiva @interface:

@interface Fraction: NSObject <NSCopying>

Fraction é uma subclasse de NSObject e obedece ao protocolo NSCopying.

No arquivo de implementação Fraction.m, adicione a seguinte definição para seu novo método:

```
-(id) copyWithZone: (NSZone *) zone
{
    Fraction *newFract = [[Fraction allocWithZone: zone] init];

    [newFract setTo: numerator over: denominator];
    return newFract;
}
```

O argumento zone tem a ver com as diferentes zonas da memória que você pode alocar e trabalhar em seu programa. Você só precisará lidar com elas se estiver escrevendo aplicativos que alocam muita memória e quiser otimizar a alocação agrupando-os nessas zonas. Você pode pegar o valor passado para copyWithZone: e enviá-lo para um método de alocação de memória chamado allocWithZone:. Esse método aloca memória em uma zona especificada.

Após alocar um novo objeto Fraction, você copia nele as variáveis numerator e denominator do destinatário. O método copyWithZone: deve retornar a nova cópia do objeto, o que é feito em seu método.

O Programa 18.3 testa seu novo método.

Programa 18.3

```
// Copiando frações

#import "Fraction.h"

int main (int argc, char * argv[])
{
    @autoreleasepool {
        Fraction *f1 = [[Fraction alloc] init];
        Fraction *f2;

        [f1 setTo: 2 over: 5];
        f2 = [f1 copy];

        [f2 setTo: 1 over: 3];
```

```
        [f1 print];
        [f2 print];
    }
    return 0;
}
```

Programa 18.3 Saída

```
2/5
1/3
```

O programa cria um objeto `Fraction` chamado `f1` e o configura como `2/5`. Em seguida, chama o método `copy` para fazer uma cópia, o qual envia a mensagem `copyWithZone:` para seu objeto. Esse método faz um novo objeto `Fraction`, copia nele os valores de `f1` e retorna o resultado. De volta a `main`, esse resultado é atribuído a `f2`. Subsequentemente, definir o valor em `f2` como a fração `1/3` confirma que isso não teve efeito algum na fração original `f1`. Altere a seguinte linha do programa

```
f2 = [f1 copy];
```

para simplesmente

```
f2 = f1;
```

para ver os resultados diferentes que você obterá.

Se for feita uma subclasse de sua classe, o método `copyWithZone:` será herdado. Nesse caso, você deve alterar a linha seguinte do método

```
Fraction *newFract = [[Fraction allocWithZone: zone] init];
```

para

```
id newFract = [[[self class] allocWithZone: zone] init];
```

Desse modo, você aloca um novo objeto da classe que é o destinatário de `copy`. (Por exemplo, se foi feita uma subclasse para uma classe chamada `NewFraction`, certifique-se de alocar um novo objeto `NewFraction` no método herdado, em vez de um objeto `Fraction`.)

Se estiver escrevendo um método `copyWithZone:` para uma classe cuja superclasse também implementa o protocolo `<NSCopying>`, você deve chamar primeiro o método `copy` na superclasse para copiar as variáveis de instância herdadas e, então, incluir seu próprio código para copiar as variáveis de instância adicionais (se houver) que possa ter inserido na classe.

Você deve decidir se deseja implementar uma cópia rasa ou profunda em sua classe. Apenas documente isso para que outros usuários de sua classe saibam.

Copiando objetos em métodos setter e getter

Ao implementar um método setter ou getter, pense no que está armazenando nas variáveis de instância, no que está recuperando e se precisa proteger esses valores. Por exemplo, considere isso quando definir o nome de um de seus objetos `AddressCard` usando o método setter correspondente:

```
newCard.name = newName;
```

Suponha que `newName` seja um objeto string contendo o nome de seu novo cartão. Suponha que dentro da rotina setter, você simplesmente atribuiu o parâmetro à variável de instância correspondente:

```
-(void) setName: (NSString *) theName
{
   name = theName;
}
```

Agora, o que você acha que aconteceria se posteriormente o programa alterasse alguns dos caracteres contidos em `newName`? (Isso poderia acontecer se `newName` fosse um objeto string mutável; tal objeto pode ser usado em lugares onde um objeto `NSString` é especificado, pois o primeiro é uma subclasse do último.) Isso também alteraria involuntariamente o campo correspondente em sua ficha de endereço, pois ambos fariam referência ao mesmo objeto string.

Conforme você já viu, uma estratégia mais segura é fazer uma cópia do objeto na rotina setter, para evitar esse efeito acidental.

Se você não estivesse sintetizando o método setter, também poderia escrever uma versão do método `setName:` para usar `copy`, como segue:

```
-(void) setName: (NSString *) theName
{
   name = [theName copy];
}
```

Conforme foi visto no Capítulo 15, "Números, strings e coleções", se você especificar o atributo `copy` em uma declaração de propriedade, o método sintetizado usará o método `copy` da classe (o que você escreveu ou o que herdou). Assim, a declaração de propriedade a seguir

```
@property (nonatomic, copy) NSString *name;
```

quando combinada com a diretiva `@synthesize` apropriada, gera um método que se comporta como segue:

```
-(void) setName: (NSString *) theName
{
   if (theName != name)
      name = [theName copy];
}
```

Aqui, o uso de `nonatomic` diz ao sistema para que não proteja os métodos de acesso da propriedade com uma trava *mutex* (*mut*uamente *ex*clusiva). Quem escreve código com thread segura usa travas mutex para evitar que duas threads sejam executadas ao mesmo tempo no mesmo código, uma situação que frequentemente pode gerar sérios problemas. Contudo, essas travas podem tornar os programas mais lentos e você pode evitar seu uso se souber que esse código só será executado em uma única thread.

Se não for especificado `nonatomic` ou, em vez disso, for especificado `atomic` (que é o padrão), sua variável de instância será protegida com uma trava mutex. Isso garante acesso exclusivo a uma variável de instância e evita condições de disputa em potencial que poderiam ocorrer se mais de uma thread em um aplicativo multithread estivesse tentando acessar simultaneamente a mesma variável de instância.

> **Nota**
>
> Não existe nenhum atributo `mutableCopy` para uma propriedade. Portanto, usar o atributo `copy`, mesmo com uma variável de instância mutável, resulta na execução do método `copyWithZone:`, o qual, conforme mencionado, produz uma cópia imutável do objeto, por convenção.

A mesma discussão sobre proteção do valor de suas variáveis de instância se aplica às rotinas getter. Se você retornar um objeto mutável, deve garantir que as alterações feitas no valor retornado não afetem o valor de suas variáveis de instância. Nesse caso, você pode fazer uma cópia da variável de instância e retornar isso, em vez do valor original.

Voltando à implementação de um método `copy`, se você estiver copiando variáveis de instância que contêm objetos imutáveis (por exemplo, objetos string imutáveis), talvez não precise fazer uma nova cópia do conteúdo do objeto. Pode ser suficiente fazer apenas uma nova referência para o objeto por meio de sua atribuição. Por exemplo, se você estiver implementando um método `copy` para a classe `AddressCard`, que contém membros `name` e `email`, a seguinte implementação de `copyWithZone:` é suficiente:

```
-(AddresssCard *) copyWithZone: (NSZone *) zone
{
    AddressCard *newCard = [[AddressCard allocWithZone: zone] init];

    [newCard assignName: name andEmail: email];
    return newCard;
}

-(void) assignName: (NSString *) theName andEmail: (NSString *) theEmail
{
    name = theName;
    email = theEmail;
}
```

O método `setName:andEmail:` não é usado aqui para definir as variáveis de instância, pois esse método faz novas cópias de seus argumentos, o que anularia o propósito desse exercício. Em vez disso, você apenas atribuiu as duas variáveis usando um novo método chamado `assignName:andEmail:`.

Perceba que você pode escapar impune na atribuição das variáveis de instância aqui (em vez de fazer cópias completas delas), pois o proprietário da ficha copiada não pode afetar os membros `name` e `email` da ficha original (eles contêm objetos string imutáveis). Como nossas duas variáveis de instância são "fortes" por padrão, fazer uma simples atribuição a elas cria outra referência para o objeto, conforme explicado com mais detalhes no Capítulo 17, "Gerenciamento de memória e Automatic Reference Counting".

Exercícios

1. Implemente um método de cópia para a classe `AddressBook` de acordo com o protocolo `NSCopying`. Faria sentido implementar também um método `mutableCopy`? Por que sim ou por que não? Além disso, pense no que acontece se alguém usa o método setter para a propriedade `book` na classe `AddressBook`. Quem deve possuir a agenda de endereços passada como argumento para o método setter? Como você pode corrigir isso?

2. Modifique as classes `Rectangle` e `XYPoint` definidas no Capítulo 8 para que estejam de acordo com o protocolo `<NSCopying>`. Adicione um método `copyWithZone:` nas duas classes. Certifique-se de que `Rectangle` copie a origem de seu membro `XYPoint` usando o método `copy` de `XYPoint`. Faz sentido implementar cópias mutáveis e imutáveis para essas classes? Explique.

3. Crie um objeto `NSDictionary` e preencha-o com alguns pares chave/objeto. Em seguida, faça cópias mutáveis e imutáveis. As cópias feitas são profundas ou rasas? Confira sua resposta.

19
Arquivamento

Em termos de Objective-C, arquivar é o processo de salvar um ou mais objetos em um formato para que possam ser recuperados posteriormente. Em geral, isso envolve escrever os objetos em um arquivo para que possam ser lidos subsequentemente. Neste capítulo, discutiremos dois métodos para arquivar dados: *listas de propriedades* e *codificação com chaves*.

Arquivamento com listas de propriedades XML

Os aplicativos Mac OS X usam listas de propriedades XML (ou *plists*) para armazenar itens como suas preferências padrão, ajustes do aplicativo e informações de configuração, de modo que é útil saber criá-las e lê-las. Contudo, seu uso para propósitos de arquivamento é limitado, pois ao se criar uma lista de propriedades para uma estrutura de dados, não são mantidas classes de objeto específicas, não são armazenadas múltiplas referências para o mesmo objeto e a mutabilidade de um objeto não é preservada.

> **Nota**
> As listas de propriedades de "estilo antigo" armazenam os dados em um formato diferente das listas de propriedades XML. Se possível, utilize as listas de propriedades XML em seu programa.

Se seus objetos são de tipo `NSString`, `NSDictionary`, `NSArray`, `NSDate`, `NSData` ou `NSNumber`, você pode usar o método `writeToFile:atomically:` implementado nessas classes para escrever seus dados em um arquivo. No caso de um dicionário ou um array, esse método escreve os dados no arquivo no formato de uma lista de propriedades XML. O Programa 19.1 mostra como o dicionário que você criou como um simples glossário no Capítulo 15, "Números, strings e coleções", pode ser escrito em um arquivo como uma lista de propriedades.

Programa 19.1

```objectivec
#import <Foundation/Foundation.h>

int main (int argc, char * argv[])
{
    @autoreleasepool {
        NSDictionary *glossary = @{
            @"abstract class":
                @"A class defined so other classes can inherit from it.",
            @"adopt":
                @"To implement all the methods defined in a protocol",
            @"archiving":
                @"Storing an object for later use. "
        };
        if ([glossary writeToFile: @"glossary" atomically: YES] == NO)
            NSLog (@"Save to file failed!");

    }
    return 0;
}
```

A mensagem `writeToFile:atomically:` é enviada para seu objeto dicionário `glossary`, fazendo o dicionário ser escrito no arquivo `glossary` na forma de uma lista de propriedades. O parâmetro `atomically` é configurado como YES, significando que você deseja que a operação de escrita seja feita primeiro em um arquivo de backup temporário; uma vez bem-sucedida a escrita, os dados finais devem ser movidos para o arquivo especificado, chamado `glossary`. Essa é uma defesa que protege o arquivo contra corrupção se, por exemplo, o sistema falhar no meio da operação de escrita. Nesse caso, o arquivo `glossary` original (se já existia anteriormente) não é danificado.

Se você examinar o conteúdo do arquivo `glossary` criado pelo Programa 19.1, ele é o seguinte:

```xml
<?xml version="1.0" encoding="UTF-8"?>
<!DOCTYPE plist PUBLIC "-//Apple Computer//DTD PLIST 1.0//EN"
          "http://www.apple.com/DTDs/PropertyList-1.0.dtd">
<plist version="1.0">
<dict>
    <key>abstract class</key>
    <string>A class defined so other classes can inherit from it.</string>
    <key>adopt</key>
    <string>To implement all the methods defined in a protocol</string>
    <key>archiving</key>
    <string>Storing an object for later use. </string>
</dict>
</plist>
```

A partir do arquivo XML criado, você pode ver que o dicionário foi escrito no arquivo como um conjunto de pares de chave (<key>...</key>) e valor (<string>...</string>).

Quando você cria uma lista de propriedades a partir de um dicionário, todas as chaves do dicionário devem ser objetos NSString. Os elementos de um array ou os valores de um dicionário podem ser objetos NSString, NSArray, NSDictionary, NSData, NSDate ou NSNumber.

Para ler uma lista de propriedades XML de um arquivo em seu programa, use os métodos dictionaryWithContentsOfFile: ou arrayWithContentsOfFile:. Para ler novamente os dados, use o método dataWithContentsOfFile:; para ler outra vez os objetos string, use o método stringWithContentsOfFile:. O Programa 19.2 lê de novo o glossário escrito no Programa 19.1 e, então, exibe seu conteúdo.

Programa 19.2

```
#import <Foundation/Foundation.h>

int main (int argc, char * argv[])
{
   @autoreleasepool {
      NSDictionary *glossary;

      glossary = [NSDictionary dictionaryWithContentsOfFile: @"glossary"];

      for ( NSString *key in glossary )
         NSLog (@"%@: %@", key, glossary[key]);
   }
   return 0;
}
```

Programa 19.2 Saída

```
archiving: Storing an object for later use.
abstract class: A class defined so other classes can inherit from it.
adopt: To implement all the methods defined in a protocol
```

Suas listas de propriedades não precisam ser criadas a partir de um programa Objective-C; a lista de propriedades pode vir de qualquer fonte. Você pode fazer suas próprias listas de propriedades usando um editor de texto simples ou pode usar o programa Property List Editor, localizado no diretório /Developer/Applications/Utilities em sistemas OS X. Se você pretende trabalhar com listas de propriedades em seus aplicativos, talvez queira dar uma olhada na classe NSPropertyListSerialization, que permite escrever e ler listas de propriedades de arquivos de maneira portável quanto à máquina.

Arquivamento com NSKeyedArchiver

Uma estratégia mais flexível permite salvar qualquer tipo de objetos em um arquivo, não apenas strings, arrays e dicionários. Isso é feito por meio da criação de um repositório de arquivos *com chaves*, usando a classe NSKeyedArchiver.

O Mac OS X suporta repositórios de arquivos com chaves desde a versão 10.2. Antes disso, eram criados repositórios de arquivos *sequenciais* com a classe NSArchiver. Os repositórios de arquivos sequenciais exigem que os dados sejam lidos precisamente na mesma ordem em que foram escritos.

Um repositório de arquivos com chaves é aquele no qual cada campo tem um nome. Quando arquiva um objeto, você dá um nome, ou *chave*, a ele. Quando o recupera do repositório de arquivos, você o recupera pela mesma chave. Desse modo, os objetos podem ser escritos no repositório de arquivos e recuperados em qualquer ordem. Além disso, se novas variáveis de instância são adicionadas ou removidas de uma classe, seu programa pode levar isso em conta.

O Programa 19.3 mostra que o glossário pode ser salvo em um arquivo no disco usando o método archiveRootObject:toFile: da classe NSKeyedArchiver.

Programa 19.3

```
#import <Foundation/Foundation.h>

int main (int argc, char * argv[])
{
   @autoreleasepool {
      NSDictionary *glossary = @{
         @"abstract class":
            @"A class defined so other classes can inherit from it.",
         @"adopt":
            @"To implement all the methods defined in a protocol",
         @"archiving":
            @"Storing an object for later use. "
      };
      [NSKeyedArchiver archiveRootObject: glossary toFile:
         @"glossary.archive"];

   }
   return 0;
}
```

O Programa 19.3 não produz nenhuma saída no terminal. No entanto, a instrução

`[NSKeyedArchiver archiveRootObject: glossary toFile: @"glossary.archive"];`

escreve o dicionário glossary no arquivo glossary.archive. Qualquer nome de caminho pode ser especificado para o arquivo. Nesse caso, o arquivo é escrito no diretório atual.

O arquivo de repositório criado pode ser lido em seu programa posteriormente, usando o método `unarchiveObjectWithFile:` de `NSKeyedUnarchiver`, conforme é feito no Programa 19.4.

Programa 19.4

```
#import <Foundation/Foundation.h>

int main (int argc, char * argv[])
{
   @autoreleasepool {
      NSDictionary *glossary;

      glossary = [NSKeyedUnarchiver unarchiveObjectWithFile:
                     @"glossary.archive"];

      for ( NSString *key in glossary )
         NSLog (@"%@: %@", key, [glossary[key]]);
   }
   return 0;
}
```

Programa 19.4 Saída

```
abstract class: A class defined so other classes can inherit from it.
adopt: To implement all the methods defined in a protocol
archiving: Storing an object for later use.
```

A instrução

```
glossary = [NSKeyedUnarchiver unarchiveObjectWithFile:
                @"glossary.archive"];
```

faz o arquivo especificado ser aberto e seu conteúdo lido. Esse arquivo deve ser o resultado de uma operação de arquivamento anterior. Você pode especificar um nome de caminho completo para o arquivo ou um nome de caminho relativo, como no exemplo.

Após o glossário ser restaurado, o programa simplesmente enumera seu conteúdo para confirmar que a restauração foi bem-sucedida.

Escrevendo métodos de codificação e decodificação

Os objetos de classe básicos de Objective-C, como `NSString`, `NSArray`, `NSDictionary`, `NSSet`, `NSDate`, `NSNumber` e `NSData`, podem ser arquivados e restaurados da maneira que acabamos de descrever. Isso inclui também os objetos aninhados, como um array contendo um string ou mesmo outros objetos array.

Isso significa que você não pode arquivar `AddressBook` (que desenvolvemos no Capítulo 15, "Números, strings e coleções") diretamente usando essa técnica, pois o sistema Objective-C não sabe como arquivar um objeto `AddressBook`. Se você tentar arquivá-lo, inserindo uma linha como

```
[NSKeyedArchiver archiveRootObject: myAddressBook toFile: @"addrbook.arch"];
```

em seu programa, obterá a mensagem a seguir, se executá-lo:

```
*** -[AddressBook encodeWithCoder:]: selector not recognized
*** Uncaught exception: <NSInvalidArgumentException>
*** -[AddressBook encodeWithCoder:]: selector not recognized
archiveTest: received signal: Trace/BPT trap
```

A partir das mensagens de erro, você pode ver que o sistema estava procurando um método chamado `encodeWithCoder:` na classe `AddressBook`, mas esse método nunca foi definido.

Para arquivar objetos, além daqueles listados, você precisa dizer ao sistema como deve arquivar, ou *codificar*, seus objetos e também como deve desarquivá-los, ou *decodificá-los*. Isso é feito adicionando os métodos `encodeWithCoder:` e `initWithCoder:` em suas definições de classe, de acordo com o protocolo `<NSCoding>`. Para nosso exemplo de agenda de endereços, você precisaria adicionar esses métodos nas classes `AddressBook` e `AddressCard`.

O método `encodeWithCoder:` é chamado sempre que o arquivador quer codificar um objeto da classe especificada, e o método diz como deve fazer isso. De maneira semelhante, o método `initWithCoder:` é chamado sempre que um objeto da classe especificada deve ser decodificado.

Em geral, o método codificador deve especificar como cada variável de instância deve ser arquivada no objeto que você deseja salvar. Felizmente, você tem ajuda para fazer isso. Para as classes básicas de Objective-C descritas anteriormente, você pode usar o método `encodeObject:forKey:`. Para os tipos de dados básicos C subjacentes (como inteiros e floats), você usa um dos métodos listados na Tabela 19.1. O método decodificador, `initWithCoder:`, funciona ao contrário: você usa `decodeObject:forKey:` para decodificar as classes básicas de Objective-C e o método decodificador apropriado, mostrado na Tabela 19.1, para os tipos de dados básicos.

Tabela 19.1 Codificando e decodificando tipos de dados básicos em arquivamentos com chaves

Codificador	Decodificador
encodeBool:forKey:	decodeBool:forKey:
encodeInt:forKey:	decodeInt:forKey:
encodeInt32:forKey:	decodeInt32:forKey:
encodeInt64: forKey:	decodeInt64:forKey:
encodeFloat:forKey:	decodeFloat:forKey:
encodeDouble:forKey:	decodeDouble:forKey:

O Programa 19.5 adiciona os dois métodos de codificação e decodificação nas classes `AddressCard` e `AddressBook`.

Programa 19.5 **Arquivo de interface** `Addresscard.h`

```
#import <Foundation/Foundation.h>

@interface AddressCard: NSObject <NSCoding, NSCopying>

@property (copy, nonatomic) NSString *name, *email;

-(void) setName: (NSString *) theName andEmail: (NSString *) theEmail;
-(NSComparisonResult) compareNames: (id) element;
-(void) print;

// Método adicional do protocolo NSCopying
-(void) assignName: (NSString *) theName andEmail: (NSString *) theEmail;

@end
```

Estes são os dois novos métodos utilizados para sua classe `AddressCard` a serem adicionados no arquivo de implementação:

```
-(void) encodeWithCoder: (NSCoder *) encoder
{
    [encoder encodeObject: name forKey: @"AddressCardName"];
    [encoder encodeObject: email forKey: @"AddressCardEmail"];
}

-(id) initWithCoder: (NSCoder *) decoder
{
    name = [decoder decodeObjectforKey: @"AddressCardName"];
    email = [decoder decodeObjectforKey: @"AddressCardEmail"];

    return self;
}
```

O método de codificação `encodeWithCoder:` recebe como argumento um objeto `NSCoder`. Como sua classe `AddressCard` herda diretamente de `NSObject`, você não precisa se preocupar com a codificação de variáveis de instância herdadas. Se precisasse e se soubesse que a superclasse de sua classe obedece ao protocolo `NSCoding`, você deveria começar seu método de codificação com uma instrução como a seguinte, para garantir que as variáveis de instância herdadas fossem codificadas:

`[super encodeWithCoder: encoder];`

Sua agenda de endereços tem duas variáveis de instância, chamadas `name` e `email`. Como ambas são objetos `NSString`, você pode usar o método `encodeObject:forKey:` para codificar cada uma delas por vez. Então, essas duas variáveis de instância são adicionadas no repositório de arquivos.

O método `encodeObject:forKey:` codifica um objeto e o armazena na chave especificada para recuperação posterior usando essa chave. Os nomes de chave são arbitrários; portanto, desde que você use para recuperar (decodificar) os dados o mesmo nome que usou quando os arquivou (codificou), pode especificar qualquer chave. A única possibilidade de surgir um conflito é se a mesma chave for usada para uma subclasse de um objeto que está sendo codificado. Para evitar que isso aconteça, você pode inserir o nome da classe na frente do nome da variável de instância ao compor a chave para o repositório de arquivos, como foi feito no Programa 19.5.

Note que `encodeObject:forKey:` pode ser usado para qualquer objeto que tenha implementado um método `encodeWithCoder:` correspondente em sua classe.

O processo de decodificação funciona da maneira inversa. O argumento passado para `initWithCoder:` é, novamente, um objeto `NSCoder`. Você não precisa se preocupar com esse argumento; basta lembrar que ele recebe as mensagens para cada objeto a ser extraído do repositório de arquivos.

Novamente, como a classe `AddressCard` herda diretamente de `NSObject`, você não precisa se preocupar com a decodificação de variáveis de instância herdadas. Se precisasse, você inseriria uma linha como esta no início de seu método decodificador (supondo que a superclasse de sua classe obedecesse ao protocolo `NSCoding`):

`self = [super initWithCoder: decoder];`

Então, cada variável de instância seria decodificada chamando o método `decodeObject:ForKey:` e passando a mesma chave que foi usada para codificar a variável.

Analogamente, para sua classe `AddressCard` você adiciona métodos de codificação e decodificação na classe `AddressBook`. A única linha que precisa ser alterada no arquivo de interface é a diretiva `@interface`, para declarar que agora a classe `AddressBook` obedece ao protocolo `NSCoding`. A alteração é a seguinte:

`@interface AddressBook: NSObject <NSCoding, NSCopying>`

Aqui estão as definições de método para incluir no arquivo de implementação:

```
-(void) encodeWithCoder: (NSCoder *) encoder
{
   [encoder encodeObject: bookName forKey: @"AddressBookBookName"];
   [encoder encodeObject: book forKey: @"AddressBookBook"];
}

-(id) initWithCoder: (NSCoder *) decoder
{
   bookName = [decoder decodeObjectForKey: @"AddressBookBookName"];
   book = [decoder decodeObjectForKey: @"AddressBookBook"];

   return self;
}
```

O programa de teste é mostrado a seguir como o Programa 19.6.

Programa 19.6 **Programa de teste**

```objc
#import "AddressBook.h"

int main (int argc, char * argv[])
{
    @autoreleasepool {
        NSString *aName = @"Julia Kochan";
        NSString *aEmail = @"jewls337@axlc.com";
        NSString *bName = @"Tony Iannino";
        NSString *bEmail = @"tony.iannino@techfitness.com";
        NSString *cName = @"Stephen Kochan";
        NSString *cEmail = @"steve@steve_kochan.com";
        NSString *dName = @"Jamie Baker";
        NSString *dEmail = @"jbaker@hitmail.com";

        AddressCard *card1 = [[AddressCard alloc] init];
        AddressCard *card2 = [[AddressCard alloc] init];
        AddressCard *card3 = [[AddressCard alloc] init];
        AddressCard *card4 = [[AddressCard alloc] init];

        AddressBook *myBook = [AddressBook alloc];

        // Primeiro, atribui quatro fichas de endereço

        [card1 setName: aName andEmail: aEmail];
        [card2 setName: bName andEmail: bEmail];
        [card3 setName: cName andEmail: cEmail];
        [card4 setName: dName andEmail: dEmail];

        myBook = [myBook initWithName: @"Steve's Address Book"];

        // Adiciona algumas fichas na agenda de endereços

        [myBook addCard: card1];
        [myBook addCard: card2];
        [myBook addCard: card3];
        [myBook addCard: card4];

        [myBook sort];

        if ([NSKeyedArchiver archiveRootObject: myBook toFile:
              @"addrbook.arch"] == NO)
                NSLog (@"archiving failed");
    }
    return 0;
}
```

Esse programa cria a agenda de endereços e então a arquiva em addrbook.arch. No processo de criação do arquivo de repositório, perceba que foram chamados os métodos de codificação da classe `AddressBook` e da classe `AddressCard`. Se quiser uma prova, você pode adicionar algumas chamadas de `NSLog` nesses métodos.

O Programa 19.7 mostra como você pode ler o repositório de arquivos na memória para definir a agenda de endereços a partir de um arquivo.

Programa 19.7

```
#import "AddressBook.h"

int main (int argc, char * argv[])
{
   AddressBook      *myBook;
   @autoreleasepool {
      myBook = [NSKeyedUnarchiver unarchiveObjectWithFile: @"addrbook.arch"];

      [myBook list];
   }
   return 0;
}
```

Programa 19.7 Saída

```
======== Contents of: Steve's Address Book =========
Jamie Baker           jbaker@hitmail.com
Julia Kochan          jewls337@axlc.com
Stephen Kochan        steve@steve_kochan.com
Tony Iannino          tony.iannino@techfitness.com
=====================================================
```

No processo de desarquivamento da agenda de endereços, os métodos de decodificação adicionados em suas duas classes foram chamados automaticamente. Observe como você pode ler facilmente a agenda de endereços de volta no programa.

Conforme mencionado, o método `encodeObject:forKey:` funciona para classes internas e para classes para as quais você escreve seus métodos de codificação e decodificação de acordo com o protocolo `NSCoding`. Se sua instância contém alguns tipos de dados básicos, como inteiros ou floats, você precisa saber codificá-los e decodificá-los (veja a Tabela 19.1).

Aqui está uma definição simples para uma classe chamada `Foo` que contém três variáveis de instância – uma é `NSString`, outra é `int` e a terceira é `float`. A classe tem um método setter, três métodos getter e dois métodos de codificação/decodificação a serem utilizados para arquivamento:

```
@interface Foo: NSObject <NSCoding>

@property (copy, nonatomic) NSString *strVal;
@property int intVal;
@property float floatVal;
@end
```

O arquivo de implementação é o seguinte:

```
@implementation Foo

@synthesize strVal, intVal, floatVal;

-(void) encodeWithCoder: (NSCoder *) encoder
{
   [encoder encodeObject: strVal forKey: @"FoostrVal"];
   [encoder encodeInt: intVal forKey: @"FoointVal"];
   [encoder encodeFloat: floatVal forKey: @"FoofloatVal"];
}

-(id) initWithCoder: (NSCoder *) decoder
{
   strVal = [decoder decodeObjectForKey: @"FoostrVal"];
   intVal = [decoder decodeIntForKey: @"FoointVal"];
   floatVal = [decoder decodeFloatForKey: @"FoofloatVal"];

   return self;
}
@end
```

Primeiro, a rotina de codificação codifica o valor de string strVal usando o método encodeObject:forKey:, conforme foi mostrado anteriormente.

No Programa 19.8, um objeto Foo é criado, colocado em um arquivo de repositório, desarquivado e depois exibido.

Programa 19.8 Programa de teste

```
#import <Foundation/Foundation.h>
#import "Foo.h"      // Definição de nossa classe Foo

int main (int argc, char * argv[])
{
   @autoreleasepool {
      Foo *myFoo1 = [[Foo alloc] init];
      Foo *myFoo2;

      myFoo1.strVal = @"This is the string";
      myFoo1.intVal = 12345;
      myFoo1.floatVal = 98.6;

      [NSKeyedArchiver archiveRootObject: myFoo1 toFile: @"foo.arch"];

      myFoo2 = [NSKeyedUnarchiver unarchiveObjectWithFile: @"foo.arch"];
      NSLog (@"%@\n%i\n%g", myFoo2.strVal, myFoo2.intVal,
             myFoo2.floatVal);
```

```
    }
    return 0;
}
```

Programa 19.8   Saída

```
This is the string
12345
98.6
```

As mensagens a seguir arquivam as três variáveis de instância do objeto:

```
[encoder encodeObject: strVal forKey: @"FoostrVal"];
[encoder encodeInt: intVal forKey: @"FoointVal"];
[encoder encodeFloat: floatVal forKey: @"FoofloatVal"];
```

Alguns dos tipos de dados básicos, como char, short, long e long long, não estão listados na Tabela 19.1; você deve determinar o tamanho de seu objeto dados e utilizar a rotina apropriada. Por exemplo, normalmente um short int tem 16 bits, um int e um long podem ter 32 ou 64 bits e um long long tem 64 bits. (Você pode usar o operador sizeof, descrito no Capítulo 13, "Recursos subjacentes da linguagem C", para determinar o tamanho de qualquer tipo de dados.) Assim, para arquivar um short int, armazene-o primeiro em um int e depois arquive-o com encodeIntForKey:. Inverta o processo para obtê-lo de volta: use decodeIntForKey: e então atribua-o à sua variável short int.

Usando NSData para criar repositórios de arquivo personalizados

Talvez você não queira escrever seu objeto diretamente em um arquivo usando o método archiveRootObject:ToFile:, como foi feito nos exemplos de programa anteriores. Por exemplo, talvez você queira reunir alguns de seus objetos ou todos eles e armazená-los em um único arquivo de repositório. Você pode fazer isso em Objective-C usando a classe de objeto dados chamada NSData, conforme mencionado brevemente no Capítulo 16, "Trabalhando com arquivos".

Conforme mencionado no Capítulo 16, um objeto NSData pode ser usado para reservar uma área de memória na qual você pode armazenar dados. Os usos típicos dessa área de dados podem ser para fornecer armazenamento temporário para dados que serão escritos subsequentemente em um arquivo ou talvez para guardar o conteúdo de um arquivo lido do disco. A maneira mais simples de criar uma área de dados mutáveis é com o método data:

```
dataArea = [NSMutableData data];
```

Isso cria um espaço de buffer vazio cujo tamanho se expande, conforme o necessário, quando o programa está em execução.

Como um exemplo simples, vamos supor que você queira arquivar sua agenda de endereços e um de seus objetos Foo no mesmo arquivo. Para esse exemplo, suponha que você adicionou métodos de arquivamento com chaves nas classes AddressBook e AddressCard (veja o Programa 19.9).

Programa 19.9

```
#import "AddressBook.h"
#import "Foo.h"


int main (int argc, char * argv[])
{
   @autoreleasepool {
      Foo                  *myFoo1 = [[Foo alloc] init];
      NSMutableData        *dataArea;
      NSKeyedArchiver      *archiver;
      AddressBook          *myBook;

      // Insira o código do Programa 19.7 para criar uma agenda de
      // endereços em myBook, contendo quatro fichas de endereço

      myFoo1.strVal = @"This is the string";
      myFoo1.intVal = 12345;
      myFoo1.floatVal = 98.6];

      // Configura uma área de dados e a conecta a um objeto NSKeyedArchiver
      dataArea = [NSMutableData data];

      archiver = [[NSKeyedArchiver alloc]
              initForWritingWithMutableData: dataArea];
      // Agora, começamos a arquivar objetos
      [archiver encodeObject: myBook forKey: @"myaddrbook"];
      [archiver encodeObject: myFoo1 forKey: @"myfoo1"];
      [archiver finishEncoding];

      // Escreve a área de dados arquivados em um arquivo
      if ([dataArea writeToFile: @"myArchive" atomically: YES] == NO)
         NSLog (@"Archiving failed!");
   }
   return 0;
}
```

Após a alocação de um objeto NSKeyedArchiver, a mensagem initForWritingWithMutableData: é enviada para especificar a área na qual os dados arquivados vão ser escritos; trata-se da área NSMutabledata dataArea que foi criada anteriormente. O objeto NSKeyedArchiver armazenado em archiver pode agora receber mensagens de codificação para arquivar objetos em seu programa. Na verdade, até receber uma mensagem finishEncoding, ele arquiva e armazena todas as mensagens de codificação na área de dados especificada.

Você tem dois objetos para codificar aqui: o primeiro é sua agenda de endereços e o segundo é seu objeto `Foo`. Você pode usar `encodeObject:forKey:` para esses objetos, pois implementou anteriormente os métodos codificador e decodificador para as classes `AddressBook`, `AddressCard` e `Foo`. (É importante entender esse conceito.)

Ao terminar de arquivar seus dois objetos, você envia a mensagem `finishEncoding` para o objeto `archiver`. Depois desse ponto, mais nenhum objeto pode ser codificado, e você precisa enviar essa mensagem para concluir o processo de arquivamento.

Agora, a área que você separou e chamou de `dataArea` contém seus objetos arquivados em uma forma que pode ser escrita em um arquivo. A expressão de mensagem

```
[dataArea writeToFile: @"myArchive" atomically: YES]
```

envia a mensagem `writeToFile:atomically:` para seu fluxo de dados para pedir que escreva seus dados no arquivo especificado, que você chamou de `myArchive`.

Como você pode ver na instrução `if`, o método `writeToFile:atomically:` retorna um valor `BOOL`: `YES` se a operação de escrita é bem-sucedida e `NO` se ela falha (talvez um nome de caminho inválido para o arquivo tenha sido especificado ou o sistema de arquivos está cheio).

Restaurar os dados de seu arquivo de repositório é simples: basta inverter as coisas. Primeiro, você precisa alocar uma área de dados, como antes. Em seguida, precisa ler seu arquivo de repositório na área de dados; depois, tem de criar um objeto `NSKeyedUnarchiver` e dizer a ele para que decodifique dados da área especificada. Você deve chamar métodos de decodificação para extrair e decodificar seus objetos arquivados. Ao terminar, você envia uma mensagem `finishDecoding` para o objeto `NSKeyedUnarchiver`.

Tudo isso é feito no Programa 19.10.

Programa 19.10

```objectivec
#import "AddressBook.h"
#import "Foo.h"

int main (int argc, char * argv[])
{
   @autoreleasepool {
      NSData              *dataArea;
      NSKeyedUnarchiver   *unarchiver;
      Foo                 *myFoo1;
      AddressBook         *myBook;
      // Lê o repositório de arquivos e conecta nele
      // um objeto NSKeyedUnarchiver

      dataArea = [NSData dataWithContentsOfFile: @"myArchive"];
```

```
        if (! dataArea) {
           NSLog (@"Can't read back archive file!");
           return 1;
        }

        unarchiver = [[NSKeyedUnarchiver alloc]
                 initForReadingWithData: dataArea];

        // Decodifica os objetos que armazenamos anteriormente no
        // repositório de arquivos
        myBook = [unarchiver decodeObjectForKey: @"myaddrbook"];
        myFoo1 = [unarchiver decodeObjectForKey: @"myfoo1"];

        [unarchiver finishDecoding];

        // Verifica se a restauração foi bem-sucedida
        [myBook list];
        NSLog (@"%@\n%i\n%g", myFoo1.strVal, myFoo1.intVal,
              myFoo1.floatVal);
     }
     return 0;
}
```

Programa 19.10 Saída

```
======== Contents of: Steve's Address Book =========
Jamie Baker           jbaker@hitmail.com
Julia Kochan          jewls337@axlc.com
Stephen Kochan        steve@steve_kochan.com
Tony Iannino          tony.iannino@techfitness.com
====================================================
This is the string
12345
98.6
```

A saída confirma que a agenda de endereços e seu objeto Foo foram restaurados com sucesso do arquivo de repositório.

Usando o arquivador para copiar objetos

No Programa 18.2, você tentou fazer uma cópia de um array contendo elementos string mutáveis e viu como é feita uma cópia rasa do array. Isto é, as strings em si não foram copiadas – somente as referências para elas é que foram copiadas.

Você pode usar os recursos de arquivamento da estrutura Foundation para criar uma cópia profunda de um objeto. Por exemplo, o Programa 19.11 copia dataArray em dataArray2, arquivando dataArray em um buffer e então desarquivando-o, atribuindo o resultado a dataArray2. Não é preciso usar um arquivo para esse processo; o arquivamento e o desarquivamento podem ocorrer na memória.

Programa 19.11

```objectivec
#import <Foundation/Foundation.h>

int main (int argc, char * argv[])
{
   @autoreleasepool {
      NSData         *data;
      NSMutableArray *dataArray = [NSMutableArray arrayWithObjects:
         [NSMutableString stringWithString: @"one"],
         [NSMutableString stringWithString: @"two"],
         [NSMutableString stringWithString: @"three"],
         nil
      ];

      NSMutableArray     *dataArray2;
      NSMutableString    *mStr;

      // Faz uma cópia profunda usando o arquivador

      data = [NSKeyedArchiver archivedDataWithRootObject: dataArray];
      dataArray2 = [NSKeyedUnarchiver unarchiveObjectWithData: data];

      mStr = dataArray2[0];
      [mStr appendString: @"ONE"];

      NSLog (@"dataArray: ");
      for ( NSString *elem in dataArray )
         NSLog (@"%@", elem);

      NSLog (@"\ndataArray2: ");
      for ( NSString *elem in dataArray2 )
         NSLog (@"%@", elem);
   }
   return 0;
}
```

Programa 19.11   Saída

```
dataArray:
one
two
three

dataArray2:
oneONE
two
three
```

A saída confirma que alterar o primeiro elemento de `dataArray2` não teve nenhum efeito no primeiro elemento de `dataArray`. Isso porque foi feita uma nova cópia da string por meio do processo de arquivamento/desarquivamento.

A operação de cópia no Programa 19.11 é efetuada com as duas linhas a seguir:

```
data = [NSKeyedArchiver archivedDataWithRootObject: dataArray];
dataArray2 = [NSKeyedUnarchiver unarchiveObjectWithData: data];
```

Você pode até evitar a atribuição intermediária e fazer a cópia com uma única instrução, como segue:

```
dataArray2 = [NSKeyedUnarchiver unarchiveObjectWithData:
  [NSKeyedArchiver archivedDataWithRootObject: dataArray]];
```

Talvez você queira se lembrar dessa técnica na próxima vez que precisar fazer uma cópia profunda de um objeto ou de um objeto que não suporta o protocolo `NSCopying`.

Exercícios

1. No Capítulo 6, "Tomando decisões", o Programa 6.10A gerava uma tabela de números primos. Modifique esse programa para armazenar os números dentro de um objeto `NSMutableArray`. Em seguida, escreva o array resultante como uma lista de propriedades XML no arquivo `primes.pl`. Examine o conteúdo do arquivo.

2. Escreva um programa para ler a lista de propriedades XML criada no Exercício 1 e armazenar os valores em um objeto array. Exiba todos os elementos do array para confirmar se a operação de restauração foi bem-sucedida.

3. Modifique o programa 19.2 para exibir o conteúdo de uma das listas de propriedades XML (arquivos .plist) armazenadas na pasta /Library/Preferences.

4. Escreva um programa para ler um objeto `AddressBook` arquivado e procurar uma entrada com base em um nome fornecido na linha de comando, como segue:

   ```
   $ lookup gregory
   ```

20
Introdução a Cocoa e Cocoa Touch

Ao longo deste livro, você desenvolveu programas que tinham uma interface de usuário simples. Você contou com a rotina NSLog para exibir a saída na forma de linhas de texto simples. No entanto, apesar de essa rotina ser útil, ela tem recursos muito limitados. Certamente, outros programas utilizados no Mac ou no iPhone não são tão pouco amigáveis. Na verdade, a reputação do Mac é baseada em suas caixas de diálogo amigáveis para o usuário e na facilidade de uso. Felizmente, é aí que o Xcode e sua ferramenta interna de projeto de interface de usuário vêm em auxílio. Essa combinação não apenas oferece um poderoso ambiente para desenvolvimento de programas, consistindo em ferramentas de edição e depuração e acesso conveniente à documentação online, mas também fornece um ambiente para desenvolver facilmente sofisticadas interfaces gráficas do usuário (GUIs, graphical user interfaces).

Os frameworks que fornecem o suporte para seus aplicativos Mac OS X proporcionarem uma rica experiência para o usuário são chamados Cocoa, que na verdade consistem em três frameworks: Foundation, que você já conhece; Core Data, para armazenar e gerenciar facilmente dados orientados para banco de dados; e Application Kit (AppKit). Este último fornece as classes associadas a janelas, botões, listas, etc.

Camadas de framework

Frequentemente, é usado um diagrama para ilustrar as diferentes camadas que separam o aplicativo, no nível superior, do hardware subjacente. A Figura 20.1 ilustra uma dessas representações.

O *kernel* (núcleo) fornece a comunicação de baixo nível com o hardware, na forma de *drivers de dispositivo*. Ele gerencia os recursos do sistema, o que inclui escalonar a execução de programas, gerenciar memória e energia, e executar operações de E/S básicas.

Conforme seu nome implica, os *Serviços Básicos* dão suporte em um nível mais baixo ou "básico" do que o fornecido nas camadas acima deles. Por exemplo, aqui você encontra suporte para coleções, ligação em rede, depuração, gerenciamento de arquivo, pastas, gerenciamento de memória, threads, tempo e energia.

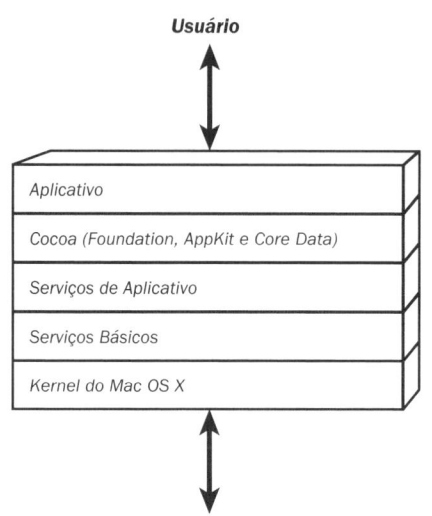

Usuário

```
| Aplicativo                                |
| Cocoa (Foundation, AppKit e Core Data)    |
| Serviços de Aplicativo                    |
| Serviços Básicos                          |
| Kernel do Mac OS X                        |
```

Recursos do computador (memória, disco, vídeo, etc.)

Figura 20.1 A hierarquia de aplicativos.

A camada de *Serviços de Aplicativo* contém suporte para impressão e geração de imagens, incluindo Quartz, OpenGL e QuickTime.

Imediatamente abaixo de seu aplicativo fica a camada Cocoa. Conforme mencionado, *Cocoa* inclui os frameworks Foundation, Core Data e AppKit. Foundation oferece classes para se trabalhar com coleções, strings, gerenciamento de memória, sistema de arquivos, arquivamento, etc. AppKit fornece classes para gerenciar modos de visualização, janelas, documentos e a rica interface do usuário pela qual o Mac OS X é bem conhecido.

A partir dessa descrição, parece haver duplicação de funcionalidade entre algumas das camadas. Existem coleções nas camadas Cocoa e Serviços Básicos. No entanto, a primeira complementa o suporte da última. Além disso, em alguns casos uma camada pode ser evitada ou "saltada". Por exemplo, algumas classes da estrutura Foundation, como aquelas que tratam com o sistema de arquivos, contam diretamente com a funcionalidade da camada de Serviços Básicos e, assim, ignoram a camada de Serviços de Aplicativo. Em muitos casos, o framework Foundation define um mapeamento orientado a objetos de estruturas de dados definidas na camada de Serviços Básicos de nível mais baixo (que é escrita principalmente na linguagem procedural C).

Cocoa Touch

Equipamentos iOS, como o iPhone, o iPod touch e o iPad, contêm um computador que executa uma versão reduzida do Mac OS X. Alguns recursos encontrados nos equipamentos iOS, como acelerômetros e sensores de proximidade, são exclusivos desses equipamentos, não sendo encontrados em outros computadores Mac OS X, como o MacBook Pros ou iMacs.

> **Nota**
>
> Na verdade, os notebooks Mac contêm um acelerômetro para que o disco rígido possa ser recolhido se o computador cair; contudo, você não pode acessar esse acelerômetro diretamente de seus programas.

Enquanto os frameworks Cocoa são projetados para desenvolvimento de aplicativos para computadores de mesa e notebooks Mac OS X, os frameworks Cocoa Touch servem para aplicativos destinados a equipamentos iOS.

Tanto Cocoa como Cocoa Touch têm os frameworks Foundation e Core Data em comum. No entanto, UIKit substitui AppKit no Cocoa Touch, fornecendo suporte para muitos dos mesmos tipos de objetos, como janelas, modos de visualização, botões, campos de texto, etc. Além disso, o framework Cocoa Touch fornece classes para se trabalhar com acelerômetro, giroscópio, triangulação de sua localização com GPS e sinais de Wi-Fi, e a interface movida a toque, além de eliminar as classes desnecessárias.

Isso conclui esta breve visão geral das estruturas Cocoa e Cocoa Touch. No próximo capítulo, você aprenderá como escrever um aplicativo para o iPhone, usando o simulador que faz parte do kit de desenvolvimento de software (SDK) do iOS.

21
Escrevendo aplicativos iOS

Neste capítulo, você vai desenvolver dois aplicativos simples para iPhone. O primeiro ilustra alguns conceitos fundamentais relacionados ao uso da ferramenta de projeto de interface incorporada ao Xcode, ao estabelecimento de conexões e ao entendimento de *delegados*, *outlets* e *ações*. No segundo aplicativo para iPhone, você vai construir uma calculadora de frações. Ele combina o que você aprendeu ao desenvolver o primeiro aplicativo com o que aprendeu no restante do livro. Os mesmos princípios aprendidos aqui também podem ser usados para desenvolver aplicativos para outros dispositivos iOS.

O SDK do iOS

Para escrever um aplicativo para iPhone, você precisa instalar o Xcode e o kit de desenvolvimento de software (SDK, software development kit) do iOS. Esse SDK está disponível gratuitamente no site da Apple. Para baixar o SDK, você deve primeiro se registrar como Desenvolvedor da Apple. Esse processo também é gratuito. Para chegar aos links apropriados, você pode começar em developer.apple.com e navegar até o ponto apropriado. É uma excelente ideia conhecer esse site.

As discussões deste capítulo são baseadas no Xcode 4.5 e no SDK do iOS para iOS 6. Versões posteriores de um ou de outro devem ser compatíveis com o que está descrito aqui. Se você notar que suas telas parecem diferentes das mostradas, pode ser que esteja usando uma versão de Xcode diferente. Nesse caso, consulte o fórum em classroomM.com/objective-c para obter informações atualizadas.

Seu primeiro aplicativo para iPhone

O primeiro aplicativo mostra como você pode colocar uma janela de cor preta na tela do iPhone, permitir que o usuário pressione um botão e então exibir algum texto em resposta ao pressionamento desse botão.

> **Nota**
>
> O segundo aplicativo é mais divertido! Você usa o conhecimento obtido com o primeiro aplicativo para construir uma calculadora simples que efetua operações com frações. Você pode usar a classe `Fraction` com que trabalhou anteriormente no livro, assim como uma classe `Calculator` modificada. Desta vez, sua calculadora precisa saber trabalhar com frações.

Vamos direto ao primeiro programa. Este capítulo não aborda todos os detalhes; conforme mencionado, simplesmente não há espaço suficiente para fazer isso aqui. Em vez disso, o conduziremos pelas etapas para proporcionar a você a base necessária para explorar e aprender mais conceitos por conta própria com um texto sobre programação de Cocoa ou iOS diferente.

A Figura 21.1 mostra o primeiro aplicativo que você desenvolverá para o iPhone, executando em um simulador de iPhone (mais sobre isso em breve).

Figura 21.1 Primeiro aplicativo para iPhone.

Esse aplicativo é projetado de modo que, quando você pressiona o botão rotulado como 1, o algarismo correspondente aparece na tela (veja a Figura 21.2). Isso é tudo que ele faz! Esse aplicativo simples prepara o terreno para o segundo, o aplicativo de calculadora de frações.

Neste ponto do livro, você deve se sentir à vontade usando o Xcode, caso o tenha utilizado para inserir e testar seus programas. Desta vez, também usamos um recurso do Xcode que permite projetar a interface do usuário (UI, user interface) colocando elementos como tabelas, rótulos e botões em uma janela semelhante à tela do iPhone. Assim como qualquer ferramenta de desenvolvimento poderosa, é necessário acostumar-se a usar esse recurso.

> **Nota**
>
> Antes do lançamento do Xcode 4, a interface do usuário era projetada com um aplicativo separado, chamado Interface Builder.

Figura 21.2 Resultados do aplicativo para iPhone.

A Apple distribui um simulador de iPhone como parte do SDK do iOS. O simulador reproduz grande parte do ambiente do iPhone, incluindo sua tela inicial, o navegador Safari, o aplicativo Contatos, etc. O simulador torna muito mais fácil depurar seus aplicativos; não é preciso baixar cada iteração de seu aplicativo em um iPhone real e, então, depurá-la lá. Isso pode fazer você economizar muito tempo e esforço.

Para executar aplicativos em um dispositivo iOS, você precisa se registrar no programa de desenvolvedor de iOS e pagar uma taxa de US$99 (quando este livro estava sendo produzido) para a Apple. Em troca, você recebe um código de ativação para um iOS Development Certificate (certificado de desenvolvimento de iOS) que permite testar e instalar aplicativos em um dispositivo iOS. Infelizmente, você não pode desenvolver aplicativos (nem para seu próprio dispositivo iOS) sem passar por esse processo. Note que o aplicativo que desenvolvemos neste capítulo será carregado e testado no simulador de iPhone e não em um iPhone real.

Criando um novo projeto de aplicativo para iPhone

Vamos voltar ao desenvolvimento de seu primeiro aplicativo. Depois de instalar o SDK do iOS, inicie o aplicativo Xcode. Selecione File, New, New Project. No iOS (e se você não vir isso no painel esquerdo, não instalou o SDK do iOS), clique em Application. Você deverá ver uma janela como a mostrada na Figura 21.3.

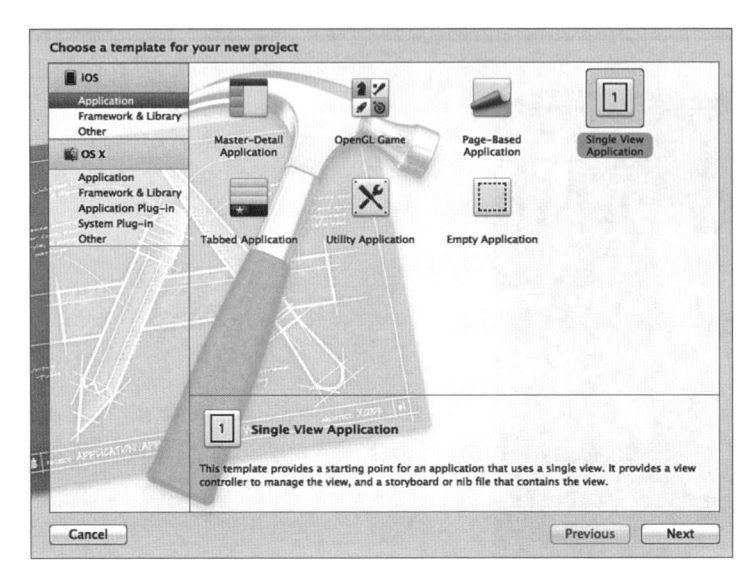

Figura 21.3 Iniciando um novo projeto iOS.

Aqui, você vê modelos que fornecem ponto de partida para diferentes tipos de aplicativos, conforme resumido na Tabela 21.1.

Tabela 21.1 Modelos de aplicativo iOS

Tipo de aplicativo	Descrição
Master-Detail	Para um aplicativo que usa um controlador de navegação. Contatos é um exemplo de aplicativo deste tipo. Gera um aplicativo baseado em modo de visualização dividida para um equipamento de tela grande, como um iPad
OpenGL Game	Para aplicativos baseados em elementos gráficos OpenGL ES, como os games
Page-Based Application	Para um aplicativo que usa um controlador de modo de visualização de página para gerenciar a exibição de páginas
Single View Application	Para um aplicativo que começa com um único modo de visualização. Você desenha no modo de visualização e então exibe esse modo de visualização na janela

(continua)

Tabela 21.1 Modelos de aplicativo iOS

Tipo de aplicativo	Descrição
Tabbed Application	Para aplicativos que usam uma barra com guias. Um exemplo é o aplicativo Música
Utility Application	Para um aplicativo que tem um modo de visualização rebatido. O aplicativo Ações é um exemplo desse tipo
Empty Application	Para um aplicativo que começa apenas com a janela principal do iPhone. Você pode usá-lo como ponto de partida para qualquer aplicativo

Voltando à janela New Project, selecione Single View Application no painel superior direito e, em seguida, clique no botão Next. Digite **iPhone_1** para Product Name, não importa o que escolha para Organization Name e Company Identifier, configure Devices como iPhone, marque a caixa de seleção Use Automatic Reference Counting e desmarque Use Storyboards e Include Unit Tests. Sua tela deve ser semelhante à Figura 21.4.

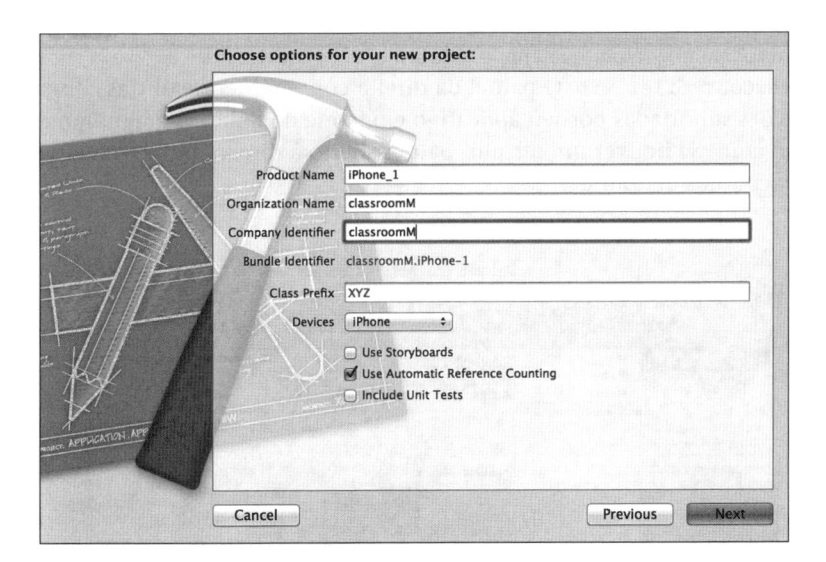

Figura 21.4 Selecionando opções de projeto.

> **Nota**
>
> Talvez você queira seguir a rota típica e especificar com.*empresa* para Company Identifier. Isso é conhecido como *nome de domínio reverso* e forma a base do que é conhecido como *identificador de pacote* em seu aplicativo.

Clique em Next. Você pode especificar onde vai criar sua nova pasta de projeto; não se preocupe se a caixa Source Control estiver marcada. Agora sua tela deve ser como a da Figura 21.5.

Figura 21.5 Especificando onde a pasta de projeto vai ser armazenada.

Agora, clique em Create. Como você sabe dos projetos anteriores que criou com Xcode, agora é criado um novo projeto contendo modelos para arquivos que você vai querer usar. Isso está na Figura 21.6, onde a pasta iPhone_1 mostra cinco arquivos: `AppDelegate.h`, `AppDelegate.m`, `ViewController.h`, `ViewController.m` e `ViewController.xib`. O painel da direita contém, dentre outras coisas, as orientações suportadas por seu aplicativo e o ícone do aplicativo. Ignoramos esse painel aqui. Se houver um terceiro painel aberto à direita, pode fechá-lo agora; não precisamos dele ainda.

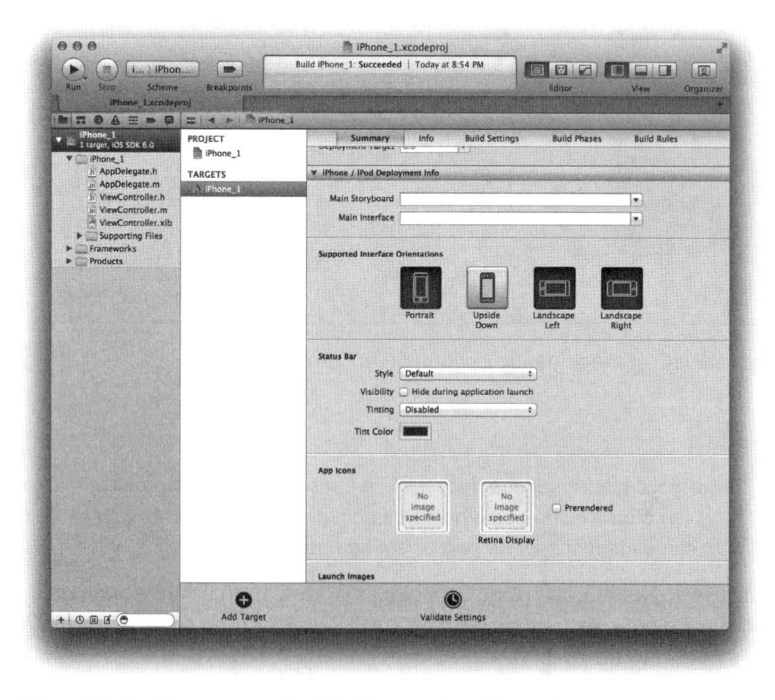

Figura 21.6 O novo projeto iOS iPhone_1 está criado.

Dependendo de suas configurações e dos usos anteriores do Xcode, sua janela pode não aparecer precisamente como ilustrado na Figura 21.6. Você pode optar por prosseguir com o seu layout atual do jeito que está ou tentar fazê-lo coincidir mais com a figura.

No canto superior esquerdo da janela do Xcode, você vê um menu suspenso chamado Scheme. Como não estamos desenvolvendo esse aplicativo para executar diretamente no iPhone, você quer que o SDK o configure para execução com o simulador de iPhone. Selecione o simulador de iPhone na janela Scheme, como mostrado na Figura 21.7.

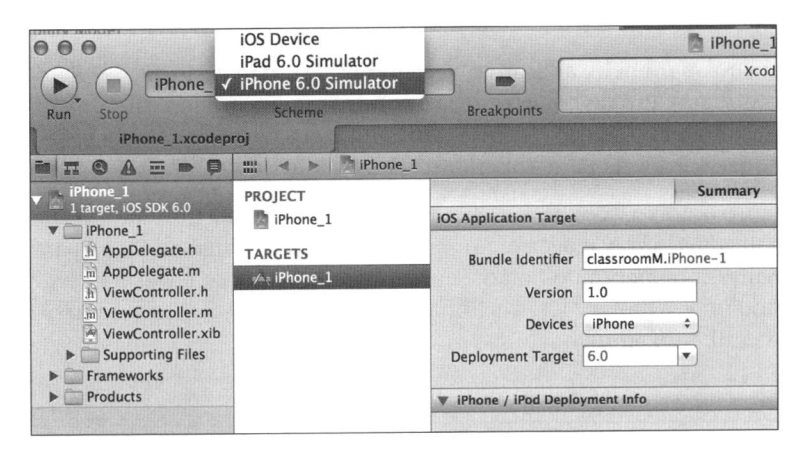

Figura 21.7 Selecionando o simulador de iPhone.

Inserindo seu código

Agora estamos prontos para modificar alguns de seus arquivos de projeto. Observe que foi criada uma classe chamada `AppDelegate`. Uma subclasse delegada de aplicativo é gerada para cada novo aplicativo iOS que você cria. Em geral, nessa classe estão os métodos que controlam a execução do aplicativo. Isso inclui coisas como o que fazer quando o aplicativo começa, quando ele entra e sai do segundo plano, quando o sistema diz a ele que está usando memória demais e quando ele termina. Não faremos alteração alguma nessa classe em nenhum dos dois exemplos deste capítulo.

Uma segunda classe também foi criada, chamada `ViewController`. Como você pode ver, o Xcode cria seções de interface e de implementação para você nos arquivos .h e .m correspondentes. Um controlador é responsável por gerenciar a exibição de um ou mais "modos de visualização" na tela de seu iPhone. Temos apenas um modo de visualização neste aplicativo, conforme ilustrado na Figura 21.1. Não é incomum os aplicativos apresentarem muitos modos de visualização diferentes e, portanto, ter vários controladores de modo de visualização para gerenciá-los.

Assim, nossa classe controladora de modo de visualização será responsável por tratar do evento de pressionamento do botão rotulado como 1. Lá, definiremos um método para responder a essa ação quando ela ocorrer na janela do iPhone – em nosso exemplo, o pressionamento de um botão. Você vai ver em breve como estabelecer a conexão entre esse evento e a execução de um método específico.

Seus objetos também podem ter variáveis de instância cujos valores correspondem a algum controle na janela de seu iPhone, como o nome em um rótulo ou o texto exibido em uma caixa de texto que pode ser editada. Essas variáveis são conhecidas como *outlets*, e você vai ver como conectar uma variável de instância a um controle real (*outlet*) na janela do iPhone.

Para nosso primeiro aplicativo, precisamos de um método que responda à ação do pressionamento do botão rotulado como 1. Também precisamos de uma variável de outlet que contenha (dentre outras informações) o texto a ser exibido no rótulo que criamos na parte superior da janela do iPhone.

Edite o arquivo `ViewController.h` para adicionar uma nova propriedade UILabel chamada `display` e declare um método de ação chamado `click1` para responder ao pressionamento do botão. Seu arquivo de interface deve aparecer como mostrado no Programa 21.1. (As linhas de comentário inseridas automaticamente no cabeçalho do arquivo não são mostradas aqui.)

Programa 21.1 `ViewController.h`

```objectivec
#import <UIKit/UIKit.h>

@interface ViewController: UIViewController

@property (strong, nonatomic) IBOutlet UILabel *display;

-(IBAction) click1;

@end
```

Observe que os aplicativos para iPhone importam o arquivo de cabeçalho `<UIKit/UIKit.h>`. Esse arquivo de cabeçalho, por sua vez, importa outros arquivos de cabeçalho da estrutura UIKit, de maneira semelhante a como o arquivo de cabeçalho `Foundation.h` importou outros arquivos de cabeçalho que você precisou, como `NSString.h` e `NSObject.h`.

Você adicionou uma propriedade pertencente à classe `UILabel`, chamada `display`. Essa será uma propriedade de outlet que será conectada a um rótulo. Quando você configura o campo de texto dessa propriedade, isso atualiza o texto correspondente do rótulo na janela. Outros métodos definidos para a classe `UILabel` permitem definir e recuperar outros atributos de um rótulo, como sua cor, o número de linhas e o tamanho do texto.

À medida que aprender mais sobre programação de iOS, você vai querer usar em sua interface outras classes que não descreveremos aqui. Os nomes de algumas delas dão um indício de seus propósitos: `UITextField`, `UIFont`, `UIView`, `UITable-View`, `UIImageView`, `UIImage`, `UISlider` e `UIButton`.

A propriedade `display` é um outlet e, na declaração da propriedade, observe o uso do identificador `IBOutlet`. Na verdade, `IBOutlet` está definido (com #define) como nada no arquivo de cabeçalho UIKit `UINibDeclarations.h`. (Isto é, ele é literalmente substituído por nada no arquivo-fonte pelo pré-processador.) No entanto, ele é necessário, pois o Xcode procura identificadores `IBOutlet` ao ler o arquivo de cabeçalho para determinar quais de suas variáveis podem ser usadas como outlets e podem ser conectadas aos elementos apropriados da interface do usuário.

O método `click1` é definido de forma a retornar um valor de tipo `IBAction`. (Isso está definido como void no arquivo de cabeçalho `UINibDeclarations.h`.) Assim como no caso de `IBOutlet`, o Xcode usa esse identificador ao examinar o arquivo de cabeçalho para reconhecer métodos que possam ser usados como ações; isto é, que possam responder aos eventos que ocorrem a partir da ativação dos controles que você colocou no editor de interface do usuário.

Essa é a hora de modificar o arquivo de implementação `ViewController.m` correspondente de sua classe. Aqui, você sintetiza os métodos de acesso de sua propriedade `display`.

Agora, edite o arquivo de implementação e adicione a diretiva `@synthesize` e a definição do método `click1`, conforme mostrado no Programa 21.1. (Note que o Xcode adicionou alguns métodos "stub" em sua implementação, que não modificaremos.)

Programa 21.1 `ViewController.m`

```
#import "ViewController.h"

@interface ViewController ()

@end

@implementation ViewController

@synthesize display;

-(IBAction) click1
{
display.text = @"1";
}

- (void)viewDidLoad
{
    [super viewDidLoad];
    // Realiza qualquer configuração adicional após carregar o modo de
    // visualização, normalmente a partir de um nib.
}

- (void)didReceiveMemoryWarning
{
```

```
    [super didReceiveMemoryWarning];
    // Desfaz-se de quaisquer recursos que possam ser recriados.
}

@end
```

Observe que o Xcode adicionou uma extensão em sua classe que pode ser usada para definir métodos de propriedades privados:

```
@interface ViewController ()

@end
```

Métodos privados são métodos que só serão usados dentro da seção de implementação de sua classe. (O Capítulo 11, "Categorias e protocolos", abordou as extensões de classe.)

O método `click1` configura a variável de outlet `display` com a string 1, configurando a propriedade `text` de `UILabel`. Depois de você conectar o pressionamento do botão à chamada desse método, ele pode executar a ação desejada de colocar 1 na tela da janela do iPhone. Para estabelecer a conexão, você precisa agora aprender a usar a ferramenta de projeto de interface incorporada ao Xcode.

Projetando a interface

Na Figura 21.4 (e na janela principal do Xcode), observe um arquivo chamado `ViewController.xib`. Um arquivo `xib` (tradicionalmente referido como arquivo *nib*, porque a extensão era `nib`) contém informações sobre a interface do usuário de seu programa, incluindo informações sobre suas janelas, botões, rótulos, barras com guias, campos de texto, etc. Evidentemente, você ainda não tem uma interface de usuário! Essa é a próxima etapa.

Selecione o arquivo `ViewController.xib` no painel esquerdo. Isso faz a ferramenta de projeto de interface aparecer, como mostrado na Figura 21.8. O painel direito mostra a janela principal do iPhone, a qual começa vazia e com um fundo cinza, por padrão.

> **Nota**
>
> A janela ilustrada aqui é para a tela maior oferecida no iPhone 5. Se quiser escrever um aplicativo que também suporte o iPhone 4 (ou modelos anteriores), considere o layout de sua janela para acomodar tamanhos de tela menores.

Capítulo 21   Escrevendo aplicativos iOS   **463**

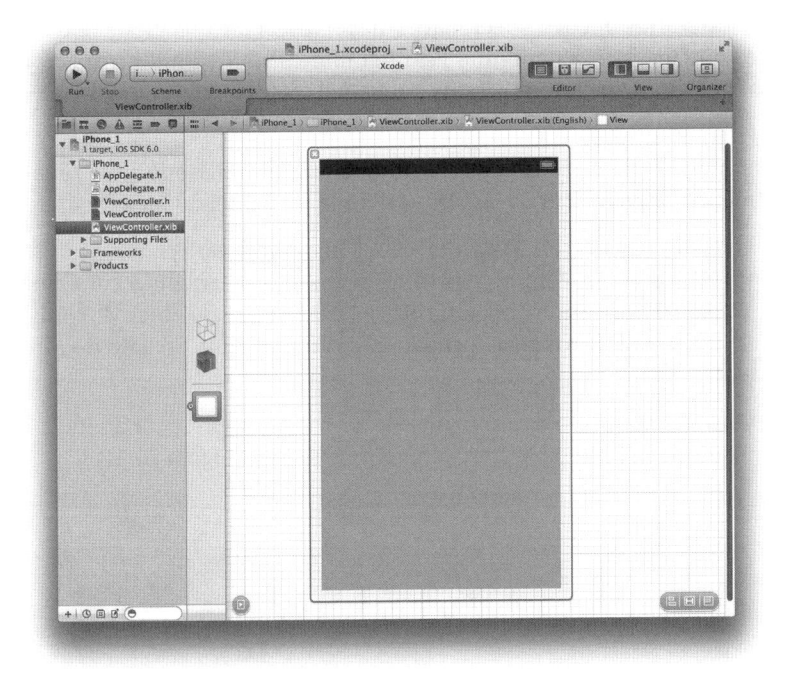

Figura 21.8   Painel de projeto de interface do usuário.

No menu View, selecione Utilities, Show Attributes Inspector. Sua janela deve aparecer conforme ilustrado na Figura 21.9, em um de seus formatos de exibição.

Figura 21.9   `ViewController.xib`.

(Veja as várias opções selecionadas nas barras Editor e View, se quiser que sua tela coincida com a da figura. Essa figura mostra Attributes Inspector no painel superior direito e Objects Library no painel inferior direito, no modo de exibição de ícones.)

A primeira coisa que fazemos é atribuir à janela do iPhone a cor preta. Para isso, primeiro clique dentro da janela do iPhone no painel do meio.

Se você olhar na seção View do painel Inspector, vai ver um atributo rotulado como Background. Clique dentro do retângulo preenchido com cinza, ao lado de Background, para exibir uma painel de escolha de cores. Escolha o lápis de cor preto, o que muda de cinza para preto o retângulo ao lado do atributo Background no painel Inspector.

Se você der uma olhada no painel do meio, que representa a janela do iPhone, verá que ele mudou para preto, como mostrado na Figura 21.10.

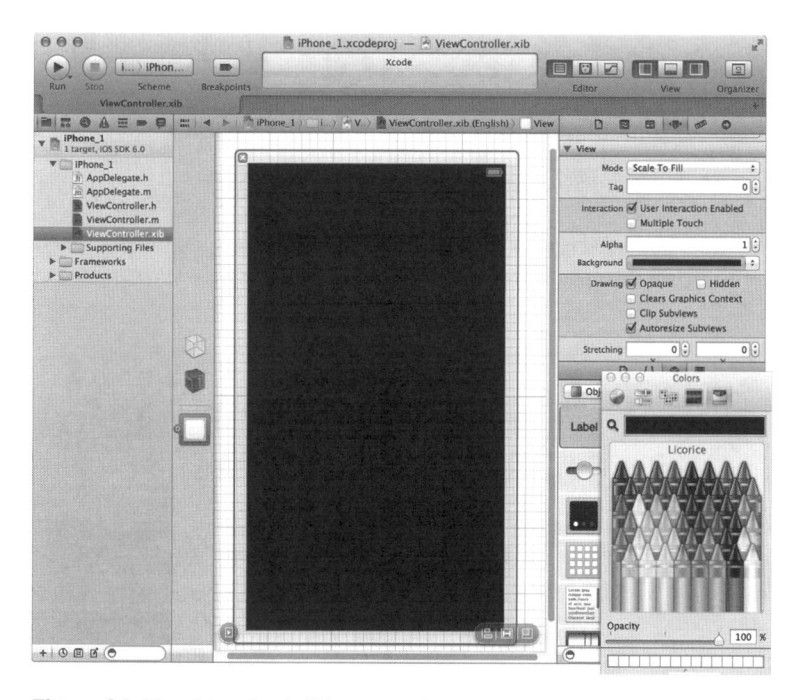

Figura 21.10 A janela do iPhone muda para a cor preta.

Você pode criar novos objetos em sua janela de interface do iPhone arrastando um objeto do painel Objects Library para a janela do iPhone. Arraste um rótulo (*Label*) agora. Solte o botão do mouse quando o rótulo estiver perto da parte esquerda da janela, próximo à parte superior, como mostrado na Figura 21.11.

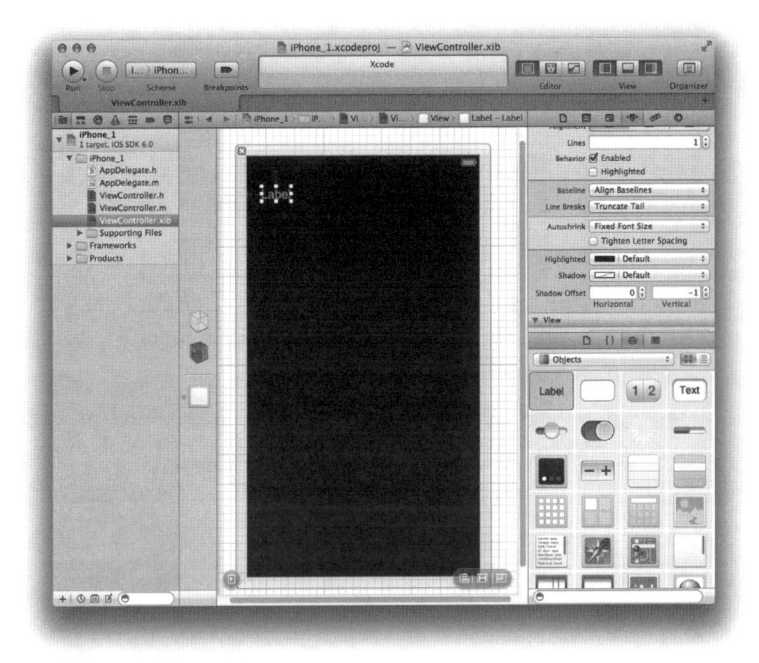

Figura 21.11 Adicionando um rótulo.

Quando você move o rótulo dentro da janela, aparecem linhas de guia azuis. Às vezes, elas o ajudam a alinhar objetos com outros objetos colocados anteriormente na janela. Outras vezes, elas garantem que seus objetos sejam espaçados o suficiente em relação a outros objetos e às margens da janela, para serem coerentes com as diretrizes de interface humana da Apple.

Você sempre pode reposicionar um rótulo na janela a qualquer momento, selecionando-o e arrastando-o para outro ponto dentro da janela.

Agora, vamos definir alguns atributos desse rótulo. Em sua janela de iPhone, se ainda não estiver selecionado, clique no rótulo que você acabou de criar para selecioná-lo. Observe que o painel Inspector fornece informações sobre o objeto correntemente selecionado na janela.

Mude a cor de fundo do rótulo para azul (ou qualquer outra cor de sua escolha), assim como mudou a cor de fundo da janela para preto. Não queremos que nenhum texto apareça por padrão para esse rótulo; portanto, mude o valor de Text para uma string vazia. (Isto é, exclua a string `Label` do campo de texto mostrado no painel Inspector.)

Para o atributo Alignment, selecione o ícone justificado à direita. Por fim, vamos agora mudar o tamanho do rótulo. Volte para a janela e simplesmente redimensione o rótulo puxando seus cantos e lados. Redimensione e reposicione o rótulo de modo que ele seja semelhante ao que aparece na Figura 21.12.

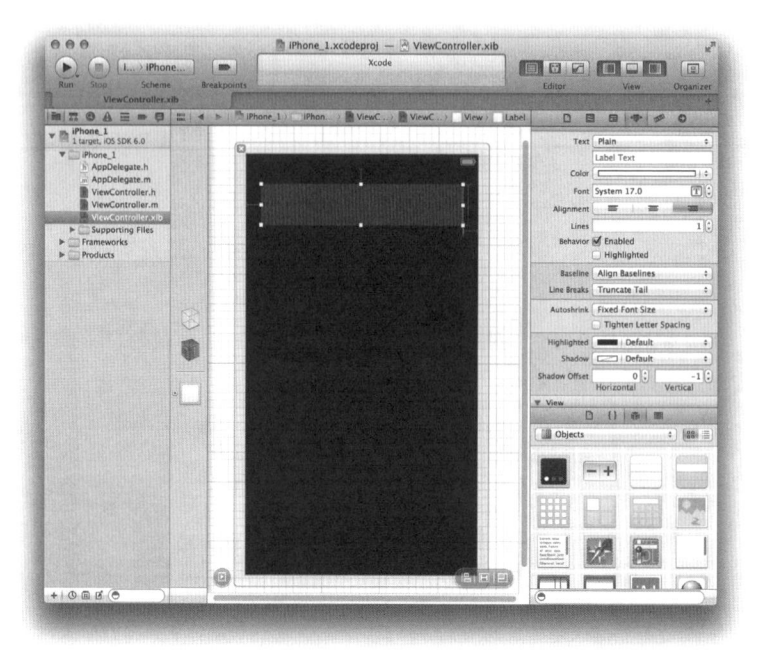

Figura 21.12 Alterando os atributos e o tamanho do rótulo.

Agora vamos adicionar um botão na interface. No painel Object Library, arraste um objeto Round Rect Button para sua janela de interface, colocando-o no canto inferior esquerdo da janela, como mostrado na Figura 21.13. (Note que essa figura mostra que o painel Objects Library mudou do modo de exibição de ícones para lista.) Você pode alterar o rótulo do botão de duas maneiras: dando um clique duplo no botão e, então, digitando seu texto, ou configurando a segunda linha do campo Title no painel Inspector. Qualquer que seja sua escolha, faça sua janela coincidir com a que aparece na Figura 21.13.

Figura 21.13 Adicionando um botão na interface.

Agora temos um rótulo que queremos conectar à nossa variável de instância `display` em nosso programa para que, quando definirmos a variável no programa, o texto do rótulo seja alterado.

Temos também um botão rotulado como 1 que queremos definir para chamar nosso método `click1` quando for pressionado. Esse método configura o valor do campo de texto de `display` como 1. E como essa variável vai ser conectada ao rótulo, este será então atualizado. Como recapitulação, aqui está a sequência do que queremos definir:

1. O usuário pressiona o botão rotulado como 1.
2. Esse evento faz o método `click1` ser executado.
3. O método `click1` muda a propriedade `text` da variável de instância `display` para o string 1.
4. Como o objeto `UILabel display` se conecta com o rótulo na janela do iPhone, esse rótulo atualiza o valor do texto correspondente; ou seja, com o valor 1.

Para que essa sequência funcione, precisamos estabelecer apenas duas conexões. Você pode fazer isso de várias maneiras diferentes, mas descrevemos apenas um método aqui.

A princípio, vamos obter o código-fonte exibido no painel da direita. Para isso, primeiro ocultamos o painel de utilitários, pressionando o terceiro ícone agrupado em View na barra de ferramentas. Isso tira seu realce e fecha o painel de utilitários. Em seguida, abrimos um editor no painel da direita, selecionando o ícone do meio no agrupamento Editor da barra de ferramentas. Sua janela no Xcode deve agora ser semelhante à que aparece na Figura 21.14.

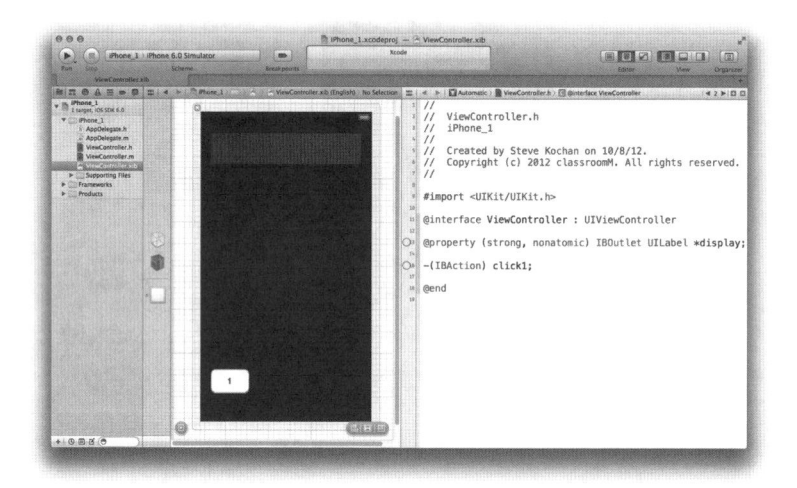

Figura 21.14   Exibindo código-fonte ao lado da interface.

Vamos conectar o botão ao método IBAction click1. Você faz isso mantendo a tecla Control pressionada enquanto clica no botão e arrasta a linha azul que aparece na tela até o método click1 exibido no painel direito (e você pode arrastá-la com um ou outro método onde ele estiver declarado na seção de interface ou onde estiver definido na seção de implementação). Isso está mostrado na Figura 21.15.

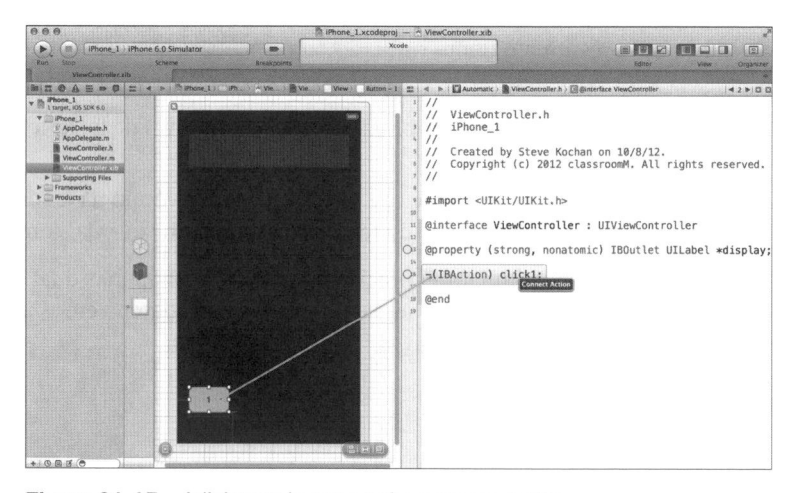

Figura 21.15   Adicionando uma ação para um botão.

Agora, vamos conectar a variável `display` ao rótulo. Selecione o rótulo na janela do iPhone, mantenha a tecla Control pressionada, clique e arraste a linha azul que aparece até a declaração da propriedade `display` no arquivo de interface. Isso está mostrado na Figura 21.16.

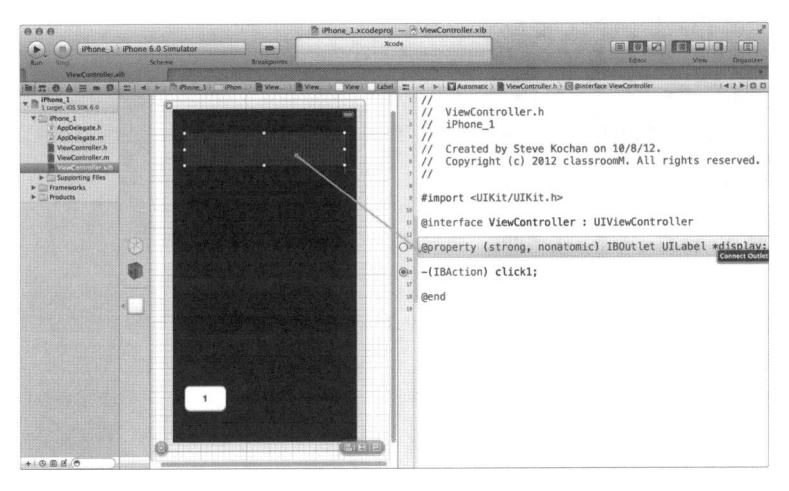

Figura 21.16 Conectando uma variável de outlet.

Quando você solta o botão do mouse, a conexão é estabelecida.

É isso; você terminou! Selecione Run no menu Product ou na barra de ferramentas. Se tudo correr bem, o programa será construído com sucesso e começará a execução. Quando a execução começa, seu programa é carregado no simulador de iPhone, o qual aparece na tela de seu computador. A janela do simulador deve aparecer como mostrada na Figura 21.1 no início deste capítulo. Você simula o pressionamento de um botão com o simulador simplesmente clicando nele. Quando você faz isso, a sequência de passos que descrevemos e as conexões estabelecidas devem resultar na exibição do valor 1 na parte superior da tela, como mostrado na Figura 21.2.

Uma calculadora de frações para iPhone

O próximo exemplo é um pouco mais complicado, mas os conceitos do exemplo anterior também se aplicam aqui. Não mostramos todas as etapas para criar este exemplo, mas sim dar um resumo delas e uma visão geral da metodologia de projeto. Evidentemente, também mostramos todo o código.

Primeiro, vamos ver como o aplicativo funciona. A Figura 21.17 mostra como o aplicativo aparece no simulador imediatamente após ser ativado.

Figura 21.17 A calculadora de frações após ser ativada.

O aplicativo de calculadora permite que você insira frações digitando primeiro o numerador, pressionando a tecla rotulada como Over, e depois digitando o denominador. Assim, para inserir a fração 2/5, você pressiona 2, seguido de Over, seguido de 5. Note que, ao contrário de outras calculadoras, esta realmente mostra a fração na tela; assim, 2/5 é exibido como 2/5.

Após digitar uma fração, você escolhe em seguida uma operação (adição, subtração, multiplicação ou divisão) pressionando a tecla adequadamente rotulada como +, –, × ou ÷, respectivamente.

Após digitar a segunda fração, você conclui a operação pressionando a tecla =, exatamente como faria em uma calculadora normal.

> **Nota**
>
> Esta calculadora é projetada para efetuar apenas uma operação entre duas frações. Fica como exercício para você, no final deste capítulo, eliminar essa limitação.

À medida que as teclas são pressionadas, a tela é continuamente atualizada. A Figura 21.18 mostra a tela após a fração 4/6 ser inserida e a tecla de multiplicação ser pressionada.

Figura 21.18 Digitando uma operação.

A Figura 21.19 mostra o resultado da multiplicação das frações 4/6 e 2/8. Note que o resultado 1/6 indica que o produto foi reduzido.

Figura 21.19 O resultado da multiplicação de duas frações.

Iniciando o novo projeto Fraction_Calculator

Para este segundo exemplo de programa, você começará criando um novo projeto. Como antes, selecione Single View Application na janela New Project. Chame seu novo projeto de **Fraction_Calculator**.

Desta vez, quando seu projeto for criado, você notará que terá dois modelos de classe definidos. AppDelegate.h e AppDelegate.m definem a classe delegada do aplicativo para seu projeto, enquanto ViewController.h e ViewController.m definem a classe controladora de modo de visualização de seu projeto. Assim como no primeiro exemplo deste capítulo, é nesta última classe que você faz todo seu trabalho.

Definindo o controlador de modo de visualização

Agora, vamos escrever o código da classe controladora de modo de visualização ViewController. Começamos com o Programa 21.2, do arquivo de interface.

Programa 21.2   **Arquivo de interface** ViewController.h

```
#import <UIKit/UIKit.h>

@interface ViewController: UIViewController

@property (strong, nonatomic) IBOutlet UILabel *display;

-(void) processDigit: (int) digit;
-(void) processOp: (char) theOp;
-(void) storeFracPart;

// Teclas numéricas

-(IBAction) clickDigit: (UIButton *) sender;

// Teclas de operação aritmética

-(IBAction) clickPlus;
-(IBAction) clickMinus;
-(IBAction) clickMultiply;
-(IBAction) clickDivide;

// Teclas diversas

-(IBAction) clickOver;
-(IBAction) clickEquals;
-(IBAction) clickClear;

@end
```

Existem variáveis de limpeza para construir as frações (currentNumber, firstOperand e isNumerator) e para construir a string para exibição (displayString). Também há um objeto Calculator (myCalculator) que pode efetuar o cálculo entre as duas frações. Associamos um único método chamado `clickDigit:` para tratar do pressionamento de qualquer uma das teclas numéricas de 0 a 9. Esse método recebe um argumento que indica a tecla numérica que foi pressionada, conforme você verá em breve. Por fim, definiremos métodos para tratar do armazenamento da operação a ser efetuada (`clickPlus`, `clickMinus`, `clickMultiply`, `clickDivide`), fazendo o cálculo quando a tecla = for pressionada (`clickEquals`), apagando a operação atual (`clickClear`) e separando o numerador do denominador quando a tecla Over for pressionada (`clickOver`). Vários métodos (`processDigit:`, `processOp:` e `storeFracPart`) são definidos para ajudar nas tarefas anteriormente mencionadas.

O Programa 21.2 mostra o arquivo de implementação dessa classe controladora. Note que declaramos as variáveis de instância na seção de implementação. Em vez disso, poderíamos ter declarado propriedades e as sintetizado. Qualquer uma das estratégias funciona bem. A estratégia que utilizamos aqui mantém as variáveis de instância privadas e torna claro que elas são usadas dentro da classe.

Programa 21.2 Arquivo de implementação `ViewController.m`

```objc
#import "ViewController.h"
#import "Calculator.h"

@implementation ViewController
{
    char            op;
    int             currentNumber;
    BOOL            firstOperand, isNumerator;
    Calculator      *myCalculator;
    NSMutableString *displayString;
}

@synthesize display;


-(void) viewDidLoad {

    // Ponto de anulação para personalização após a ativação do aplicativo

    firstOperand = YES;
    isNumerator = YES;
    displayString = [NSMutableString stringWithCapacity: 40];
    myCalculator = [[Calculator alloc] init];
}

-(void) processDigit: (int) digit
{
    currentNumber = currentNumber * 10 + digit;

    [displayString appendString:
        [NSString stringWithFormat: @"%i", digit]];
    display.text = displayString;
}
```

```objectivec
- (IBAction) clickDigit: (UIButton *) sender
{
   int digit = sender.tag;

   [self processDigit: digit];
}

-(void) processOp: (char) theOp
{
   NSString *opStr;
   op = theOp;

   switch (theOp) {
      case '+':
         opStr = @" + ";
         break;
      case '-':
         opStr = @" - ";
         break;
      case '*':
         opStr = @" × ";
         break;
      case '/':
         opStr = @" ÷ ";
         break;
   }

   [self storeFracPart];
   firstOperand = NO;
   isNumerator = YES;

   [displayString appendString: opStr];
   display.text = displayString;
}
   -(void) storeFracPart
   {
      if (firstOperand) {
         if (isNumerator) {
            myCalculator.operand1.numerator = currentNumber;
            myCalculator.operand1.denominator = 1; // por exemplo 3 * 4/5 =
         }
         else
            myCalculator.operand1.denominator = currentNumber;
      }
      else if (isNumerator) {
         myCalculator.operand2.numerator = currentNumber;
         myCalculator.operand2.denominator = 1; // por exemplo 3/2 * 4 =
      }
      else {
         myCalculator.operand2.denominator = currentNumber;
         firstOperand = YES;
      }
```

```objc
            currentNumber = 0;
}

-(IBAction) clickOver
{
   [self storeFracPart];
   isNumerator = NO;
   [displayString appendString: @"/"];
   display.text = displayString;
}

// Teclas de operação aritmética

-(IBAction) clickPlus
{
   [self processOp: '+'];
}

-(IBAction) clickMinus
{
   [self processOp: '-'];
}

-(IBAction) clickMultiply
{
   [self processOp: '*'];
}

-(IBAction) clickDivide
{
   [self processOp: '/'];
}

// Teclas diversas

-(IBAction) clickEquals
{
   if ( firstOperand == NO ) {
   [self storeFracPart];
   [myCalculator performOperation: op];

   [displayString appendString: @" = "];
   [displayString appendString: [myCalculator.accumulator
      convertToString]];
   display.text = displayString;

   currentNumber = 0;
   isNumerator = YES;
   firstOperand = YES;
   [displayString setString: @""];
   }
}
```

```
-(IBAction) clickClear
{
    isNumerator = YES;
    firstOperand = YES;
    currentNumber = 0;
    [myCalculator clear];

    [displayString setString: @""];
    display.text = displayString;
}

@end
```

A janela da calculadora ainda contém apenas um rótulo, como no aplicativo anterior, e ainda o chamamos de `display`. À medida que o usuário insere um número, dígito por dígito, precisamos construir o número ao longo do caminho. A variável `currentNumber` contém o número em desenvolvimento, enquanto as variáveis `BOOL firstOperand` e `isNumerator` monitoram se foi inserido o primeiro ou o segundo operando e se o usuário está digitando o numerador ou o denominador desse operando.

Quando um botão numérico é pressionado na calculadora, nós o configuramos de modo que alguma informação de identificação seja passada para o método `clickDigit:` a fim de reconhecer qual botão numérico foi pressionado. Isso é feito configurando o valor de Tag do botão no painel Attributes Inspector, com um valor exclusivo para cada botão numérico. Neste caso, queremos definir a identificação (*tag*) com o número do algarismo correspondente. Assim, a identificação do botão rotulado como 0 será configurada com `0`, a identificação do botão rotulado como 1 será `1`, e assim por diante. O argumento `sender` enviado para o método `clickDigit:` é o objeto `UIButton` que foi pressionado na janela do iPhone. Acessando a propriedade `tag` desse objeto, você pode recuperar o valor do identificador do botão. Isso é feito no método `clickDigit:`, conforme mostrado aqui:

```
- (IBAction) clickDigit: (UIButton *) sender
{
    int digit = sender.tag;

    [self processDigit: digit];
}
```

O Programa 21.2 tem muito mais botões do que no primeiro aplicativo. A maior parte da complexidade no arquivo de implementação do controlador de modo de visualização gira em torno da construção das frações e de sua exibição. Conforme mencionado, quando um botão numérico de 0 a 9 é pressionado, o método de ação `clickDigit:` é executado. Esse método chama o método `processDigit:` para anexar o algarismo no final do número que está sendo construído na variável `currentNumber`. Esse método também adiciona o algarismo na string de exibição atual que está sendo mantida na variável displayString e atualiza a tela:

```
-(void) processDigit: (int) digit
{
   currentNumber = currentNumber * 10 + digit;

   [displayString appendString:
        [NSString stringWithFormat: @"%i", digit]];
   display.text = displayString;
}
```

Quando a tecla = é pressionada, o método clickEquals é chamado para efetuar a operação. A calculadora efetua a operação entre as duas frações, armazenando o resultado em seu acumulador. Esse acumulador é buscado dentro do método clickEquals e o resultado é adicionado na tela.

A classe Fraction

A classe Fraction permanece praticamente inalterada em relação aos exemplos anteriores deste texto. Foi adicionado um novo método convertToString para converter uma fração em sua representação de string equivalente. O Programa 21.2 mostra o arquivo de interface Fraction, seguido imediatamente pelo arquivo de implementação correspondente.

Programa 21.2 Arquivo de interface Fraction.h

```
#import <UIKit/UIKit.h>

@interface Fraction: NSObject

@property int numerator, denominator;

-(void)        print;
-(void)        setTo: (int) n over: (int) d;
-(Fraction *)  add: (Fraction *) f;
-(Fraction *)  subtract: (Fraction *) f;
-(Fraction *)  multiply: (Fraction *) f;
-(Fraction *)  divide: (Fraction *) f;
-(void)        reduce;
-(double)      convertToNum;
-(NSString *)  convertToString;

@end
```

Programa 21.2 Arquivo de implementação Fraction.m

```
#import "Fraction.h"

@implementation Fraction

@synthesize numerator, denominator;

-(void) setTo: (int) n over: (int) d
{
   numerator = n;
   denominator = d;
}

-(void) print
{
   NSLog (@"%i/%i", numerator, denominator);
}

-(double) convertToNum
{
   if (denominator != 0)
      return (double) numerator / denominator;
   else
      return NAN;
}

-(NSString *) convertToString
{
   if (numerator == denominator)
      if (numerator == 0)
            return @"0";
      else
            return @"1";
   else if (denominator == 1)
      return [NSString stringWithFormat: @"%i", numerator];
   else
      return [NSString stringWithFormat: @"%i/%i",
            numerator, denominator];
}

// soma uma fração com o destinatário

-(Fraction *) add: (Fraction *) f
{

   // Para somar duas frações:
```

```
    // a/b + c/d = ((a*d) + (b*c)) / (b * d)

    // result armazenará o resultado da adição
    Fraction    *result = [[Fraction alloc] init];

    result.numerator = numerator * f.denominator +
          denominator * f.numerator;
    result.denominator = denominator * f.denominator;

    [result reduce];
    return result;
}

-(Fraction *) subtract: (Fraction *) f
{
    // Para subtrair duas frações:
    // a/b - c/d = ((a*d) - (b*c)) / (b * d)

    Fraction *result = [[Fraction alloc] init];

    result.numerator = numerator * f.denominator -
          denominator * f.numerator;
    result.denominator = denominator * f.denominator;

    [result reduce];
    return result;
}

-(Fraction *) multiply: (Fraction *) f
{
    Fraction *result = [[Fraction alloc] init];

    result.numerator = numerator * f.numerator
    result.denominator = denominator * f.denominator;
    [result reduce];

    return result;
}

-(Fraction *) divide: (Fraction *) f
{
    Fraction *result = [[Fraction alloc] init];

    result.numerator = numerator * f.denominator
    result.denominator = denominator * f.numerator];
    [result reduce];
```

```objectivec
      return result;
}

- (void) reduce
{
   int u = numerator;
   int v = denominator;
   int temp;

   if (u == 0)
      return;
   else if (u <0)
      u = -u;

   while (v != 0) {
      temp = u % v;
      u = v;
      v = temp;
   }

   numerator /= u;
   denominator /= u;
}
@end
```

O método `convertToString:` verifica o numerador e o denominador da fração para produzir um resultado esteticamente melhor. Se o numerador e o denominador são iguais (mas não zero), retornamos `@"1"`. Se o numerador é zero, a string `@"0"` é retornada. Se o denominador é 1, então é um número inteiro: não há necessidade de mostrar o denominador.

Lembre-se de que o método `stringWithFormat:` usado dentro de `convertToString:` retorna uma string, quando fornecida uma string de formatação (equivalente a `NSLog`) e uma lista de argumentos separados por vírgulas. Você passa argumentos para um método que recebe um número variável deles separando-os com vírgulas, exatamente como fez ao passar os argumentos para a função `NSLog`.

Uma classe `Calculator` que lida com frações

A seguir, é hora de examinarmos a classe `Calculator`. O conceito é semelhante à classe de mesmo nome desenvolvida anteriormente neste livro. No entanto, neste caso, nossa calculadora deve saber como lidar com frações. Aqui estão nossos novos arquivos de interface e de implementação da classe `Calculator`.

Programa 21.2 Arquivo de interface Calculator.h

```objc
#import <UIKit/UIKit.h>
#import "Fraction.h"

@interface Calculator: NSObject

@property (strong, nonatomic) Fraction *operand1, *operand2, *accumulator;

-(Fraction *) performOperation: (char) op;
-(void) clear;

@end
```

Programa 21.2 Arquivo de implementação Calculator.m

```objc
#import "Calculator.h"

@implementation Calculator

@synthesize operand1, operand2, accumulator;

-(id) init
{
   self = [super init];

   if (self) {
      operand1 = [[Fraction alloc] init];
      operand2 = [[Fraction alloc] init];
      accumulator = [[Fraction alloc] init];
   }

   return self;
}


-(void) clear
{
   accumulator.numerator = 0;
   accumulator.denominator = 0;
}


-(Fraction *) performOperation: (char) op
{
   Fraction *result;
   switch (op) {
      case '+':
         result = [operand1 add: operand2];
         break;
```

```
            case '-':
                result = [operand1 subtract: operand2];
                break;
            case '*':
                result = [operand1 multiply: operand2];
                break;
            case '/':
                result = [operand1 divide: operand2];
                break;
        }
        
        accumulator.numerator = result.numerator;
        accumulator.denominator = result.denominator;
        
        return accumulator;
}

@end
```

Projetando a interface do usuário

Para este projeto, seu arquivo nib é chamado `ViewController.xib`. Você projetará sua interface selecionando esse arquivo e organizando os botões e o rótulo conforme ilustrado na Figura 21.17. (Evidentemente, sinta-se à vontade para projetar a interface como quiser.)

Estabeleça a conexão de cada botão numérico colocado no layout de seu modo de visualização com o método `clickDigit:`. Faça isso pressionando a tecla Control, clicando e arrastando cada botão por vez até o método `clickDigit:` no arquivo de interface ou de implementação de seu controlador de modo de visualização. Além disso, para cada botão numérico, no painel Inspector, configure o valor de Tag com o número correspondente ao título do botão. Assim, para o botão numérico rotulado como 0, configure o valor de Tag como 0, para o botão numérico rotulado como 1, configure o valor de Tag como 1, e assim por diante.

Desenhe os botões restantes na janela View e estabeleça as conexões correspondentes. É isso! O projeto de sua interface está terminado e seu aplicativo de calculadora de frações está pronto para entrar em ação.

Resumo

A Figura 21.20 mostra a janela de projeto do Xcode para que você possa ver todos os arquivos relacionados ao projeto da calculadora de frações.

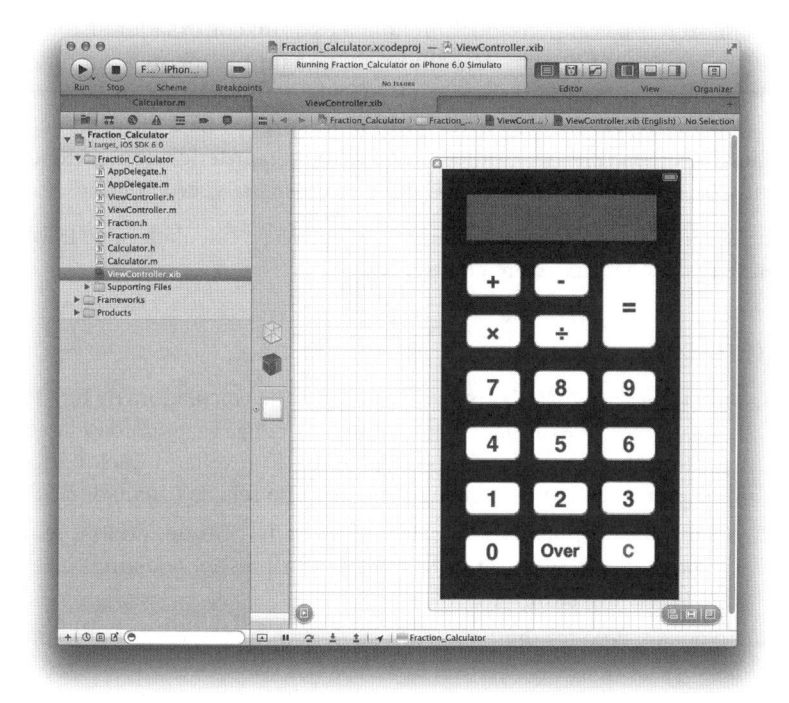

Figura 21.20 Arquivos de projeto da calculadora de frações.

Os seguintes passos resumem as etapas que você seguiu para criar o aplicativo de calculadora de frações para iPhone:

1. Criou um novo Single View Application.
2. Inseriu o código da interface do usuário nos arquivos `ViewController .h` e `.m`.
3. Adicionou as classes `Fraction` e `Calculator` no projeto.
4. Abriu `ViewController.xib` para criar a interface do usuário.
5. Tornou preto o fundo da janela View.
6. Criou um rótulo e botões e os posicionou dentro da janela View.
7. Pressionou Control, clicou e arrastou do rótulo criado na janela View até a propriedade `UILabel IBOutlet display`.
8. Pressionou Control, clicou e arrastou de cada botão na janela View até o método `IBAction` apropriado. Para cada botão numérico, você selecionou o método `clickDigit:`. Além disso, para cada botão numérico, você configurou a propriedade `tag` com o algarismo correspondente de 0 a 9 para que o método `clickDigit:` pudesse identificar qual botão foi pressionado.

Foi um exercício compensador aprender a usar um controlador de modo de visualização, mesmo sendo mais trabalhoso do que simplesmente fazer tudo no objeto delegado do aplicativo. Espero que esta breve introdução ao desenvolvimento de aplicativos iOS forneça a você um bom começo para escrever seus próprios aplicativos para iPhone. Conforme mencionado anteriormente, existem muitos recursos oferecidos na estrutura UIKit e muitos para você explorar!

Várias limitações se aplicam ao nosso aplicativo de calculadora de frações. Muitas delas são tratadas nos exercícios a seguir.

Exercícios

1. Adicione um botão Convert no aplicativo de calculadora de frações. Quando o botão for pressionado, use o método `convertToNum` da classe `Fraction` para produzir a representação numérica do resultado fracionário. Converta esse resultado em uma string e mostre-a na tela da calculadora.

2. Modifique o aplicativo de calculadora de frações de modo que uma fração negativa possa ser inserida se a tecla – for pressionada antes que um numerador seja digitado.

3. Se o valor zero for digitado para um denominador, no primeiro ou no segundo operando, exiba a string `Error` na tela da calculadora de frações.

4. Modifique o aplicativo de calculadora de frações de modo que os cálculos possam ser encadeados. Por exemplo, permita que a seguinte operação seja digitada:

   ```
   1/5 + 2/7 - 3/8 =
   ```

5. Você pode adicionar em seu aplicativo um ícone que aparecerá na tela inicial do iPhone. Você pode fazer isso arrastando-o para a seção App Icons, como mostrado na Figura 21.6. Para um ícone de tamanho normal (iPhone 3GS e anteriores), o tamanho deve ser de 57x57 pixels. Para um iPhone com tela Retina (iPhone 4 e posteriores), o arquivo de imagem do ícone deve ter 114x114 pixels.

   Encontre na Internet uma imagem de calculadora conveniente que você possa usar e configure a calculadora de frações para usar essa imagem como ícone de aplicativo.

6. Dê uma aparência personalizada aos botões de sua calculadora, usando sua própria imagem para um botão. Primeiro, você adiciona a imagem em seu projeto (arraste-a para o painel esquerdo). Em seguida, configura o tipo do botão como Custom na janela Inspector e configura Image com o arquivo que acabou de copiar em seu projeto. A Figura 21.21 mostra uma calculadora de frações que usa uma imagem personalizada. Essa calculadora está gratuitamente disponível no App Store da Apple e o código-fonte está postado no fórum deste livro (http://classroomM.com/objective-c).

Figura 21.21 Calculadora de frações com botões personalizados.

Apêndice A
Glossário

Application Kit   Framework para desenvolvimento da interface do usuário de um aplicativo, a qual inclui objetos como menus, barras de ferramentas e janelas. Faz parte do framework Cocoa e é mais comumente chamado de AppKit.

ARC   *Veja* Automatic Reference Counting.

arquivamento   Transformar a representação dos dados de um objeto em um formato que possa ser restaurado (desarquivado) posteriormente.

arquivo de cabeçalho   Arquivo que contém definições, macros e declarações de variável comuns e que é incluído em um programa usando uma instrução `#import` ou `#include`.

array   Coleção ordenada de valores. Os arrays podem ser definidos como um tipo básico da Objective-C e são implementados como objetos do framework Foundation, por meio das classes `NSArray` e `NSMutableArray`.

Automatic Reference Counting (ARC)   Recurso adicionado a partir do Xcode 4.2 por meio do qual o compilador gerencia a memória associada a um objeto. Antes do Xcode 4.2, os programadores de iOS eram obrigados a usar técnicas manuais para gerenciar a memória. Isso exigia o uso dos métodos `retain`, `release`, `autorelease` e `dealloc`.

autorelease pool   Objeto que, antes do ARC, era gerenciado pela classe `NSAutoreleasePool`. Agora é implementado pela diretiva `@autoreleasepool`. O pool de autorelease monitora os objetos destinados à liberação adiada pelo sistema. Para aplicativos iOS e Cocoa, isso normalmente acontece no fim da execução do loop.

bitfield   Estrutura contendo um ou mais campos inteiros com uma determinada largura de bit. Os bitfields podem ser acessados e manipulados da mesma maneira que outros membros de estrutura.

bloco   Acréscimo à linguagem C adicionado pela Apple, Inc. Um bloco tem sintaxe tipo função, captura os valores de variáveis dentro de seu escopo, quando definido, e pode ser atribuído a uma variável ou passado como argumento para um método ou função. Um bloco pode ser enviado de maneira eficiente para execução em outra thread ou em outro processador.

bloco de instruções   Uma ou mais instruções cercadas por chaves. As variáveis locais podem ser declaradas dentro de um bloco de instruções e seu escopo fica limitado a esse bloco.

caractere nulo   Caractere cujo valor é `0`. Uma constante de caractere nula é denotada por `'\0'`.

caractere Unicode   Padrão para representar caracteres a partir de conjuntos contendo milhões de caracteres. As classes `NSString` e `NSMutableString` trabalham com strings contendo caracteres Unicode.

categoria   Conjunto de métodos agrupados sob um nome especificado. As categorias podem modularizar as definições de método de uma classe e podem ser usadas para adicionar novos métodos em uma classe já existente.

classe   Conjunto de variáveis de instância e métodos que têm acesso a essas variáveis. Depois que uma classe é definida, instâncias da classe (isto é, objetos) podem ser criadas.

classe abstrata   Classe definida para tornar mais fácil criar subclasses. As instâncias são criadas a partir da subclasse e não da classe abstrata. *Veja também* subclasse concreta.

classe composta   Classe constituída de objetos de outras classes; é usada frequentemente como uma alternativa das subclasses.

classe pai   Classe a partir da qual outra classe herda. Também referida como *superclasse*.

Cocoa   Ambiente de desenvolvimento que consiste nas estruturas Foundation, Core Data e Application Kit.

Cocoa Touch   Ambiente de desenvolvimento que consiste nas estruturas Foundation, Core Data e UIKit.

coleta de lixo   Sistema de gerenciamento de memória em tempo de execução que libera automaticamente a memória utilizada por objetos não referenciados. A coleta de lixo não é suportada no ambiente de runtime do iOS.

coleção   Objeto da estrutura Foundation que é um array, dicionário ou conjunto, usado para agrupar e manipular objetos relacionados.

conjunto   Coleção não ordenada de objetos exclusivos, implementados no framework Foundation com as classes `NSSet`, `NSMutableSet` e `NSCountedSet`.

contagem de referências   *Veja* contagem de retain.

contagem de retain   Contagem do número de vezes que um objeto é referenciado. Ela é incrementada pelo envio de uma mensagem `retain` para o objeto e é decrementada pelo envio de uma mensagem `release`.

declaração de propriedade   Maneira de especificar atributos para variáveis de instância que permite ao compilador gerar métodos de acesso sem vazamento e seguros quanto à thread para variáveis de instância. As declarações de propriedade também podem ser usadas para declarar atributos de métodos de acesso que serão carregados dinamicamente em tempo de execução.

delegado   Objeto instruído a executar uma ação por outro objeto.

destinatário   Objeto para o qual uma mensagem é enviada. O destinatário pode ser referido como `self` dentro do método que é chamado.

dicionário   Coleção de pares chave/valor implementada no framework Foundation pelas classes `NSDictionary` e `NSMutableDictionary`.

diretiva   Em Objective-C é uma construção especial que começa com o sinal `@`. `@interface`, `@implementation`, `@end` e `@class` são exemplos de diretivas.

encaminhamento Processo de enviar uma mensagem e seus respectivos argumentos para que outro método a execute.

encapsulamento *Veja* encapsulamento de dados.

Este apêndice contém definições informais para muitos dos termos que você vai encontrar. Alguns desses termos são diretamente relacionados à própria linguagem Objective-C, enquanto outros recebem sua etimologia da disciplina da programação orientada a objetos. Neste último caso, é fornecido o significado do termo conforme ele se aplica especificamente à linguagem Objective-C.

encapsulamento de dados Noção de que os dados de um objeto são armazenados em suas variáveis de instância e acessados somente por meio dos métodos do objeto. Isso mantém a integridade dos dados.

estrutura Tipo de dados agregado que pode conter membros de vários tipos. As estruturas podem ser atribuídas a outras estruturas, passadas como argumentos para funções e métodos e também retornadas por elas.

expressão de mensagem Expressão colocada entre colchetes que especifica um objeto (o destinatário) e a mensagem a ser enviada para o objeto.

framework Coleção de classes, funções, protocolos, documentação e arquivos de cabeçalho e outros recursos, todos relacionados. Por exemplo, a estrutura Cocoa é usada no desenvolvimento de aplicativos gráficos interativos no OS X.

framework Foundation Coleção de classes, funções e protocolos que formam a base para o desenvolvimento de aplicativos, fornecendo recursos básicos, como gerenciamento de memória, acesso a arquivo e a URL, as tarefas de arquivamento e o trabalho com coleções, strings e objetos de número e para data.

função Bloco de instruções identificado por um nome e que pode aceitar um ou mais argumentos passados por valor e, opcionalmente, pode retornar um valor. As funções podem ser locais (estáticas) em relação ao arquivo em que são definidas ou globais, caso em que podem ser chamadas a partir de funções ou métodos definidos em outros arquivos.

função estática Função declarada com a palavra-chave `static` e que só pode ser chamada por outras funções ou métodos definidos no mesmo arquivo-fonte.

gcc Nome do compilador desenvolvido pela FSF (Free Software Foundation). O gcc suporta muitas linguagens de programação, incluindo C, Objective-C e C++. gcc é o compilador padrão usado no OS X para compilar programas em Objective-C.

gdb Ferramenta padrão para depuração padrão de programas compilados com gcc.

grupo Classe abstrata que agrupa um conjunto de subclasses concretas privadas, fornecendo uma interface simplificada para o usuário por meio da classe abstrata.

herança Processo de passar métodos e variáveis de instância de uma classe para as subclasses, começando com o objeto raiz.

id Tipo de objeto genérico que pode conter um ponteiro para qualquer tipo de objeto.

inicializador designado Método que todos os outros métodos de inicialização da classe, ou das subclasses (por meio de mensagens para `super`), chamarão.

instrução Uma ou mais expressões terminadas por um ponto e vírgula.

instância Representação concreta de uma classe. As instâncias são objetos normalmente criados pelo envio de uma mensagem `alloc` ou `new` para um objeto de classe.

Interface Builder   Ferramenta do OS X para a construção de uma interface gráfica do usuário para um aplicativo.

internacionalização   *Veja* localização.

isa   Variável de instância especial definida no objeto raiz e que todos os objetos herdam. A variável `isa` é usada para identificar, em tempo de execução, a classe à qual um objeto pertence.

linguagem de programação procedural   Linguagem na qual os programas são definidos por procedimentos e funções que operam em um conjunto de dados.

lista de propriedades   Representação de diferentes tipos de objetos em um formato padronizado. As listas de propriedades normalmente são armazenadas no formato XML.

localização   Processo de tornar um programa conveniente para execução dentro de uma região geográfica em particular, normalmente traduzindo as mensagens para o idioma local e tratando de coisas como fusos horários, símbolos de moeda corrente, formatos de data, etc. Às vezes o termo *localização* é usado apenas para se referir à tradução do idioma e o termo *internacionalização* é usado para se referir ao restante do processo.

mensagem   Método e seus respectivos argumentos que são enviados para um objeto (o destinatário).

método   Procedimento pertencente a uma classe e que pode ser executado pelo envio de uma mensagem para um objeto de classe ou para instâncias da classe. *Veja também* método de classe e método de instância.

método de acesso   Método que lê ou escreve o valor de uma variável de instância. Usar métodos de acesso para ler e escrever os valores de variáveis de instância é coerente com a metodologia de encapsulamento de dados.

método de classe   Método (definido com um sinal + no início) que é invocado em objetos de classe. *Veja também* método de instância.

método de instância   Método que pode ser chamado por uma instância de uma classe. *Veja também* método de classe.

método fábrica   *Veja* método de classe.

método getter   Método de acesso que recupera o valor de uma variável de instância. *Veja também* método setter.

método setter   Método de acesso que atribui um valor a uma variável de instância. *Veja também* método getter.

método sintetizado   Método setter ou getter criado automaticamente pelo compilador. Isso foi adicionado à linguagem Objective-C 2.0.

nil   Objeto de tipo `id` usado para representar um objeto inválido. Seu valor é definido como 0. nil pode receber mensagens.

notificação   Processo de enviar uma mensagem para objetos que se registraram para serem alertados (notificados) quando um evento específico ocorrer.

NSObject   O objeto raiz no framework Foundation.

obediência   Uma classe obedece a um protocolo se adota todos os métodos exigidos pelo protocolo, seja diretamente por meio da implementação ou indiretamente por meio de herança.

objeto   Conjunto de variáveis e métodos associados. Um objeto pode receber mensagens para fazer com que um de seus métodos seja executado.

objeto de classe   Objeto que identifica uma classe em particular. O nome da classe pode ser usado como destinatário de uma mensagem para chamar um método de classe. Em outros lugares, o método `class` pode ser chamado na classe para criar um objeto de classe.

objeto fábrica   *Veja* objeto de classe.

objeto imutável   Objeto cujo valor não pode ser modificado. Exemplos encontrados em Foundation são os objetos `NSString`, `NSDictionary` e `NSArray`. *Veja também* objeto mutável.

objeto mutável   Objeto cujo valor pode ser alterado. O framework Foundation suporta arrays, conjuntos, strings e dicionários mutáveis e imutáveis. *Veja também* objeto imutável.

objeto raiz   Objeto mais alto na hierarquia de herança e que não tem pai.

objetos distribuídos   Capacidade dos objetos de Foundation de um aplicativo se comunicar com objetos de Foundation de outro aplicativo, possivelmente executando em outra máquina.

polimorfismo   Capacidade de objetos de diferentes classes aceitarem a mesma mensagem.

ponteiro   Valor que faz referência a outro objeto ou tipo de dados. Um ponteiro é implementado como o endereço de um objeto ou valor em particular na memória. Uma instância de uma classe é um ponteiro para o local dos dados do objeto na memória.

ponteiro nulo   Um valor de ponteiro inválido, normalmente definido como 0.

programação orientada a objetos   Método de programação baseado em classes e objetos, executando ações nesses objetos.

protocolo   Lista de métodos que uma classe deve implementar para obedecer ou adotar um protocolo. Os protocolos oferecem uma maneira de padronizar uma interface entre classes. *Veja também* protocolo formal e protocolo informal.

protocolo formal   Conjunto de métodos relacionados, agrupados sob um nome declarado com a diretiva `@protocol`. Diferentes classes (não necessariamente relacionadas) podem adotar um protocolo formal implementando (ou herdando) todos os métodos exigidos por ele. *Veja também* protocolo informal.

protocolo informal   Conjunto logicamente relacionado de métodos declarados como uma categoria, frequentemente como uma categoria da classe raiz. Ao contrário dos protocolos formais, nem todos os métodos de um protocolo informal precisam ser implementados. *Veja também* protocolo formal.

pré-processador   Programa que faz a primeira passagem pelo código-fonte, processando as linhas que começam com #, as quais presumidamente contêm instruções de pré-processador especiais. Usos comuns são definir macros com `#define`, incluir outros arquivos-fonte com `#import` e `#include`, e incluir linhas de código-fonte condicionalmente com `#if`, `#ifdef` e `#ifndef`.

runtime   Mecanismo responsável por executar as instruções de um programa.

seletor   Nome usado para selecionar o método a ser executado para um objeto. Os seletores compilados são de tipo `SEL` e podem ser gerados usando a diretiva `@selector`.

self   Variável usada dentro de um método para se referir ao destinatário da mensagem.

seção de implementação   Seção de uma definição de classe que contém o código propriamente dito (isto é, a implementação) dos métodos declarados na respectiva seção de interface (ou conforme especificado por uma definição de protocolo).

seção de interface Seção para declarar uma classe, sua superclasse, variáveis de instância e métodos. Para cada método, os tipos de argumento e o tipo de retorno também são declarados. *Veja também* seção de implementação.

string de caracteres Sequência de caracteres terminada em null.

string de caracteres constante Sequência de caracteres cercada por aspas duplas. Se for precedida por um caractere @, define um objeto string de caracteres constante de tipo `NSConstantString`.

subclasse Também conhecida como *classe filha*, uma subclasse herda os métodos e as variáveis de instância de sua classe pai ou superclasse.

subclasse concreta Subclasse de uma classe abstrata. As instâncias podem ser criadas a partir de uma subclasse concreta.

super Palavra-chave usada em um método para se referir à classe pai do destinatário.

superclasse A classe pai de uma classe em particular. *Veja também* `super`.

tempo de compilação Tempo durante o qual o código-fonte é analisado e convertido em um formato de nível mais baixo, conhecido como código-objeto.

tempo de execução Período em que o programa está em execução.

tipagem dinâmica Determinação da classe à qual um objeto pertence em tempo de execução, em vez de em tempo de compilação. *Veja também* tipagem estática.

tipagem estática Identificar explicitamente, em tempo de compilação, a classe à qual um objeto pertence. *Veja também* tipagem dinâmica.

UIKit Framework para desenvolvimento de aplicativos para equipamentos iOS. Além de fornecer classes para trabalhar com os elementos de interface do usuário normais, como janelas, botões e rótulos, ela define classes para tratar com recursos específicos do equipamento, como o acelerômetro e a interface de toque. A UIKit faz parte do Cocoa Touch.

união Tipo de dados agregado, como uma estrutura contendo membros que compartilham a mesma área de armazenamento. Somente um desses membros pode ocupar a área de armazenamento em determinado momento.

variável automática Variável alocada e liberada automaticamente ao se entrar e sair de um bloco de instruções. As variáveis automáticas têm escopo limitado ao bloco em que são definidas e não têm um valor inicial padrão. Opcionalmente, são precedidas pela palavra-chave `auto`.

variável de instância Variável declarada na seção de interface (ou herdada de um pai) que é contida em cada instância do objeto. Os métodos de instância têm acesso direto às suas variáveis de instância.

variável estática Variável cujo escopo é limitado ao bloco ou módulo em que está definida. As variáveis estáticas têm valores iniciais padrão iguais a 0 e mantêm seus valores entre as chamadas de método ou função.

variável externa *Veja* variável global.

variável global Variável definida fora de qualquer método ou função e que pode ser acessada por qualquer método ou função no mesmo arquivo-fonte ou a partir de outros arquivos-fonte que declaram a variável como `extern`.

variável local Variável cujo escopo é limitado ao bloco em que está definida. As variáveis podem ser locais em relação a um método, função ou bloco de instruções.

vinculação dinâmica Determinação do método a ser chamado em um objeto em tempo de execução, em vez de em tempo de compilação.

vínculo Processo de converter um ou mais arquivos-objeto em um programa que pode ser executado.

Xcode Ferramenta de compilação e depuração para desenvolvimento de programas com OS X e iOS.

XML Extensible Markup Language. O formato padrão para as listas de propriedades geradas no OS X.

zona Área da memória designada para alocação de dados e objetos. Um programa pode trabalhar com várias zonas para gerenciar a memória com mais eficiência.

Apêndice B
Exemplo de código-fonte da agenda de endereços

Para sua referência, aqui estão os arquivos de interface e implementação completos do exemplo de agenda de endereços com que você trabalhou na parte dois, "A estrutura Foundation". Isso inclui as definições das classes `AddressCard` e `AddressBook`. Você deve implementar essas classes em seu sistema; em seguida, estenda as definições de classe para torná-las mais práticas e poderosas. Essa é uma maneira excelente de aprender a linguagem e de se familiarizar com a construção de programas, com o trabalho com classes e objetos e com a estrutura Foundation.

Arquivo de interface de `AddressCard`

```objc
#import <Foundation/Foundation.h>

@interface AddressCard: NSObject <NSCopying, NSCoding>

@property (nonatomic, copy) NSString *name, *email;

-(void) setName: (NSString *) theName andEmail: (NSString *) theEmail;
-(void) assignName: (NSString *) theName andEmail: (NSString *) theEmail;
-(NSComparisonResult) compareNames: (id) element;

-(void) print;

@end
```

Arquivo de interface de `AddressBook`

```objc
#import <Foundation/Foundation.h>
#import "AddressCard.h"

@interface AddressBook: NSObject <NSCopying, NSCoding>

@property (nonatomic, copy)   NSString      *bookName;
@property (nonatomic, strong) NSMutableArray *book;

-(id)          initWithName: (NSString *) name;
-(void)        sort;
-(void)        sort2;
-(void)        addCard: (AddressCard *) theCard;
-(void)        removeCard: (AddressCard *) theCard;
-(NSUInteger)  entries;
-(void)        list;
-(AddressCard *) lookup: (NSString *) theName;

@end
```

Arquivo de implementação de `AddressCard`

```objc
#import "AddressCard.h"

@implementation AddressCard

@synthesize name, email;

-(void) setName: (NSString *) theName andEmail: (NSString *) theEmail
{
   self.name = theName;
   self.email = theEmail;
}

// Compara os dois nomes das fichas de endereço especificadas
-(NSComparisonResult) compareNames: (id) element
{
   return [name compare: [element name]];
}

-(void) print
{
   NSLog (@"=====================================");
   NSLog (@"|                                   |");
   NSLog (@"| %-31s |", [name UTF8String]);
   NSLog (@"| %-31s |", [email UTF8String]);
   NSLog (@"|                                   |");
   NSLog (@"|                                   |");
   NSLog (@"|                                   |");
   NSLog (@"|          o         o              |");
   NSLog (@"=====================================");

}
```

```objc
-(id) copyWithZone: (NSZone *) zone
{
   id newCard = [[[self class] allocWithZone: zone] init];

   [newCard assignName: name andEmail: email];
   return newCard;
}

-(void) assignName: (NSString *) theName andEmail: (NSString *) theEmail
{
   name = theName;
   email = theEmail;
}

-(void) encodeWithCoder: (NSCoder *) encoder
{
   [encoder encodeObject: name forKey: @"AddressCardName"];
   [encoder encodeObject: email forKey: @"AddressCardEmail"];
}

-(id) initWithCoder: (NSCoder *) decoder
{
   name = [decoder decodeObjectForKey: @"AddressCardName"];
   email = [decoder decodeObjectForKey: @"AddressCardEmail"];

   return self;
}
@end
```

Arquivo de implementação de AddressBook

```objc
#import "AddressBook.h"

@implementation AddressBook

@synthesize book, bookName;

// configura o nome da agenda de endereços e uma agenda vazia

-(id) initWithName: (NSString *) name
{
   self = [super init];

   if (self) {
      bookName = [NSString stringWithString: name];
      book = [NSMutableArray array];
   }

   return self;
}
```

```objc
-(id) init
{
   return [self initWithName: @"Unnamed Book"];
}

// Escrevemos nosso próprio método setter book para criar uma cópia mutável

-(void) setBook: (NSArray *) theBook
{
   book = [theBook mutableCopy];
}

-(void) sort
{
   [book sortUsingSelector: @selector(compareNames:)];
}

// Classificação alternativa usando blocos

-(void) sort2
{
   [book sortUsingComparator:
      ^(id obj1, id obj2) {
         return [[obj1 name] compare: [obj2 name]];
      }];
}
-(void) addCard: (AddressCard *) theCard
{
   [book addObject: theCard];
}

-(void) removeCard: (AddressCard *) theCard
{
   [book removeObjectIdenticalTo: theCard];
}

-(NSUInteger) entries
{
   return [book count];
}

-(void) list
{
   NSLog (@"======== Contents of: %@ =========", bookName);

   for ( AddressCard *theCard in book )
      NSLog (@"%-20s   %-32s", [theCard.name UTF8String],
            [theCard.email UTF8String]);

   NSLog (@"=================================================");
}
```

```objc
// pesquisa ficha de endereço pelo nome - presume uma
// correspondência exata

-(AddressCard *) lookup: (NSString *) theName
{
   for ( AddressCard *nextCard in book )
      if ( [[nextCard name] caseInsensitiveCompare: theName]
         == NSOrderedSame )
            return nextCard;

   return nil;
}

-(void) encodeWithCoder: (NSCoder *) encoder
{
   [encoder encodeObject:bookName forKey: @"AddressBookBookName"];
   [encoder encodeObject:book forKey: @"AddressBookBook"];
}

-(id) initWithCoder: (NSCoder *) decoder
{
   bookName = [[decoder decodeObjectForKey: @"AddressBookBookName"];
   book = [decoder decodeObjectForKey: @"AddressBookBook"];

   return self;
}

// Método do protocolo NSCopying

-(id) copyWithZone: (NSZone *) zone
{
   id newBook = [[self class] allocWithZone: zone] init];

   [newBook setBookName: bookName];

   // isto fará uma cópia rasa da agenda de endereços

   [newBook setBook: book];

   return newBook;
}
@end
```

Índice

Símbolos

+ (adição), operador, 54-58
& (endereço), operador, 278
+= (atribuição), operador, 63-64
= (atribuição), operador, 63-65, 74
−= (atribuição), operador, 63-64
* (asterisco), 41-42
@ (arroba), 20, 317
& (E bit a bit), operador, 215-216
| (OU bit a bit), operador, 216-217
^ (XOR bit a bit), operador, 217
^ (acento circunflexo), 267
: (dois-pontos), 122
, (vírgula), operador, 299
/* */, sintaxe de comentário, 19
//, sintaxe de comentário, 19
{} (colchetes), 20
− − (decremento), operador, 78, 291-294
/ (divisão), operador, 54-58
$ (cifrão), 15-16
. (ponto), operador, 135-136
" (aspas duplas), 132
== (igual a), operador, 74
> (menor que), operador, 74
>= (menor ou igual), operador, 74
++ (incremento), operador, 78, 291-294
* (indireção), operador, 278
<< (deslocamento à esquerda), operador, 219
< (menor que), operador, 74
<= (menor ou igual), operador, 74
&& (E lógico), operador, 100-101
! (negação lógica), operador, 119-120
|| (OU lógico), operador, 100-101
− (sinal de subtração), 34-35
% (módulo), operador, 59-61
* (multiplicação), operador, 54-58
!= (diferente de), operador, 74
~ (complemento de um), operador, 217-219
# (sinal numérico), 237
? (ponto de interrogação), 121-122
>> (deslocamento à direita), operador, 219-220
; (ponto e vírgula), 83-84
− (subtração), operador, 54
~ (til), 378
− (subtração unária), operador, 58-60
_ (sublinhado), 33-34, 202

A

acento circunflexo (^), 217, 267

acessando

    propriedades com o operador ponto, 135-136

    variáveis de instância, 44-49

add:, **138-143, 148-151, 411**

addObject: método, 357-358, 370

AddressBook

    definindo, 344-347

    enumeração rápida, 346-349

    método lookup:, 348-351

    método removeCard:, 350-355

    método sortedArrayUsingComparator:, 356-357

    método sortUsingComparator:, 356-358

    método sortUsingSelector:, 354-358

    métodos de codificação/decodificação, 438-441

    repositórios de arquivo personalizados, 442-445

    seção @implementation, 344-346, 497-499

    seção @interface, 344-345, 496

AddressCard

    definindo, 338-341

    métodos sintetizados, 341-344

    seção @implementation, 339-340, 342, 496-497

    seção @interface, 338-339, 495

adição (+), **54-58**

agrupamentos, **487-493**

ajuda

    biblioteca de referência do Mac OS X, 310

    classroomM.com/objective-c, 5-6

    documentação do framework Foundation, 307-310

    painel Quick Help, 309-310

algoritmos, maior divisor comum (gcd), 85-87

allKeys, 365

alloc, 39-40

allocF, 205-207

allocWithZone:, 425

alocação

    instâncias, 39-40

    memória, 135-137

    objetos, 148-151, 161-163

analisador estático (Xcode), **14-15**

anexando arquivos, **402-403**

anos bissextos, determinando, **101-103**

anulando métodos, 170-174, **198**

anyObject, 370

aplicativos baseados na Web, 2-3

aplicativos iOS

    calculadora de frações

        classe Calculator, 480-482

        classe Fraction, 477-480

        classe ViewController, 471-477

        criando o projeto, 471-472

        projeto da interface do usuário, 482

        resumo, 482-484

        visão geral, 469-471

    modelos de aplicativo, 457

    primeiro aplicativo para iPhone, 453-470

        classe AppDelegate, 459-460

        classe ViewController, 459-462

        projeto, criando, 456-459

        projeto da interface, 462-470

        visão geral, 453-456

    SDK do iOS, 453

aplicativos nativos, 2-3

aplicativos para iPhone. *Consulte* aplicativos iOS

AppDelegate, 459-460

appendString:, 333

Índice **503**

AppKit, 307, 487-493

Application Kit, 307, 487-493

ARC (Automatic Reference Counting), 40-41

blocos @autoreleasepool, 417-418

com código compilado não ARC, 418

definição de, 487-493

explicado, 415-416

variáveis fortes, 415-417

variáveis fracas, 416-418

archiveRootObject:, 434

argumentos

argumentos de função, 259-261

argumentos de linha de comando, 300-302

argumentos de método declarando, 35-37

métodos sem nomes de argumento, 138-139

variáveis locais, 143-144

vários argumentos, 136-143

tipos de argumento, 263-265

argumentos de linha de comando, 300-302

arguments, 396-397

arquivamento

com listas de propriedade XML, 431-433

com NSData, 442-445

com NSKeyedArchiver, 434-435

copiando objetos com, 445-447

definição de, 431, 487-493

métodos de codificação/decodificação, 435-442

arquivo de implementação Fraction.m, 131-132

arquivo de interface Fraction.h, 130-131

arquivos

anexando, 402-403

arquivos de cabeçalho, 487-493

arquivos de sistema, 20

arquivos Web, lendo com a classe NSURL, 403-404

arquivos xib, 462

caminhos

funções utilitárias de caminho, 393

métodos utilitários de caminho, 391-395

operações de caminho básicas, 389-392

copiando

com a classe NSFileHandle, 399-402

com a classe NSProcessInfo, 394-398

diretórios

diretórios comuns do iOS, 393

enumerando, 387-389

gerenciando com a classe NSFileManager, 384-387

excluindo, 379

extensões de nome de arquivo, 12

gerenciando com a classe NSFileManager, 377-383

lendo em/de buffer, 383-384

main.m, 13

movendo, 382

operações de arquivo básicas com a classe NSFileHandle, 377, 398-403

pacotes de aplicativo, 403-405

removendo, 382

arquivos de cabeçalho, 487-493

arquivos de sistema, 20

arquivos nib, 462

arquivos Web, lendo com a classe NSURL, 403-404

arquivos xib, 462

array, 357-358

arrays

arrays de caractere, 255-256

arrays multidimensionais, 256-258

classe NSArray, 311

declarando, 252-254

definição de, 487-493

inicializando, 254-255

limitações, 297-298

objetos array

  classe NSValue, 359-361

  definindo, 331-337

  exemplo de agenda de endereços. *Consulte* programa de agenda de endereços

  passando para métodos/funções, 265-266

  ponteiros para, 284-294

    exemplo valuesPtr, 284-288

    operadores de incremento e decremento, 291-294

    ponteiros para strings de caracteres, 289-291

arrays bidimensionais, 256-258

arrays de caractere, 255-256

arrays multidimensionais, 256-258

arrayWithCapacity:, 357-358

arrayWithContentsOfFile:, 407, 433

arrayWithObjects:, 334, 357-358

arroba (@), 20, 317

aspas duplas ("), 132

asterisco (*), 41-42, 54-58

AT&T Bell Laboratories, 1

attributesOfItemAtPath:, 378

Automatic Reference Counting (ARC). *Consulte* ARC (Automatic Reference Counting)

autorelease pool, 20, 410-412, 487-493

@autoreleasepool, 20, 410-411, 417-418

availableData, 398

B

baixando

  SDK (kit de desenvolvimento de software) do iOS, 453

  Xcode, 8

barra invertida (\), 22

barra normal (/), 54-58

biblioteca de referência do Mac OS X, 310

bitfield, 487-493

blocos. *Consulte também* instruções

  blocos @autoreleasepool, 417-418

  definição de, 487-493, 487-493

  explicados, 266-270

blocos @catch, 192-194

blocos @try, 192-194

blocos de instrução. *Consulte* blocos

BOOL, 120-122

botões, adicionando, 466-469

break, 90

buffers, lendo arquivos em/de, 383-384

C

calculadora de frações

  classe Calculator, 480-482

    seção @implementation, 481-482

    seção @interface, 481

  classe Fraction, 477-480

    seção @implementation, 478-480

    seção @interface, 477

  classe ViewController, 471-477

    seção @implementation, 473-476

    seção @interface, 472-473

  criando o projeto, 471-472

  projeto da interface do usuário, 482

  resumo, 482-484

  visão geral, 469-471

calculate:, 143-144

calculateTriangularNumber, 259-261

Calculator, 64-67, 480-482

  seção @implementation, 481-482

  seção @interface, 481

camada Application Services, 450-451

camada Core Services, 449

camadas (framework), 449-451

camadas de framework, 449-451

caminhos
funções utilitárias de caminho, 393
métodos utilitários de caminho, 391-395
operações de caminho básicas, 389-392

capitalizedString, 332

caractere de nova linha, 22

caractere null, 487-493

caracteres char, 317

caracteres unichar, 317

caracteres Unicode, 487-493

caseInsensitiveCompare:, 322, 332

categoria MathOps, definindo, 223-228

categorias
definição de, 487-493
definindo, 223-228
explicadas, 223-232
extensões de classe, 228-229
MathOps, 223-228
melhores práticas, 229

CGPoint, 273-274

CGRect, 273-274

CGSize, 273-274

changeCurrentDirectoryPath:, 385

char, 52-53

characterAtIndex:, 332

chaves ({}), 20

cifrão ($), 15-16

class e XYPoint, 161-164

classes
AddressBook
 definindo, 344-347
 enumeração rápida, 346-349
 método lookup:, 348-351
 método removeCard:, 350-355
 método sortedArrayUsingComparator:, 356-357

método sortUsingComparator:, 356-358
método sortUsingSelector:, 354-358
métodos de codificação/decodificação, 438-441
repositórios de arquivo personalizados, 442-445
seção @implementation, 344-346, 497-499
seção @interface, 344-345, 496

AddressCard
definindo, 338-341
métodos sintetizados, 341-344
seção @implementation, 339-340, 342, 496-497
seção @interface, 338-339, 495

adicionando a projetos, 127-130
AppDelegate, 459-460
Calculator, 64-67, 480-482
seção @implementation, 481-482
seção @interface, 481

categorias
definição de, 487-493
definindo, 223-228
explicadas, 223-232
extensões de classe, 228-229
melhores práticas, 229

classes abstratas, 175, 487-493
classes compostas, 487-493
classes filhos, 153-155
classes pai, 153-155, 487-493
classes raiz, 153
convenções de atribuição de nomes, 33-35
definição de, 487-493
definindo
 exemplo Fraction, 30-33
 seção @implementation, 36-37, 127-133
 seção @interface, 33-37, 127-133
 seção de programa, 38-45

estendendo por meio de herança
  alocação de objetos, 161-163
  classes possuindo seus objetos, 166-171
  diretiva @class, 162-167
  explicado, 157-162
extensões de classe, 228-229
Fraction, 30-33, 477-480
  adicionando a projetos, 127-130
  encapsulamento de dados, 44-49
  método add:, 138-143, 148-151, 411
  método allocF, 205-207
  método convertToNum, 95-98
  método count, 205-207
  método initWith:over:, 197-200
  método setTo:over:, 136-139
  seção @implementation, 36-37, 131-132, 140-142, 145-147, 478-480
  seção @interface, 33-37, 130-131, 140-141, 145-146, 477
  seção de programa, 38-45
  variáveis de instância, acessando, 44-49
herança, 153-157, 487-493
instâncias
  alocação, 39-40
  definição de, 487-493
  explicadas, 28-30
  inicialização, 39-40
métodos. *Consulte também* os métodos específicos
  anulando, 170-174
  argumentos, 35-37, 136-144
  declarando, 34-37
  explicados, 28-30
  métodos de acesso, 47-49, 133-135
  métodos de classe *versus* de instância, 29, 34-35
  métodos sem nomes de argumento, 138-139

palavra-chave self, 147-149
sintaxe, 28-29
valores de retorno, 35-36
MusicCollection, 374-376
NSArray, 311
  arquivamento, 431-433
  definindo, 331-337
  métodos, 357-358
NSBundle, 403-405
NSCountedSet, 370
NSData, 383-384, 431-433, 442-445
NSDate, 431-433
NSDictionary
  arquivamento, 431-433
  definindo, 360-363
  enumerando, 364-365
  métodos, 365
NSFileHandle, 377, 398-403
NSFileManager, 377
  enumeração de diretório, 387-389
  gerenciamento de arquivo, 378-383
  gerenciamento de diretório, 384-387
NSIndexSet, 371-372
NSKeyedArchiver, 434-435
NSMutableArray
  definindo, 331-337
  métodos, 357-358
NSMutableDictionary
  definindo, 360-363
  enumerando, 364-365
  métodos, 365
NSMutableString, 326-330, 333-331
NSNumber, 311-317, 431-433
NSProcessInfo, 394-398
NSSet, 367-370
NSString, 317
  arquivamento, 431-433
  função NSLog, 317-318

método description, 318-319
objetos mutáveis *versus* imutáveis, 319-326
NSURL, 403-404
NSValue, 359-361
objetos
  alocação, 148-151
  retornando de métodos, 148-151
Playlist, 374-376
polimorfismo, 179-182, 487-493
propriedades, acessando com operador ponto, 135-136
Rectangle, 157-171
retornando informações sobre, 187-192
Song, 374-376
Square, 159-162, 234-235
subclasses, 487-493
subclasses concretas, 487-493
superclasses, 487-493
variáveis locais
  argumentos de método, 143-144
  explicadas, 142-144
  variáveis estáticas, 143-148
ViewController
  calculadora de frações, 471-477
  primeiro aplicativo para iPhone, 459-462
vinculação dinâmica, 181-184
XYPoint, 161-164
classes abstratas, 175, 487-493
classes compostas, 487-493
classes filhos, 153-155
classes pai, 153-155, 487-493
classes raiz, 153
classificando entradas da agenda de endereços, 354-358
classroomM.com/objective-c, 5-6
clickDigit:, 476, 482

closeFile, 398
Cocoa, 449
  camadas de framework, 449-451
  definição de, 307, 487-493
  desenvolvimento do, 1
Cocoa Touch, 307, 450-451, 487-493
colchetes ({}), 20
coleção set, 487-493
coleções
  conjunto, 487-493
  definição de, 487-493
comentários, 19-20
Command Line Tools, 15-16
comparando objetos string, 322
compare:, 315, 322, 332
compilação, 7-8
  com Terminal, 15-18
  com Xcode, 8-15
compilação condicional, 245-248
compiladores
  clang, 17-18
  gcc, 487-493
  LLVM Clang Objective-C, 17-18
complemento de um (~), 217-219
Complex, 179-182
condicional, 121-123
conformsToProtocol:, 232
constantes
  definição de, 51
  nomes definidos, 237-244
  PI, 238-239
  TWO_PI, 239-241
construções de tomada de decisão, 93. *Consulte também* **loops**
  instrução if
    construção else if, 104-114
    construção if-else, 98-101

explicada, 93-98
instruções if aninhadas, 103-105
testes relacionais compostos, 100-104
instrução switch, 113-117
operador condicional, 121-123
variáveis booleanas, 116-122

contagem de referência
ARC (Automatic Reference Counting)
blocos @autoreleasepool, 417-418
com código compilado sem ARC, 418
explicado, 415-416
variáveis fortes, 415-417
variáveis fracas, 416-418
reference counting (contagem manual de referência)
autorelease pool, 410-412
explicada, 409-411
loop de eventos e alocação de memória, 135-137
regras para gerenciamento de memória, 414-416

contagem de retain, 487-493. *Consulte também* **contagem de referência**

containIndex:, 372

containsObject:, 357-358, 369, 370

contentsAtPath:, 378, 384

contentsEqualAtPath:, 378

contentsOfDirectoryAtPath:, 377, 387-389

continue, 90

conversão de tipo, 62-64

conversões (tipos de dados)
conversões de inteiro e ponto flutuante, 60-63
regras de conversão, 212-214

convertToNum, 95-98

cópia profunda, 422-424, 445-447

cópia rasa, 422-424

copiando, 419
arquivos
com a classe NSFileHandle, 399-402
com a classe NSProcessInfo, 394-398
objetos
com archiver, 445-447
cópia profunda, 422-424, 445-447
cópia rasa, 422-424
em métodos setter/getter, 427-429
método copy, 419-421
método mutableCopy, 419-421
protocolo <NSCopying>, 424-426

copy, 419-421

copyItemAtPath:, 378, 385

copyString, 293-294

copyWithZone:, 425-428

Core Data, 307

count, 205-207, 357-358, 365, 372

Cox, Brad, 1

createDirectoryAtPath:, 385

createFileAtPath:, 378, 384

currentDirectoryPath, 385

D

data, 442-443

dataWithContentsOfURL:, 403-404

declarações de propriedade, 487-493

declarando. *Consulte também* **definindo**
arrays, 252-254
métodos, 34-35
argumentos, 35-37
valores de retorno, 35-36
tipos de argumento, 263-265
tipos de retorno, 263-265

variáveis fortes, 415-417
variáveis fracas, 416-418
decodeIntForKey:, 442
decodeObject:, 436
decremento (–), 78, 291-294
#define, 237-244
definindo. *Consulte também* declarando
  categorias, 223-228
  classes
    classe AddressBook, 344-347
    classe AddressCard, 338-341
    classe Fraction, 30-33
    seção @implementation, 36-37, 127-133
    seção @interface, 33-37, 127-133
    seção de programa, 38-45
  estruturas, 269-276
  extensões de classe, 228-229
  objetos array, 331-337
  objetos string, 317-318
  ponteiros
    para estruturas, 281-283
    para tipos de dados, 277-281
  protocolos, 230-233
delegação
  definição de, 487-493
deleteCharactersInRange:, 328-329, 333
denominator, 45-48
depurando
  ferramenta gdb, 487-493
  projetos Xcode, 13-15
description, **318-319**
desenvolvimento da Objective-C, **1-3**
deslocamento à direita (>>), 219-220
deslocamento à esquerda (<<), 219
dictionaryWithCapacity:, 365
dictionaryWithContentsOfFile:, 433

dictionaryWithContentsOfURL:, 403-404
dictionaryWithObjectsAndKeys:, 364-365
diferenciação entre letras maiúsculas e minúsculas, 19, 33-34
diferente de (!=), 74
dígitos de números, invertendo, 88-89
diretivas
  @autoreleasepool, 20, 410-411
  @catch, 192-194
  @class, 162-167
  definição de, 487-493
  @finally, 194
  @optional, 231
  @package, 201
  @private, 201
  @property, 133
  @protected, 201
  @protocol, 232
  @public, 201
  @selector, 188-189
  @synthesize, 134, 202
  @throw, 194
  @try, 192-194
diretório Documents, 393
diretório Library/Caches, 393
diretório Library/Preferences, 393
diretório tmp, 393
diretórios. *Consulte também* arquivos
  diretórios comuns do iOS, 393
  enumerando, 387-389
  gerenciando com a classe NSFileManager, 384-387
divisão (/), 54-58
do, 88-89
documentação do framework Foundation, 307-310
dois-pontos (:), **121-122**

doubleValue, 332
Drawing, 231-233

E

E bit a bit (&), 215-216
E lógico (&&), 100-101
#elif, 245-247
#else, 245-247
encaminhando, 487-493
encapsulamento de dados, 44-49, 487-493
encodeIntForKey:, 442
encodeWithCoder:, 436-442
endereço (&), 278
endereços
    endereços de memória, ponteiros para, 296-298
    endereços de URL, lendo arquivos a partir de, 403-404
#endif, 245-247
enum, 207
enumeração
    de dicionários, 364-365
    de diretórios, 387-389
    rápida, 346-349
enumerateObjectsUsingBlock:, 357-358
enumeratorAtPath:, 385-389
environment, 396-397
escopo
    variáveis de instância, 200-203
    variáveis estáticas, 205-207
    variáveis globais, 203-205
escrevendo arquivos a partir do buffer, 383-384
estendendo classes por meio de herança
    alocação de objetos, 161-163
    classes possuindo seus objetos, 166-171
    diretiva @class, 162-167
    explicado, 157-162

estrutura date
    definindo, 269-273
    inicialização, 272-274
estruturas
    data
        definindo, 269-273
        inicialização, 272-274
    definição de, 487-493
    definindo, 269-276
    estruturas dentro de estruturas, 273-276
    inicialização, 272-274
    limitações, 297-298
    ponteiros para, 281-283
    variáveis de instância armazenadas em, 303
exchange, 284
excluindo arquivos, 379
executando programas, 7-8
    com Terminal, 15-18
    com Xcode, 8-15
exemplo de programa "Programming is fun!"
    compilando e executando, 7-8
        com Terminal, 15-18
        com Xcode, 8-15
    explicado, 18-22
    listagens de código, 7, 18-22
exibindo valores de variável, 22-25
Extensible Markup Language (XML). *Consulte* XML (Extensible Markup Language)
extensões de classe, 228-229
extensões de nome de arquivo, 12

F

fábrica. *Consulte* métodos de classe
Fibonacci, números de, gerando, 253-254
    calculando, 71-82
    gerando, 259-261
fileExistsAtPath:, 378, 385
fileHandleForReadingAtPath:, 398

fileHandleForUpdatingAtPath:, 398

fileHandleForWritingAtPath:, 398

firstIndex, 372

float, 52-53, 60-63

floatValue, 332

fnPtr, 363-365

for

   entrada pelo teclado, 79-83

   explicada, 72-79

   loops aninhados, 80-83

   loops infinitos, 83-84

   ordem de execução, 75

   sintaxes, 73-75

   variantes, 82-84

fóruns, classroomM.com/objective-c, 5-6

forwardInvocation:, 189

Fraction, 30-33, 477-480

   adicionando a projetos, 127-130

   encapsulamento de dados, 44-49

   método add:, 138-143, 148-151, 411

   método allocF, 205-207

   método convertToNum, 95-98

   método count, 205-207

   método initWith:over:, 197-200

   método setTo:over:, 136-139

   seção @implementation, 36-37, 131-132, 137-138, 145-147, 478-480

   seção @interface, 33-37, 130-131, 140-141, 145-146, 477

   seção de programa, 38-45

   variáveis de instância, acessando, 44-49

framework Foundation

   arquivamento

      com listas de propriedade XML, 431-433

      com NSData, 442-445

      com NSKeyedArchiver, 434-435

      copiando objetos com, 445-447

      definição de, 431

      métodos de codificação/decodificação, 435-442

   arquivos, 377-378

      anexando, 402-403

      arquivos Web, lendo com a classe NSURL, 403-404

      copiando com a classe NSFileHandle, 399-402

      copiando com a classe NSProcessInfo, 394-398

      excluindo, 379

      gerenciando com a classe NSFileManager, 378-383

      movendo, 382

      operações de arquivo básicas com a classe NSFileHandle, 398-403

      pacotes de aplicativo, 403-405

      removendo, 382

   caminhos de arquivo

      funções utilitárias de caminho, 393

      métodos utilitários de caminho, 391-395

      operações de caminho básicas, 389-392

   classes

      classes abstratas, 175

      NSArray, 311, 331-337, 357-358

      NSBundle, 403-405

      NSCountedSet, 370

      NSData, 383-384, 442-445

      NSFileHandle, 377, 398-403

      NSFileManager, 377-387

      NSIndexSet, 371-372

      NSKeyedArchiver, 434-435

      NSMutableArray, 331-337, 357-358

      NSMutableSet, 367-370

      NSMutableString, 326-330, 333-331

      NSNumber, 311-317

      NSProcessInfo, 394-398

NSSet, 367-370
NSString, 317-331
NSURL, 403-404
NSValue, 359-361
Cocoa, 449-451
Cocoa Touch, 450-451
copiando objetos
   cópia profunda, 422-424
   cópia rasa, 422-424
   em métodos setter/getter, 427-429
   método copy, 419-421
   método mutableCopy, 419-421
   protocolo <NSCopying>, 424-426
definição de, 487-493
diretórios
   enumerando, 387-389
   gerenciando com a classe NSFileManager, 384-387
documentação, 307-310
exercícios, 373-376
explicada, 307
gerenciamento de memória
   ARC (Automatic Reference Counting), 415-418
   autorelease pool, 20
   explicado, 407-408
   garbage collection (coleta de lixo), 409-410, 487-493
   reference counting (contagem manual de referência), 409-416
objetos array
   definindo, 331-337
   exemplo de agenda de endereços. *Consulte* programa de agenda de endereços
objetos conjunto
   classe NSCountedSet, 370
   NSIndexSet, 371-372
   NSMutableSet, 367-370
   NSSet, 367-370

objetos de número, 311-317
objetos dicionário
   criando, 360-363
   enumerando, 364-365
   métodos NSDictionary, 365
   métodos NSMutableDictionary, 365
objetos string
   comparando, 322
   definindo, 317-318
   explicados, 317
   função NSLog, 317-318
   juntando, 321
   método description, 318-319
   métodos NSString, 331-332
   strings imutáveis, 319-326
   strings mutáveis, 326-330
   substrings, 323-326
   testando a igualdade de, 322
programa de agenda de endereços. *Consulte* programa de agenda de endereços
frameworks, 487-493. *Consulte também* **framework Foundation**
Free Software Foundation (FSF), 1
FSF (Free Software Foundation), 1
funções. *Consulte também* **métodos**
   argumentos, 259-261
      ponteiros, 283-284
   copyString, 293-294
   definição de, 487-493
   exchange, 284
   explicadas, 258-259
   funções estáticas, 487-493
   gcd, 261-263
   minimum, 265-266
   NSFullUserName, 393
   NSHomeDirectory, 391-393
   NSHomeDirectoryForUser, 393
   NSLog, 317-318
   NSSearchPathForDirectoriesInDomains, 393

NSTemporaryDirectory, 391-393
NSUserName, 393
passando arrays para, 265-266
ponteiros para, 295-297
qsort, 296-297
valores de retorno, 261-265
variáveis locais, 259-261

G

garbage collection (coleta de lixo automática), 409-410, 487-493

gcc, 487-493

gcd (máximo divisor comum), calculando, 85-87, 261-263

gcd, 261-263

gdb, 487-493

gerenciamento de memória
 ARC (Automatic Reference Counting)
  blocos @autoreleasepool, 417-418
  com código compilado sem ARC, 418
  explicado, 415-416
  variáveis fortes, 415-417
  variáveis fracas, 416-418
 autorelease pool, 20
 explicado, 407-408
 garbage collection (coleta de lixo), 409-410, 487-493
 reference counting (contagem manual de referência)
  autorelease pool, 410-412
  explicada, 409-411
  loop de eventos e alocação de memória, 135-137
  regras para gerenciamento de memória, 414-416

getter
 copiando objetos em, 427-429
 definição de, 487-493

explicado, 47-49
sintetizando, 133-135, 202-203

globallyUniqueString, 396-397

glossário, 487-493

GNU General Public License, 1

GNUStep, 1

goto, 298

H

hasSuffix:, 332

herança
 definição de, 487-493
 estendendo classes com, 157-171
 explicada, 153-158

hífen (-), 34-35

história da Objective-C, 1-3

hostName, 396-397

I

id, 54, 304
 definição de, 487-493
 tipagem e vinculação dinâmica e, 181-183, 186-187
 tipagem estática e, 185-186, 487-493

if
 construção else if, 104-114
 construção if-else, 98-101
 explicada, 93-98
 instruções if aninhadas, 103-105
 testes relacionais compostos, 100-104

#if, 245-247

#ifdef, 245-247

#ifndef, 245-247

igual a (==), 74

#import, 244-245

incremento (++), 78, 291-294

indexesOfObjectsPassingTest:, 372
indexesPassingTest:, 372
indexLessThanIndex:, 372
indexOfObject:, 357-358
indexOfObjectPassingTest:, 357-358, 371
indireção (*), **278**
inicialização
   arrays, 254-255
   estruturas, 272-274
   inicializadores designados, 487-493
   instâncias, 39-40
   objetos, 197-200
inicializadores designados, **487-493**
iniciando projetos Xcode, 8-11
init, **39-40**, **197**
   anulando, 198
initWith:over:, **197-200**
initWithCapacity:, **333**, **357-358**, **365**, **370**
initWithCoder:, **436-442**
initWithContentsOfFile:, 332
initWithContentsOfURL:, 332
initWithName:, 346
initWithObjects:, 370
initWithObjectsAndKeys:, 365
initWithString:, 332
insertObject:, 357-358
insertString:, 333
insertString:atIndex:, 328-329
instalação, **Xcode Command Line Tools, 15-16**
instancesRespondToSelector:, **187**
instâncias
   alocação, 39-40
   definição de, 487-493
   estendendo classes com
      alocação de objetos, 161-163
      classes possuindo seus objetos,166-171

diretiva @class, 162-167
   explicado, 157-162
explicadas, 28-30
inicialização, 39-40
instruções
   break, 90
   continue, 90
   definição de, 487-493
   do, 88-89
   for
      entrada pelo teclado, 79-83
      explicado, 72-79
      loops aninhados, 80-83
      loops infinitos, 83-84
      ordem de execução, 75
      sintaxe, 73-75
      variantes, 82-84
   goto, 298
   if
      construção else if, 104-114
      construção if-else, 98-101
      explicada, 93-98
      instruções if aninhadas, 103-105
      testes relacionais compostos, 100-104
   instruções de pré-processador
      #define, 237-244
      #elif, 245-247
      #else, 245-247
      #endif, 245-247
      #if, 245-247
      #ifdef, 245-247
      #ifndef, 245-247
      #import, 244-245
      #undef, 245-247
   null, 298-299
   switch, 113-117
   typedef, 211-212, 273-274
   while, 83-89

instruções if aninhadas, 103-105
int, 20, 51-53. *Consulte também* inteiros
integerValue, 332
inteiros
   aritmética, 58-60
   calculando o valor absoluto de, 94
   conversões, 60-63
   NSInteger, 313
   tipo de dados int, 20, 51-53
Interface Builder, 487-493
internacionalização. *Consulte* localização
intersect:, 369
intersectSet:, 370
intNumber, 313
intValue, 332
invertendo dígitos de números, 88-89
isEqual:, 351-353
isEqualToNumber:, 315
isEqualToSet:, 370
isEqualToString:, 322, 332
isKindOfClass:, 187
isMemberOfClass:, 187
isReadableFileAtPath:, 378
isSubclassOfClass:, 187
isSubsetOfSet:, 370
isWritableFileAtPath:, 378

J

juntando strings de caractere, 321

K

keyEnumerator, 365
keysSortedByValueUsingSelector:, 365
kit de desenvolvimento de software (SDK), 2-3, 453

L

lastIndex, 372
lastObject, 357-358
lastPathComponent, 391-392
lendo arquivos no buffer, 383-384
length, 332
linguagem de programação C, 1
linguagens de programação procedurais, 487-493
LinuxSTEP, 1
listas de propriedade
   arquivamento com, 431-433
   definição de, 487-493
literais compostas, 297-298
localização, 487-493
long, 53-54
lookup:, 348-351, 371-372
loop de eventos e alocação de memória, 135-137
loops
   explicados, 71-72
   instrução break, 90
   instrução continue, 90
   instrução do, 88-89
   instrução for
      entrada pelo teclado, 79-83
      explicada, 72-84
      loops aninhados, 80-83
      loops infinitos, 83-84
      ordem de execução, 75
      sintaxe, 73-75
      variantes, 82-84
   instrução while, 83-89
loops for aninhados, 80-83
loops infinitos, 83-84
lowercaseString, 332

M

M_PI, 239

macro IS_LOWER_CASE, 243

macro MakeFract, 243

macro MAX, 243

macro SQUARE, 242-243

macro TO_UPPER, 244

macros, 242-244

   IS_LOWER_*CASE*, 243

   MakeFract, 243

   MAX, 243

   SQUARE, 242-243

   TO_UPPER, 244

main, 20

main.m, 13

mainBundle, 404-405

makeObjectsPerform Selector:, 357-358

máximo divisor comum (gcd), calculando, 85-87, 261-263

member:, 370

memberDeclarations (seção @implementation), 36-37

menor ou igual (<=), 74

menor ou igual (>=), 74

menor que (<), 74

menor que (>), 74

mensagens

   autorelease, 410-411

   definição de, 487-493

   expressão de mensagem, 487-493

   finishEncoding, 443-444

   release, 409-410

   retain, 409-410

methodDefinitions (seção @implementation), 37-38

métodos. *Consulte também* funções

   add:, 138-143, 148-151, 411

   addObject:, 357-358, 370

   adicionando a classes

      alocação de objetos, 161-163

      classes possuindo seus objetos, 166-171

      diretiva @class, 162-167

      explicado, 157-162

   allKeys, 365

   alloc, 39-40

   allocF, 205-207

   allocWithZone:, 425

   anulando, 170-174

   anyObject, 370

   appendString:, 333

   archiveRootObject:, 434

   arguments, 396-397

      métodos sem nomes de argumento, 138-139

      ponteiros, 283-284

      variáveis locais, 143-144

      vários argumentos, 136-143

   array, 357-358

   arrayWithCapacity:, 357-358

   arrayWithContentsOfFile:, 407, 433

   arrayWithObjects:, 334, 357-358

   attributesOfItemAtPath:, 378

   availableData, 398

   calculate:, 143-144

   calculateTriangularNumber, 259-261

   capitalizedString, 332

   caseInsensitiveCompare:, 322, 332

changeCurrentDirectoryPath:, 385
characterAtIndex:, 332
clickDigit:, 476, 482
closeFile, 398
compare:, 315, 322, 332
conformsToProtocol:, 232
containIndex:, 372
containsObject:, 357-358, 369-370
contentsAtPath:, 378, 384
contentsEqualAtPath:, 378
contentsOfDirectoryAtPath:, 377, 387-389
convertToNum, 95-98
copy, 419-421
copyItemAtPath:, 378, 385
copyWithZone:, 425-428
count, 205-207, 357-358, 365, 372
countForObject:, 370
createDirectoryAtPath:, 385
createFileAtPath:, 378, 384
currentDirectoryPath, 385
data, 442-443
dataWithContentsOfURL:, 403-404
declarando, 34-35
  argumentos, 35-37
  valores de retorno, 35-36
decodeIntForKey:, 442
decodeObject:, 436
definição de, 487-493
deleteCharactersInRange:, 328-329, 333
description, 318-319
dictionaryWithCapacity:, 365
dictionaryWithContentsOfFile:, 433
dictionaryWithContentsOfURL:, 403-404
dictionaryWithObjectsAndKeys:, 364-365
doubleValue, 332

encodeIntForKey:, 442
encodeWithCoder:, 436-442
enumerateObjectsUsingBlock:, 357-358
enumeratorAtPath:, 385-389
environment, 396-397
explicados, 28-30, 304
fileExistsAtPath:, 378, 385
fileHandleForReadingAtPath:, 398
fileHandleForUpdatingAtPath:, 398
fileHandleForWritingAtPath:, 398
firstIndex, 372
floatValue, 332
forwardInvocation:, 189
getter
  copiando objetos em, 427-429
  definição de, 487-493
  explicado, 47-49
  sintetizando, 133-135, 202-203
globallyUniqueString, 396-397
hasPrefix:, 332
hasSuffix:, 332
hostName, 396-397
indexesOfObjectsPassingTest:, 372
indexesPassingTest:, 372
indexLessThanIndex:, 372
indexOfObject:, 357-358
indexOfObjectPassingTest:, 357-358, 371
indexSet
init, 39-40, 197
  anulando, 198
initWith:over:, 197-200
initWithCapacity:, 333, 357-358, 365, 370
initWithCoder:, 436-442
initWithContentsOfFile:, 332
initWithContentsOfURL:, 332
initWithName:, 346

initWithObjects:, 370
initWithObjectsAndKeys:, 365
initWithString:, 332
insertObject:, 357-358
insertString:, 333
insertString:atIndex:, 328-329
instancesRespondToSelector:, 187
integerValue, 332
intersect:, 369
intersectSet:, 370
intersectsSet:, 370
intNumber, 313
intValue, 332
isEqual:, 351-353
isEqualToNumber:, 315
isEqualToSet:, 370
isEqualToString:, 322, 332
isKindOfClass:, 187
isMemberOfClass:, 187
isReadableFileAtPath:, 378
isSubclassOfClass:, 187
isSubsetOfSet:, 370
isWritableFileAtPath:, 378
keyEnumerator, 365
keysSortedByValueUsingSelector:, 365
lastIndex, 372
lastObject, 357-358
lastPathComponent, 391
length, 332
lookup:, 348-351, 371-372
lowercaseString, 332
mainBundle, 404-405
makeObjectsPerformSelector:, 357-358
member:, 370
métodos de acesso
   definição de, 487-493
   explicados, 47-49
   sintetizados, 133-135, 202-203, 487-493

métodos de classe *versus* de instância, 29, 34-35, 487-493
métodos de codificação/decodificação, 435-442
minusSet:, 370
moveItemAtPath:, 378, 385
mutableCopy, 419-421
mutableCopyWithZone:, 425
new, 48-49
numberWithInt:, 315
numberWithInteger:, 315
objectAtIndex:, 334, 357-358
objectEnumerator, 365, 370
objectForKey:, 363-365
offsetInFile, 398
operatingSystem, 396-397
operatingSystemName, 396-397
operatingSystemVersionString, 396-397
palavra-chave self, 147-149
passando arrays para, 265-266
pathComponents, 391-392
pathExtension, 391-392
pathsForResourcesOfType:, 404-405
pathWithComponents:, 391-392
performSelector:, 187-189
print, 369
processDigit:, 476
processIdentifier, 396-397
processInfo, 396-397
processName, 396-397
rangeOfString:, 325, 328-329
readDataToEndOfFile, 398
reduce, 142-144
removeAllObjects, 365, 370
removeItemAtPath:, 378, 385
removeObject:, 357-358, 370
removeObjectAtIndex:, 357-358
removeObjectForKey:, 365

replaceCharactersInRange:, 333
replaceObject:, 424
replaceObjectAtIndex:, 357-358
replaceOccurrencesOfString:withString:
options:range:, 329-330, 333
respondsToSelector:, 187, 189
retornando objetos de, 148-151
seekToEndOfFile, 398
seekToFileOffset:, 398
set:, 138-139
setAttributesOfItemAtPath:, 378
setDenominator:, 38-41
setEmail:, 340
setName:, 340
setName:andEmail:, 343
setNumerator:, 38-41
setNumerator:andDenominator: método, 136-137
setObject:, 365
setProcessName:, 396-397
setString:, 329-330, 333
setter
  copiando objetos em, 427-429
  definição de, 487-493
  explicado, 47-49
  sintetizando, 133-135, 202-203
setTo:over:, 136-139
setWithCapacity:, 370
setWithObjects:, 369-370
sintaxe, 28-29
sortedArrayUsing Selector:, 357-358
sortedArrayUsingComparator:, 356-358
sortUsingComparator:, 356-358
sortUsingSelector:, 354-358
string, 332
stringByAppendingPathComponent:, 391-392
stringByAppendingPathExtension:, 391-392

stringByAppendingString:, 321
stringByDeletingLastPathComponent, 391-392
stringByDeletingPathExtension, 391-392
stringByExpandingTildeInPath, 391-392
stringByResolvingSymlinksInPath, 391-392
stringByStandardizingPath, 391-392
stringWithCapacity:, 333
stringWithContentsOfFile:, 332, 433
stringWithContentsOfURL:, 332
stringWithFormat:, 319, 332
stringWithString:, 328-329, 332, 424
substringFromIndex:, 325, 332
substringToIndex:, 325, 332
substringWithRange:, 325, 332
truncateFileAtOffset:, 398
unarchiveObjectWithFile:, 435
union:, 369
unionSet:, 370
uppercaseString, 332
URLWithString:, 403
UTF8String, 332
writeData:, 398
writeToFile:, 357-358
writeToFile:atomically:, 431-432
métodos countForObject:, 370
métodos de acesso
  definição de, 487-493
  explicados, 47-49
  sintetizados, 133-135, 202-203, 487-493
métodos de classe, 29, 34-35, 487-493
métodos de decodificação, escrevendo, 435-442
métodos de instância, 29, 34-35, 487-493
métodos hasPrefix:, 332
métodos intersectsSet:, 370

minimum, 265-266
minusSet:, 370
modelo de aplicativo Master-Detail, 457
modelo de aplicativo OpenGL Game, 457
modelo Empty Application, 457
modelo Page-Based Application, 457
modelo Single View Application, 457
modelo Tabbed Application, 457
modelo Utility Application, 457
modelos de aplicativo, 457
módulo (%), 59-61
moveItemAtPath:, 378, 385
movendo arquivos, 382
multiplicação (*), 54-58
MusicCollection, 374-376
mutableCopy, 419-421
mutableCopyWithZone:, 425

N

\n (caractere de nova linha), 22
negação lógica (!), 119-120
new, 48-49
NeXT Software, 1
NEXTSTEP, 1
nomes
   alternativos, atribuindo a tipos de dados, 211-212
   nomes de classe, 33-35
   nomes definidos, 237-244
notação hexadecimal (base 16), 54
notação octal (base 8), 54
notificação, 487-493
NSArray, 311
   arquivamento, 431-433
   definindo, 331-337
   métodos, 357-358

NSBundle, 403-405
NSCopying, 230-231
<NSCopying>, 424-426
NSCountedSet, 370
NSData, 383-384, 431-433, 442-445
NSDate, arquivamento, 431-433
NSDictionary
   arquivamento, 431-433
   definindo, 360-363
   enumerando, 364-365
   métodos, 365
NSFileHandle, 377, 398-403
NSFileManager, 377
   enumeração de diretório, 387-389
   gerenciamento, 378-383
   gerenciamento de diretório, 384-387
NSFullUserName, 393
NSHomeDirectory, 391-393
NSHomeDirectoryForUser, 393
NSIndexSet, 371-372
NSInteger, 313
NSKeyedArchiver, 434-435
NSLog, 317-318
   exibindo texto com, 21-22
   exibindo valores de variável com, 22-25
NSMutableArray
   definindo, 331-337
   métodos, 357-358
NSMutableDictionary
   definindo, 360-363
   enumerando, 364-365
   métodos, 365
NSMutableSet, 367-370
NSMutableString, 326-330, 333-331
NSNumber, 311-317, 431-433
NSObject, 487-493

NSPathUtilities.h, 389-392

NSProcessInfo, 394-398

NSSearchPathForDirectoriesInDomains, 393

NSSet, 367-370

NSString
  arquivamento, 431-433
  explicados, 317
  função NSLog, 317-318
  método description, 318-319
  objetos mutáveis *versus* imutáveis, 319-326

NSTemporaryDirectory, 391-393

NSURL, 403-404

NSUserName, 393

NSValue, 359-361

null, 298-299, 487-493

numberWithInt:, 315

numberWithInteger:, 315

numerator, 45-48, 71-82

números
  determinando se são pares ou ímpares, 93-98
  inteiros
    aritmética, 58-60
    calculando o valor absoluto de, 94
    conversões, 60-63
    conversões de inteiro e ponto flutuante, 60-63
    tipo de dados int, 20, 51-53
  invertendo os dígitos de, 88-89
  números de Fibonacci, gerando, 253-254
  números primos, gerando, 117-122
  números triangulares, gerando, 259-261
  objetos de número, 311-317

O

obedecendo, 487-493

objectAtIndex:, 334, 357-358

objectEnumerator, 365, 370

objectForKey:, 363-365

objetos
  alocação, 148-151, 161-163
  arquivamento
    com listas de propriedade XML, 431-433
    com NSData, 442-445
    com NSKeyedArchiver, 434-435
    copiando objetos com, 445-447
    definição de, 431, 487-493
    métodos de codificação/decodificação, 435-442
  copiando
    com archiver, 445-447
    cópia profunda, 422-424, 445-447
    cópia rasa, 422-424
    em métodos setter/getter, 427-429
    método copy, 419-421
    método mutableCopy, 419-421
    protocolo <NSCopying>, 424-426
  definição de, 487-493
  explicados, 27-28
  inicialização, 197-200
  NSObject, 487-493
  objetos array
    definindo, 331-337
    exemplo de agenda de endereços. *Consulte* programa de agenda de endereços
  objetos compostos, 234-235
  objetos de classe, 487-493
  objetos de conjunto
    classe NSCountedSet, 370
    NSIndexSet, 371-372

NSMutableSet, 367-370
NSSet, 367-370
objetos de número, 311-317
objetos dicionário
   criando, 360-363
   enumerando, 364-365
   métodos NSDictionary, 365
   métodos NSMutableDictionary, 365
objetos distribuídos, 487-493
objetos imutáveis
   definição de, 487-493
   strings imutáveis, 319-326
objetos mutáveis, 326-330, 487-493
objetos nil, 487-493
objetos raiz, 487-493
objetos string
   comparando, 322
   definindo, 317-318
   explicados, 317
   função NSLog, 317-318
   juntando, 321
   método description, 318-319
   métodos NSMutableString, 333-331
   métodos NSString, 332-331
   strings imutáveis, 319-326
   strings mutáveis, 326-330
   substrings, 323-326
   testando a igualdade de, 322
   retornando de métodos, 148-151
objetos conjunto
   classe NSCountedSet, 370
   NSIndexSet, 371-372
   NSMutableSet, 367-370
   NSSet, 367-370
objetos de classe. *Consulte* **objetos**
objetos dicionário
   criando, 360-363
   enumerando, 364-365

   métodos NSDictionary, 365
   métodos NSMutableDictionary, 365
objetos distribuídos, 487-493
objetos fábrica. *Consulte* **objetos**
objetos imutáveis
   definição de, 487-493
   strings imutáveis, 319-326
objetos mutáveis
   classe NSMutableArray
      definindo, 331-337
      métodos, 357-358
   classe NSMutableDictionary
      definindo, 360-363
      enumerando, 364-365
      métodos, 365
   classe NSMutableSet, 367-370
   classe NSMutableString, 326-330, 333-331
   definição de, 487-493
objetos nil, 487-493
objetos raiz, 487-493
objetos string
   comparando, 322
   definição de, 487-493
   definindo, 317-318
   explicados, 317
   função NSLog, 317-318
   juntando, 321
   limitações, 297-298
   método description, 318-319
   métodos NSMutableString, 333-331
   métodos NSString, 332-331
   ponteiros para, 289-291
   strings de caracteres, 487-493
   strings de caracteres constantes, 487-493
   strings imutáveis, 319-326
   strings mutáveis, 326-330
   substrings, 323-326
   testando a igualdade de, 322

objetos string de caracteres. *Consulte* **objetos string**

offsetInFile, 398

OOP (programação orientada a objetos), 487-493

OPENSTEP, 1

operadores. *Consulte* **Símbolos**

   decremento (--), 78, 291-294

   E lógico (&&), 100-101

   endereço (&), 278

   incremento (++), 78, 291-294

   indireção (*), 278

   negação lógica (!), 119-120

   operador condicional, 121-123

   operador sizeof, 299-300

   operadores aritméticos

      conversões de inteiro e ponto flutuante, 60-63

      operador de conversão de tipo, 62-64

      operador de subtração unária (-), 58-60

      operador módulo (%), 59-61

      operadores aritméticos binários, 54-58

   operadores de atribuição, 63-65, 74

   operadores de bit

      E bit a bit (&), 215-216

      equivalentes binários, decimais e hexadecimais, 214

      operador complemento de um (~), 217-219

      operador de deslocamento à direita (>>), 219-220

      operador de deslocamento à esquerda (<<), 219

      OU bit a bit (|), 216-217

      tabela de, 214

      XOR bit a bit (^), 217

   operadores relacionais, 74-75

   OU lógico (||), 100-101

   ponto (.), 135-136

   vírgula (,), 299

operadores aritméticos

   aritmética de inteiros, 58-60

   conversões de inteiro e ponto flutuante, 60-63

   operador de conversão de tipo, 62-64

   operador de subtração unária (-), 58-60

   operador módulo (%), 59-61

   operadores aritméticos binários, 54-58

   precedência, 54-58

operadores aritméticos binários, 54-58

operadores de atribuição, 63-65, 74

operadores de bit

   E bit a bit (&), 215-216

   equivalentes binários, decimais e hexadecimais, 214

   operador complemento de um (~), 217-219

   operador de deslocamento à direita (>>), 219-220

   operador de deslocamento à esquerda (<<), 219

   OU bit a bit (|), 216-217

   tabela de, 214

   XOR bit a bit (^), 217

operadores E

   & (E bit a bit), 215-216

   && (E lógico), 100-101

operadores relacionais, 74-75

operatingSystem, 396-397

operatingSystemName, 396-397

operatingSystemVersionString, 396-397

OR (|), 216-217

OS X, 1

OU bit a bit (|), 216-217

OU lógico (||), 100-101

P

pacotes (aplicativo), 403-405

pacotes de aplicativo, 403-405

painel Quick Help, 309-310

palavras reservadas. *Consulte* palavras-chave; instruções

palavras-chave

  enum, 207

  main, 20

  self, 147-149

  static, 143-148

  __strong, 416-417

  super, 487-493

  __weak, 417-418

pathComponents, 391-392

pathExtension, 391-392

pathsForResourcesOfType:, 404-405

pathWithComponents:, 391-392

performSelector:, 187-189

pesquisando entradas da agenda de endereços, 348-351

Playlist, 374-376

plists. *Consulte* listas de propriedade

polimorfismo, 179-182, 487-493

ponteiros

  definição de, 487-493

  e endereços de memória, 296-298

  operações, 294-295

  para arrays, 284-294

    exemplo valuesPtr, 284-288

    operadores de incremento e decremento, 291-294

    ponteiros para strings de caracteres, 289-291

  para estruturas, 281-283

  para funções, 295-297

  para strings de caracteres, 289-291

  para tipos de dados, 277-281

  passando para métodos/funções, 283-284

  variáveis de objeto como, 303

ponto (.), 135-136

ponto de interrogação (?), 121-122

ponto e vírgula (;), 83-84

precedência

  operadores aritméticos, 54-58

  operadores relacionais, 74

pré-processador

  compilação condicional, 245-248

  definição de, 487-493

  explicado, 237

  instruções

    #define, 237-244

    #elif, 245-247

    #else, 245-247

    #endif, 245-247

    #if, 245-247

    #ifdef, 245-247

    #ifndef, 245-247

    #import, 244-245

    #undef, 245-247

primeiro aplicativo para iPhone

  classe AppDelegate, 459-460

  classe ViewController, 459-462

  modelos de aplicativo, 457

  projeto, criando, 456-459

  projeto da interface, 462-470

    botão, 466-469

    rótulo, 464-466

  visão geral, 453-470

print, 37-38, 40-41, 369

processDigit:, 476

processIdentifier, 396-397

processInfo, 396-397

processName, 396-397

programa de agenda de endereços, 2-3

  classe AddressBook

    definindo, 344-347

    enumeração rápida, 346-349

    método lookup:, 348-351

    método removeCard:, 350-355

    método sortedArrayUsingComparator:, 356-357

    método sortUsingComparator:, 356-358

    método sortUsingSelector:, 354-358

    métodos de codificação/decodificação, 438-441

    repositórios de arquivo personalizados, 442-445

    seção @implementation, 344-346, 497-499

    seção @interface, 344-345, 496

  classe AddressCard

    definindo, 338-341

    métodos sintetizados, 341-344

    seção @implementation, 339-342, 496-497

    seção @interface, 338-339, 495

  código-fonte, 495-499

  entradas

    classificando, 354-358

    pesquisando, 348-351

    removendo, 350-355

  enumeração rápida, 346-349

  visão geral, 338

programa triangularNumber, 71-72

programação orientada a objetos, 487-493

programas, compilando e executando, 7-8. *Consulte também* aplicativos iOS

  com Terminal, 15-18

  com Xcode, 8-15

projeto da interface (primeiro aplicativo para iPhone), 462-470

  botão, 466-469

  rótulo, 464-466

projeto FractionTest

  arquivo de implementação Fraction.m, 131-132

  arquivo de interface Fraction.h, 130-131

  main.m, 127-128

  saída, 133

projetos (Xcode). *Consulte também* aplicativos iOS

  adicionando classes a, 127-130

  calculadora de frações

    classe Calculator, 480-482

    classe Fraction, 477-480

    classe ViewController, 471-477

    criando o projeto, 471-472

    projeto da interface do usuário, 482

    resumo, 482-484

    visão geral, 469-471

  criando, 14-15

  depurando, 13-15

  executando, 13-14

  extensões de nome de arquivo, 12

  FractionTest

    arquivo de implementação Fraction.m, 131-132

    arquivo de interface Fraction.h, 130-131

    main.m, 127-128

    saída, 133

  iniciando, 8-11

  janela de projeto, 10-11

  main.m, 13

  modelos de aplicativo, 457

  primeiro aplicativo para iPhone

classe AppDelegate, 459-460
classe ViewController, 459-462
criando o projeto, 456-459
projeto da interface, 462-470
visão geral, 453-456

propriedades
acessando com o operador ponto, 135-136
declarações de propriedade, 487-493
listas de propriedade. *Consulte* listas de propriedade

protocolos
definição de, 487-493
definindo, 230-233
delegação, 233
explicados, 230
NSCopying, 230-231
protocolo <NSCopying>, 424-426
protocolos formais, 487-493
protocolos informais, 233-234, 487-493

protocolos formais, 487-493

protocolos informais, 233-234, 487-493

Q

qsort, 296-297

qualificadores, 51-53
long, 53-54
short, 54
unsigned, 54

R

rangeOfString:, 328-329

readDataToEndOfFile, 398

receptores, 487-493

Rectangle, 157-171

reduce, 142-144

reference counting (contagem manual de referência)
autorelease pool, 410-412
explicada, 409-411
loop de eventos e alocação de memória, 135-137
regras para gerenciamento manual de memória, 414-416

regras para gerenciamento manual de memória, 414-416

removeAllObjects, 365, 370

removeCard:, 350-355

removeItemAtPath:, 378, 385

removendo
arquivos de diretórios, 382
entradas da agenda de endereços, 350-355

removeObject:, 357-358, 370

removeObjectAtIndex:, 357-358

removeObjectForKey:, 365

replaceCharactersInRange:, 333

replaceObject:, 424

replaceObjectAtIndex:, 357-358

replaceOccurrencesOfString:withString: options:range:, 329-330, 333

repositórios de arquivo personalizados, 442-445

repositórios de arquivos com chaves, 434-435

respondsToSelector:, 187-189

retornando objetos de métodos, 148-151

Ritchie, Dennis, 1

rotina scanf, 79-83

rotinas
NSLog
exibindo texto com, 21-22
exibindo valores de variável com, 22-25
scanf, 79-83

rótulos, adicionando, 464-466

runtime, 183-185, 487-493

S

SDK (kit de desenvolvimento de software) do iOS, 2-3, 453

seção @implementation, 36-37

  classe AddressBook, 344-346, 497-499

  classe AddressCard, 339-342, 496-497

  classe Calculator, 481-482

  classe Complex, 180

  classe Fraction, 127-133, 137-138, 140-142, 145-147, 478-480

  classe ViewController, 473-476

  definição de, 487-493

seção @interface, 33-37

  classe AddressBook, 344-345, 496

  classe AddressCard, 338-339, 495

  classe Calculator, 481

  classe Fraction, 127-133, 140-141, 145-146, 477

  classe ViewController, 472-473

  definição de, 487-493

  método declarations, 34-35

    argumentos, 35-37

      métodos de classe *versus* de instância, 34-35

      valores de retorno, 35-36

    nomes de classe, 33-35

seekToEndOfFile, 398

seekToFileOffset:, 398

seletores, 487-493

self, 147-149

set::, 138-139

setAttributesOfItemAtPath:, 378

setDenominator:, 38-41

setEmail:, 340

setName:, 340

setName:andEmail:, 343

setNumerator:, 38-41

setNumerator:andDenominator:, 136-137

setObject:, 365

setProcessName:, 396-397

setString:, 329-330, 333

setter

  copiando objetos em, 427-429

  definição de, 487-493

  explicado, 47-49

  sintetizando, 133-135, 202-203

setTo:over:, 136-139

setWithCapacity:, 370

setWithObjects:, 369-370

short, 54

sign, implementando, 105-106

sinal de adição (+), 54-58

sinal de subtração (-), 34-35, 54, 58-60

sinal numérico (#), 237

sizeof, 299-300

Song, 374-376

sortedArrayUsing Selector:, 357-358

sortedArrayUsingComparator:, 356-358

sortUsingComparator:, 356-358

sortUsingSelector:, 354-358

Square, 159-162, 234-235

static, 143-148

string, 332

stringByAppendingPathComponent:, 391-392

stringByAppendingPathExtension:, 391-392

stringByAppendingString:, 321

stringByDeletingLastPathComponent, 391-392

stringByDeletingPathExtension, 391-392

stringByExpandingTildeInPath, 391-392

stringByResolvingSymlinksInPath, 391-392
stringByStandardizingPath, 391-392
strings de caracteres constantes, 487-493
stringWithCapacity:, 333
stringWithContentsOfFile:, 332, 433
stringWithContentsOfURL:, 332
stringWithFormat:, 319, 332
stringWithString:, 328-329, 332, 424
__strong, 416-417
subclasses, 153-155
   definição de, 487-493
   subclasses concretas, 487-493
sublinhado (_), 33-34, 202
substringFromIndex:, 325, 332
substrings, 323-326
substringToIndex:, 325, 332
substringWithRange:, 325, 332
subtração (-), 54
subtração unária (-), 58-60
super, 487-493
superclasses, 153-155, 487-493
suporte
   biblioteca de referência do Mac OS X, 310
   classroomM.com/objective-c, 5-6
   documentação do framework Foundation, 307-310
   painel Quick Help, 309-310
switch, 113-117

T

tabelas de despacho, criando, 296-297
tamanho de tipos de dados, determinando, 299-300
tempo de compilação, 183-185, 487-493
Terminal, compilando programas com, 15-18

testes relacionais compostos, 100-104
texto, exibindo com a rotina NSLog, 21-22
til (~), 217-219, 378
tipagem dinâmica
   argumento e tipos de retorno, 186-187
   definição de, 487-493
   explicada, 181-184
   métodos para trabalhar com, 187-189
tipagem estática, 185-186, 487-493
tipos de dados
   atribuindo nomes alternativos a, 211-212
   BOOL, 120-122
   CGPoint, 273-274
   CGRect, 273-274
   CGSize, 273-274
   char, 52-53
   conversões
      de inteiro e ponto flutuante, 60-63
      regras de conversão, 212-214
   determinando o tamanho de, 299-300
   explicados, 51
   float, 52-53
   id, 54, 304
      definição de, 487-493
      tipagem e vinculação dinâmica e, 181-183, 186-187
      tipagem estática e, 185-186
   int, 20, 51-53. *Consulte também* inteiros
   ponteiros para, 277-281
   qualificadores, 53-51
   tabela de, 55
   tipagem dinâmica
      argumento e tipos de retorno, 186-187
      definição de, 487-493
      explicada, 181-184
      métodos para trabalhar com, 187-189

tipagem estática, 185-186, 487-493
tipos de argumento, 263-265
tipos de dados enumerados, 207-211
tipos de retorno, 263-265
tipos de dados enumerados, 207-211
tipos de retorno, declarando, 263-265
tratamento de exceção, 192-194
truncateFileAtOffset:, 398
typedef, 211-212, 273-274

U

UIKit, 487-493
unarchiveObjectWithFile:, 435
#undef, 245-247
uniões, 487-493
union:, 369
unionSet:, 370
unsigned, 54
uppercaseString, 332
URLWithString:, 403
UTF8String, 332

V

valor absoluto, calculando, 94
valores
  exibindo, 22-25
  valores de retorno
    de função, 261-265
    de método, 35-36
valuesPtr, 284-288
variáveis
  automáticas, 487-493
  booleanas, 116-122
  de instância, 37-38
    acessando, 44-49
    armazenando em estruturas, 303

    definição de, 487-493
    escopo, 200-203
  de objeto, 303
  escopo
    variáveis de instância, 200-203
    variáveis estáticas, 205-207
    variáveis globais, 203-205
  estáticas
    definição de, 487-493
    escopo, 205-207
  fortes, 415-417
  fracas, 416-418
  globais
    definição de, 487-493
    escopo, 203-205
  isa, 487-493
  locais
    argumentos de método, 143-144
    definição de, 487-493
    em funções, 259-261
    explicadas, 142-144
    estáticas, 143-148
  myFraction, 38-39
  self, 487-493
  valores, exibindo, 22-25
variáveis automáticas, 487-493
variáveis booleanas, 116-122
variáveis de instância, 37-38
  acessando, 44-49
  armazenando em estruturas, 303
  definição de, 487-493
  escopo, 200-203
variáveis de objeto, 303
variáveis estáticas, 143-148
  definição de, 487-493
  escopo, 205-207
variáveis estáticas locais, 261
variáveis externas. *Consulte* variáveis globais

variáveis fortes, 415-417
variáveis fracas, 416-418
variáveis globais
  definição de, 487-493
  escopo, 203-205
variáveis locais
  argumentos de função, 259-261
  argumentos de método, 143-144
  definição de, 487-493
  explicadas, 142-144
  variáveis estáticas, 143-148
variáveis locais automáticas, 261
variável isa, 487-493
variável myFraction, 38-39
variável self, 487-493
vários argumentos para métodos, 136-143
ViewController
  calculadora de frações, 471-477
    seção @implementation, 473-476
    seção @interface, 472-473
  primeiro aplicativo para iPhone, 459-462
vinculação dinâmica, 181-184, 487-493
vinculando, 487-493
vírgula (,), 299
_ _weak, 417-418
while, 83-89
writeData:, 398

writeToFile:, 357-358
writeToFile:atomically:, 431-432

X

Xcode, 8-15
  analisador estático, 14-15
  baixando, 8
  Command Line Tools, 15-16
  definição de, 487-493
  projetos
    adicionando classes ao, 127-130
    criando, 14-15
    depurando, 13-15
    executando, 13-14
    extensões de nome de arquivo, 12
    FractionTest, 127-133
    iniciando, 8-11
    janela de projeto, 10-11
    main.m, 13
XML (Extensible Markup Language)
  definição de, 487-493
  listas de propriedade XML, arquivamento com, 431-433
XOR bit a bit (^), 217

Z

zonas, 487-493